रामचरितमानस
और
कामायनी

डॉ.मटुक नाथ चौधरी

वाणी प्रकाशन
21-ए, दरियागंज, नयी दिल्ली-110002
फोन : 011-23273167, 23275710
फैक्स : 011-23275710
e-mail : vaniprakashan@gmail.com
website : www.vaniprakashan.com

वाणी प्रकाशन का 'लोगो'
विख्यात चित्रकार मक़बूल फ़िदा हुसेन की
कूची से

ISBN : 978-81-8143-697-9

वाणी प्रकाशन
21-ए, दरियागंज, नयी दिल्ली-110002
द्वारा प्रकाशित

प्रथम वाणी संस्करण : 2008

आवरण : वाणी प्रकाशन
जय भारत प्रिंटिंग प्रेस, शाहदरा, दिल्ली-110032
द्वारा मुद्रित

मूल्य : 395.00

RAMCHARITMANAS AUR KAMAYANI
by : Dr. Matuk Nath Choudhary

प्रथम रचना-सुमन

स्वर्गीय परमादरणीय अग्रज राजेन्द्र को

समर्पित

जिनकी प्रबल प्रेरणा से

अध्ययन रस

की

ओर मुड़ा

दो शब्द

सन् 1983 की बात है। एक शाम अपने शिक्षक डॉ० नंदकिशोर नवल के घर पर अपने शोध प्रबंध के विषय के बारे में उनसे विचार कर रहा था। उन दिनों मैं स्नातकोत्तर हिंदी विभाग में रामचरितमानस और कामायनी पढ़ा रहा था। गुरुदेव ने सलाह दी, क्यों नहीं आप 'महाकाव्य की दृष्टि से रामचरितमानस और कामायनी का तुलनात्मक अध्ययन' विषय पर शोध प्रस्तुत करें ! मुझे यह विषय एकदम से भा गया। कारण यह था कि यह विषय छात्रों के काम आयेगा। प्रबंध की रूपरेखा तैयार हुई और गुरुदेव डॉ० रामखेलावन राय के निर्देशन में कार्य 1986 में सम्पन्न हुआ। 1987 में डिग्री मिली।

यह पुस्तक 1987 में ही छप जानी चाहिए थी। इसकी छपाई मेरे आलस्य का शिकार हो गयी। इसका 'कल' 18 साल बाद आया। इसकी कसावट ऐसी है कि अब इसमें कोई परिवर्तन नहीं किया जा सकता है। मेरे विचार थोड़े बदले हैं। कामायनी के बारे में जो मुक्तिबोध के विचार हैं, उनसे सहमत हूँ। लेकिन आगे चलकर मेरे भीतर उनसे भिन्न विचारों के भी आयाम खुले हैं, जिनका प्रवेश अब इनमें नहीं कराया जा सकता है। इसलिए पुस्तक ज्यों की त्यों प्रकाशित हो रही है। मेरे ख्याल से इसमें छात्रों के उपयोग की प्रचुर सामग्रियाँ हैं। अगर यह पुस्तक उनके काम आ सकी तो श्रम सफल और मैं निहाल!

इस अवसर पर, जबकि यह किताब छपने जा रही है, अपने पूज्य गुरुदेव डॉ० नामवर सिंह की याद बहुत आ रही है जो बार बार पुस्तक लिखने की प्रेरणा देते रहे। अगर यह पुस्तक उन्हें थोड़ी भी पसंद आयेगी तो मैं अपने को धन्य समझूँगा। उनके साथ ही गुरुवर डॉ० केदारनाथ सिंह, डॉ० मैनेजर पांडेय, डॉ० रामखेलावन राय और डॉ० नंदकिशोर नवल का श्रद्धापूर्वक स्मरण करता हूँ, जिन्होंने मेरे सारस्वत व्यक्तित्व के निर्माण में अमूल्य योगदान दिया है। प्रत्यक्ष और अप्रत्यक्ष रूप से जिन विद्वानों की पुस्तकों और विचारों से मैंने सहायता ली है, उनके प्रति हार्दिक कृतज्ञता ज्ञापित करता हूँ। अनेक प्रकार की मदद के लिए सहकर्मी डॉ० तरुण कुमार, अनुज डॉ० शशि भूषण चौधरी, पत्नी श्रीमती आभा चौधरी, पुत्र अनुराग चौधरी और कम्पोजिटर अभय जी को साधुवाद देता हूँ।

विषय-सूची

अध्याय	विषय-वस्तु	पृष्ठ
प्रथम	भूमिका	1-10
द्वितीय	महाकाव्य की परिभाषा : प्राच्य एवं पाश्चात्य	11-30
तृतीय	हिंदी महाकाव्यों की परंपरा पृथ्वीराज रासो : 31, आल्हखंड : 36, पद्मावत : 38 रामचरितमानस : 41, रामचंद्रिका : 47, प्रियप्रवास : 51 साकेत: 54, कामायनी : 57	31-62
चतुर्थ	रामचरितमानस और कामायनी का रचना परिवेश रामचरितमानस का धार्मिक परिवेश : 63, कामायनी का धार्मिक परिवेश : 68, रामचरितमानस और कामायनी के धार्मिक परिवेश की तुलना : 72, रामचरितमानस का सामाजिक परिवेश : 73, कामायनी का सामाजिक परिवेश : 76, रामचरितमानस का राजनीतिक परिवेश : 82, कामायनी का राजनीतिक परिवेश : 84, रामचरितमानस और कामायनी के राजनीतिक परिवेश की तुलना : 88, रामचरितमानस का साहित्यिक परिवेश : 89, कामायनी का साहित्यिक परिवेश : 93, रामचरितमानस और कामायनी के साहित्यिक परिवेश की तुलना : 97	63-98
पंचम	रामचरितमानस एवं कामायनी की भावगत विशेषताएँ रामचरितमानस की कथावस्तु : 99, कामायनी की कथावस्तु : 102, मानस और कामायनी की कथावस्तुओं की तुलना : 105, रामचरितमानस की पात्र योजना : 107, कामायनी की पात्र योजना : 110, रामचरितमानस और कामायनी के पात्रों की तुलना : 115, रामचरितमानस में रस योजना : 116, कामायनी में रस योजना : 122, रामचरितमानस और कामायनी में रस योजना की तुलना : 126, रामचरितमानस में प्रकृति चित्रण : 128, कामायनी में	99-163

प्रकृति चित्रण : 131, रामचरितमानस और कामायनी में प्रकृति चित्रण की तुलना : 136, रामचरितमानस के दार्शनिक सिद्धांत : 138, कामायनी के दार्शनिक सिद्धांत : 143, रामचरितमानस और कामायनी के दार्शनिक सिद्धांतों की तुलना : 149, रामचरितमानस में युग का प्रतिनिधित्व : 151, कामायनी में युग का प्रतिनिधित्व : 156, रामचरितमानस और कामायनी में युग के प्रतिनिधित्व की तुलना : 161

षष्ठ **रामचरितमानस और कामायनी का रूपविधान** 165-210

मानस की काव्यभाषा में पद विन्यास एवं समुचित शब्द चयन : 165, पर्यायवाची शब्दों के सूक्ष्म अर्थ भेद की पकड़ : 166, सटीक विशेषण : 167, संगीतात्मकता : 167, रसानुकूल वर्ण विन्यास : 168, पात्रोचित भाषा, लोकोक्ति एवं मुहावरे : 168, विपुल शब्द भंडार : 169, प्रसंग गर्भत्व : 171, सुगठित वाक्य विन्यास : 172, कामायनी की काव्यभाषा में पद विन्यास एवं समुचित शब्द चयन : 172, पर्यायवाची शब्दों के सूक्ष्म अर्थ भेद की पकड़ : 173, संक्षिप्तता : 174, बंकिम विशेषण : 175 संगीत तत्व : 175, रसानुकूल वर्णविन्यास : 176, पात्रोचित भाषा : 177, मुहावरे और लोकोक्तियाँ : 178, शब्द भंडार : 178, प्रसंग गर्भत्व : 180, वाक्य विन्यास : 180, तुलना एवं निष्कर्ष : 181, रामचरितमानस में अलंकार विधान : 183, कामायनी में अलंकार विधान : 186, तुलना एवं निष्कर्ष : 188, रामचरितमानस का प्रतीक विधान : 189, कामायनी का प्रतीक विधान : 190, तुलना एवं निष्कर्ष : 192, रामचरितमानस का बिंब विधान : 192, कामायनी का बिंब विधान :195, तुलना और निष्कर्ष : 199, रामचरितमानस की संवाद योजना : 200, कामायनी की संवाद योजना : 203, तुलना एवं निष्कर्ष : 204, रामचरितमानस की छंद योजना : 205, कामायनी की छंद योजना : 207, तुलना एवं निष्कर्ष : 209

सप्तम **उपसंहार** 211-220

1

भूमिका

तुलनात्मक अध्ययन ज्ञान की नयी पद्धति है। यह पाश्चात्य चिंताधारा की देन है। लेकिन पश्चिम में भी इसका कोई पुराना इतिहास नहीं है। यह वस्तुतः उन्नीसवीं शताब्दी की ही उपलब्धि है। 19वीं शताब्दी वैज्ञानिक विकास की शताब्दी है। तीव्र वाहनों की सुविधाओं के कारण विभिन्न देशों के बीच की दूरी कम हो गयी। विभिन्न संस्कृतियों का पारस्परिक साक्षात्कार हुआ। एक संस्कृति दूसरी से प्रभावित हुई। यह प्रभाव रचनाओं पर भी परिलक्षित होने लगा। उदाहरण के लिए टी० एस० इलियट की विश्वविख्यात पुस्तक 'वेस्टलैंड' को देखा जा सकता है। इसमें संसार के प्रमुख मूल साहित्य की अनुगूँजें सुनायी पड़ती हैं। लेकिन विभिन्न संस्कृतियों का पारस्परिक आदान प्रदान प्राचीनकाल से ही चला आ रहा है। पहले से ही लोक साहित्य एक देश से दूसरे देश में फैलता रहा है। अलिखित साहित्य तो और तेजी से फैलता है। लोक कथाओं की तुलना स्थानांतरणशील पक्षियों (माइग्रेटिंग वर्ड्स) से की गयी है। ये कथाएँ उस घास की तरह होती हैं जो कहीं भी उग जाती हैं। लोक कथाएँ एक देश से दूसरे देश में जाकर वहाँ के लोक साहित्य को प्रभावित करने के साथ वहाँ के शिष्ट साहित्य को भी प्रभावित करती रही हैं।

अंग्रेजी साहित्य में सर्वप्रथम मैथ्यू ऑर्नल्ड ने 1848 ई० में तुलनात्मक साहित्य (कम्परेटिव लिटरेचर) शब्द का प्रयोग किया। वे बड़े रोमैंटिक कवि और आलोचक थे। उस समय यूरोप के सभी देशों (फ्रांस, जर्मनी, इटली आदि) में काव्यात्मक चेतना की एक ही धारा रोमैंटिसिज्म प्रवाहित हो रही थी। संभवतः इसीलिए साहित्य के तुलनात्मक अध्ययन की जरूरत महसूस हुई होगी, लेकिन ऑर्नल्ड साहब ने किसी लेख में इसका उल्लेख नहीं किया। यह बात उनके अन्तर्मन में थी जो एक मित्र के नाम पत्र में व्यक्त हुई। उन्होंने अन्ना करेनिना के बारे में लिखते हुए यह विचार व्यक्त किया कि तोल्सतोय शेक्सपीयर के निकट हैं, पर इस दिशा में आगे प्रयास उन्होंने नहीं किया।

इसके बाद एक दूसरे अंग्रेजी विद्वान एच० एम० पासनेट ने इसे महत्व दिया। पासनेट आयरिश विद्वान थे और अंग्रेजी साहित्य के प्रथम तुलनाशास्त्री थे। उन्होंने 1886 ई० में एक लेख लिखा– 'द सायंस ऑफ कम्परेटिव लिटरेचर'। तुलनात्मक साहित्य में इस लेख का ऐतिहासिक महत्व है। उन्होंने तुलनात्मक अध्ययन के उद्देश्य पर प्रकाश डालते हुए कहा कि तुलनात्मक साहित्य संपूर्ण विश्व के सर्जनात्मक कार्यों की छानबीन करके उन्हें एक दूसरे के निकट लाने का प्रयास करता है। यह एक संस्कृति को दूसरी संस्कृति के निकट लाकर साहित्यिक सृजनात्मकता को गति प्रदान करता है। पासनेट महोदय के इस विचार के पीछे उनकी यह दृष्टि काम कर रही थी कि मनुष्य मूलतः एक है।

अंग्रेजी के अतिरिक्त यूरोप की अन्य भाषाओं में तुलनात्मक साहित्य प्रचलित है। फ्रांस तो इसका गढ़ ही है। ऑर्नल्ड से बहुत पहले फ्रांसीसी विद्वान विलमां ने 1828 ई० में इसका प्रयोग किया। उन्होंने पहली बार दो भिन्न भाषाओं के बीच तुलना की बात कही। फ्रेंच

स्कूल की विशेषता यह है कि यह प्रत्यक्ष प्रमाण पर आधारित अध्ययन पर बल देता है। दो भिन्न भाषाओं अथवा देशों के साहित्यों के बीच जो वास्तविक संबंध होते हैं, उनके आधार पर तुलनात्मक अध्ययन किया जाता है।

समाजवादी देशों में तुलनात्मक साहित्य का विकास अपने ढंग से हुआ। वहाँ विद्वानों का ध्यान मुख्यत: शिष्ट साहित्य और लोक साहित्य के संबंधों पर टिका रहा। लोक साहित्य शिष्ट साहित्य को कैसे प्रभावित करता है, इस पर विचार किया गया।

अमेरिकन स्कूल में तुलनात्मक साहित्य की अवधारणा किंचित भिन्न है। इसका परिप्रेक्ष्य व्यापक है। यह मानता है कि अन्य कलाएँ भी साहित्य को प्रभावित करती हैं। इसलिए साहित्य की तुलना अन्य कलाओं से की जा सकती है और की जानी चाहिए। इतना ही नहीं साहित्येतर अध्ययन या विशेष विचार दर्शन भी साहित्यिक रचना को प्रभावित करते हैं। इसलिए उनके बीच भी तुलना हो सकती है।

अमेरिकन स्कूल के कुछ विचारों को मानने में हिंदी के कुछ विद्वानों को कठिनाई होती है। उनका कहना है कि साहित्य पर अन्य विषयों का प्रभाव तो दिखाया जा सकता है, किंतु शुद्ध दर्शन की तुलना साहित्य से कैसे की जायेगी ? इन दो पृथक् विधाओं में तुलना संभव प्रतीत नहीं होती । लेकिन मैं समझता हूँ कि तुलना किसी की किसी से हो सकती है, क्योंकि ज्ञान की सारी विधाएँ मनुष्य से जुड़ी हैं और मनुष्य एक है।

इस प्रकार फ्रेंच, समाजवादी एवं अमेरिकन – ये तीनों स्कूल एक दूसरे से बहुत कुछ भिन्न विचार रखते हैं। इसलिए ये तीनों स्कूल तुलनात्मक अध्ययन के विकास के तीन चरण हैं।

तुलनात्मक अध्ययन के क्षेत्र में अब तक जो काम हुए हैं उनसे उनके दो रूप सामने आए हैं–

(क) तुलनात्मक साहित्य और (ख) तुलनात्मक आलोचना ।

इन दोनों में पर्याप्त अंतर है, जिसे जान लेना अत्यंत आवश्यक है अन्यथा भ्रम हो सकता है। दोनों के बीच निम्नलिखित अंतर द्रष्टव्य हैं–

- तुलनात्मक साहित्य साहित्य का अंतर्राष्ट्रीय परिप्रेक्ष्य है, जबकि तुलनात्मक आलोचना साहित्य का राष्ट्रीय परिप्रेक्ष्य है।
- तुलनात्मक साहित्य के लिए यह आवश्यक है कि तुलना दो भिन्न देशों अथवा दो भिन्न भाषाओं के साहित्यों को लेकर की जाय। किंतु, तुलनात्मक आलोचना के लिए यह आवश्यक है कि एक ही देश की एक भाषा के साहित्यों के बीच तुलना की जाय।
- इसलिए तुलनात्मक साहित्य को बहिरंग तुलना और तुलनात्मक आलोचना को अंतरंग तुलना भी कहते हैं।
- तुलनात्मक साहित्य जहाँ एक स्वतंत्र अनुशासन है, वहाँ तुलनात्मक आलोचना आलोचना की एक पद्धति है।
- साहित्य का मूल्यांकन करना तुलनात्मक साहित्य का काम नहीं है। उसमें मूल्यों की चर्चा नहीं होती। उसका ध्यान दो साहित्यों के पारस्परिक संबंधों की खोज पर रहता है, पर तुलनात्मक आलोचना मूल्यांकन का काम करती है। इसमें मूल्यपरक निर्णय दिये जाते हैं।

- तुलनात्मक साहित्य में तुलनाशास्त्री की दृष्टि समन्वयात्मक होती है और तुलनात्मक आलोचना में विश्लेषणात्मक।
- तुलनात्मक साहित्य विभिन्न कलाओं एवं ज्ञान विज्ञान के विभिन्न क्षेत्रों से साहित्य की तुलना की बात करता है, किंतु तुलनात्मक आलोचना के लिए यह आवश्यक नहीं है।

प्रस्तुत शोध प्रबंध का संबंध तुलनात्मक आलोचना से है, क्योंकि इसमें एक ही देश की एक ही भाषा हिंदी की दो रचनाओं की तुलना की जा रही है। साथ ही इसकी दृष्टि समन्वयात्मक नहीं विश्लेषणात्मक है और इसमें मूल्यपरक निर्णय दिया जायेगा।

तुलनात्मक आलोचना के प्रकार

तुलनात्मक आलोचना कई प्रकार की हो सकती है । यथा –

- एक रचना की दूसरी रचना से तुलना
- एक रचनाकार की दूसरे रचनाकार से तुलना
- एक ही साहित्यिक धारा के दो रचनाकारों की तुलना
- एक ही रचनाकार की विभिन्न रचनाओं की तुलना और उस रचनाकार का समग्र अध्ययन
- एक ही युग की दो साहित्यिक प्रवृत्तियों की तुलना
- विभिन्न युगों की साहित्यिक प्रवृत्तियों की तुलना
- एक ही युग के साहित्य पर दो भिन्न विचारधाराओं के प्रभाव की तुलना
- एक ही विधा में रचित दो रचनाओं की तुलना
- एक ही भाषा की विभिन्न बोलियों की तुलना आदि

इस प्रकार हम देखते हैं कि तुलनात्मक आलोचना की कई दिशाएँ हैं और उन दिशाओं में शोध की अनेक संभावनाएँ हैं। यहाँ हमने अपने तुलनात्मक अध्ययन का आधार विधा को बनाया है।

हिंदी में तुलनात्मक आलोचना की परंपरा

हिंदी में तुलनात्मक आलोचना की कोई सुदृढ़ परंपरा नहीं बन सकी है। किंतु इसके बीज अतीत में ढूँढ़े जा सकते हैं। एक जगह संस्कृत में कालिदास, भारवि, नैषध और माघ के श्रेष्ठ काव्यगुणों को सूत्र रूप में संकेतित करते हुए कहा गया है :

उपमा कालिदासस्य, भारवेरर्थगौरवम्[1]
नैषधे पदलालित्यं, माघे सन्ति त्रयो गुण:

इस श्लोक से तुलना की प्राचीन प्रवृत्ति का आभास मिलता है। इसी तरह की प्रवृत्ति का पता हिंदी के मध्यकालीन कवियों के बारे में की गयी टिप्पणियों से चलता है–

(क) सूर सूर तुलसी ससि उडगन केसवदास[2]
अब के कवि खद्योत सम जहँ तहँ करत प्रकास

---

1. हिंदी साहित्य का इतिहास (आचार्य शुक्ल), पृ० 503
2. हिंदी नवरत्न, मिश्रबंधु, पृ० 171

(ख) उत्तम पद कवि गंग के, उपमा को बलवीर[1]
केसव अरथ गंभीरता, सूर तीनि गुन धीर

पहले दोहे में तो बिना किसी काव्यगुण को बताये मनमाना निर्णय दे दिया गया है और दूसरे दोहे पर तो स्पष्ट ही ऊपर संस्कृत के उद्धृत श्लोक की छाप देखी सकती है। यह गुण दोष निरूपण वाली आलोचना तुलनात्मक आलोचना का आदि रूप है। हिंदी आलोचना के आरंभिक दौर में इस प्रवृत्ति का प्रभाव परिलक्षित होता है।

हिंदी साहित्य में सही ढंग से आलोचना की शुरुआत भारतेंदु युग में हुई। गद्य की अनेक विधाओं के साथ आलोचना का सूत्रपात भी इसी युग में हुआ। पंडित बालकृष्ण भट्ट को आधुनिक आलोचना पद्धति का जन्मदाता कहा जाता है। उन्होंने ही पहली बार हिंदी आलोचना में तुलनात्मक पद्धति का श्री गणेश किया। डॉ० रामविलास शर्मा ने बालकृष्ण भट्ट के बारे में लिखा है, "भारत और यूरुप के साहित्यों की तुलना पहले पहल उन्होंने ही अपने लेखों में की है। वेदों की कणाद और कपिल के शास्त्रों तथा कालिदास और भवभूति के काव्यों से तुलना करते हुए उन्होंने जो कुछ लिखा है, वह उनकी विद्वत्ता, विचार-स्वाधीनता तथा शब्द-कृपण शैली का बड़ा अच्छा उदाहरण है।"[2]

भारतेंदु युग में आलोचना का विकास पुस्तक की समीक्षाओं के रूप में हुआ। बालकृष्ण भट्ट और बदरीनारायण चौधरी 'प्रेमघन' ने लाला श्रीनिवास कृत 'संयोगिता स्वयंवर' की समीक्षाएँ कीं। इन समीक्षाओं में ध्यान देने योग्य बात यह है कि नाटक के संवादों में छंदों पर कालिदास, भारतेंदु और शेक्सपीयर के प्रभावों का उद्घाटन सप्रमाण किया गया है। प्रभाव दर्शाना भी तुलनात्मक आलोचना का अंग है। भारतेंदु युग की आलोचना पुस्तक-समीक्षा, गुण दोष विवेचन, प्रभाव प्रदर्शन एवं आंशिक रूप से तुलनात्मक प्रवृत्ति तक ही सीमित रही। स्वतंत्र रूप से पुस्तक द्विवेदी युग में लिखी गयी।

द्विवेदी युग में मिश्र बंधुओं ने 'हिंदी नवरत्न' (1910 ई०) लिखकर तुलनात्मक आलोचना का सूत्रपात किया। यद्यपि इस पुस्तक में तुलनात्मक दृष्टि का अभाव है, तथापि तुलना के आधार पर ही हिंदी के नौ कवियों को 'रत्न' कहा गया है। इस पुस्तक के बारे में मिश्र बंधुओं के विचार ध्यातव्य हैं– "स्मरण रखना चाहिए कि 'हिंदी नवरत्न' केवल देव और बिहारी पर नहीं लिखा गया है, बल्कि इसमें नव कवियों पर निष्पक्ष सम्मतियाँ हैं। प्रसंगवश चाहे कहीं तुलनात्मक विवेचना कर दी गयी हो; यह ग्रंथ प्रत्येक कवि पर स्वतंत्र विचार करता है, तुलनात्मक नहीं। तुलनात्मक दृष्टिकोण इसमें इतना ही है कि हमने काव्योत्कृष्टता की दृष्टि से कवियों को पूर्वापर स्थान दिया है।"[3]

स्पष्ट है कि 'हिंदी नवरत्न' में समग्र रूप से तुलनात्मक दृष्टि का अभाव है। फिर भी हिंदी में तुलनात्मक आलोचना को बल यहीं से मिला है, लेकिन साहित्यिक आलोचना की दृष्टि से इस रचना का विशेष महत्व नहीं है क्योंकि 'कवियों की विशेषताओं का मार्मिक निरूपण'[4] इसमें नहीं हो सका है।

---

1. हिंदी नवरत्न मिश्रबंधु, पृ० 168 से उद्धृत
2. भारतेंदु युग और हिंदी भाषा की विकास परंपरा, पृ० 88-89
3. हिंदी नवरत्न, पृ० 244-45
4. हिंदी साहित्य का इतिहास, पृ० 506

हिंदी में विधिवत तुलनात्मक आलोचना का सूत्रपात पं० पद्म सिंह शर्मा की पुस्तक 'बिहारी सतसई : तुलनात्मक अध्ययन' से होता है। आचार्य शुक्ल ने इसके बारे में लिखा है— ''हिंदी के दूसरे कवियों के मिलते जुलते पद्यों की बिहारी के दोहों के साथ तुलना करके शर्माजी ने तारतम्यिक आलोचना का शौक पैदा किया।''[1]

उक्त पुस्तक की भूमिका में अंग्रेजी में तुलनात्मक आलोचना की स्पृहणीय स्थिति का उल्लेख करते हुए शर्माजी ने लिखा है, '' .... पर हमारी हिंदी में यह मार्ग अभी नहीं खुला। हिंदी साहित्य में जहाँ तक मालूम है इस शैली पर अभी तक कोई ग्रंथ नहीं लिखा गया है। हिंदी में यह रीति प्रचलित होनी चाहिए, इसकी आवश्यकता है, यही समझ कर इस विषम मार्ग पर चलने की चेष्टा की गयी है।''[2]

इस तरह पं० पद्म सिंह शर्मा हिंदी में तुलनात्मक आलोचना के प्रथम आचार्य हैं। उक्त पुस्तक में शर्माजी ने संस्कृत, प्राकृत, फारसी, उर्दू और हिंदी कवियों से बिहारी की तुलना कर उनकी श्रेष्ठता का प्रतिपादन किया है। इस पुस्तक के अतिरिक्त उन्होंने कुछ तुलनात्मक लेख भी लिखे जिनमें 'संस्कृत और हिंदी कविता का बिंब प्रतिबिंब भाव' और 'भिन्न भाषाओं की कविता का बिंब प्रतिबिंब भाव' उल्लेखनीय हैं।

शर्माजी की आलोचना पुस्तक ने हिंदी आलोचना में हलचल पैदा की। 'देव और बिहारी' एक लंबी और गर्म चर्चा के विषय बन गये। तुलनात्मक आलोचना आक्रामक रुख अख्तियार करने लगी। हिंदी आलोचना जगत में कटु विवाद पैदा हुआ।

'देव और बिहारी' पुस्तक लिखकर पं० कृष्णबिहारी मिश्र ने इस विवाद को आगे बढ़ाया। मिश्रजी ने देव को बिहारी से श्रेष्ठ कवि सिद्ध करने का प्रयास किया। 'देव और बिहारी' का जवाब लाला भगवानदीन ने 'बिहारी और देव' लिखकर दिया।

'मतिराम ग्रंथावली' का संपादन कर पं० कृष्णबिहारी मिश्र ने तुलनात्मक आलोचना की दिशा में एक कदम और आगे रखा। लंबी भूमिका में तुलनात्मक आलोचना की विस्तृत चर्चा की।

कुछ ही दिनों में तत्कालीन सामाजिक, राजनीतिक, साहित्यिक परिस्थितियों के दबाव से देव और बिहारी का विवाद समाप्त हुआ । आलोचकों का ध्यान रीतिवादी कवियों के बदले लोकचेतना के संवाहक भक्त कवियों की ओर गया। आचार्य रामचंद्र शुक्ल ने हिंदी के तीन महान् भक्तकवियों – जायसी, सूर और तुलसी – के ग्रंथों की व्यावहारिक आलोचना की। इस व्यावहारिक आलोचना में तुलनात्मक दृष्टि सर्वत्र विद्यमान है। 'जायसी ग्रंथावली' की भूमिका में तो उनकी तुलनात्मक दृष्टि साफ झलकती है। 'हिंदी साहित्य का इतिहास' में भी सर्वत्र उनकी इस दृष्टि का परिचय मिलता है। एक कवि की व्याख्या के समय वे दूसरे समानधर्मी कवि के साथ उनकी तुलना करते हैं और कृतियों का मूल्यांकन कर उनका स्थान निर्धारित करते हैं। तुलसी और सूर उनके सर्वप्रिय कवि हैं। इनमें तुलसी का स्थान सर्वोच्च है। स्थान स्थान पर उन्होंने इन दोनों कवियों की तुलना की है और तुलसी की श्रेष्ठता रेखांकित की है। इस श्रेष्ठता का आधार 'लोकसंग्रह' है। तुलसीदास में सूरदास की अपेक्षा लोकसंग्रह का भाव

---

1. हिंदी साहित्य का इतिहास (आचार्य शुक्ल), पृ० 507
2. बिहारी सतसई : तुलनात्मक अध्ययन, पृ० 25

अधिक है। वात्सल्य और श्रृंगार वर्णन में सूर अग्रणी हैं, लेकिन तुलसी सभी रसों के रससिद्ध आचार्य हैं। दोनों महाकवियों पर अलग अलग पुस्तक लिखकर और दोनों की तुलना कर शुक्लजी ने तुलनात्मक आलोचना को ऊँचे स्तर पर पहुँचाया। शुक्लजी ने इस व्यावहारिक या व्याख्यात्मक आलोचना के बारे में अपने 'इतिहास' में लिखा है– ''इस व्याख्यात्मक समालोचना के अंतर्गत बहुत सी बाहरी बातों का भी विचार होता है– जैसे; सामाजिक, राजनीतिक, सांप्रदायिक परिस्थिति आदि का प्रभाव। ऐसी समीक्षा को 'ऐतिहासिक समीक्षा' (हिस्टॉरिकल क्रिटिसिज्म) कहते हैं। इसका उद्देश्य यह निर्दिष्ट करना होता है कि किसी रचना का उसी प्रकार की और रचनाओं से क्या संबंध है और उसका साहित्य की चली आती हुई परंपरा में क्या स्थान है।''[1]

स्पष्ट है कि किसी रचना का उसी प्रकार की अन्य रचना से जो संबंध है और उसका साहित्य की चली आती हुई परंपरा में जो स्थान है, उसकी जानकारी के लिए तुलना आवश्यक है।

टी० एस० इलियट ने भी तुलनात्मक आलोचना के इस महत्व को स्वीकार किया है। उन्होंने लिखा है–"No poet, no artist of any art, has his complete meaning alone. His significance, his appreciation is the appreciation of his relation to the dead poets and artists. You can not value him alone; you must set him, for contrast and comparison, among the dead. I mean this as a principle of aesthetic not merely historical criticism."[2]

इलियट के इस कथन से साफ जाहिर होता है कि आलोचना में तुलना का केंद्रीय महत्व है। आचार्य शुक्ल से भिन्न उन्होंने इसे केवल 'ऐतिहासिक समीक्षा' न कहकर सौंदर्यबोधी सिद्धांत के रूप में स्वीकार किया है। शुक्लजी ने 'ऐतिहासिक समीक्षा' के जिन कार्यों की चर्चा की है, उनसे तुलनात्मक आलोचना का स्वरूप ही स्पष्ट होता है। लेकिन इलियट की यह बात मान्य नहीं हो सकती कि किसी कवि की तुलना प्राचीन कवियों से ही हो। तुलना प्राचीन या समसामयिक किसी भी रचनाकार या रचना के बीच हो सकती है।

भक्तकवियों के अतिरिक्त इस युग में छायावादी कवियों की भी परस्पर तुलना की गयी है। इस क्षेत्र में छिटपुट प्रयास आचार्य शुक्ल, महाकवि निराला, आचार्य नंददुलारे वाजपेयी, आचार्य हजारीप्रसाद द्विवेदी, डॉ० रामविलास शर्मा, डॉ० नगेंद्र, डॉ० नामवर सिंह आदि आलोचकों ने किए हैं।

आचार्य शुक्ल ने पंत और निराला की तुलना अपने 'इतिहास' में की है। स्वयं निराला ने 'प्रबंध पद्म' और 'प्रबंध प्रतिमा' के कुछ निबंधों में अपनी तुलना पंत से की है। आचार्य नंददुलारे वाजपेयी ने प्रसाद और निराला की तुलना 'महाप्राण निराला' नामक पुस्तक में की है। आचार्य हजारीप्रसाद द्विवेदी ने अपने लघु निबंध 'रवींद्रनाथ और आधुनिक हिंदी साहित्य' में तुलनात्मक आलोचना की दिशा में एक बड़ा अच्छा मार्ग सुझाया है कि प्रभाव भीतरी हुआ करता है, इसलिए स्थूल प्रभाव दिखलाने में अधिक श्रम अनपेक्षित है– ''ऐसे साहित्यिक लेख

---

1. हिंदी साहित्य का इतिहास, पृ० 504
2. Three Essays : T.S. Elliot, p. 17 – Essay – Tradition and Individual Talent.

हमने पढ़े हैं, जिनमें एक एक पंक्ति उद्धृत करके इस कवि के ऊपर उस कवि का प्रभाव सिद्ध किया गया है, पर यह नितांत ऊपरी विवेचना है। पंक्तियों का एक जैसा दिख जाना प्रभाव का द्योतक नहीं है। प्रभाव भीतरी होता है। वह आत्मा और मन को प्रेरणा देता है। वेश भूषा के अनुकरण को प्रभाव कहना गलती है।''[1]

डॉ० रामविलास शर्मा ने अपनी पुस्तक 'निराला की साहित्य साधना' में निराला के संपूर्ण कृतित्व एवं व्यक्तित्व का मूल्यांकन तुलनात्मक पद्धति से किया है। उन्होंने प्रसाद और पंत दोनों की तुलना में निराला की काव्य साधना की विशिष्टता रेखांकित की है। ब्रिटिश साम्राज्यवाद एवं भारतीय सामंतवाद के विरोध तथा स्वाधीनता आंदोलन में किसानों मजदूरों की भूमिका आदि की दृष्टि से उन्होंने निराला और प्रसाद में बहुत कुछ समता देखी है।

विभिन्न छायावादी कवियों की तुलना डॉ० नगेंद्र ने 'सुमित्रानंदन पंत' नामक पुस्तक में की है। डॉ० नामवर सिंह की प्रसिद्ध पुस्तक 'छायावाद' तुलनात्मक पद्धति पर ही आधारित है। उन्होंने अपने एक निबंध 'प्रसाद की काव्यभाषा'[2] में भी चारों छायावादी कवियों की काव्यभाषाओं की तुलना की है।

कवि और समीक्षक मुक्तिबोध ने प्रसाद और पंत की तुलना अपने निबंध 'सुमित्रानंदन पंत : एक विश्लेषण'[3] में की है। उन्होंने हिंदी साहित्य की दो काव्यधाराओं के स्वरूप की संक्षिप्त तुलना 'छायावाद और नयी कविता'[4] शीर्षक निबंध में की है।

अनेक प्रसिद्ध आलोचकों ने छायावादी एवं अन्य हिंदी कवियों की तुलना दूसरी भारतीय एवं विदेशी भाषाओं के कवियों से भी अपने निबंधों में की है। ऐसे निबंध तुलनात्मक साहित्य के अंतर्गत आते हैं। इसलिए उनका उल्लेख अनावश्यक है।

नयी कविता के दौर में दो बड़े कवि उभर कर सामने आये— अज्ञेय और मुक्तिबोध। दोनों तत्कालीन विचारधारात्मक टकराव के प्रतिनिधि कवि हैं। इन दोनों कवियों के अलग अलग मूल्यांकन के साथ ही तुलनात्मक समीक्षाएँ भी काफी हुई हैं। रणजीत और रशीद अब्दुल वाजिद ने 'मुक्तिबोध और अज्ञेय के काव्यबिंब'[5] नामक निबंध में दोनों कवियों की संवेदनशीलता, रुचि आदि के विस्तार एवं प्रकार पर प्रामाणिक ढंग से प्रकाश डाला है। डॉ० इंद्रनाथ मदान के एक निबंध 'मुक्तिबोध : मूल्यांकन परिचर्चा'[6] के केंद्र में मुक्तिबोध हैं, फिर भी यत्र तत्र अज्ञेय से उनकी तुलना की गयी है। मदान की दृष्टि में अज्ञेय की कविता आत्मान्वेषण की है तो मुक्तिबोध की आत्मसंशोधन की। एक आत्मा को पहचानने में व्यस्त है और दूसरा उसे बदलने में संलग्न। डॉ० नामवर सिंह ने 'कविता के नये प्रतिमान' में एवं निर्मल वर्मा ने 'कला का जोखिम' में दोनों कवियों की कला की तुलना जहाँ तहाँ की है।

ऊपर हमने हिंदी कविता में तुलनात्मक आलोचना के विकास की एक स्थूल और

---

1. हजारीप्रसाद द्विवेदी ग्रंथावली, खंड 8, पृ० 422
2. 'इतिहास और आलोचना' में संकलित
3. मुक्तिबोध रचनावली, खंड 5 में संकलित, पृ. 444
4. वही, पृ. 317
5. आलोचना, नवांक 6
6. वही, नवांक 14

संक्षिप्त रूपरेखा प्रस्तुत की। इसे देखकर यह स्पष्ट होता है कि हिंदी के बड़े आलोचकों ने आलोचना में तुलनात्मक पद्धति को प्रमुखता के साथ अपनाया है। लेकिन किसी ने भी इस पर स्वतंत्र पुस्तक की रचना नहीं की, किंतु कतिपय शोधकर्त्ताओं ने तुलनात्मक आलोचना के क्षेत्र में शोध किए हैं, जो इस प्रकार हैं–

(क) दो महाकाव्यों की तुलना

1. पद्मावत और रामचरितमानस का तुलनात्मक अध्ययन, रामाश्रय वर्मा 'अखिलेश', दिल्ली
2. रामचरितमानस और रामचंद्रिका का तुलनात्मक अध्ययन, सविता मिश्रा, काशी विद्यापीठ।

(ख) दो काव्यधाराओं की तुलना

1. नाथ और संत साहित्य का तुलनात्मक अध्ययन, नागेंद्रनाथ उपाध्याय, बी०एच०यू० ।
2. भक्तिकालीन निर्गुण सगुणधारा का तुलनात्मक अध्ययन (कबीर और तुलसी के विशेष संदर्भ में) रामनरेश मिश्र ।
3. मध्यकालीन भक्तिकाव्य और रीतिकाव्य की साहित्यिक प्रवृत्तियों का तुलनात्मक अध्ययन, सकलदीप सिंह, काशी ।
4. सूफी एवं कृष्णभक्त कवियों की प्रेमपद्धति का तुलनात्मक अध्ययन, सुशीला देवी त्रिवेदी, अलीगढ़ ।
5. रीतिबद्ध और रीतिमुक्त काव्यों के शिल्पविधान का तुलनात्मक अध्ययन, सूर्यबाला श्रीवास्तव, काशी ।
6. रीतिमुक्त कविता एवं छायावादी कविता का तुलनात्मक अध्ययन, त्रिलोकीनाथ, मेरठ ।

(ग) काव्य के पात्रों की तुलना

1. हिंदी रामकाव्य के पात्रों का तुलनात्मक अध्ययन, (प्रमुख प्रबंधकाव्यों के आधार पर), नाथूराम राठौर, सागर ।
2. हिंदी के भक्तिकालीन काव्य में राम और कृष्ण के ब्रह्मस्वरूप की परिकल्पना और उसका तुलनात्मक अध्ययन, शिवदत्त पराशर, मेरठ।

(घ) दो कवियों की तुलना

1. संत कबीर और रैदास का तुलनात्मक अध्ययन, चंद्रदेव राय, काशी विद्यापीठ ।
2. महाकवि कबीर और तुलसी का तुलनात्मक अध्ययन, शशि भूषण चौधरी, पटना विश्वविद्यालय।

(ङ) कवियों की किसी विशेष दृष्टि या आदर्श की तुलना

1. तुलसीदास और मैथिलीशरण गुप्त के काव्य में ऐहिक जीवनादर्श का तुलनात्मक अध्ययन, मंजु सिंह, लखनऊ।

(च) एक ही कवि की दो रचना विधाओं की तुलना

1. गोस्वामी तुलसीदास के प्रबंध और प्रगीत काव्य का तुलनात्मक अध्ययन, रमेश कुमार वाजपेयी, सागर ।

(छ) दो काव्यधाराओं में नारी भावना की तुलना

1. भक्तिकालीन रामकाव्य एवं संतकाव्य की नारी भावना का तुलनात्मक अध्ययन, सोमेश्वर प्रसाद सिंह, भागलपुर ।

इनमें से कोई भी शोध प्रबंध तुलनात्मक आलोचना के क्षेत्र में अपना कोई उल्लेखनीय स्थान नहीं बना सका।

आचार्य हजारीप्रसाद द्विवेदी कभी कभी तरंग में आकर कहा करते थे कि हिंदी में दो ही महाकाव्य हैं — 'रमैनी' और 'कमैनी' । 'रमैनी' से उनका तात्पर्य 'रामचरितमानस' से है और 'कमैनी' से 'कामायनी' का। कई विद्वानों ने रामचरितमानस के बाद हिंदी का सबसे महत्वपूर्ण महाकाव्य कामायनी को ही माना है। रामचरितमानस मध्ययुग का सर्वश्रेष्ठ महाकाव्य है तो कामायनी आधुनिक युग का। ऐसा देखकर मन में स्वाभाविक जिज्ञासा जगी कि क्यों न दोनों महाकाव्यों को जरा नजदीक लाकर देखें, तुलना करें और दोनों का मूल्य आँकें।

ऊपरी तौर पर देखने से यह तुलना बेतुकी लग सकती है। कुछ लोग कह सकते हैं कि कहाँ रामचरितमानस और कहाँ कामायनी! आखिर तुलना का आधार भी तो चाहिए! दोनों की विषयवस्तु अलग, शैली अलग, छंद अलग, युग अलग; फिर दोनों में तुलना कैसी? वस्तुत: मानस और कामायनी में बहुत अधिक भिन्नताएँ हैं। लेकिन केवल इन्हीं आधारों पर तुलना का आधार समाप्त नहीं हो जाता है। अगर भिन्नता न हो तो तुलना की जरूरत ही क्यों हो ? तुलना के लिए भिन्नता आवश्यक है। इसके साथ ही अभिन्नता या साम्य भी आवश्यक है।

रामचरितमानस और कामायनी की तुलना का सबसे बड़ा आधार उनका महाकाव्यत्व है। दोनों हिंदी के महाकाव्य हैं और श्रेष्ठ महाकाव्य हैं। इसीलिए इस दृष्टि से तुलना का निर्णय लिया गया है। यह एकमात्र आधार इतना मजबूत है कि तुलना का औचित्य सिद्ध हो जाता है। दोनों महाकाव्य अपने अपने युग की समस्याओं से गहरे स्तर पर जुड़े हुए हैं। दोनों अपने अपने युग के सांस्कृतिक आंदोलन की देन हैं। एक भक्ति आंदोलन की उपज है तो दूसरा स्वाधीनता आंदोलन की। दोनों महाकाव्यों के रचयिता 'नानापुराणनिगमागम' में स्नान कर चुके हैं। इन्हें देखते हुए दोनों महाकाव्यों की तुलना का ठोस आधार बनता है और इस विषय पर अभी तक कोई काम भी नहीं हुआ है।

चूँकि प्रस्तुत शोध प्रबंध की तुलना का आधार महाकाव्यत्व है, इसलिए यह जानना आवश्यक है कि महाकाव्य क्या है। इसीलिए अग्रिम पगनिक्षेप से पूर्व द्वितीय अध्याय में महाकाव्य की विभिन्न परिभाषाएँ प्रस्तुत की जायेंगी। उन परिभाषाओं से निकला हुआ निष्कर्ष ही वह निकष होगा जिस पर रखकर इन दोनों महाकाव्यों के महाकाव्यत्व का परीक्षण किया जायेगा।

तृतीय अध्याय में हिंदी महाकाव्यों की परंपरा रेखांकित की जायेगी। इसी क्रम में उनके महाकाव्यत्व पर भी विचार होता जायेगा। इस अध्याय से यह स्पष्ट होगा कि हिंदी महाकाव्यों

की परंपरा कहाँ से चलकर कहाँ तक पहुँची है। उन महाकाव्यों के स्वरूप में कौन से उल्लेखनीय परिवर्तन होते गए हैं और कौन से तत्व महाकाव्यों में अभी भी प्रवाहित हो रहे हैं।

चतुर्थ अध्याय में मानस और कामायनी के उन बाह्य परिवेशों— धार्मिक, सामाजिक, राजनीतिक एवं साहित्यिक— की चर्चा की जायेगी जिनमें उन कृतियों का जन्म हुआ है और जिनसे वे अनिवार्यतः प्रभावित हुई हैं। उन परिस्थितियों के बीच तुलना भी की जायेगी ताकि यह स्पष्ट हो सके कि मानस और कामायनी के पीछे काम करनेवाली शक्तियों में क्या साम्य अथवा वैषम्य है।

पंचम और षष्ठ अध्याय प्रस्तुत शोध प्रबंध के प्रधान प्रतिपाद्य हैं। पंचम अध्याय में मानस और कामायनी की भावगत विशेषताओं का तुलनात्मक अध्ययन प्रस्तुत किया जायेगा। इनमें छह तत्वों — कथावस्तु, पात्र, रस, प्रकृति, दर्शन एवं युगाभिव्यक्ति की तुलना होगी।

षष्ठ अध्याय में दोनों महाकाव्यों के रूप विधान का विश्लेषण किया जायेगा। दोनों की काव्यभाषाओं के विविध अवयवों — शब्द चयन, पद विन्यास, अलंकार, प्रतीक, बिंब, संवाद, छंद आदि की पारस्परिक तुलना की जाएगी।

और अंत में, सप्तम अध्याय में, उपलब्धि एवं उपसंहार से प्रबंध का समापन किया जायेगा।

2

महाकाव्य की परिभाषा : प्राच्य एवं पाश्चात्य

महाकाव्य की परिभाषा का निर्माण मान्य महाकाव्यों के आधार पर होता है और विभिन्न युगों में महाकाव्य के स्वरूप बदल जाया करते हैं। स्वभावत: उसकी परिभाषा भी बदल जाती है। यही कारण है कि महाकाव्य की कोई निश्चित, सर्वमान्य और शाश्वत परिभाषा नहीं हो सकती।

प्रश्न उठता है कि जब महाकाव्य की परिभाषा महाकाव्य से ही निकलती है तब उस कसौटी पर उसी महाकाव्य को कसने में कौन सी तुक है? फिर उस कसौटी से दूसरे महाकाव्य को भी नहीं जाँच सकते, क्योंकि उसकी कसौटी तो उसी से निकलेगी। उदाहरण के लिए अरस्तू ने महाकाव्य की परिभाषा का निर्माण होमर के दो महाकाव्यों— इलियड और ओडेसी को आदर्श रूप में सामने रख कर किया है। वर्जिल का महाकाव्य 'इनीड' उनसे भिन्न कोटि और युग का है। अत: अरस्तू द्वारा निर्मित लक्षण वर्जिल के महाकाव्य पर पूरी तरह लागू नहीं होता है। महाकाव्य पर शोध करनेवाले हिंदी के किसी भी शोधार्थी ने न तो इस प्रश्न को उठाया है और न किसी रूप में उसका समाधान करने की कोशिश की है। इस प्रश्न के उत्तर में कहना यह है कि लक्षण का निर्धारण किसी एक ग्रंथ के आधार पर नहीं होता है। कुछ ग्रंथों को सामने रखकर सामान्य और विशेष लक्षणों की खोज करनी पड़ती है, तब परिभाषा का निर्माण होता है। यही परिभाषा भविष्य में रची जाने वाली रचनाओं के रचनाकार के अवचेतन में किसी न किसी रूप में बैठी रहती है। इस तरह परिभाषा नयी रचनाओं के निर्माण में मार्ग दर्शन और उसका नियमन करती है। फिर नये महाकाव्य एक नयी परिभाषा को जन्म देते हैं। इस तरह लक्ष्य और लक्षण ग्रंथों में एक द्वंद्वात्मक संबंध चलता रहता है।

महाकाव्य के कुछ लक्षण ऊपरी या बाह्य होते हैं, कुछ भीतरी या अंतरंग। अंतरंग लक्षणों से ही प्रेरणा ली जा सकती है। बाह्य लक्षणों का उदाहरण प्रस्तुत करने में निष्प्राण काव्य की ही रचना होगी। लक्षण ग्रंथों को सामने रखकर हू ब हू अनुसरण कर श्रेष्ठ महाकाव्य की रचना नहीं हो सकती। पृथ्वीराज रासो, पद्मावत, रामचरितमानस, कामायनी आदि श्रेष्ठ महाकाव्य प्राचीन परिभाषाओं को पूरी तरह स्वीकार कर नहीं रचे गये हैं। ये महाकाव्य मौलिक उद्भावनाओं से पूर्ण हैं। अत: महाकवि लक्षणों या निर्दिष्ट आदर्शों को ज्यों का त्यों आँख मूँद कर स्वीकार नहीं करते।

प्रस्तुत अध्याय में हम प्राच्य एवं पाश्चात्य, प्राचीन एवं अर्वाचीन कुछ महत्वपूर्ण परिभाषाओं को उद्धृत कर व्यापक एवं मान्य लक्षणों का निर्धारण करेंगे। यहाँ एक सवाल उठाया जा सकता है कि जब हमारा विवेच्य ग्रंथ भारतीय है तो पाश्चात्य परिभाषा उसकी कसौटी कैसे बन सकती है? इस प्रश्न के उत्तर में कहना यह है कि शास्त्र या विज्ञान के क्षेत्र में देशकाल का विभाजन सत्य की खोज में बाधक है। जिस तरह समाजशास्त्र संसार के समाज के विकास का अध्ययन करता है, नृतत्वशास्त्र दुनिया भर में बसनेवाली जातियों का अध्ययन

करता है, वैसे ही साहित्यशास्त्र सभी देशों के साहित्य का अध्ययन करता है, कर सकता है और करना चाहिए। आज के वैज्ञानिक युग में सभी देश एक दूसरे के करीब आये हैं। पहले भी लगभग सभी देशों की विकास-प्रक्रिया प्रायः एक सी रही है। इसलिए पाश्चात्य परिभाषा भी हमारी मदद करती है। एक ज्वलंत उदाहरण तो हमारे सामने है। भारतीय साहित्य शास्त्रियों के द्वारा निर्धारित महाकाव्य के लक्षणों के आधार पर हम महाभारत और रामायण को महाकाव्य नहीं कह सकते । महाभारत को धर्मग्रंथ, शास्त्र, पुराण, इतिहास आदि कहा गया है। रामायण को इतिहास और आदिकाव्य कहा गया है, महाकाव्य नहीं। पश्चिम में महाकाव्य की दो धाराएँ मानी गयी हैं— मौखिक और लिखित । पहली को प्राकृतिक या विकसनशील या लोक महाकाव्य (ऑथेंटिक एपिक, एपिक ऑफ ग्रोथ या फोक एपिक) और दूसरी को अनुकृत या साहित्यिक या अलंकृत महाकाव्य (इमिटेटिव एपिक या लिटरेरी एपिक या एपिक ऑफ आर्ट) कहा गया है। होमर के महाकाव्य प्रथम श्रेणी में आते हैं। इस विभाजन को पश्चिमी विद्वानों ने भारतीय महाकाव्यों पर भी लागू किया है और महाभारत एवं रामायण को विकसनशील महाकाव्य माना है तथा अश्वघोष, कालिदास और बाद के कवियों के महाकाव्यों को अलंकृत महाकाव्य कहा है। पश्चिमी आलोचकों की पद्धति के आधार पर आज हम महाभारत-रामायण को महाकाव्य कहते हैं। इस दृष्टि से भी पश्चिमी दृष्टिकोण यहाँ प्रस्तुत करना आवश्यक है। पहले हम संस्कृत के आचार्यों की परिभाषाओं पर विचार करेंगे ।

भामह के अनुसार महाकाव्य के लक्षण और उनकी समीक्षा

संस्कृत आचार्यों में सर्वप्रथम भामह ने महाकाव्य का लक्षण निर्धारण किया है। यद्यपि महाकाव्य की परिभाषा देनेवाले ये पहले आचार्य हैं तथापि इनके विचार परवर्ती आचार्यों की अपेक्षा अधिक व्यापक, उन्मुक्त और उदार हैं। भामहकृत महाकाव्य के संक्षिप्ततम लक्षणों में लगभग सभी मौलिक और आधारभूत विशेषताएँ आ गयी हैं।

भामह के अनुसार महाकाव्य उसे कहेंगे जो— सर्गबद्ध हो; महान् चरित्रों से संबद्ध हो; आकार में बड़ा हो; ग्राम्य शब्दों से रहित हो; अर्थ सौष्ठव से सम्पन्न हो; अलंकार से युक्त हो; सदाश्रित हो; मंत्रणा, दूतप्रेषण, अभियान, युद्ध, नायक के अभ्युदय से युक्त हो; नाटकीय पंच संधियों से समन्वित हो; अनतिव्याख्येय हो; ऋद्धिपूर्ण हो; यों निरूपण उसमें धर्म, अर्थ, काम, मोक्ष चारों का हो परंतु प्रधानता अर्थ की ही रहे; लौकिक व्यवहार का अतिक्रमण न हो तथा सभी रस असंकीर्ण रूप से वर्तमान हों।[1]

ऊपर निर्दिष्ट लक्षणों में महाकाव्य के आकार, नायक, कार्य, अभिव्यंजना, रचना-विधान, औचित्य तथा रस पर बड़े संतुलित विचार व्यक्त किये गये हैं। महाकाव्य का आकार कवि के अनुपात विवेक पर निर्भर करता है। उसकी कोई सीमा रेखा बाँधना उचित नहीं है। परवर्ती आचार्य विश्वनाथ ने उसकी अधोवर्ती सीमा बाँध दी- आठ सर्ग से कम नहीं । इस दृष्टि से हिंदी का सर्वश्रेष्ठ महाकाव्य रामचरितमानस ही महाकाव्य का अधिकारी नहीं होगा, क्योंकि इसमें सात ही कांड हैं। ऐसा उन्होंने अतिसंक्षिप्तता निवारण के लिए किया होगा, पर अतिविस्तार भी तो दोष है। उसके लिए कोई सीमा क्यों नहीं? इस संदर्भ में आकार के विषय में भामह का 'महत्' शब्द कितना सार्थक है!

---

1. 'काव्यालंकार' : भाष्यकार आचार्य देवेंद्रनाथ शर्मा, पृ० 24

नायक के बारे में भामह ने कहा कि वह महान् और सत् हो। इसमें नायक की लगभग सभी विशेषताएँ समाहित हो गयी हैं। उन्होंने यह नहीं कहा कि नायक देव हो या मनुष्य, ब्राह्मण हो या क्षत्रिय ।

वर्ण्य विषयों में उन्होंने मंत्रणा, दूत प्रेषण अभियान, युद्ध आदि की चर्चा कर यह संकेत कर दिया है कि अधिकतर काव्यों के नायक राजा हैं। 'ऋद्धिपूर्ण' के द्वारा उन्होंने उन समस्त ऐश्वर्यों (नागरिक एवं प्राकृतिक) के वर्णनों का उल्लेख कर दिया है जो महाकाव्य के लिए अभिलषित हैं।

अभिव्यंजना की दृष्टि से भामह ने चार तत्वों पर ध्यान आकृष्ट किया है- शब्द सौष्ठव, अर्थ रमणीयता, अलंकार योजना और अनतिव्याख्येयता। अनतिव्याख्येयता का अर्थ प्रसाद संपन्नता है जो महाकाव्य की एक बड़ी विशेषता है।

महाकाव्य के लोकस्वभाव से युक्त होने का तात्पर्य है कि उसमें औचित्य विचार होना चाहिए। लोक स्वभाव का पालन औचित्य है और उल्लंघन अनौचित्य। जो वस्तु जैसी है या जैसी होनी चाहिए वर्णन में इसका ध्यान रखना आवश्यक है।

भामह की एक बड़ी विशेषता यह है कि उन्होंने संभवत: पहली बार माना कि रस की उपस्थिति दृश्य काव्य में ही नहीं श्रव्यकाव्य में भी है। 'पृथक्' शब्द के द्वारा उन्होंने बताया कि एक रस दूसरे रस के प्रभाव को नष्ट न करे। दूसरी महत्वपूर्ण विशेषता यह है कि उन्होंने रसों के अंगीभाव का निर्देश नहीं किया। अर्थात् यह नहीं कहा कि कौन रस प्रधान होना चाहिए, कौन गौण होना चाहिए या सबको समकक्ष रहना चाहिए। आगे चलकर श्रृंगार, वीर और शांत में किसी एक रस को प्रधान या अंगी मानकर महाकाव्य की उन्मुक्तता समाप्त कर दी गयी। इस कसौटी पर बहुत से महाकाव्य रघुवंश, साकेत, कामायनी आदि बिल्कुल खरे नहीं उतरेंगे।

इस प्रकार भामह के लक्षण परवर्ती आचार्यों के लिए पथ प्रदर्शक बने। आचार्यों ने इससे लाभ भी उठाया, किंतु कुछ अनावश्यक तत्वों का मिश्रण कर महाकाव्य को जकड़ दिया।

दंडी के अनुसार महाकाव्य के लक्षण और उनकी समीक्षा

भामह के बाद दूसरे महान् आचार्य दंडी ने 'काव्यादर्श' में महाकाव्य के निम्नलिखित लक्षण दिये हैं–[1]

(क) महाकाव्य सर्गबद्ध हो, पर सर्ग न बहुत बड़े हों और न छोटे ।

(ख) महाकाव्य का प्रारंभ आशीर्वाद, देवस्तुति या ग्रंथ के कथानक के संकेत देनेवाले पद्य से हो।

(ग) कथानक इतिहास, लोक प्रचलित कथा या अन्य सद्वृत्त पर आधारित हो।

(घ) धर्म, अर्थ, काम और मोक्ष- इन चार मानव लक्ष्यों का उल्लेख हो।

(ङ) नायक चतुर और उदात्त हो।

(च) महाकाव्य वर्णनों से पूर्ण हो, यथा– प्रकृति, नगर, समुद्र, ऋतु, चंद्रोदय, उत्सव वर्णन, उद्यान विहार, जलक्रीड़ा, मधुपान, कुमार जन्म, विवाह, विप्रलंभ, मिलन, मंत्रणा, दूत प्रयाण, युद्ध, नायक का अभ्युदय आदि।

---

1. काव्यादर्श, पर:, पृ० 14-20

(छ) अलंकार, रस और भाव के चित्रण हों।

(ज) लोकरंजन हो।

(झ) सर्गों में भिन्न भिन्न वृत्तों का प्रयोग हो।

(ञ) नाटकीय संधियाँ हों।

उपर्युक्त लक्षणों में दंडी ने भामह की लगभग सभी बातों को समेट लिया, किंतु उन्होंने कुछ स्थूल नियमों और गौण चीजों की विस्तृत सूची उक्त लक्षणों में जोड़ दी। फलतः महाकाव्य के मूलभूत तत्व गौण हो गये और बाह्य लक्षण प्रधान। उन्होंने आरंभ में आशीर्वचन, नमस्क्रिया और वस्तुनिर्देश तथा मध्य में उद्यान-सलिल-क्रीड़ा, मधुपान आदि तत्वों को जोड़ कर महाकाव्य के लक्षणों का अनावश्यक विस्तार किया। ये महाकाव्य के अनिवार्य लक्षण नहीं हैं। संस्कृत के किसी भी महाकाव्य में ये सभी बातें नहीं मिलतीं। विभिन्न सर्गों में भिन्न भिन्न छंदों का उपयोग भी प्रधान लक्षण नहीं है। फिर भी परवर्त्ती कवियों को दंडी के द्वारा निर्दिष्ट लक्षणों ने काफी प्रभावित किया।

रूद्रट के अनुसार लक्षण और उनकी समीक्षा

दंडी की अपेक्षा रूद्रट की परिभाषा अधिक व्यापक और मान्य है। रूद्रट के अनुसार महाकाव्य के निम्नलिखित लक्षण हैं —[1]

(क) महाकाव्य में उत्पाद्य (काल्पनिक) या अनुत्पाद्य कोई लंबी कथा पद्यबद्ध होती है।

(ख) उसमें प्रसंगानुकूल अवांतर कथाएँ होती हैं।

(ग) कथा सर्गबद्ध और नाटकीय तत्वों से युक्त होती है।

(घ) उसमें जीवन की समग्रता का चित्रण होता है और किसी प्रधान घटना जैसे युद्ध या साहसिक कार्य आदि के आश्रय से अलंकृत वर्णन, प्रकृति चित्रण और विभिन्न नगरों, देशों और भुवनों (स्वर्गादि) के वर्णन का विधान होता है।

(ङ) उसका नायक द्विज कुलोत्पन्न सर्वगुणसंपन्न वीर, दिग्विजयी, शक्तिशाली, नीतिज्ञ और कुशल राजा होता है।

(च) उसमें प्रतिनायक और उसके कुल का भी वर्णन होता है।

(छ) उसके अंत में नायक की ही विजय दिखायी जाती है, प्रतिनायक की नहीं।

(ज) उसका कोई महदुद्देश्य, जैसे चतुर्वर्गफल की प्राप्ति होता है, साथ ही उसमें सभी रस भी होते हैं।

(झ) उत्पाद्य महाकाव्यों में प्रारंभ में सन्नगरी वर्णन और नायक के वंश की प्रशंसा होती है।

(ञ) उसमें अलौकिक और अतिप्राकृत तत्व होते हैं, पर मनुष्य कृत असंभव या अस्वाभाविक घटनाएँ नहीं होती हैं।

रूद्रट के लक्षणों की सबसे बड़ी विशेषता यह है कि उन्होंने समग्र जीवन के चित्रण को

---

1. काव्यालंकार षोडशोध्यायः, 2-19

महाकाव्य का प्रधान लक्षण माना है। उनकी यह मान्यता यूरोपीय महाकाव्यों के लक्षणों को भी पूरी तरह व्यक्त करती है। उनके पूर्वाचार्यों ने महान् चरित्र, महान् उद्देश्य, महती घटना आदि की चर्चा की थी पर युग जीवन की समग्रता के चित्रण का उल्लेख नहीं किया था। रूद्रट ने इस कमी की पूर्ति की। इस तरह महदुद्देश्य, महच्चरित्र, महती घटना और समग्र जीवन का रसात्मक चित्रण महाकाव्य के इन चार प्रधान लक्षणों का निर्देश कर उन्होंने महाकाव्य की परिभाषा को अधिक व्यापक और मान्य बना दिया है।

इसके अतिरिक्त उनकी कुछ और विशेषताएँ ध्यातव्य हैं; जैसे– अंत में सत् की विजय जो भारत की चिंताधारा की प्रमुख विशेषता है, का उल्लेख उन्होंने स्पष्ट शब्दों में किया। अन्य आचार्यों ने इसका स्पष्टीकरण नहीं किया था। रूद्रट ने नायक के अतिरिक्त प्रतिनायक का भी उल्लेख किया है। इसका भी उल्लेख दूसरे आचार्यों ने नहीं किया था, पर आज परिवर्तित परिस्थितियों में रूद्रट की इस मान्यता का विशेष महत्व नहीं रह गया है। आधुनिक युग के महाकाव्य में न तो प्रतिनायक की उपस्थिति अनिवार्य है और न नायक की सफलता। कामायनी में प्रतिनायक नहीं है।

रूद्रट की कथानक संबंधी मान्यता भी उल्लेखनीय है। उन्होंने कथा के उत्पाद्य और अनुत्पाद्य दोनों रूपों को उपयोगी माना है। वैसे व्यवहार में महाकाव्य जैसी विशाल विधा की कथा का नितांत काल्पनिक होना असंभव सा या अत्यंत कठिन है, फिर भी कोई प्रतिभाशाली कवि कल्पना से महाकाव्योचित कथा की संभावना कर सके तो वह स्वतंत्र है।

रूद्रट ने आरंभ में मंगलाचरण, वस्तुनिर्देश, एक ही छंद में सर्ग रचना आदि रूढ़ियों को तो छोड़ दिया, परंतु अन्य रूढ़ियों की सूची में कुछ और वृद्धि कर दी। उन्होंने महाकाव्य के आरंभ में सन्नगरीवर्णन और वंश की प्रशंसा की रूढ़ि स्थिर कर दी है।

अविश्वसनीय कार्यों को देवता, गंधर्व आदि से कराने की सलाह देकर मनुष्य स्वभाव की समझ का परिचय दिया है। भामह ने इसे ही 'लोकस्वभाव' का चित्रण कहा था। प्रसंगानुकूल अवांतर कथा की योजना का भी समायोजन पूर्वाचार्यों द्वारा निर्दिष्ट पंच संधियों में हो जाता है। अर्थ प्रकृतियों के रूप में पताका, प्रकरी आदि अवांतर कथाएँ मूल कथा से स्वयं ही संबद्ध हो जाती हैं। इस प्रकार भामह के संक्षिप्ततम लक्षण का विस्तार दंडी और रूद्रट ने अपने ढंग से किया, पर उनके द्वारा निर्दिष्ट अभिव्यंजना शैली को आगे नहीं बढ़ाया जा सका।

रूद्रट के बाद आचार्य हेमचंद्र सूरि ने भी 'काव्यानुशासनम्' में महाकाव्य की परिभाषा दी है,[1] पर उनकी परिभाषा में पूर्वाचार्यों द्वारा निर्दिष्ट लक्षणों को ही दुहराया गया है। उनकी परिभाषा की एक विशेषता यह है कि उन्होंने प्राकृत, अपभ्रंश और ग्राम्य भाषाओं में भी लिखित महाकाव्य को मान्यता दी है।

आचार्य विश्वनाथ के लक्षण और समीक्षा

संस्कृत काव्यशास्त्र के अंतिम आचार्य विश्वनाथ ने 'साहित्य दर्पण' में बड़ी स्पष्टता एवं व्याख्या के साथ महाकाव्य के लक्षण दिये हैं, पर उनकी मान्यता मौलिक नहीं है। वह

---

1. काव्यानुशासन, आठवाँ अध्याय

संकलन ज्यादा है। वह एक प्रकार से दंडी के मत का ही परिवर्तित और परिवर्द्धित संस्करण है। उनकी महाकाव्य विषयक परिभाषा में निम्नलिखित बातें कही गयी हैं–[1]

(क) महाकाव्य का कथानक सर्गबद्ध हो।

(ख) नायक सुर या सद्वंशीय क्षत्रिय हो, उसमें धीरोदात्त नायक के गुण – गंभीरता, क्षमाशीलता, आत्मश्लाघाहीनता, स्थिरता तथा स्वाभिमान हों। एक वंश के कई राजाओं में ये गुण हो सकते हैं और वे भी नायक हो सकते हैं।

(ग) श्रृंगार, वीर और शांत रसों में कोई एक प्रधान और अन्य सहायक हों।

(घ) कथावस्तु में सभी संधियाँ हों।

(ङ) इतिहास प्रसिद्ध या सज्जन चरित्र से संबद्ध कथानक हो।

(च) धर्म, अर्थ, काम और मोक्ष – चतुर्वर्ग की प्राप्ति लक्ष्य हो।

(छ) प्रारंभ में मंगलाचरण, ईश्वर वंदना, आशीर्वचन या कथावस्तु के निर्देश के बाद सज्जनों की प्रशंसा और दुर्जनों की निंदा हो।

(ज) सर्ग के अंत में छंद बदल जायें पर कथा प्रवाह के लिए छंद की एकरूपता आवश्यक है। किसी किसी सर्ग में अनेक छंद भी हो सकते हैं।

(झ) कम से कम आठ सर्ग हों जो न बहुत बड़े हों और न बहुत छोटे।

(ञ) सर्ग के अंत में आनेवाली कथा की सूचना या पूर्वाभास हो।

(ट) यथास्थान और यथावसर संध्या, सूर्य, चंद्र, रात्रि, प्रदोष, अंधकार, दिवा, प्रभात, मध्याह्न, मृगया, पर्वत, ऋतु, वन, सागर, संयोग, वियोग, ऋषि, नगर, यज्ञ, आक्रमण, विवाहोत्सव, मंत्रणा, कुमार जन्म आदि विषयों के सांगोपांग चित्रण हों।

(ठ) महाकाव्य का नाम कवि, कथानक, नायक या अन्य पात्र पर हो सकता है, पर प्रत्येक नाम उसके कार्य विषय के आधार पर ही होना चाहिए।

आचार्य विश्वनाथ के ये लक्षण महाकाव्य की रूढ़ियों से अधिक जुड़े हुए हैं, उसके मूल तत्वों से कम। उन्होंने सर्गों की संख्या निश्चित कर दी जो उचित नहीं है। सर्गों की लंबाई के बारे में दंडी ने कहा था कि वह अतिविस्तृत न हो। विश्वनाथ ने इतना और जोड़ दिया कि वे अत्यंत छोटे भी न हों। विश्वनाथ ने एक सर्ग में अनेक छंदों के प्रयोग को अपवाद रूप में ही स्वीकार किया है। वे सर्गों को छंदों का अजायबघर बनाने की स्वतंत्रता नहीं देते हैं।

केवल तीन रसों– श्रृंगार, वीर और शांत को अंगी मानकर उन्होंने महाकाव्य को संकीर्णता से घेर दिया है। 'रघुवंशम्' के आधार पर गढ़े गये लक्षण कि एक वंशीय कई राजा महाकाव्य के नायक हो सकते हैं, सामान्य लक्षण नहीं कहा जा सकता। ऐसी दशा में कथानक की गति और रसास्वादन में बाधा उत्पन्न हो सकती है।

प्रकृति चित्रण और वस्तु या जीवन व्यापार वर्णन के संबंध में लंबी सूची बनाना अपवादों का ही दरवाजा खोलना है, क्योंकि इस तरह के प्रसंग और विषय अनंत हो सकते हैं।

---

1. साहित्यदर्पण, षष्ठ परिच्छेद:

कवियों को विषय के अनुरूप और घटनानुकूल वर्णनों के चुनाव के लिए स्वतंत्र रखना चाहिए। इस विषय में जिन आचार्यों ने भी वर्णनीय वस्तुओं के नाम गिनाये हैं, वे अव्याप्ति और अतिव्याप्ति दोनों प्रकार के दोषों से ग्रस्त हैं। ऐसी सूची न पर्याप्त है और न आवश्यक।

अनेक सीमाओं से बद्ध और संकीर्णताओं से ग्रस्त होने के बावजूद संस्कृत आचार्यों में आचार्य विश्वनाथ की परिभाषा का ही सर्वाधिक प्रचार हुआ। हिंदी के प्राचीन महाकाव्यों की परख के लिए उन्हीं के मत को आधार बनाया गया।

संस्कृत आचार्य कुछ उपलब्ध महाकाव्यों को दृष्टि में रखकर लक्षण निरूपित करते थे। उनका ध्यान मुख्यत: इस पर केंद्रित रहता था कि महाकाव्य क्या है। इससे ही जुड़ा प्रश्न है, महाकाव्य कैसा होना चाहिए, वह कैसा हो सकता है। इस पर उनका ध्यान कम रहा। यह उस युग की सीमा थी। आज हमारे सामने महाकाव्य की अनेक परिभाषाएँ हैं और उनकी परीक्षा के लिए अनेक महाकाव्य भी। आज के आचार्यों ने महाकाव्य के मूल तत्वों का निर्देश कर बाह्य और गौण तत्वों को छोड़ दिया है। इसलिए उनमें रूढ़िबद्धता नहीं है। दूसरे, महाकाव्य के शिल्प पर संस्कृत आचार्यों ने अपेक्षाकृत कम विचार किया है, जिसकी पूर्ति आधुनिक आचार्यों के विचारों से हो जाती है।

आधुनिक आचार्यों के विचार

आधुनिक युग में हिंदी साहित्य के बड़े **आचार्य रामचंद्र शुक्ल** ने रामचरितमानस और पद्मावत की समीक्षा करते हुए जहाँ तहाँ महाकाव्य के बारे में विस्तार से विचार किया है और उसकी कला का बारीक उद्‌घाटन किया है– ''प्रबंध काव्य में मानव जीवन का एक पूर्ण दृश्य होता है। उसमें घटनाओं की संबंध शृंखला और स्वाभाविक क्रम के ठीक ठीक निर्वाह के साथ साथ हृदय को स्पर्श करने वाले नाना भावों का रसात्मक अनुभव करानेवाले प्रसंगों का समावेश होना चाहिए।''[1] 'संबंध निर्वाह' को स्पष्ट करते हुए उन्होंने लिखा है– ''संबंध निर्वाह पर विचार करते समय सबसे पहले तो यह देखना चाहिए कि प्रासंगिक कथाओं का जोड़ आधिकारिक वस्तु के साथ अच्छी तरह मिला हुआ है या नहीं, अर्थात् उनका आधिकारिक वस्तु के साथ ऐसा संबंध है या नहीं जिससे उसकी गति में कुछ सहायता पहुँचती हो। जो वृत्तांत इस प्रकार संबद्ध न होंगे वे ऊपर से व्यर्थ ठूँसे हुए मालूम होंगे, चाहे उनमें कितनी ही अधिक रसात्मकता हो।''[2]

इससे दो बातें स्पष्ट होती हैं। प्रथम यह कि आधिकारिक कथा और प्रासंगिक कथा एक दूसरे से अनुस्यूत हों। उनके संबंध सहज हों, आरोपित नहीं। इसे आचार्य कुंतक ने पूर्वापर अन्वित क्रम कहा था और अरस्तू ने कार्यान्विति। द्वितीय यह कि आधिकारिक वृत्त के साथ उन्हीं प्रासंगिक वृत्तों को जोड़ना चाहिए जो उसे गति प्रदान करे। दूसरे शब्दों में, प्रासंगिक कथा को आधिकारिक कथा का उपकारक होना चाहिए। आचार्य कुंतक ने इस संबंध को उपकार्य उपकारक भाव कहा है।

संक्षेप में, संपूर्ण मतों पर विचार करने से पता चलता है कि आचार्य शुक्ल ने महाकाव्य

---

1. जायसी ग्रंथावली की भूमिका, पृ० 68
2. वही, पृ० 72

के चार तत्वों को विशेष महत्व दिया है– इतिवृत्त, वस्तु व्यापार वर्णन, भाव व्यंजना तथा संवाद। उनके अनुसार महाकाव्य का इतिवृत्त व्यापक और सुसंगठित होना चाहिए । उसमें ऐसी वस्तुओं और व्यापारों का चित्रण होना चाहिए जो हमें आंदोलित कर दे। भाव व्यंजना विशद, प्रांजल, सुष्ठु और रसानुभूति में पूर्ण समर्थ हो। संवाद रोचक, नाटकीय और औचित्यपूर्ण होने चाहिए। उन्होंने प्रकारांतर से संदेश की महानता एवं शैली की प्रौढ़ता को भी बहुत महत्व दिया है।

डॉ० श्यामसुंदर दास ने महाकाव्य का विवेचन करते हुए उसके आंतरिक तत्व का उल्लेख किया है–"महाकाव्य में एक महत् उद्देश्य का होना आवश्यक है। संस्कृत के साहित्यशास्त्रियों में महाकाव्य के आकार प्रकार और वर्णन विषय के संबंध में बड़ी जटिल और दुरूह व्याख्याएँ की गयी हैं, जिनका आधार लेकर लिखने से बहुत से महाकाव्यों के शरीर अब संघटित हो गये हैं। पर उनमें बहुत थोड़े ऐसे हैं, जो आत्मा के किसी उदात्त आशय, सभ्यता के किसी युग प्रवर्त्तक संघर्ष अथवा समाज की किसी उद्वेगजनक स्थिति को लेकर किसी प्रचंड विचारक या कवि द्वारा लिखे गये हैं, जिन्हें जातीय इतिहास में अनिवार्य स्थान सुलभ हो सके। रामायण, महाभारत, रामचरितमानस आदि की कोटि के सच्चे महाकाव्य शताब्दियों में दो एक लिखे जाते हैं।"[1] इस परिभाषा से स्पष्ट है कि युग जीवन के संघर्ष की व्यंजना महाकाव्य का सर्वाधिक प्रमुख लक्षण है।

डॉ० गुलाबराय ने महाकाव्य का लक्षण निरूपित करते हुए लिखा है–"महाकाव्य वह विषय प्रधान काव्य है जिसमें अपेक्षाकृत बड़े आकार में जाति में प्रतिष्ठित और लोकप्रिय नायक के उदात्त कार्यों द्वारा जातीय भावनाओं, आदर्शों और आकांक्षाओं का उद्‌घाटन किया जाता है।"[2]

आचार्य नंददुलारे वाजपेयी ने महाकाव्य के तीन प्रमुख लक्षण माने हैं–"महाकाव्य के तीन प्रमुख लक्षण माने जा सकते हैं। प्रथम, रचना का प्रबंधात्मक या सर्गबद्ध होना। द्वितीय, उसकी शैली का गांभीर्य और तृतीय, उसमें वर्णित विषय की व्यापकता और महत्व। इनके अतिरिक्त भी अन्य उपनियम हो सकते हैं, किंतु मैं उनका समावेश इन्हीं तीन लक्षणों में करना चाहूँगा।"[3] इसमें वाजपेयी जी ने प्रमुख अंतर्बाह्य लक्षणों को समेट लिया है।

डॉ० नगेंद्र उदात्त को महाकाव्य का प्राण तत्व मानते हैं। उन्होंने महाकाव्य का विवेचन करते हुए लिखा है– "मैं महाकाव्य के उन्हीं मूल तत्वों को लेकर चलूँगा जो देशकाल सापेक्ष नहीं हैं, जिनके अभाव में किसी भी देश अथवा युग की कोई रचना महाकाव्य नहीं बन सकती और जिनके सद्‌भाव में परंपरागत शास्त्रीय लक्षणों की बाधा होने पर भी किसी वृत्त को महाकाव्य के गौरव से वंचित नहीं किया जा सकता। ये मूल तत्व हैं– 1. उदात्त कथानक 2. उदात्त कार्य अथवा उद्देश्य 3. उदात्त चरित्र 4. उदात्त भाव और 5. उदात्त शैली । अर्थात् उदात्त ही महाकाव्य का प्राण है।"[4] प्राचीन यूनानी आलोचक लोंजाइनस का दिया हुआ शब्द उदात्त

---

1. साहित्यालोचन (12 वाँ संस्करण, सं० 2015) पृ० 94-95
2. काव्य के रूप (चतुर्थ संस्करण), पृ० 89
3. आधुनिक साहित्य (द्वितीय संस्करण) पृ० 106-107
4. कामायनी के अध्ययन की समस्याएँ, पृ० 12

सचमुच महाकाव्य की गरिमा को व्यक्त करने में पूरी तरह समर्थ है। डॉ० नगेंद्र ने उसका अच्छा उपयोग किया है।

कतिपय हिंदी शोधप्रज्ञों के विचार

महाकाव्यों की प्रवृत्तियों, उसके स्वरूप विकास आदि पर शोध करने वाले कुछ विद्वानों के विचार भी द्रष्टव्य हैं। **डॉ० प्रतिपाल सिंह** के अनुसार– ''महाकाव्य वह विषय प्रधान रुचिर रचना है जिसमें जातीय संस्कृति के महाप्रवाह, सभ्यता के उद्गम संगम, युग प्रवर्तक संघर्ष, महच्चरित्रों के विराट उत्कर्ष, समाज की उद्वेगजनक स्थिति, आत्मा के किसी उदात्त आशय अथवा रहस्य का उद्‌घाटन किया जाये।''[1] इस परिभाषा में डॉ० श्याम सुंदरदास और डॉ० गुलाबराय की परिभाषाओं का स्पष्ट प्रभाव देखा जा सकता है।

'हिंदी महाकाव्य के स्वरूप विकास' पर शोध करनेवाले विद्वानों में डॉ० शंभूनाथ सिंह का स्थान सर्वोच्च है। उन्होंने बड़े श्रम से शोध किया है और कुछ मौलिक स्थापनाएँ भी की हैं। उन्होंने महाकाव्य के संबंध में प्रचलित प्रायः सभी मतों का सार प्रस्तुत करते हुए लिखा है– ''महाकाव्य वह छंदोबद्ध कथात्मक काव्यरूप है जिसमें क्षिप्र कथा प्रवाह या अलंकृत वर्णन अथवा मनोवैज्ञानिक चित्रण से युक्त ऐसा सुनियोजित, सांगोपांग और जीवंत लंबा कथानक होता है जो रसात्मकता या प्रभावान्विति उत्पन्न करने में पूर्ण समर्थ होता है, जिसमें यथार्थ, कल्पना या संभावना पर आधारित ऐसे चरित्र या चरित्रों के महत्वपूर्ण जीवनवृत्त का पूर्ण या आंशिक चित्रण होता है जो किसी युग के सामाजिक जीवन का किसी न किसी रूप में प्रतिनिधित्व करते हैं, और जिसमें किसी महत्प्रेरणा से परिचालित होकर किसी महदुद्देश्य की सिद्धि के लिए किसी महत्वपूर्ण, गंभीर अथवा आश्चर्योत्पादक और रहस्यमय घटना या घटनाओं का आश्रय लेकर संश्लिष्ट और समन्वित रूप से जाति विशेष और युग विशेष के समग्र जीवन के विविध रूपों, पक्षों, मानसिक अवस्थाओं अथवा नाना रूपात्मक कार्यों का वर्णन और उद्‌घाटन किया गया रहता है और जिसकी शैली इतनी उदात्त और गरिमामयी होती है कि युग युगांतर में उस महाकाव्य को जीवित रहने की शक्ति प्रदान करती है।''[2] डॉ० सिंह मानते हैं कि महाकाव्य मानव की कलात्मक प्रतिभा की सर्वोत्तम देन है। उसका बाह्य रूप परिवर्तनशील होता है, पर आंतरिक रूप शाश्वत। दरअसल लंबे अंतराल के बाद महाकाव्य के आंतरिक ढाँचे और मूल्यों में भी धीरे धीरे परिवर्तन आता है, इस तथ्य से इनकार नहीं किया जा सकता। डॉ० सिंह की परिभाषा में कसावट नहीं है। वास्तव में वह परिभाषा नहीं, व्याख्या है। वह अनेक बार 'या' 'अथवा' 'और' के प्रयोगों से बोझिल हो गयी है।

डॉ. गोविंदराम शर्मा ने अपने शोध प्रबंध में महाकाव्य की परिभाषा इस प्रकार दी है– ''महाकाव्य एक ऐसी छंदोबद्ध प्रकथनात्मक रचना होती है, जिसमें विषय की व्यापकता और नायक की महानता के साथ साथ कथावस्तु की एकसूत्रता, छलकता हुआ रस प्रवाह, वर्णन विशदता, उदात्त भाषा शैली, जीवन का यथासाध्य सर्वांगीण चित्रण और जातीय भावनाओं तथा संस्कृति की सुंदर अभिव्यक्ति होती है।''[3]

---

1. बीसवीं शताब्दी पूर्वार्द्ध के महाकाव्य, पृ० 19
2. हिंदी महाकाव्य का स्वरूप विकास (प्रथमावृत्ति), पृ० 108
3. हिंदी के आधुनिक महाकाव्य, पृ० 43

हिंदी महाकाव्य के शोधप्रज्ञ **डॉ० श्यामनंदन किशोर** की दृष्टि में–"महाकाव्य मर्मस्पर्शी घटनाओं पर आधारित एक महान् कवि की ऐसी छंदोबद्ध पंक्ति है, जिसमें मानव जीवन की किसी ज्वलंत समस्या का व्यापक प्रतिपादन, किसी महान् उद्देश्य की पूर्ति या जातीय संस्कृति के महा प्रवाह का उद्‌घाटन, उदात्त वर्णन शैली, व्यंजक भाषा, पूर्ण रसात्मकता और उच्चकोटि के शिल्पविधान द्वारा किया जाता है और जिसका नायक किसी भी लिंग, जाति या वंश का होकर भी अपने गुणों से कवि के आदर्शों को मूर्तिमान करने वाला होता है।"[1]

एक अन्य शोधप्रज्ञ **डॉ० देवी प्रसाद गुप्त** ने अपनी परिभाषा में प्राचीन और नवीन दोनों महाकाव्यों के आदर्शों का समन्वय करते हुए लिखा है– "महाकाव्य वह महत् काव्य रूप है, जिसमें व्यापक कथानक, विराट चरित्र कल्पना, गंभीर अभिव्यंजना शैली, विशिष्ट शिल्प विधि और मानवतावादी जीवन दृष्टि से उसका रचयिता युग जीवन के उन्नत बोध को सांस्कृतिक पृष्ठभूमि पर प्रतिफलित करता है। संक्षेप में, श्रेष्ठ महाकाव्य की रचना मानवता के मंगलमय आख्यान और लोकमानस की चेतना के आकलन का सांस्कृतिक प्रयास होती है।"[2]

महाकाव्य की परिभाषाओं का वृत्त अधूरा ही रह जायगा यदि सर्जक के विचारों को न रखा जाये। शोधकर्त्ताओं ने तो विभिन्न परिभाषाओं को मिलाकर एक परिभाषा गढ़ने की कोशिश की है, पर कवियों के विचार में मौलिकता है। वे व्यवहार से निकले हुए सिद्धांत हैं, इसलिए अधिक प्रामाणिक हैं।

'तारकवध' की भूमिका में कविवर सुमित्रानंदन पंत ने लिखा है– "महाकाव्य मानव सभ्यता के संघर्ष तथा सांस्कृतिक विकास का जीवंत पर्वताकार दर्पण होता है जिसमें अपने मुख को देखकर मानवता अपने को पहचानने में समर्थ होती है।"[3] पंत ने इस छोटी सी परिभाषा में 'सभ्यता के संघर्ष' द्वारा मनुष्य की तमाम भौतिक उपलब्धियों और 'सांस्कृतिक विकास' द्वारा आत्मिक उपलब्धियों को समेट लिया है। मानवता का अपना मुख देखने और पहचानने से तात्पर्य है कि महाकाव्य में उत्कृष्ट मानवीय गुण प्रतिबिंबित होते हैं।

राष्ट्रकवि रामधारी सिंह दिनकर के अनुसार, "महाकाव्य की रचना मनुष्य को विकल करनेवाली अनेक भावधाराओं के बीच सामंजस्य लाने का प्रयास है। महाकाव्य की रचना समय के परस्पर विरोधी प्रश्नों के समाधान की चेष्टा है। जब परंपरा से आने वाले महान् प्रश्नों और भावों की अनुभूति में परिवर्तन होने लगता है, तब इस परिवर्तित संस्कार को चित्रित करने के लिए महाकाव्य लिखे जाते हैं। विश्व के महाकाव्य मनुष्यता की प्रगति के मार्ग में मील के पत्थरों के समान होते हैं। वे व्यंजित करते हैं कि मनुष्य किस युग में कहाँ तक प्रगति कर सका है।[4] दिनकर के विचारों में नवीनता है। उनके कथन से यह प्रकट होता है कि महाकाव्य सर्वश्रेष्ठ काव्यरूप है।

भारत के महान कवि **रवींद्र नाथ ठाकुर** ने अपनी उदात्त काव्यात्मक शैली में महाकाव्य

1. आधुनिक हिंदी महाकाव्यों का शिल्प-विधान (प्रथम संस्करण), पृ० 75
2. हिंदी महाकाव्य : सिद्धांत और मूल्यांकन (प्रथम संस्करण), पृ० 30
3. तारकबध, प्राक्कथन, पृ० 1
4. अर्द्धनारीश्वर, पृ० 46

के बारे में लिखा है– ''मन में जब एक महत् व्यक्ति का उदय होता है, सहसा जब एक महापुरुष कवि के कल्पना राज्य पर अधिकार आ जमाता है, मनुष्य चरित्र का उदार महत्व मनश्चक्षुओं के सामने अधिष्ठित होता है तब उसके उन्नत भावों से उद्दीप्त होकर उस परम पुरुष की प्रतिमा प्रतिष्ठित करने के लिए कवि भाषा का मंदिर निर्माण करते हैं। उस मंदिर की भित्ति गंभीर अंतर्देश में रहती है और उसका शिखर मेघों को भेद कर आकाश में उठता है। उस मंदिर में जो प्रतिमा प्रतिष्ठित होती है उसके देवभाव से मुग्ध पुण्य किरणों से अभिभूत होकर नाना दिग्देशों से आ आकर लोग उसे प्रणाम करते हैं। इसी को कहते हैं महाकाव्य।''[1] इस रूपक के द्वारा कवि ने महाकाव्य के कई महत्वपूर्ण तत्वों का उल्लेख किया है। विराट चरित्र की कल्पना को वे सर्वाधिक महत्व देते हैं। 'मंदिर' से स्थापत्य कौशल और पवित्रता का बोध होता है। 'भित्ति' पृथ्वी में और 'शिखर' मेघों में होने का मतलब है उसमें गहरे यथार्थ की अभिव्यक्ति विराट कल्पना की उड़ान के द्वारा होती है। कवींद्र रवींद्र के इस लक्षण में मौलिकता और ताजगी है।

महाकाव्य विषयक पाश्चात्य मत

पाश्चात्य विचारकों में सर्वप्रथम अरस्तू ने महाकाव्य विषयक अपनी मान्यताएँ उपस्थित की हैं। उन्होंने महाकाव्य की कोई परिभाषा नहीं दी है, फिर भी 'काव्यशास्त्र' के खंड 22, 23 और 24 में उन्होंने महाकाव्य के स्वरूप का विवेचन किया है,[2] जिन्हें हम सुविधानुसार निम्नलिखित खंडों में बाँट कर देखेंगे–

1. महाकाव्य वर्णनात्मक शैली में लिखा गया महान् और लंबी पद्यबद्ध कथा है।
2. इसमें मुख्य कथा के साथ अवांतर कथाएँ होती हैं।
3. कथानक का विकास नाटकीय होता है और घटनाओं में एक निश्चित कार्यान्विति होती है। अन्विति से अभिप्राय एक व्यक्ति की कथा से नहीं, कार्य की एकसूत्रबद्धता से है। प्रबंध की भिन्न भिन्न घटनाएँ इस प्रकार सूत्रबद्ध होती हैं कि उनमें से एक के भी हटने से संपूर्ण रचना प्रभावित होती है।
4. महाकाव्य का आकार नाटक से विस्तृत होता है, पर उसका विस्तार एक ही दृष्टि में दिखायी पड़नेवाले प्राणी के समान होता है। उसमें एक ही कार्य आदि, मध्य और अवसान से युक्त अपने आप में पूर्ण होता है। समस्त उपाख्यान इसी मूल सूत्र में गुंफित होते हैं।
5. जीवन के सांगोपांग वर्णन के साथ असंभव का भी समावेश होता है। इससे कौतूहल की सृष्टि होती है। लेकिन उसमें संभाव्यता होनी चाहिए। अरस्तू के शब्दों में– ''महाकवि को असंभव प्रतीत होनेवाली घटनाओं की अपेक्षा संभव प्रतीत होनेवाली असंभव घटनाओं का चित्रण करना चाहिए।'' पर ऐसी बातों के चित्रण की प्रवृत्ति कम होनी चाहिए।
6. पात्र महान् होना चाहिए।

---

1. मेघनादवध की भूमिका, पृ० 159-60
2. अरस्तू का काव्यशास्त्र (डॉ० नगेंद्र) पृ० 44-50

7. महाकाव्य दो प्रकार के होते हैं– सरल और जटिल। घटनाओं के स्वरूप और काव्य में प्रयुक्त तत्वों के आधार पर ये दो भेद माने गये हैं।
8. भाषा और भाव का परस्पर अनुकूलत्व और सहज अलंकृति महाकाव्य की भाषा के विशेष गुण हैं।
9. उपलब्ध साहित्य के आधार पर अरस्तू ने महाकाव्य की रचना आद्यंत एक ही छंद में उचित मानी है और षट्पदी (हेक्सामीटर) के रूप में उसका प्रकार निश्चित कर दिया है।
10. कला का उद्देश्य अनुकरण के द्वारा आनंद प्रदान करना है और आनंद प्रदान कर शिक्षा देना है।

अरस्तू की उपर्युक्त मान्यताएँ मुख्यत: विकसनशील महाकाव्यों की विशेषताओं को ही व्यक्त करती हैं। अरस्तू के बाद यूरोप में महाकाव्य के लक्षण निरूपित करने का उल्लेखनीय प्रयास कई शताब्दियों तक नहीं दिखायी पड़ता ।

सी० एम० बावरा के मत

आधुनिक युग में अंग्रेजी के एक प्रसिद्ध आलोचक सी० एम० बावरा ने महाकाव्य की परिभाषा इस प्रकार दी है– ''सर्वसम्मति से महाकाव्य वह कथात्मक काव्यरूप है जिसका आकार बृहत् होता है, जिसमें महत्वपूर्ण और गरिमायुक्त घटनाओं का वर्णन होता है और जिसमें कुछ चरित्रों की क्रियाशील जीवन कथा, विशेषकर भयंकर कार्यों जैसे युद्ध आदि से युक्त जीवन कथा होती है। उसके पढ़ने के बाद हमें विशेष प्रकार का आनंद प्राप्त होता है क्योंकि उसकी घटनाएँ और पात्र हमारे भीतर मनुष्य की महानता, गौरव और उपलब्धियों के प्रति दृढ़ आस्था उत्पन्न करते हैं।''[1] यह परिभाषा महाकाव्य के केवल अंतरंग पर एक हद तक प्रकाश डालती है। अभिव्यंजना का स्वरूप इससे स्पष्ट नहीं होता है।

एबरक्रोम्बी के मत

बावरा से कुछ ही भिन्न विचार एबरकोम्बी के हैं। उनका कहना है– ''बड़े आकार के कारण ही कोई काव्य महाकाव्य नहीं हो जाता। जब उसकी शैली महाकाव्य की शैली होगी तभी उसे महाकाव्य माना जा सकता है और वह शैली कवि की कल्पना, विचारधारा तथा उनकी अभिव्यक्ति से जुड़ी रहती है। उस शैली के महाकाव्य हमें एक ऐसे लोक में पहुँचा देते हैं, जहाँ कुछ भी महत्वहीन और असारगर्भित नहीं होता। महाकाव्य के भीतर एक पुष्ट, स्पष्ट और प्रतीकात्मक उद्देश्य होता है जो उसकी गति का आद्यंत संचालन करता है।''[2] अपेक्षाकृत अधिक तत्वों को समेटने के बाद भी इसमें महाकाव्य की रूपगत विशेषताओं का अभाव है।

डब्ल्यू पी० केर के मत

डब्ल्यू पी० केर की परिभाषा अपेक्षाकृत अधिक पूर्ण और स्पष्ट है– ''महाकाव्य में चरित्रों की कल्पना बहुत ही स्पष्ट और संपूर्ण रूप में की जाती है, अत: उनकी विभिन्न मनस्थितियों और समस्याओं के चित्रण के कारण महाकाव्य में नाना प्रकार के दृश्यों और गुणों

---

1. सी० एम० बावरा - फ्रॉम बर्जिल टू मिल्टन, पी० आई० लंदन, 1945
2. द एपिक, पृ० 41-42

का चित्रण स्वभावत: हो जाता है। इस प्रकार उसमें समग्र जीवन के कार्यकलाप जीवन कथा का रूप धारण कर लेते हैं। महाकाव्य की सफलता कवि की कल्पना शक्ति और उसके चरित्र चित्रण पर निर्भर करती है। महाकाव्य माने जाने वाले कुछ काव्य ग्रंथों के कथानक में यद्यपि नाटकीय गुण नहीं होते और नवीन दृश्यों और साहसपूर्ण कार्यों की प्रधानता होते हुए भी उनका नायक महत्वहीन होता है, फिर भी ऐसे कथानकों में एक प्रकार की गरिमा होती है जिससे वे महाकाव्य माने जाते हैं।"[1] केर की इस परिभाषा की परिधि में विकसनशील, शास्त्रीय या रोमांचक महाकाव्यों की सामान्य विशेषताएँ तो समाहित हैं, पर स्वच्छंदतावादी महाकाव्य इसके घेरे से बाहर पड़ जाते हैं। हिंदी के आधुनिक महाकाव्य कामायनी में मनोवैज्ञानिक चित्रण और दार्शनिक विचारों की प्रमुखता है, परंतु उसमें समग्र जीवन के विविध रूप और घटनाओं का सीधा चित्रण नहीं हुआ है। फिर भी एक ही महत्वपूर्ण घटना के कारण वह महाकाव्य कहलाने का अधिकारी है। इस विचार की कमी महान् स्वच्छंदतावादी विचारक वाल्टेयर से पूरी होती है।

वाल्टेयर के मत

वाल्टेयर के मत को समीचीन मानते हुए डिक्सन ने उसे अपनी पुस्तक में उद्धृत किया है— "मान्य लक्षणों के होने या न होने से ही कोई काव्य महाकाव्य नहीं बन जाता। ऐसे काव्य ग्रंथ ही महाकाव्य नाम के अधिकारी हैं जिनमें किसी एक महान् घटना का वर्णन होता है और जिन्हें समाज व्यवहारत: महाकाव्य मानने लगता है। चाहे वह घटना सरल हो या जटिल, चाहे वह इलियट की तरह एक स्थान पर घटित हो या ओडेसी की तरह उसका नायक संसार भर में भटकता फिरे, चाहे उसमें एक नायक हो या अनेक, चाहे वे अभागे हों या सौभाग्यशाली, एचिलीस की तरह भयंकर क्रोधी हों या एनियास की तरह धर्मात्मा, चाहे वे राजा हों, या सेनापति, या इनमें से कुछ भी न हों, चाहे उसके दृश्य हिंद महासागर के हों जैसे केमॉस के लूसियाडा में, या पश्चिमी द्वीप के हों, चाहे वे स्वर्ग के हों या नरक के, इससे कुछ नहीं बनता बिगड़ता। इसके बावजूद कोई काव्य तब तक महाकाव्य कहा जाता रहेगा जब तक आप उसके गुणों के अनुरूप उसका कुछ और नामकरण नहीं कर देते।"[2] निश्चय ही इस परिभाषा से महाकाव्य के कड़े बंधन शिथिल पड़े हैं। वाल्टेयर के अनुसार महाकाव्य का असर ही ऐसा होता है जिसका अनुभव समाज अपनी सहज बुद्धि से कर लेता है। महाकाव्य परंपरागत बाह्य लक्षणों पर नहीं समाज की स्वीकृति पर आधृत होता है। वाल्टेयर ने महाकाव्य के लिए बस एक ही शर्त रखी है और वह है घटना का महान् या गरिमामय होना। डिक्सन ने यह मानने से इनकार किया कि महाकाव्य में कल्पित और विश्वसनीय तत्व नहीं होने चाहिए। यदि इसे दृढ़तापूर्वक स्वीकार किया जाय तो अनेक महान् महाकाव्यों को इस श्रेणी से बाहर करना पड़ेगा।[3]

पश्चिम के 19वीं शताब्दी के कवियों ने महाकाव्य की रचना में पर्याप्त स्वच्छंदता से काम लिया। उन्होंने यह दिखा दिया कि हमेशा वर्णनात्मक शैली में ही महाकाव्य नहीं रचा

---

1. डब्ल्यू० पी० केर एपिक एंड रोमांस, पृ० 17
2. इंगलीश एपिक एण्ड हिरोइक पोइट्री" में मैकनील डिक्सन द्वारा उद्धृत, पृ० 9
3. वही, पृ० 18-19

जाता। उसकी रचना नाट्य शैली में भी संभव है। उदाहरण के लिए टेनीसन का 'आडिल्स ऑफ दि किंग' को लिया जा सकता है जिसमें आर्थर के दरबार में अनेक दरबारियों द्वारा कथाएँ कहलायी गयीं। बीसवीं शताब्दी में हार्डी द्वारा रचित 'द डाइनेस्ट्स' की कथा पात्रों के स्वगत कथन के रूप में कही गयी है। ब्राउनिंग के 'द रिंग एण्ड द बुक' में कवि का उद्देश्य महान् घटना और चरित्रों का वर्णन नहीं, वरन् मनोवैज्ञानिक चित्रण है। इस तरह महाकाव्य के स्वरूप में युग के साथ शैली, विषय आदि में विविधता आती गयी है। इसलिए महाकाव्य को लेकर एक सामान्य और निश्चित परिभाषा बनाना असंभव है। अत: 'विदेशों के महाकाव्य' नामक पुस्तक की भूमिका में ठीक ही कहा गया है– ''संसार में जितने राष्ट्र और जितने कवि हैं, महाकाव्य की सचमुच उतनी ही परिभाषाएँ हैं और महाकाव्य रचना के उतने ही नियम हैं।''[1]

प्राच्य और पाश्चात्य आलोचकों के लक्षणों को देखने से इतना स्पष्ट हुआ कि महाकाव्य के कुछ स्थायी और अंतरंग तत्वों से संबंध रखनेवाले लक्षणों में विशेष अंतर नहीं है। दोनों लगभग एक हैं। महान् उद्देश्य, महान् घटना, तीव्र प्रभावान्विति या रस की दृष्टि से दोनों एक मत हैं। नायक के चरित्र को लेकर थोड़ा मतांतर है। इन्हीं कुछ ऊपरी बातों को लेकर मतभेद है जो देशकाल के भेद के कारण स्वभाविक है। पश्चिम में बाह्य औपचारिक विशेषताओं पर विद्वानों ने उतना बल नहीं दिया। ''उनकी दृष्टि में महान कथानक– उसमें विस्तार और वैविध्य, तर्क सम्मत जटिलता, नाट्य गुण, जीवन की समग्रता का अंतर्भाव, बृहत् आकार और समर्थ शैली ही महाकाव्य की अनिवार्य विशेषताएँ हैं।''[2]

इस तथ्य को ध्यान में रखते हुए हम महाकाव्य की परिभाषाओं का सिलसिला यहाँ समाप्त करते हैं। हमने प्राच्य एवं पाश्चात्य, प्राचीन एवं अर्वाचीन इतने आचार्यों की परिभाषाएँ उद्धृत की हैं, जिनके आधार पर एवं कुछ युगांतकारी महाकाव्यों को ध्यान में रखकर महाकाव्य के सामान्य एवं सर्वव्यापी लक्षण स्थिर कर सकते हैं। लेकिन इस बात को नहीं भूलना है कि महाकाव्य इनमें कुछ लक्षणों के बाहर जाकर भी रचे जा सकते हैं और रचे जायेंगे।

प्राच्य एवं पाश्चात्य महाकाव्य के सामान्य लक्षण

यहाँ महाकाव्य के सामान्य लक्षणों का विवेचन कुछ शीर्षकों में बाँट कर किया जा रहा है।

महत्वपूर्ण कथानक - महाकाव्य का सर्वप्रमुख तत्व कथानक है। विस्तार और सुसंगठन कथानक की महत्वपूर्ण विशेषताएँ हैं, लेकिन घटनाओं का जाल बुनकर महाकाव्य को अत्यधिक विस्तृत करना भी घातक है। इससे उलझन पैदा होती है। महाकाव्य के विस्तार को नियमित करने के लिए पश्चिमी विचारक तासों ने सामान्य मनुष्य की स्मरण शक्ति को कसौटी बनाया है। यानी महाकाव्य का विस्तार उतना ही होना चाहिए जितना एक सामान्य पाठक की स्मृति उसे धारण कर सके।[3] महाकाव्य में अनेक अवांतर कथाएँ होती हैं। ये कथाएँ मुख्य कथा से निश्चित अनुपात में संबद्ध होती हैं और उसकी सहायक होती हैं। पीछे हमने

---

1. 'द बुक ऑफ एपिक' का अनुवाद 'विदेशों के महाकाव्य'' अनु० गोपी कृष्ण गोपेश, पृ० 13
2. आधुनिक हिंदी काव्य की रूप-विधाएँ (डॉ० निर्मला जैन), पृ० 90
3. 'विदेशों के महाकाव्य', पृ० 87

इससे संबद्ध आचार्य शुक्ल के मत को देखा है। इसे ही पश्चिमी आलोचक अरस्तू ने कार्यान्विति कहा है। लेकिन विकसनशील महाकाव्यों (महाभारत, रामायण, इलियड, ओडेसी आदि) में यह नियम सख्ती से लागू नहीं किया जा सकता, क्योंकि वे प्रायः एक व्यक्ति और एक समय की रचनाएँ नहीं हैं। कई लोगों ने अपने उद्देश्य, धर्म, उपदेश आदि को बाद में उसमें घुसा दिया है।

नाटक की संधियाँ महाकाव्य के कथानक में भी होती हैं, लेकिन दोनों में अंतर यह है कि नाटक में केवल संवाद होता है जबकि महाकाव्य में वर्णन होता है। वैसे महाकाव्य नाटक से संवाद, सक्रियता, सर्ग विभाजन, संधि आदि ग्रहण कर अपना आकर्षण और बढ़ा लेता है। उसमें गीतिकाव्य और नाटक दोनों की शैलियों का भी समन्वय देखा जाता है।[1]

महाकाव्य अपने कथानक में अतिप्राकृत, आश्चर्यजनक एवं चमत्कारपूर्ण तत्वों को भी समेटता है। ये तत्व यद्यपि विश्वसनीय नहीं होते, पर उनकी कोशिश उसे विश्वसनीय बनाने की बराबर रहती है। आधुनिक महाकाव्य में इस अति प्राकृत तत्व की भारी कमी हुई है।

कथानक का एक बड़ा गुण उसका प्रवाहपूर्ण होना है। इसके बिना उसमें शिथिलता आती है। कथानक कहाँ से ग्रहण किया जाय, इसके संबंध में कोई निश्चित नियम नहीं है, पर महाकवि कथावस्तु का चयन प्रायः इतिहास, पुराण, कथा, आख्यायिका, प्राचीन साहित्य, प्राचीन महाकाव्य आदि से करते हैं। सामग्री समसामयिक जीवन से भी ली जा सकती है और वह विशुद्ध कवि की कल्पना पर भी आश्रित रह सकती है।

महाकाव्य के कथानक के सुसंगठन के लिए सर्गों का विधान किया गया है। कथानक के संयोजन एवं विभाजन के लिए सर्ग योजना अपेक्षित है। 'सर्ग' के बदले कोई भी नाम हो सकता है। जैसे– कांड, पर्व, प्रकाश, समय, अध्याय आदि। सर्गों की संख्या निर्धारित नहीं की जा सकती, यद्यपि इस तरह की भूल आचार्य विश्वनाथ ने की है। पाश्चात्य आलोचकों ने सर्ग का विधान नहीं किया है। लेकिन व्यवहार में वहाँ के सभी महाकाव्य सर्गबद्ध हैं।

महत्वपूर्ण चरित्र – महाकाव्य का दूसरा प्रमुख तत्व महत्वपूर्ण चरित्रों की सर्जना है। महाकाव्य में प्रायः दो प्रकार के चरित्र होते हैं– आदर्श और यथार्थ । महाकवि जब मानवीय कमजोरियों से रहित निर्दोष चरित्र की कल्पना करता है, तब आदर्श चरित्र की सृष्टि होती है। भारतीय आचार्यों ने आदर्श चरित्र को धीरोदात्त नायक कहा है। ऐसे ही चरित्र महाकाव्य के नायक होते हैं। पाश्चात्य विचारक भी इससे सहमत हैं। आदर्श नायक कई तरह के होते हैं– महान् वीर, महान् त्यागी, महान् प्रेमी, महान् देशभक्त, महान् सम्राट और राजनीतिज्ञ, महान् विजेता आदि। महाकाव्य नायिका प्रधान भी हो सकता है। इसकी नायिका विदुषी, सती साध्वी, वीर आदि हो सकती है। आदर्श का स्वरूप हर युग में बदलता रहता है। 'रामायण' के राम भी आदर्श नायक हैं और 'रामचरितमानस' के राम भी, पर दोनों के स्वरूप में बड़ा अंतर है।

कुछ महाकाव्यों में यथार्थ चरित्रवाले व्यक्तियों को नायक बनाया जाता है। इनमें पात्र अपनी समस्त कमजोरियों और खूबियों के साथ अत्यंत स्वाभाविक रूप में उपस्थित होते हैं। 'कामायनी' के मनु को यथार्थ नायक कहा जा सकता है। दांते ने 'डिवाइना कामेडिया' में अपने

1. बंकिम निबंधावली (अनु० रूपनारायण पांडेय), पृ० 52

आपको ही नायक के रूप में स्वाभाविकता के साथ चित्रित किया है। नायक जैसा भी हो वह अत्यंत महत्वपूर्ण होता है। वह प्रधान कथा या घटना का चालक होता है। वह संपूर्ण महाकाव्य का मेरुदंड होता है। रवींद्रनाथ ठाकुर ने तो उसे महाकाव्य का प्रेरक ही कहा है।

नायक मिथकीय, ऐतिहासिक या कल्पित किसी भी प्रकार के हो सकते हैं। प्रायः वे अलौकिक शक्तियों से युक्त होते हैं। वे देव, गंधर्व, राक्षस, मनुष्य कुछ भी हो सकते हैं, पर उसकी महत्ता स्वाभाविकता में ही है। यानी परमेश्वर को भी मनुष्य बनाकर ही चित्रित करना पड़ेगा। उदाहरणार्थ 'कुमारसंभवम्' के नायक शिव देवता हैं। कालिदास ने उनका चित्रण यथार्थ मनुष्य के रूप में किया है। 'रामचरितमानस' के राम ब्रह्म हैं। लेकिन 'नर चरित' करते दिखाये गये हैं। इस तरह नायक के लिए निम्नांकित लक्षण आवश्यक हैं।

(क) वह यथार्थ मानव के रूप में चित्रित हो।

(ख) अपनी समस्त खूबियों खराबियों के रहते हुए अपने कार्य से महान् हो।

(ग) अन्य पात्रों की अपेक्षा ज्यादा महत्वपूर्ण हो।

(घ) महदुद्देश्य की सिद्धि के लिए सतत क्रियाशील रहे।

(ङ) जातीय जीवन के संघर्षों, आशा और आकांक्षाओं का प्रतिनिधित्व करता हो।

समग्र युग जीवन का चित्रण – महाकवि अपनी व्यापक संवेदना और विराट कल्पना शक्ति के द्वारा स्वभावतः संपूर्ण युग को चित्रित करता है। वह समाज और राष्ट्र के सांस्कृतिक उत्थान पतन की भूमिका प्रस्तुत करता है। उसमें सामाजिक व्यवस्था, राष्ट्रीय मर्यादा, सभ्यता का विकास, प्रकृति, समाज की चिंताधारा, संघर्ष, सपने आदि सब कुछ प्रतिबिंबित होते हैं। भारतीय और पश्चिमी आचार्यों ने जो महाकाव्य में वस्तु व्यापार की लंबी सूची दी है, उसका तात्पर्य मानव जीवन के विविध पक्षों का सांगोपांग वर्णन करना ही है।

महत्कार्य या महान् घटना – महाकाव्य में एक महान् घटना अवश्य होती है। अन्य सारी गौण घटनाओं का प्रवाह इसी ओर उन्मुख होता है। यथा– 'रामचरितमानस' में राम रावण युद्ध महत्कार्य या महान् घटना है। इसी को पश्चिमी नाटकों या महाकाव्यों में चरम बिंदु (क्लाइमेक्स) कहा जाता है, पर आधुनिक स्वच्छंदतावादी महाकाव्यों में महत्कार्य का रूप भिन्न प्रकार का होता है। 'कामायनी' में महान् घटना नाम की चीज दूसरे रूप में दिखायी पड़ती है। सामान्य घटना के द्वारा भी कवि किसी महत्वपूर्ण समस्याओं की अभिव्यक्ति और फिर उसका मनोवैज्ञानिक या दार्शनिक विश्लेषण प्रस्तुत करता है।

रसात्मकता और प्रभावान्विति – भारतीय आचार्यों ने महाकाव्य में रस व्यंजना को आवश्यक माना है। रस काव्य की आत्मा है। महाकाव्य में तो वह और गंभीरता एवं तीव्रता के साथ उपस्थित रहता है। महाकाव्य की सफलता इसी पर आधारित है। पाठकों को रस में डुबा कर उसके व्यक्तित्व को अनायास बदल देना महाकाव्य की विशेषता है।

कुछ आचार्यों ने महाकाव्य में वीर, शृंगार और शांत में किसी एक रस को प्रधान माना है, पर यह घेराबंदी ठीक नहीं है। कोई भी रस प्रधान हो सकता है। आचार्य रूद्रट ने महाकाव्य के सिंहासन पर जमने के लिए सारे रसों का दरवाजा खोल दिया।

पाश्चात्य साहित्य में प्रभावान्विति (यूनिटी ऑफ एफेक्ट) को महाकाव्य का महत्वपूर्ण लक्षण बताया गया है। प्रभावान्विति रसानुभूति के पहले की दशा है। वस्तुतः मनोवैज्ञानिक दृष्टि से देखने पर प्रभावान्विति और रस व्यंजना में अधिक अंतर नहीं प्रतीत होता, यदि कोई अंतर है तो यही कि आदर्शवादी साहित्य में रस व्यंजना होती है और यथार्थवादी साहित्य में प्रभावान्विति।[1] कामायनी स्वच्छंदतावादी महाकाव्य है। इसमें तीव्र प्रभावान्विति है, पर रस व्यंजना उतनी पूर्ण नहीं है।

मार्मिक स्थलों की पहचान— महाकाव्य रचनेवाला कवि पूर्ण भावुक होता है। बिना पूर्ण भावुकता के वह रसधार नहीं बहा सकता। ऐसा कवि घटनाओं का चयन सावधानी से करता है और ऐसे स्थलों को काफी महत्व देता है जिसमें मानव की रागात्मक वृत्तियों को उद्दीप्त करने की क्षमता रहती है। आचार्य रामचंद्र शुक्ल ने लिखा है— ''प्रबंधकार कवि की भावुकता का सबसे अधिक पता यह देखने से चल सकता है कि वह किसी आख्यान के अधिक मर्मस्पर्शी स्थलों को पहचान सका है या नहीं।''[2] वे आगे लिखते हैं— ''जो केवल दांपत्य रति ही में अपनी भावुकता प्रकट कर सकें, या वीरोत्साह ही का अच्छा चित्रण कर सकें, वे पूर्ण भावुक नहीं कहे जा सकते। पूर्ण भावुक वे ही हैं जो जीवन की प्रत्येक स्थिति के मर्मस्पर्शी अंश का साक्षात्कार कर सकें और उसे श्रोता या पाठक के सम्मुख अपनी शब्दशक्ति द्वारा प्रत्यक्ष कर सकें।''[3] हिंदी में इस तरह की सर्वांगपूर्ण भावुकता तुलसीदास में है।

उदात्त शैली — महाकाव्य की शैली अन्य काव्य रूपों की अपेक्षा गरिमामय और उदात्त होती है। शैली के अंतर्गत भाषा लालित्य, भावोत्तेजन की क्षमता, अतिव्याख्या की प्रवृत्ति का अभाव, गुण, रीति, अलंकार, औचित्य विचार, ध्वनि विचार आदि का समावेश हो जाता है। लेकिन उचित शब्दों, अलंकारों के प्रयोग तथा अन्य नियमों के पालन में ही महाकाव्य का निवास नहीं है। ये बातें तो अन्य विधाओं के लिए भी आवश्यक हैं। महाकाव्य में इसके साथ साथ गांभीर्य, प्रशस्तता, उदात्तता आदि गुण होते हैं। गीतिकाव्य अगर पहाड़ी झरना है तो महाकाव्य गुरु गंभीर उदात्त सागर। महाकाव्य की शैली में कवि की विराट चेतना विशेष रूप से व्यक्त होती है। गंभीरता, अलंकरण आदि के साथ घटनाओं का वेगमय वर्णन या प्रवाह महाकाव्य की शैली के अनिवार्य गुण हैं। इसमें अभिव्यंजना की स्पष्टता अपेक्षित है।

महाकाव्य समाख्यानात्मक शैली में रचित विषय प्रधान काव्य रूप है। इसमें कवि को अपनी निजी बातें कहने की स्वतंत्रता नहीं रहती, उसका मौका ही नहीं मिलता है। अतः समग्र रूप में शैली के द्वारा ही अपने व्यक्तित्व की अभिव्यक्ति करता है। कभी कभी किसी कल्पित पात्र के बहाने व्यक्तिगत बातें कहता है, यथा— रामचरितमानस के अयोध्याकाण्ड में 'तेहि अवसर एक तापस आवा' के माध्यम से स्वयं कवि उपस्थित हो गये हैं।

महाकाव्य की शैली की एक भारी विशेषता उसमें प्रसंग गर्भत्व का होना है, पर वह उतना दुरूह नहीं होना चाहिए जितना इलियट के 'वेस्टलैंड' में है। इसके अलावा महाकवि में नवीन प्रसंगों की उद्भावना की क्षमता होनी चाहिए।

---

1. हिंदी महाकाव्य का स्वरूप-विकास (डॉ० शम्भूनाथ सिंह), पृ० 118
2. गोस्वामी तुलसीदास (आचार्य रामचंद्र शुक्ल), पृ० 50
3. वही, पृ० 53

पश्चिम में महाकाव्य की सरल और जटिल दो प्रकार की शैलियाँ मानी गयी हैं। छंदबद्धता शैली का ही अंग है। छंद संबंधी प्रतिबंध कुछ आचार्यों ने लगाया है, जो जरूरी नहीं है। छंद प्रयोग के संबंध में कवि को स्वतंत्रता रहनी चाहिए। मिल्टन ने तो प्रवहमानता को ध्यान में रखते हुए अतुकांत वृत्त को ही अनुकूल समझा है। छंद के संबंध में इतना ही कहा जा सकता है कि वह भावानुकूल हो। भावानुकूल छंद होने से कथन असरदार होता है।

शैली ही वह विशिष्ट गुण है जो महाकाव्य को इतिहास, कथा, पुराण आदि से अलग विशिष्ट पहचान और महत्व देती है। महाकाव्य का संपूर्ण रूप विधान ही उसकी शैली है। इसमें उदात्तता, शक्तिमत्ता, कांतिमत्ता, प्राणवत्ता और गंभीरता होनी चाहिए। ये सारी उपलब्धियाँ सुदीर्घ काव्य साधना के बाद बड़े कवियों को प्राप्त होती हैं।

महान् उद्देश्य और उन्नत जीवन दृष्टि— शैली की गंभीरता बहुत कुछ उद्देश्य की महानता और उन्नत जीवन दृष्टि पर निर्भर करती है। इसलिए महाकाव्य में कोई न कोई महान् उद्देश्य जरूर होता है। उद्देश्य जितना प्रच्छन्न रहे, महाकवि को उतनी ही सफलता मिलती है। प्रत्यक्ष उद्देश्य और उपदेश से कलात्मकता को नुकसान पहुँचता है। भारतीय आचार्यों ने चतुर्वर्ग (धर्म, अर्थ, काम और मोक्ष) की प्राप्ति को महाकाव्य का उद्देश्य माना है। इसकी व्यापकता में सारे उद्देश्य समाहित हो जाते हैं। इस पुरानी शब्दावली को छोड़ भी दें तो कह सकते हैं कि 'सांस्कृतिक उन्नयन', 'समय के परस्पर विरोधी प्रश्नों का समाधान' आदि महाकाव्य के उद्देश्य हो सकते हैं।

हर महाकाव्य का अपना अपना उद्देश्य होता है। 'महाभारत', 'इलियड' आदि में शक्ति पर आधारित जीवन मूल्य की स्थापना है। 'रघुवंशम्' और 'कुमारसंभवम्' में युगानुरूप नैतिक कामशास्त्रीय और सामाजिक मूल्यों की स्थापना है। 'कामायनी' में ज्ञान, क्रिया और इच्छा में संतुलन लाकर जीवन का आनंद प्राप्त करने का संदेश है। महाकाव्य के सारे अनुष्ठान महान् उद्देश्य की सफलता के लिए ही होते हैं। कवि की जीवन दृष्टि जितनी ही उन्नत होती है महाकाव्य के उद्देश्य में उतनी गरिमा और उच्चता आती है।

महान् प्रेरणा— महाकाव्य के महान् उद्देश्य के मूल में कोई महान् प्रेरणा होती है जो प्राण की तरह संपूर्ण महाकाव्य में व्याप्त रहती है। प्रतिभावान कवि आसपास की वस्तुओं और घटनाओं की अनुभूति तीव्रता और गहराई के साथ करता है। आज की दुनिया में हमलोग पशु पक्षी की कौन कहे, सड़क पर दुर्घटनाग्रस्त निस्सहाय मनुष्य को तड़पता हुआ देखकर भी आँख मूँद कर चल देते हैं। लेकिन 'रामायण' के रचयिता महर्षि वाल्मीकि की संवेदना कुछ और ही थी जो आहत क्रौंच को देखकर करुणा विगलित हो गये थे। उन्होंने शोक को श्लोक में बदल दिया। वही विश्वव्यापी करुणा रामायण की महान् प्रेरणा बनी जो कौंच वध से उत्पन्न हुई थी। राम वनवास, दशरथ मरण, सीता हरण, वैदेही वनवास के मूल में वही करुणा व्याप्त है। तुलसी की राम-भक्ति की अवरुद्ध धारा पत्नी की मधुर फटकार से फूट पड़ी थी। राम के विराट व्यक्तित्व, अपार सौंदर्य, शक्ति और शील से युक्त चरित्र ने उनके मनोराज्य पर कब्जा कर लिया था। फलतः रामचरितमानस की रचना हुई। कवींद्र रवींद्र का कथन एक बार फिर याद आता है— ''मन में जब एक महत् व्यक्ति का उदय होता है, सहसा जब एक महापुरुष कवि के कल्पना राज्य पर अधिकार आ जमाता है, ... उस परम पुरुष की प्रतिमा प्रतिष्ठित करने के

लिए कवि भाषा का मंदिर निर्माण करते हैं। इसी को कहते हैं महाकाव्य।" राम के चरित्र ने महान प्रेरणा का काम कर रामचरितमानस की रचना करवायी। कविवर मैथिलीशरण गुप्त ने ठीक ही लिखा है—

राम तुम्हारा चरित स्वयं ही काव्य है।
कोई कवि बन जाय सहज संभाव्य है।।

समाज को संजीवनी देने की शक्ति— महाकाव्य मरणासन्न समाज में जान फूँकने की क्षमता रखता है। श्रेष्ठ महाकाव्य जीवन के प्रति अनुराग और आस्था उत्पन्न करता है। वह मनुष्य के जीवन को उमंगों से भर देता है। उसमें साहस का संचार करता है, जिससे प्रेरित होकर वह मुसीबतों के पहाड़ से टकराता है। जिस समाज में ऐसा महाकाव्य है उसका सर कभी झुक नहीं सकता। राजनीतिक पराभव के युग में भी रामचरितमानस ने जनता का मनोबल कभी टूटने नहीं दिया। वह मध्यकाल से लेकर आज तक शक्ति और प्रेरणा प्रदान करता आ रहा है।

जब महाकवि समाज की चिरंतन जीवनी शक्ति से तादात्म्य करता है, तब वह शक्तिशाली हो जाता है। महाकवि रवींद्रनाथ ठाकुर ने लिखा है— "साधारणत: काव्य के दो विभाग किये जा सकते हैं। एक तो वह जिसमें केवल कवि की बात होती है और दूसरा वह जिसमें किसी बड़े संप्रदाय या समाज की बात होती है। इस दूसरी श्रेणी के कवि ही महाकवि कहे जाते हैं। सारे देशों और सारी जातियों की सरस्वती उनका आश्रय लेती है। ये जो रचना करते हैं, वह किसी व्यक्ति विशेष की लिखी मालूम नहीं पड़ती। कहने का अभिप्राय यह है कि उनकी उक्तियाँ देश मात्र और जातिमात्र को मान्य होती हैं। उनकी रचना उस बड़े वृक्ष की सी मालूम होती है जो देश के हृदय रूपी भूतल से उत्पन्न होकर उस देश भर को आश्रयरूपी छाया देता हुआ खड़ा हो।"[1] रवि बाबू की यह उक्ति विकसनशील महाकाव्यों पर विशेष रूप से लागू होती है। अलंकृत महाकाव्यों में हिंदी में केवल रामचरितमानस संपूर्ण जाति की आत्मा को प्रतिबिंबित कर उसे संजीवनी प्रदान करता है। पृथ्वीराज रासो, पद्मावत, कामायनी आदि में यह शक्ति अपेक्षाकृत कम है। विकसनशील महाकाव्यों में यह प्राणवत्ता मुख्यत: इसलिए आती है कि उस वीर युग में सामूहिक भावना अधिक प्रबल रहती है। उसमें वीरता, त्याग, बलिदान आदि की भावना अधिक होती है। आज का पूँजीवादी युग व्यक्ति केंद्रित ज्यादा है। जीवन में जटिलताएँ भी बहुत ज्यादा आ गयी हैं। व्यक्तिवाद के विकास ने उस शक्ति को क्षीण किया है। बौद्धिक विकास के युग में शरीर की अपेक्षा मन की विविध शक्तियों का चित्रण और बौद्धिक सप्राणता अधिक है। गेटे के 'फाउस्ट', 'हार्डी के 'डाइनेस्ट', प्रसाद की 'कामायनी' ऐसी ही रचनाएँ हैं।

महाकाव्य में यह शक्ति जन जीवन के चित्रण से आती है। महाकाव्य के लक्षणों को ध्यान में रख कर या किसी ख्यात महाकाव्य का अनुसरण कर ऐसा महाकाव्य नहीं लिखा जा सकता है। जो महाकाव्य लक्षणों के उदाहरण हैं वे या तो मृत प्राय हैं या किसी ने उन्हें महाकाव्य नहीं माना।

युग की माँग पर महान् प्रतिभाशाली कवियों द्वारा जो महाकाव्य रचा जाता है, वही युग युग तक जन जीवन को नियंत्रित और प्रभावित करता है। ऐसे महाकाव्य बहुत कम हैं।

---

1. प्राचीन साहित्य, पृ० 1-2

इतिहास, पुराण, गीतिकाव्य इसकी तुलना में छोटे पड़ते हैं। अतः महाकाव्य के सामान्य लक्षणों का विवेचन करते समय इस प्राणतत्व पर बल देना आवश्यक है।

इस अध्याय में हमने प्राच्य एवं पाश्चात्य आचार्यों की महाकाव्य विषयक मान्यताएँ रखने के बाद उन दोनों के सम्मिश्रण से महाकाव्य के सामान्य एवं महत्वपूर्ण लक्षणों को प्रस्तुत किया है। इसी पृष्ठभूमि में हम अग्रिम अध्यायों में विवेच्य महाकाव्यों पर विस्तार से विचार करेंगे।

3

हिंदी महाकाव्यों की परंपरा

पिछले अध्याय में हमने महाकाव्य की विभिन्न परिभाषाओं का विवेचन करते हुए उनके बीच से महाकाव्य के कुछ सामान्य अनिवार्य लक्षण स्थिर किये जो निम्नलिखित हैं– महत्वपूर्ण कथानक, महत्वपूर्ण चरित्र, समग्र युग जीवन का चित्रण, महत्कार्य या महान् घटना, रसात्मकता और प्रभावान्विति, मार्मिक स्थलों की पहचान, उदात्त शैली, महान् उद्देश्य और उन्नत जीवन दृष्टि, महान् प्रेरणा और समाज को संजीवनी देने की शक्ति । ये महाकाव्य के ऐसे मानदंड हैं जिनके आधार पर हम महाकाव्य को जाँच परख सकते हैं और उसकी महत्ता का अंदाज लगा सकते हैं। डॉ० शंभूनाथ सिंह ने एक मानदंड और दिया है– 'गुरुत्व, गांभीर्य और महत्व' किंतु महाकाव्य का यह मानदंड कथानक, चरित्र, घटना, रस, विचार, शैली आदि में ही पर्यवसित है। अत: अलग से इसकी चर्चा करने की जरूरत हम नहीं समझते ।

प्रस्तुत अध्याय में हम हिंदी महाकाव्यों की परंपरा की चर्चा करेंगे। डॉ० शंभूनाथ सिंह ने अपने शोध प्रबंध 'हिंदी महाकाव्य का स्वरूप विकास' में पाँच ही महाकाव्यों को मान्यता प्रदान की है– पृथ्वीरास रासो, आल्हखंड, पद्मावत, रामचरितमानस और कामायनी। उन्होंने अपनी सारी शक्ति इन पाँचों को महाकाव्य सिद्ध करने में और शेष महाकाव्यों को इस घेरे से बाहर करने में लगायी है। वस्तुत: रामचंद्रिका, प्रियप्रवास, साकेत आदि भी महाकाव्य ही हैं, भले ही मानस से उनकी समता नहीं की जा सकती।

प्रस्तुत अध्याय में हिंदी के प्राय: समस्त महाकाव्यों का विकासक्रम देखते हुए उनकी महाकाव्यात्मकता को व्यापक परिप्रेक्ष्य में देखने की चेष्टा की जायगी।

पृथ्वीराज रासो

हिंदी का प्रथम महाकाव्य पृथ्वीराज रासो है। यह सामंती वीर युग का महाकाव्य है। इस युग की महत्वपूर्ण प्रवृत्ति– वीरता और श्रृंगार– इस महाकाव्य में अभिव्यंजित है। इस युग में कोई केंद्रीय राजसत्ता नहीं थी। छोटे छोटे सामंत और राजा अपने स्वार्थों के लिए टकराते रहते थे। कन्या हरण, राज्य विस्तार, लूट आदि युद्धों के कारण हुआ करते थे। कभी कभी शरणागत की रक्षा के लिए भी दूसरों से दुश्मनी मोल ली जाती थी। ये सारी प्रवृत्तियाँ पृथ्वीराज रासो में पूरी तरह प्रतिबिंबित हुई हैं।

इस युग में संस्कृत, प्राकृत और अपभ्रंश के अलंकृत काव्य राजदरबारों और पंडितों तक ही सीमित रह गये थे। जन जीवन से उनका संबंध टूट गया था। राजाओं की अतिशयोक्तिपूर्ण प्रशंसा, चमत्कार प्रदर्शन और आडंबरपूर्ण वर्णन की काव्य में प्रधानता थी। यह प्रवृत्ति लोकभाषा के साहित्य में प्रमुखता के साथ आयातित हुई। इसके बावजूद भाषा की नवीनता और भावों की जीवंतता के कारण उनकी वीरभावना श्रृंगारिकता के साथ उत्कट रूप में अभिव्यक्त हुई। भाषा और भाव की नवीनता के साथ नये कवियों का आगमन हुआ। दरबारों में पंडितों और ब्राह्मण कवियों की जगह चारणों एवं भाटों ने ले ली।

इस युग में किसी ऐतिहासिक व्यक्ति की वीरता की ख्याति दूर दूर तक अतिरंजित रूप में पहुँचती थी। दूसरे लोग कल्पना से उसके व्यक्तित्व में कुछ और विशेषताएँ जोड़ देते थे। धीरे धीरे वह व्यक्ति निजंधरी रूप धारण कर लेता और उसकी ऐतिहासिकता उस कल्पना में खो जाती। बुद्ध, महावीर, उदयन, विक्रमादित्य, कृष्ण, पांडव आदि पात्र निजंधरी व्यक्तित्व बन गये। यही हाल आगे चलकर गोरखनाथ, मत्स्येंद्रनाथ, भरथरी, गोपीचंद्र, बीसलदेव, पृथ्वीराज, आल्हा, ऊदल आदि ऐतिहासिक व्यक्तियों का हुआ। चौदहवीं शताब्दी तक मौखिक रूप में विकसित या लिखित इन ऐतिहासिक पुरुषों की कहानियों का प्रारंभिक रूप निर्मित हो चुका था। धीरे धीरे उसने विकसनशील काव्य का रूप धारण कर लिया।

इस तरह इस युग में दो महत्वपूर्ण महाकाव्य विकसित हुए, 'पृथ्वीराज रासो' और 'आल्ह खंड'। पहला चारण-भाटों के वंशजों में दरबारों में विकसित हुआ और दूसरा उत्तर पश्चिम और मध्यभारत के जनकवियों के बीच। पहला महाभारत के ढंग का विकसनशील महाकाव्य कहलाया और दूसरा विकसनशील लोक महाकाव्य। पृथ्वीराज रासो का विकास काफी पहले रुक गया और उसका रूप अब महाभारत की ही तरह सिद्ध हो चुका है, जबकि आल्हखंड का विकास अभी भी हो रहा है। भिन्न भिन्न क्षेत्रों के लोग अपनी अपनी भाषा में अपने अपने ढंग से उसे गाते हैं।

पृथ्वीराज रासो का महाकाव्यत्व और महत्व

कथानक - पृथ्वीराज रासो की कथा का आधार इतिहास है। इसमें मुख्यत: पृथ्वीराज के जीवन की कथा है। लेकिन इसकी घटनाएँ इतिहास सम्मत नहीं हैं। यह विकसनशील महाकाव्य है। इसलिए इसमें समय समय पर अनेक कवियों द्वारा जोड़ी गयी अनेक काल्पनिक घटनाएँ हैं। इसलिए स्वभावत:, कलात्मक महाकाव्यों की तरह इसमें विकासक्रम, अन्विति एवं कसावट का अभाव है। इसमें अनेक अवांतर एवं प्रासंगिक कथाएँ हैं। ये लोककथाओं एवं दंत कथाओं से ली गयी हैं। ये कथाएँ भी आधिकारिक कथा से अनुस्यूत नहीं, बल्कि स्वतंत्र हैं। कथा में बिखराव, शिथिलता एवं घटना संकलन की कमी के बावजूद कथानक का महत्व है, क्योंकि ये बातें संसार के प्राय: सभी विकसनशील महाकाव्यों में देखी जाती हैं। इससे इसका महत्व कम नहीं हो जाता। रासो में भले ही कथानक के कलात्मक कसाव की कमी हो, पर है यह जीवंत महाकाव्य। इसकी असंतुलित घटनाओं में भी प्रचंड शक्ति और वेग है जो घटनाओं, संघर्षों के वर्णनों में दिखायी देता है।

पृथ्वीराज रासो के कथानक की शिथिलता के बावजूद उसमें एक विकासक्रम तो है ही; उसके आदि, मध्य और अंत पर उँगली रखी जा सकती है। पृथ्वीराज का जन्म, दिल्ली दान, इंच्छिनी विवाह, भीम के साथ शत्रुता की शुरुआत, हुसेन कथा आदि कथानक के आरंभ में आते हैं। पृथ्वीराज के कुछ युद्ध, मृगया की घटनाएँ शशिव्रता विवाह, जयचंद से शत्रुता, पद्मावती हरण, संयोगिता हरण आदि घटनाएँ मध्य भाग में हैं और अंतिम युद्ध तथा उसके बाद की घटनाएँ अंत भाग में आती हैं। इस तरह इसके कथानक में विकास क्रम ढूँढ़ा जा सकता है।

रासो चरित काव्य है। अपभ्रंश से ही इसकी सशक्त परंपरा चली आ रही है। इसमें अपभ्रंश के चरित काव्यों की तरह अनेक कथानक रूढ़ियाँ दिखायी पड़ती हैं; जैसे– लिंग

परिवर्तन, सांकेतिक भाषा का प्रयोग, पूर्वजन्म का स्मरण, अतिप्राकृत शक्ति द्वारा धन प्राप्ति का शकुन, साँप, देवता, यज्ञ आदि द्वारा गड़े धन की रक्षा, फलादि द्वारा संतानोत्पत्ति, अतिप्राकृत जन्म, ऋषि मुनि का शाप, तंत्र मंत्र की लड़ाई आदि ये रूढ़ियाँ निजंधरी हैं और कुछ कवि कल्पित। ऐसी रुढ़ियों का उपयोग कथानक में चमत्कार और गति पैदा करने के लिए किया जाता है।

महत्वपूर्ण चरित्र

पृथ्वीराज रासो का नायक पृथ्वीराज है। आज हम इस नायक को महान् या उदात्त नहीं कह सकते। आखिर किस गुण पर कहें। हमारे उदात्त नायक राम, कृष्ण, युधिष्ठिर, बुद्ध आदि हो सकते हैं, जिनके सारे कार्यों के मूल में लोकमंगल का भाव है। लेकिन पृथ्वीराज के बहुत सारे युद्ध व्यक्तिगत स्वार्थ के लिए होते थे; जैसे- वेश्या के लिए रात में छिपकर मंत्री कैमास का वध करना, श्रृंगारहार हाथी के लिए चामुंडराय को कैद करना, भोग विलास का अतिरेक, तेरह विवाह करना, राजकुमारियों का अपहरण, संयोगिता के रूप मोह में उलझ कर राजकाज और कुटुंबियों को भुला देना आदि। भारतीय आचार्यों द्वारा निर्दिष्ट लक्षणों के आधार पर इन्हें महाकाव्योचित नायक नहीं कहा जा सकता।

किंतु, एक दूसरी दृष्टि से पृथ्वीराज को भी महान् या उदात्त नायक कहा जा सकता है। युग के अनुरूप महान् की धारणा बदलती है। डॉ० शंभूनाथ सिंह के अनुसार, "पृथ्वीराज सामन्ती वीरयुग की दृष्टि से महान् नायक हैं, इसमें संदेह नहीं किया जा सकता। उस युग का महान् और योग्यतम व्यक्ति वही होता था जो बाहुबल में सबसे आगे बढ़ा होता था और अपनी आन, मर्यादा और ख्याति के लिए प्राणों की चिंता न करते हुए विपत्तियों के मुख में घुसकर और शक्तिशाली शत्रुओं को पराजित करके विजयश्री का वरण करता था, जिसके लिए उसकी वीरता के अतिरिक्त नैतिकता का और कुछ अर्थ नहीं होता था। इस दृष्टि से पृथ्वीराज अपने युग का महान् व्यक्ति अवश्य है और जबतक समाज में सामंती वीरयुग की प्रवृत्तियाँ वर्तमान रहेंगी तब तक वह समाज के लिए आदर्श पुरुष बना रहा है या बना रहेगा।"[1] इस तरह तमाम दुर्गुणों के बावजूद वह उस युग का सर्वश्रेष्ठ व्यक्ति है। उसका काम भी इस महाकाव्य में सर्वाधिक महत्त्वपूर्ण है जिसे वह कुशलता से पूरा करता है।

उस युग के क्षत्रियों का आदर्श था— 'बरिस अठारह लौं छत्री जियै आगे जीवन को धिक्कार'। रासो में इस तरह के और भी कई वीर पात्र हैं। एक पात्र है कबंध। युद्ध भूमि में सिर कट जाने के बाद भी कुछ देर तक लड़ता है और कई शत्रुओं को धराशायी करने के बाद धराशायी होता है। एक बहादुर है कान्ह। वह अपने सामने किसी को मूँछ पर ताव देते देख ही नहीं सकता, उसका गला तुरंत उतार लेता है। वह पृथ्वीराज का बहुत बड़ा भक्त है। इसलिए हमेशा उनके आदेश से आँखों पर सोने की पट्टी बाँधे रहता है। ये दोनों पात्र अत्यंत रोचक हैं और वीरयुग का प्रतिनिधित्व करते हैं।

दो चार चरित्रों में वीरता के अलावा भी कुछ विशेषताएँ हैं। जैसे रावल समर सिंह

---

1. हिंदी महाकाव्य का स्वरूप-विकास, पृ० 308-9

योद्धा के साथ साथ नीतिज्ञ और धर्मशास्त्री भी हैं। चंदवरदाई कवि होते हुए भी वीर हैं। मंत्रणा में कुशल हैं। नीति, धर्म, तंत्र मंत्र आदि में निपुण हैं।

सामंती युग में नारियाँ मुख्यतः भोग विलास के साधन के रूप में दिखायी पड़ती हैं। यहाँ भी उसी रूप में हैं। शशिव्रता, पद्मावती और संयोगिता तभी तक अपनी अलग पहचान रखती हैं जबतक ब्याह कर हरम में नहीं लायी जाती हैं। महल में आने के बाद उनकी चर्चा भी समाप्त हो जाती है।

रासो में कुछ अलौकिक, अति प्राकृत पात्र भी आये हैं जो असंभव कार्य करते दिखायी पड़ते हैं। यह बात अरस्तू के विचारों के विरुद्ध है। वे असंभव कार्य को भी स्वाभाविक रूप में प्रस्तुत करने की सलाह देते हैं। लेकिन रूद्रट इसमें कुछ छूट देते हैं। उनका कहना है कि महाकाव्य में असंभव कार्य देवता, गंधर्व, राक्षस आदि से ही संपादित करवाया जाना चाहिए। इस दृष्टि से अतिप्राकृत घटनाएँ महाकाव्यत्व में बाधक नहीं हैं।

समग्र युग जीवन का चित्रण

महाकाव्य में किसी एक या एकाधिक व्यक्तियों की कथाओं के द्वारा समग्र युग के सामाजिक, राजनीतिक, धार्मिक विश्वासों आदि का चित्रण किया जाता है। रासो में पृथ्वीराज के साथ साथ इनके चाचा बीसलदेव एवं अनेक समकालीन राजाओं एवं सामन्तों की कथाएँ हैं। रासो में अनेक वस्तुओं, विषयों, व्यापारों आदि का विस्तार से वर्णन हुआ है। डॉ० शंभूनाथ सिंह के शब्दों में, "मध्य एशिया से लेकर काशी और गया तक और देवगिरि से लेकर हाँसी तक का भूभाग रासो की कथा का कार्यक्षेत्र है, जिसमें राजा, उसके संबंधी, सामंत, मंत्री, पुरोहित, भाट और कवि, सैनिक, रानी, राजकुमारी, दासी, वेश्या, ब्राह्मण, ब्राह्मणी, नट, नर्तक आदि सामंती युग के विविध सामाजिक हलचलों में भाग लेनेवाले सभी प्रकार के पात्र अपना अपना कार्य करते दिखायी पड़ते हैं। यही नहीं, तत्कालीन लोक विश्वासों के अनुरूप दिव्यादिव्य चरित्र देवता, राक्षस, गंधर्व, योगिनी, भैरव, वीर, भूत बेताल आदि और शुक, हंस आदि पक्षी भी कथा को आगे बढ़ाने में योग देते हुए दिखायी देते हैं। उसमें जीवन के नाना वस्तु-व्यापारों, युद्ध, विवाह, यज्ञ, धर्म-कर्म, जन्म-मरण, मृगया, व्रत-त्योहार, तीर्थयात्रा, तर्क-विवाद, मंत्र-तंत्र की क्रियाएँ, भोग-विलास, विरह-मिलन, खेल-तमाशा, आमोद-प्रमोद, नाट्य-संगीत, दौत्य-मंत्रणा आदि— का इतना अधिक आयोजन और वर्णन हुआ है कि रासो उस काल का राजनीतिक इतिहास नहीं तो सामाजिक इतिहास अवश्य बन गया है। उसमें सामंती वीर युग की सभ्यता, रहन-सहन, मान-मर्यादा, खान-पान तथा अन्य जीवन विधियों का इतना ब्यौरेवार और सही वर्णन हुआ है कि यह महाकाव्य उपयुक्त वस्तु व्यापारों का काव्यात्मक कोश प्रतीत होता है। निष्कर्षतः रासो का चित्रपट बहुत ही व्यापक है जिसपर उस काल का समग्र युग जीवन अपने सभी गुण-दोषों के साथ यथार्थ रूप में चित्रित हुआ है।"[1]

महत्कार्य या महान् घटना

रासो में पृथ्वीराज की कथा प्रधान है। इस प्रधान कथा की अविस्मरणीय महान् घटना पृथ्वीराज और शहाबुद्दीन की अंतिम लड़ाई है। इसमें पृथ्वीराज की हार होती है और वह बंदी

---

1. हिंदी महाकाव्य का स्वरूप-विकास, पृ० 290

बना लिया जाता है। इतिहास बताता है कि पृथ्वीराज इसी युद्ध में मारा गया था। पर लगता है रासोकार महाकाव्य का दुखद अंत नहीं करना चाहता था। इसलिए कथा इसके बाद भी आगे बढ़ती है। पृथ्वीराज गजनी ले जाया जाता है। वहाँ चंदवरदाई की योजनानुसार उसके इशारे से गोरी को मार कर मरता है। इस तरह इसमें महत्कार्य की योजना भी सुंदर ढंग से हो गयी है।

रसात्मकता और प्रभावान्विति

रासो वीर रस प्रधान महाकाव्य है। पृथ्वीराज के परम शौर्य और युद्धों की कथा पाठकों में वीर रस का संचार करती है। वे उत्साह और साहस की भावना से भर उठते हैं। महाकाव्यकार के शब्दों में – 'पृथ्वीराज गुन सुनत करय संग्राम स्यार रन' ।

यहाँ वीर अंगी रस है। शृंगार, करुण, शांत आदि यथास्थान अंग रूप में आये हैं। इस महाकाव्य का पर्यवसान करुण रस में होता है।

रासो दुखांत महाकाव्य है। इसके अनेक वर्णनों में पाश्चात्य दुखांत नाटकों की तरह तीव्र प्रभावान्विति है। बाह्य दुश्मनों के प्रति विद्रोह पैदा करने की क्षमता इसमें पूर्ण रूप से है।

मार्मिक स्थलों की पहचान

ऐसे तो रासो के कई स्थलों में मर्म को छूने की शक्ति है, लेकिन शहाबुद्दीन के युद्ध में पृथ्वीराज का पराजित होना, उन्हें बंदी बनाकर गजनी ले जाया जाना और उन्हें नेत्रहीन बनाये जाने की घटनाएँ अत्यंत मार्मिक हैं।

उदात्त शैली

पृथ्वीराज रासो की शैली सरल, सहज और अलंकृत है। अलंकृत महाकाव्यों में जो भाषा की तराश, अलंकारों की चमक दमक, उपयुक्त शब्दों के शृंगार आदि दिखायी पड़ते हैं, वे विकसनशील महाकाव्यों में प्राय: नहीं मिलते। अलंकृत महाकाव्य एक कटे छँटे सुंदर उद्यान की तरह होता है तो विकसनशील महाकाव्यों में मनोरम वन की शोभा होती है। रासो में कला की मीनाकारी और पच्चीकारी नहीं है पर उसमें सहज ओज और कांति है, जो महाकाव्य की आत्मा है। इसमें शौर्य, साहस, पराक्रम और उत्साह की झंकार है।

इसमें प्रयत्नसाध्य अलंकार नहीं पर सहज रूप से भाषा में घुले मिले अनुप्रास, उपमा, उत्प्रेक्षा, रूपक आदि अनेक अलंकार उसकी अभिव्यंजना शक्ति को बढ़ाते हैं। इसकी भाषा में अनगढ़पन है। शब्द शक्ति के उपयुक्त उपयोग, सुंदर शब्द योजना, आदि की कमी है। इसकी भाषा में डिंगल पिंगल (ब्रजभाषा), पंजाबी तथा विदेशी भाषाओं का मिश्रण है जो खटकता भी है, पर उसमें प्रसंगानुकूल 'गुण' दिखायी पड़ते हैं। संक्षेप में, ओज गुणों के प्रतिबिंबन और अयत्नसाध्य सौंदर्य के कारण इसकी शैली उदात्त हो गयी है।

महान् उद्देश्य और उन्नत जीवन दृष्टि

रासो की रचना उस काल में हुई थी जब बारहवीं-तेरहवीं शताब्दी में विदेशियों ने आक्रमण किया था। इसलिए उस समय वीरता का प्रदर्शन ही जीवन मूल्य हो गया था। स्वतंत्रता की रक्षा किसी भी कीमत पर करनी थी और उसी उद्देश्य की प्राप्ति के लिए पृथ्वीराज अपनी जान गँवा देता है। डॉ० शंभूनाथ सिंह ने कहा है, "वस्तुत: स्वतंत्रता की बलिवेदी पर

हँसते-हँसते बलि हो जाने, और देशजाति तथा अपने व्यक्तित्व के गौरव और प्रतिष्ठा के लिए प्रतिक्षण मरने-मिटने के लिए तैयार रहने का अमर संदेश देना ही इस महाकाव्य का उद्देश्य है।''[1]

महान् प्रेरणा

रासो की मूल प्रेरणा वीरता है। शृंगार और धर्म इसके पूरक हैं। यह पृथ्वीराज रासो का यशःगान ही नहीं, वरन् सामंती वीरयुग के जातीय जीवन का दस्तावेज है।

समाज को संजीवनी देने की शक्ति

कोई अमर महाकाव्य ही समाज को संजीवनी दे सकता है। रासो ऐसा ही युग युग तक जीनेवाला प्राणवान महाकाव्य है। जब भी हमारा समाज टूटने की स्थिति में आयेगा, कोई विदेशी हमारी स्वतंत्रता छिनना चाहेगा तब रासो की वीर रसपूर्ण कविता हमारे जीवन में प्राणों का संचार करेगी। पृथ्वीराज एक आदर्श वीर पुरुष हैं। उनके शौर्य का स्मरण हममें शक्ति का संचार करता है। इस महाकाव्य में सामंती व्यक्तिवादिता तो है ही, साथ ही सामाजिक संगठन की शक्ति भी है जो युगों तक हमें संजीवनी प्रदान करती रहेगी।

इस प्रकार हमने महाकाव्य के कुछ स्थायी लक्षणों के आधार पर पृथ्वीराज रासो को रखकर देखा कि अनेक कमियों, त्रुटियों के बावजूद यह एक सफल महाकाव्य है और हमारे जातीय जीवन की गरिमा से पूर्ण है।

●

आल्हखंड

विद्वानों का अनुमान है कि आल्हखंड की रचना तेरहवीं शताब्दी में हुई होगी। महोबा के राजा परमालदेव के आश्रित भाट जगनिक ने इसकी रचना की थी, ऐसा कहा जाता है। इसकी कोई प्राचीन हस्तलिखित प्रति उपलब्ध नहीं है और न इसके रचयिता के नाम का ही कहीं निर्देश है। इसके नायक आल्हा और ऊदल, अपढ़ और जनसाधारण के बीच बहुत लोकप्रिय हुए। विभिन्न लोक कवियों और लोकगायकों के हाथों पड़ कर इनका व्यक्तित्व धीरे धीरे निजंधरी हो गया। क्रमशः उन्होंने लोकगाथा का रूप धारण कर लिया और अभी उपलब्ध आल्हखंड में तो बावन लड़ाइयों की कथाएँ जुड़ी मिलती हैं। स्थान भेद के अनुसार इसके कई पाठ और रूपांतर मिलते हैं। उन पाठों की भाषाएँ भी अलग अलग हैं।

आल्हखंड वस्तुतः लोकगाथा चक्र है। आचार्य रामचंद्र शुक्ल ने इसे 'अनेक वीर गीतों का समुच्चय'[2] माना है। डॉ० रामकुमार वर्मा इसे 'वीर रस प्रधान एक गीतिकाव्य'[3] कहते हैं, लेकिन डॉ० शंभूनाथ सिंह ने अपने शोध प्रबंध 'हिंदी महाकाव्य का स्वरूप विकास' में इसे 'विकसनशील लोकमहाकाव्य'[4] सिद्ध किया है। एक गंभीर शोधकर्त्ता जब इस प्रकार का

---

1. हिंदी महाकाव्य का स्वरूप-विकास, पृ० 285
2. हिंदी साहित्य का इतिहास, पृ० 52
3. हिंदी साहित्य का आलोचनात्मक इतिहास, पृ० 103
4. हिंदी महाकाव्य का स्वरूप-विकास, पृ० 328 से 396

निष्कर्ष देता है तो यह विचारणीय हो जाता है कि क्या आल्हखंड एक महाकाव्य है ? डॉ० सिंह ने गाथाचक्र और लोक महाकाव्य में अंतर दिखलाते हुए लिखा है, "किसी लोकप्रिय गाथा के प्रमुख पात्रों के जीवन से संबंधित अनेक गाथायें विकसित होकर परस्पर जुड़ जाती हैं तो उनके सम्मिलित स्वरूप को गाथाचक्र कहा जाता है। इसी तरह कोई गाथाचक्र बहुत दिनों तक गाये जाते रहने से घिस घिसाकर जब ऐसा रूप धारण कर लेता है कि उसके कथानक में एकसूत्रता और अन्विति आ जाती है तो उसे लोकमहाकाव्य की संज्ञा दी जाती है।[1] स्पष्ट है कि डॉ० सिंह गाथाचक्र और लोकगाथा में भेद 'कथानक की एकसूत्रता और अन्विति' को लेकर करते हैं। अब डॉ० सिंह के ही शब्दों में आल्हखंड के कथानक की एकसूत्रता का स्वरूप द्रष्टव्य है– "अगनित गायकों द्वारा विकसित होने के कारण ही आल्हखंड के कथानक में कलात्मक विकासक्रम, सुनियोजित शृंखलाबद्धता और आवश्यक अनावश्यक कथावस्तु का चुनाव आदि गुण नहीं दिखायी पड़ते और इस तरह कथानक बिना डीलडौल का, संयमहीन और असंतुलित हो गया है।"[2] जिस एकान्विति को भेदक धर्म मानकर आल्हखंड को गाथाचक्र से अलग लोकमहाकाव्य कहा गया वही गुण गायब है। वैसे बिखरी कथा को जोड़कर एक सुसंगत कथा 'सूर सागर' में भी देखी जा सकती है। रसात्मकता और प्रभावान्विति, संजीवनीशक्ति, उदात्त नायक आदि कई गुणों के बावजूद 'सूरसागर' को महाकाव्य इसलिए नहीं कहा गया है कि उसमें महाकाव्य का ढाँचा नहीं है। बिना ढाँचे के किसी काव्य को महाकाव्य कैसे कहा जायेगा? अगर आल्हखंड लोक महाकाव्य है तो राजा भरथरी, गोपीचंद, विहुला-विसहरी आदि लोक महाकाव्य कैसे नहीं है? लोकप्रियता में कुछ कमी बेशी हो सकती है। आल्हखंड तो ज्यादातर पुरुषों के बीच लोकप्रिय है जबकि उपर्युक्त गाथाचक्र स्त्रियों के मर्म को भी विशेष रूप से झंकृत करते हैं।

महाकाव्य की शैली गरिमामय और उदात्त होनी चाहिए। आल्हखंड की शैली डॉ० सिंह के ही शब्दों में द्रष्टव्य है – "शब्द चयन, अलंकार विधान, उक्ति चमत्कार कम शब्दों में अधिक अर्थ भरने की प्रवृत्ति, प्रसंग गर्भत्व तथा अन्य काव्यरूढ़ियों और काव्य कौशल का दर्शन उसमें बिल्कुल नहीं होता।"[3] इन काव्य गुणों के अभाव में आल्हखंड की शैली में परिपक्वता और गरिमा कहाँ से आ रही है यह बताते हुए डॉ० सिंह ने लिखा है, 'उसकी शैली की उदात्तता का प्रधान कारण उसका ओजगुण है।'[4] लेकिन ओजगुण तो भूषण के छंदों में भी भरपूर है। महाकाव्य कहलाने के लिए तो उसका संपूर्ण ढाँचा महाकाव्य जैसा होना चाहिए।

आल्हखंड की संजीवनी शक्ति अब बहुत कुछ क्षीण पड़ गयी है। इस बदली हुई परिस्थिति में इसकी लोकप्रियता भी बहुत कम हो गयी है।

संक्षेप में, आल्हखंड किसी भी दृष्टि से गाथाचक्रों से अलग नहीं है। खींचतान कर महाकाव्य सिद्ध करने से कोई बात बनती नहीं, क्योंकि महाकाव्य ही महान् काव्य की पहचान

---

1. हिंदी महाकाव्य का स्वरूप-विकास, पृ० 334
2. वही, पृ० 380
3. वही, पृ० 387
4. वही, पृ० 389

नहीं है। 'सूरसागर' महाकाव्य नहीं है पर अपनी गरिमा, रसात्मकता आदि कई दृष्टियों से यह महान् महाकाव्य से होड़ लेता है। इसी तरह आल्हखंड यदि गाथाचक्र ही रहे और किसी भी प्रकार महाकाव्य की सीमा में न आ सके, तो क्या उसकी महिमा कम हो जायेगी ?

●

पद्मावत

पद्मावत हिंदी का प्रथम साहित्यिक महाकाव्य है। इसके रचयिता मलिक मुहम्मद जायसी हैं। आचार्य रामचंद्र शुक्ल ने लिखा है कि "पद्मावत हिंदी के सर्वोत्तम प्रबंध काव्यों में है। ठेठ अवधी भाषा के माधुर्य और भावों की गंभीरता की दृष्टि से यह काव्य निराला है।"[1] हम निर्धारित महाकाव्य के लक्षणों की कसौटी पर यहाँ इसके महाकाव्यत्व की परीक्षा कर रहे हैं।

कथानक

इसमें रत्नसेन और पद्मावती का समग्र जीवन वर्णित है। भारतीय आचार्यों ने सुसंघटित कथानक को पंच संधियों से युक्त माना है। इस कसौटी पर पद्मावत खरा नहीं उतरता है, क्योंकि इसकी दो भिन्न कथाओं के जोड़ में दरार है। प्रथम कथा रत्नसेन द्वारा पद्मावती की प्राप्ति है। इसमें तो पाँचों कार्यावस्थाओं और संधियों की सम्यक् योजना है, किंतु उत्तरार्द्ध की कथा जो राघवचेतन के देश निष्कासन से आरंभ होती है, में नाटक की सभी संधियाँ नहीं मिलती हैं।

नाटक की पंच संधियों की कमी के बावजूद इसके कथानक में विकासक्रम तथा आदि, मध्य और अंत की सुंदर व्यवस्था है। प्रारंभ से पद्मिनी विवाह तक आदि, राघवचेतन के देश निष्कासन तक मध्य तथा इसके बाद की घटनाएँ अंत भाग में हैं। रत्नसेन और पद्मावती की कथा आधिकारिक है। अवांतर कथा एक भी नहीं है। छोटी छोटी प्रासंगिक कथाओं की योजना कथा में गति लाने के लिए हुई है। एक घटना दूसरी घटना से कार्य कारण भाव से जुड़ी है। इस तरह इसका कथानक पूर्णत: सुसंघटित है। इसकी कथा प्रख्यात है। दो इतिहास प्रसिद्ध कथाओं 'हीरामन सुग्गा और पद्मिनी रानी' तथा 'अलाउद्दीन और रत्न सिंह के युद्ध' पर कथानक आधृत है। कथानक में कलात्मकता लाने के ख्याल से अनेक कल्पित कथाएँ भी हैं। कथानक रूढ़ियों का समुचित प्रयोग हुआ है।

महत्वपूर्ण चरित्र

पद्मावत का नायक रत्नसेन धीरोदात्त नायक है। लेकिन वे राम, युधिष्ठिर आदि की ऊँचाई तक नहीं जा सके हैं। यद्यपि वे दृढ़प्रतिज्ञ, त्यागी, विनयी, स्वाभिमानी, क्षमाशील, गंभीर और स्थिर स्वभाव वाले हैं तथापि उनकी असल पहचान एक आदर्श प्रेमी की है। वे राजनीति और सामाजिक क्षेत्र में कोई आदर्श नहीं छोड़ते हैं। लेकिन आदर्श प्रेम, त्याग और बलिदान की दृष्टि से उनका चरित्र महान् है। पात्र के साथ साथ वे प्राचीन आदर्श प्रेमी के प्रतीक भी हैं। कुल मिलाकर उनका चरित्र महाकाव्योचित है।

---

1. जायसी ग्रंथावली (प्रथम संस्करण का वक्तव्य)

पद्मावत के अन्य प्रमुख पात्र पद्मावती, नागमती, हीरामन तोता, अलाउद्दीन और राघवचेतन हैं। इनमें हीरामन अलौकिक शक्तिवाला पक्षी है जो मनुष्य की तरह बोलता, समझता और काम करता है। पद्मावती और नागमती का चरित्र चित्रण भारतीय नारी जैसा है। पद्मावती विवाह के बाद पातिव्रत्य का प्रदर्शन करती है। नागमती में प्रेम की उत्कृष्टता एवं तीव्रता के साथ स्वाभाविक ईर्ष्या भी है। अलाउद्दीन और राघवचेतन असत् का प्रतीक है, इसके सभी पात्र यथार्थ और मनोवैज्ञानिक होने के साथ साथ किसी न किसी पक्ष के प्रतीक भी हैं।

समग्र युग जीवन का चित्रण

पद्मावत में अपने युग के यथार्थ का चित्रण हुआ है। उस समय समाज में नाथपंथी योगियों की प्रधानता थी। इस महाकाव्य में रत्नसेन सोलह हजार योगियों के साथ सिंहल पर आक्रमण करते हैं। तत्कालीन रीति रिवाज, दान दहेज, नाच गान, पुरोहिती, सती प्रथा आदि का इसमें यथार्थ वर्णन हुआ है। अनेक मानसिक परिस्थितियों, मानसिक दशाओं, घटनाओं का चित्रण इसमें समग्रता में है। फिर भी रामचरितमानस की अपेक्षा इसमें युग जीवन की अभिव्यक्ति उतने विविध एवं समग्र रूप में नहीं हो सकी है।

महत्कार्य या महान् घटना

महत्कार्य का अर्थ है महाकाव्य की सर्वाधिक महत्वपूर्ण घटना जिसका व्यापक प्रभाव नायक और पाठक पर हो। विद्वज्जन पद्मावत के महत्कार्य के चुनाव में एकमत नहीं हैं। आचार्य शुक्ल का कहना है कि 'पद्मावत में कार्य है पद्मावती का सती होना।'[1] एक विद्वान रामकृष्ण 'शिलीमुख' का कहना है कि 'रत्नसेन का उद्देश्य पद्मावती को प्राप्त करना है, अत: पद्मावती की प्राप्ति ही पद्मावत का कार्य मानना चाहिए।'[2] डॉ० शंभूनाथ सिंह के अनुसार, 'पद्मावत का महत्कार्य रत्नसेन और अलाउद्दीन का युद्ध है।'[3] खास खास दृष्टि से सभी मत अपनी अपनी जगह सही हैं। काव्य के समग्र प्रभाव की दृष्टि से देखा जाय तो आचार्य शुक्ल का कथन सही प्रतीत होता है। महाकाव्य का अंत शाश्वत मानसिक शांति और वैराग्य भावना में होता है जो अनन्य प्रेम के कारण आत्मोत्सर्ग से उद्‌भूत होती है। शुक्ल जी ने इस बात पर ध्यान आकृष्ट किया है, 'अंतिम दृश्य से अत्यंत शांतिपूर्ण उदासीनता बरसती है। कवि की दृष्टि में मनुष्य जीवन का सच्चा अंत करुण क्रंदन नहीं, पूर्ण शांति है।'[4]

रसात्मकता और प्रभावान्विति

पद्मावत में अत्यंत गंभीर रस व्यंजना हुई है। इसका अंगी रस श्रृंगार है। कुछ विद्वान इसे शांत रस प्रधान महाकाव्य मानते हैं। महाकाव्य का अन्त करुण रस और शांत रस के मिलन बिंदु पर होता है। बीच बीच में वीर रस भी उपस्थित होता रहता है।

---

1. जायसी ग्रंथावली की भूमिका, पृ० 73-74
2. सुकवि समीक्षा, पृ० 71
3. हिंदी महाकाव्य का स्वरूप-विकास, पृ० 438
4. जायसी ग्रंथावली की भूमिका, पृ० 68

मार्मिक स्थलों की पहचान

पद्मावत में इतने अधिक मार्मिक स्थल हैं और इतनी गहराई के साथ उनका चित्रण हुआ है कि उनके प्रभाव से शुष्क उपदेश और कथा भी रसमयी हो गयी है। शुक्ल जी के अनुसार पद्मावत के मार्मिक स्थल द्रष्टव्य हैं –, "मायके में कुमारियों की स्वच्छंद क्रीड़ा, रत्नसेन के प्रस्थान पर नागमती आदि का शोक, प्रेममार्ग के कष्ट, रत्नसेन को सूली की व्यवस्था, उस दंड के संवाद से विप्रलंभ दशा में पद्मावती की करुण सहानुभूति, रत्नसेन और पद्मावती का संयोग, सिंहल से लौटते समय की सामुद्रिक घटना से दोनों की विह्वल स्थिति, नागमती की विरह दशा और वियोग संदेश, बादल का युद्ध प्रस्थान, देवपाल की दूती से पद्मावती द्वारा सतीत्व गौरव की व्यंजना, पद्मावती और नागमती का उत्साहपूर्ण सहगमन, चित्तौड़ की दशा आदि।"[1] शुक्ल जी ने बड़ा अच्छा लिखा है कि कथावस्तु की गति इन्हीं स्थलों तक पहुँचने के लिए होती है।

उदात्त शैली

जिस महाकाव्य में मर्मस्पर्शी स्थलों की पहचान हो, महान् चरित्र हो, उद्देश्य भी महान् हो, युग जीवन की विविधता हो, उसकी शैली में महाकाव्योचित गरिमा, गंभीरता और उदात्तता आ ही जाती है। पद्मावत की लौकिक माधुर्य से युक्त कथा में विराट् सत्ता का आभास भी मिलता है। इसलिए उसकी शैली में सौकुमार्य और माधुर्य के साथ साथ ऊँचाई, विशालता और व्यापकता है। चूँकि लौकिक कथा के भीतर अलौकिक कथा भी झाँकती है इसलिए इसमें प्रतीक पद्धति अपनायी गयी है।

डॉ० शंभूनाथ सिंह ने पद्मावत को रोमांचक शैली का महाकाव्य माना है। इसमें रोमांचक तत्वों और साहसिक कार्यों की प्रधानता है और नयी पुरानी कथानक रूढ़ियों का प्रयोग अधिक दिखायी पड़ता है। पद्मावत का छंद अपभ्रंश के चरितकाव्यों की कड़वकबद्ध पद्धति पर आधारित है। महाकाव्य के कुछ बाह्य लक्षणों – नमस्क्रिया, वस्तुनिर्देश आदि का भी पालन हुआ है। कथन भंगिमा सरस और प्रवाहपूर्ण है।

महान् उद्देश्य और उन्नत जीवन दृष्टि

भारतीय आचार्यों की दृष्टि से पद्मावत का उद्देश्य चतुवर्गों में काम और मोक्ष की प्राप्ति है। लेकिन साहित्यिक दृष्टि से देखने पर इसमें मानवता के उस स्वरूप की झलक मिलती है जो प्रेम, उदारता, त्याग और सह अस्तित्व की भूमि पर अवस्थित है। आचार्य शुक्ल के निम्नलिखित कथन से पद्मावत की उन्नत जीवन दृष्टि का परिचय प्राप्त होता है, "अपनी कहानियों के द्वारा इन्होंने प्रेम का शुद्ध मार्ग दिखाते हुए उन सामान्य जीवन दशाओं को सामने रखा जिनका मनुष्य मात्र के हृदय पर एक प्रभाव दिखायी पड़ता है। हिन्दू हृदय और मुसलमान हृदय को आमने सामने करके अजनबीपन मिटानेवालों में इन्हीं का नाम लेना पड़ेगा। इन्होंने मुसलमान होकर हिंदुओं की कहानियाँ हिंदुओं की ही बोली में पूरी सहृदयता से कहकर उनके जीवन की मर्मस्पर्शिनी अवस्थाओं के साथ अपने उदार हृदय का पूर्ण सामंजस्य दिखा दिया।

---

1. जायसी ग्रंथावली की भूमिका, पृ० 69

कबीर ने केवल भिन्न प्रतीत होती हुई परोक्ष सत्ता की एकता का आभास दिया था। प्रत्यक्ष जीवन की एकता का दृश्य सामने रखने की आवश्यकता बनी थी जो जायसी द्वारा पूरी हुई।''[1]

महान् प्रेरणा

महाकाव्य की रचना के पीछे कोई महत् प्रेरणा अवश्य होती है और वह महाकाव्य में प्राण की तरह व्याप्त रहती है। पद्मावत की प्रेरणा प्रेममूलक अद्वैत भाव है जिसके कारण ही इसका अंत करुण में पूरी तरह न होकर शांत रस में होता है।

समाज को संजीवनी देने की शक्ति

पद्मावत में गहरे प्रेम के भीतर से सच्चे मानवतावाद, धार्मिक उदारता और लोकमंगल की प्रतिष्ठा की गयी है। यही इसकी संजीवनी शक्ति है जो आने वाली पीढ़ियों को जीवन प्रदान करती रहेगी।

इस प्रकार हमने देखा कि पद्मावत हिंदी का जगमगाता हुआ महाकाव्य है। इसकी लोकप्रियता भी इसे एक प्राणवान् महाकाव्य सिद्ध करती है।

●

रामचरितमानस

रामचरितमानस हिंदी का सर्वश्रेष्ठ साहित्यिक महाकाव्य है। जन जीवन को गहराई से प्रभावित करनेवाला इसके जैसा कोई महाकाव्य नहीं है। कवींद्र रवींद्र ने जो महाकाव्य के बारे में विचार व्यक्त किये हैं, वे रामचरितमानस से ही निकले हुए प्रतीत होते हैं, क्योंकि महाकाव्य की उनकी कल्पना का साकार रूप मानस में ही दिखायी पड़ता है।

आरंभ में एकाध विद्वान ने इसे महाकाव्य न मानकर पुराण कहा था।[2] लेकिन इसका उत्तर भलीभांति दिया जा चुका है कि विषयवस्तु, शैली और उद्देश्य किसी भी दृष्टि से रामचरितमानस पुराण नहीं है। हाँ, यह पौराणिक शैली का महाकाव्य अवश्य है। कथांतर और श्रोता वक्ता परंपरा, वंश परंपरा, मन्वंतर और अवतारों का वर्णन, संवाद रूप में उपदेशात्मक वर्णन, महात्म्य और स्रोत, अलौकिक कार्य तथा अतिशयोक्तिपूर्ण वर्णन आदि पौराणिक शैली की कुछ विशेषताएँ इसमें हैं।

रामचरितमानस अपभ्रंश के चरित काव्यों की परंपरा में आता है। इसका चरित शब्द उसी परंपरा की देन है। अपभ्रंश की पौराणिक शैली के चरित काव्यों में काव्य और धर्मकथा दोनों का सम्मिलन है। रामचरितमानस में भी इन चीजों का समन्वय है और यह इसकी लोकप्रियता का बहुत बड़ा कारण है। नायक, प्रबंध रूढ़ि, छंद योजना आदि दृष्टियों से रामचरितमानस संस्कृत, प्राकृत और अपभ्रंश के पौराणिक शैली के चरितकाव्य का ही पूर्ण विकास है। इसे हम आगे भी देखेंगे।

अब रामचरितमानस के महाकाव्यत्व पर निर्धारित लक्षणों की दृष्टि से विचार किया जा रहा है।

---

1. जायसी ग्रंथावली की भूमिका, पृ० 2-3
2. मानस-दर्शन (डॉ० श्री कृष्ण लाल), पृ० 147

सुसंघटित और जीवंत कथानक

रामचरितमानस का कथानक प्रख्यात रामकथा पर आधृत है। भारतीय साहित्य में इसका उपयोग बहुत दिनों से होता आ रहा था। मानस का कथानक न अति विस्तृत है और न अति संक्षिप्त। इसका विस्तार संतुलित है। इसकी आधिकारिक कथा बालकांड में रावण के अत्याचार वर्णन से आरंभ होकर उत्तरकांड के रामराज्य वर्णन तक चलती है। आरंभ के 166 दोहे और अंत के 77 दोहे क्रमश: महाकाव्य की भूमिका और उपसंहार हैं। इनमें अनेक अवांतर कथाएँ, उपदेशात्मक संवाद, स्त्रोत आदि हैं। इनका सीधा संबंध कथा से तो नहीं है, लेकिन नायक से अवश्य है। यह पौराणिक शैली की विशेषता है।

मानस की आधिकारिक कथा में एक भी अवांतर कथा नहीं है, लेकिन कई लघु प्रासंगिक कथाएँ हैं, जो मुख्य कथा को गति प्रदान करती हैं और नायक के उत्कर्ष को बढ़ाती हैं। प्रधान कथा के भीतर अहल्या उद्धार, ताड़का वध, शबरी आतिथ्य, शूर्पणखा प्रसंग, खर दूषण प्रसंग, सुग्रीव कथा, हनुमान के साहसिक कार्य आदि प्रासंगिक कथाएँ हैं।

आधिकारिक कथा के बाहर निम्नलिखित अवांतर कथाएँ हैं– शिवचरित, जय विजय की कहानी, कश्यप अदिति कथा, जलंधर वृंदा कथा, नारद मोह कथा, मनु शतरूपा कथा, प्रतापभानु कथा, रावण चरित, भुशुंडि चरित आदि। इनमें शिव चरित को छोड़ शेष कथाएँ रामावतार का कारण बताने आयी हैं।

मानस की आधिकारिक कथा सुशृंखलित और जीवंत है। इसमें आदि, मध्य और अंत की योजना समानुपातिक ढंग से हुई है। इसके आदि भाग में राम जन्म से लेकर वनवास तक की कथा है। मध्य भाग में वन यात्रा से लेकर सीताहरण तक और अंत भाग में सीताहरण से रामराज्य की स्थापना तक है। इसके कथानक में महाकाव्योचित कार्यान्विति है और नाटक की पंच संधियाँ और कार्यावस्थाएँ दिखायी पड़ती हैं।

इसमें अनेक कथानक रूढ़ियाँ, यथा आकाशवाणी और मुनि का शाप, रूप परिवर्तन, वन में सुंदरी से भेंट, मंत्र युद्ध, अतिमानवीय व्यक्तियों की सहायता आदि का उपयोग कर कवि ने काव्य कौशल का प्रदर्शन किया है, साथ ही बीच बीच में अपनी कल्पना का उपयोग करते हुए उनमें अपना रंग भर कर उन्हें अत्यंत आकर्षक बना दिया है।

उदात्त नायक एवं अन्य महत्वपूर्ण चरित्र

कला की दृष्टि से चरित्र चित्रण कौशल रामचरितमानस की सबसे बड़ी विशेषता है। इस दृष्टि से ये संसार के सारे कवियों से आगे निकल जाते हैं। तुलसी ने जो आदर्श और महान् चरित्र हमारे सामने रखे हैं उन्हीं को सामने रखकर हम अपने जीवन को सुधारते हैं और किसी भी मनुष्य के व्यक्तित्व को मापते हैं। वे चरित्र मनुष्यता के मानदंड हैं।

भारतीय आचार्यों ने महाकाव्य के नायक एवं अन्य चरित्रों पर काफी विचार किया है और उन्हें चार भागों में बाँटा है– धीरोदात्त, धीरललित, धीरप्रशांत और धीरोद्धत। इस विभाजन के पीछे उनकी नैतिक दृष्टि काम कर रही थी। अगर मनोवैज्ञानिक दृष्टि से देखा जाय तो हर व्यक्ति का चरित्र अलग अलग और विशिष्ट होता है। तुलसीदास की चरित्र योजना न तो पूरी तरह आलंकारिकों का अनुसरण करती है और न मनोविज्ञान का। अपने युग की आवश्यकता को ध्यान में रखते हुए जिन चरित्रों का निर्माण उन्होंने किया है उनके पीछे धार्मिक और

आदर्शवादी दृष्टि काम कर रही है। अतः किसी खास विचारधारा का प्रतिनिधित्व करनेवाले 'टाइप' चरित्रों का निर्माण किया गया है। यही कारण है कि इसके जो महान् चरित्र हैं, वे महानता में चरम सीमा पर हैं और जो निकृष्ट हैं वे भी नीचता की पराकाष्ठा पर हैं।

मानस के नायक राम तुलसी के विशाल हृदय और विराट् कल्पना शक्ति के साकार रूप हैं। डॉ० शंभूनाथ सिंह ने बड़े अच्छे ढंग से तुलसी के राम के चरित्र का विश्लेषण किया है। "मानस में राम के चरित्र के तीन स्वरूप दिखायी पड़ते हैं– ब्रह्म रूप, आदर्श मानव रूप और स्वाभाविक नर रूप। तुलसी के भक्त और चिंतक रूप ने राम में ब्रह्मत्व की प्रतिष्ठा की है, उनके मानवतावादी रूप ने राम को आदर्शों के उच्चशिखर पर प्रतिष्ठित किया है और उनके भावुक कवि और कलाकार हृदय ने विवश होकर कलात्मक, मनोवैज्ञानिक और सौंदर्य बोधात्मक उत्कृष्टता और स्वाभाविकता लाने के लिए राम को सामान्य मानव के रूप में भी चित्रित किया है।"[1]

मानस का खलनायक रावण असत्प्रवृत्तियों का पूँजीभूत रूप है। उसका अत्याचार इतना बढ़ गया था और वह इतना शक्तिशाली था कि उसके वध के लिए ईश्वर को ही धरती पर आना पड़ा।

मानस के भरत का निर्माण कवि ने अपने हृदय का संपूर्ण रस उड़ेल कर किया है। लक्ष्मण, हनुमान, अंगद, विभीषण, सुग्रीव, दशरथ, वशिष्ठ, निषाद आदि विशिष्ट और आदर्श पात्र हैं। स्त्री पात्रों में सीता का चरित्र महत्वपूर्ण है। कौसल्या एवं सुमित्रा के चरित्र को ऊँचाई पर उठाया गया है। मंथरा में मुँहलगी मूर्ख स्त्री का चित्र यथार्थ रूप में उभरा है। इसी तरह सभी पात्र अपनी विशिष्टता एवं महत्ता में हमारा ध्यान आकृष्ट करते हैं। तुलसी की कला के संस्पर्श से सबमें निखार और आकर्षण है।

समग्र युग जीवन का चित्रण

युग जीवन का जैसा सर्वांगीण चित्रण रामचरितमानस में हुआ है, वैसा हिंदी के और किसी महाकाव्य में नहीं। रावण के अत्याचारों के वर्णन के द्वारा उन्होंने तत्कालीन शासक वर्गों के अत्याचारों का ही वर्णन किया है। कलि चित्रण के द्वारा उन्होंने सामाजिक और धार्मिक विशृंखलता का चित्र खींचा है। उन्होंने अपने समय के रीति-रिवाजों, धार्मिक कर्मों, शकुन विचार आदि का वर्णन किया है।

तुलसीदास के वस्तु व्यापार वर्णन में पर्याप्त वैविध्य और रसात्मकता है, मानस के वस्तु व्यापार वर्णन में सामाजिक संबंध, सामाजिक कृत्य, उत्सव, धार्मिक तथा पौराणिक विश्वासों पर आधारित कार्य और आयोजन, राजनीतिक कार्य, प्रकृति चित्रण, रूप चित्रण, देशकाल और वातावरण का चित्रण, मानसिक दशाओं और भावनाओं का चित्रण, आमोद प्रमोद परिगणनात्मक वर्णन आदि समाहित हैं। इन सबमें उन्होंने जगह जगह अपनी स्वतंत्र प्रवृत्ति का परिचय दिया है।

इस प्रकार मानस में अपने युग के समाज, धर्म, राजनीति आदि अनेक पक्षों का व्यापक चित्रण हुआ है।

---

1. हिंदी महाकाव्य का स्वरूप-विकास, पृ० 540

महत्कार्य या महान् घटना

रामचरितमानस का महत्कार्य या महान् घटना वही हो सकती है, जिसके लिए राम का अवतार हुआ है। यानी नायक के उद्देश्य से महत्कार्य जुड़ा हुआ है। राम का उद्देश्य है रावण का वध कर रामराज्य की स्थापना करना। इसलिए 'राम रावण युद्ध' और 'राम राज्य' की स्थापना करना इसका महत्कार्य है।

रसात्मकता और प्रभावान्विति

रस व्यंजना और प्रभावान्विति की दृष्टि से रामचरितमानस अपूर्व और अद्वितीय महाकाव्य है। साहित्य में जितने भी प्रकार के रस हैं, वे सब मानस में हैं। आचार्य रामचंद्र शुक्ल ने लिखा है, "जो केवल दांपत्य रति ही में अपनी भावुकता प्रकट कर सकें या वीरोत्साह ही का अच्छा चित्रण कर सकें, वे पूर्ण भावुक नहीं कहे जा सकते। पूर्ण भावुक वे ही हैं जो जीवन की प्रत्येक स्थिति के मर्मस्पर्शी अंश का साक्षात्कार कर सके और उसे श्रोता या पाठक के सम्मुख अपनी शब्द शक्ति द्वारा प्रत्यक्ष कर सके। हिंदी के कवियों में इस प्रकार की सर्वांगपूर्ण भावुकता हमारे गोस्वामीजी में ही है जिसके प्रभाव से रामचरितमानस उत्तर भारत की सारी जनता के गले का हार हो रहा है। वात्सल्य भाव का अनुभव करके पाठक तुरंत बालक राम लक्ष्मण के प्रवास का उत्साहपूर्ण जीवन देखते हैं जिसके भीतर आत्मावलंबन का विकास होता है। फिर आचार्य विषयक रति का स्वरूप देखते हुए वे जनकपुर में जाकर सीताराम के परम पवित्र दांपत्य भाव के दर्शन करते हैं। इसके उपरांत अयोध्या त्याग के करुण दृश्य के भीतर भाग्य की अस्थिरता का कटु स्वरूप सामने आता है। तदनंतर पथिक वेषधारी राम जानकी के साथ साथ चलकर पाठक ग्रामीण स्त्री पुरुषों के उस विशुद्ध सात्विक प्रेम का अनुभव करते हैं जिसे हम दांपत्य, वात्सल्य आदि कोई विशेषण नहीं दे सकते, पर जो मनुष्य मात्र में स्वाभाविक है।"[1]

रामचरितमानस के अंगी रस के बारे में कई विचार हैं। किसी ने वीर रस को माना है तो किसी ने शांत रस को। लेकिन रामचरितमानस के अधिकांश अधिकारी विद्वान भक्तिरस को ही अंगी रस मानते हैं। विचार कर देखने से स्पष्ट है कि भक्ति रस ही मानस का अंगी रस है, कवि का उद्देश्य भी भगवद्भक्ति की प्राप्ति है। महाकाव्य के पूर्वार्द्ध में भक्ति रस प्रधान है और कथा का अंत भी भक्ति रस में होता है। मध्य में भी वीर आदि रसों के भीतर भक्ति रस की अंतर्धारा बहती है। अतः समग्रता में देखने पर संदेह नहीं रह जाता कि आचार्यों द्वारा भक्तिरस का उल्लेख न करने पर भी मानस में यह प्रधान रस है और कवि ने इसकी व्यापक व्यंजना कर रस की दुनिया में एक और गंभीर रस जोड़ दिया है।

इस तरह मानस की गंभीर रस व्यंजना अन्य महाकाव्यों के लिए चुनौती है।

मार्मिक स्थलों की पहचान

जीवन के विविध पक्षों के मर्मस्पर्शी चित्रण की दृष्टि से भी मानस बेजोड़ है। आचार्य शुक्ल के शब्दों में, "प्रबंधकार कवि की भावुकता का सबसे अधिक पता यह देखने में चल सकता है कि वह किसी आख्यान के अधिक मर्मस्पर्शी स्थलों को पहचान सका है या नहीं,

---

1. गोस्वामी तुलसीदास, पृ० 53

रामकथा के भीतर ये स्थल अत्यंत मर्मस्पर्शी हैं— राम का अयोध्या त्याग और पथिक के रूप में वनगमन, चित्रकूट में राम और भरत का मिलन, शबरी का आतिथ्य, लक्ष्मण को शक्ति लगने पर राम का विलाप; भरत की प्रतीक्षा। इन स्थलों को गोस्वामी जी ने अच्छी तरह पहचाना है; इनका उन्होंने अधिक विस्तृत और विशद् वर्णन किया है।''[1] इन स्थलों के अतिरिक्त राजा दशरथ की मृत्यु, पुरवासियों का शोक, केवट प्रसंग, सीताहरण एवं उसका वियोग आदि स्थल भी अत्यंत मर्मस्पर्शी हैं।

उदात्त शैली

रामचरितमानस की शैली की सहजता, सरलता, सुबोधता और रमणीयता का उद्‌घाटन डॉ० शंभूनाथ सिंह ने बड़े सुंदर ढंग से किया है, ''रामचरितमानस में तुलसी ने अपने व्यक्तित्व को बड़ी ही उच्च भूमिका में प्रतिष्ठित कर उसे संपूर्ण रूप में अभिव्यक्त किया है। जिस महान् चरित्र को उन्होंने अपने काव्य का नायक बनाया उसके साथ उनका इतना गहरा तादात्म्य है कि उनका व्यक्तित्व उसी सीमा तक ऊपर उठ गया है जिस सीमा तक नायक का उठा हुआ है। राम उनके काव्य के नायक ही नहीं, उनकी आत्मा के प्रकाश, उनके आराध्य भी हैं और उस आराध्य की महत्ता के सामने कवि को अपने दैन्य और अशक्ति की अनुभूति सदैव होती रहती है। इसी दैन्य भाव के कारण मानस के प्रारंभ में गणेश, गुरु, ब्राह्मण, संत, असंत, शिव, रामकथा के छोटे बड़े पात्र तथा प्राणी मात्र की वंदना करके शक्ति संचय करना चाहते हैं, किंतु सच पूछा जाय तो यह दैन्य भाव या अहंभाव का सर्वथा परित्याग और आराध्य के प्रति संपूर्ण आत्म समर्पण ही तुलसी की सबसे बड़ी शक्ति है। कवि जब तक निःस्व होकर और अपने पात्रों में अपने व्यक्तित्व को पूर्णतः ढालकर काव्य रचना नहीं करता, वह महाकाव्य का निर्माण नहीं कर सकता। पात्रों के साथ तादात्म्य का तात्पर्य यह है कि कवि जिस पात्र का वर्णन करे उसके अंतरतम का उद्‌घाटन करे। इस तरह पात्रों की मानसिक, वाचिक और आंगिक क्रियाओं के भीतर से कवि के व्यक्तित्व की ही अभिव्यक्ति होती है। मानस के चरित्र इतने जीते जागते और आकर्षक हैं कि उनके भीतर से तुलसी का जीवन और आकर्षक व्यक्तित्व स्पष्ट रूप से उद्‌भासित होता है। यही मानस की शैली की सबसे बड़ी विशेषता है। कवि की उस दैन्य भावना और आडंबरहीन व्यक्तित्व की सरलता की ही अभिव्यक्ति मानस की शैलीगत सरलता, सुबोधता, रमणीयता और विशदता के रूप में हुई है। तुलसी उपासना पद्धति में ही सरलता, छलहीनता और आडंबरहीनता के समर्थक नहीं थे, काव्य के भीतर भी उन्होंने इन गुणों को अभिव्यक्त किया है।''[2]

तुलसी की कला का महत्व तब और दिखायी पड़ता है जब हमारा ध्यान उसके पूर्ववर्ती संस्कृत साहित्य के अतिशय अलंकरण, आडंबर, चमत्कार प्रदर्शन की प्रवृति की ओर जाता है और परवर्ती रचना 'रामचंद्रिका' और रीतिकालीन साहित्य का स्वरूप ख्याल में आता है। किसी भी प्रकार के दिखावे से तुलसी की कला बहुत दूर है। वे अलंकारवादी नहीं हैं फिर भी उनसे बढ़कर अलंकारों का समुचित प्रयोग कोई नहीं कर सका है। रामचरितमानस में जिस

1. गोस्वामी तुलसीदास, पृ० 50
2. हिंदी महाकाव्य का स्वरूप-विकास, पृ० 545-46

देशी भाषा का प्रयोग है वह अपने सहज आकर्षण के कारण समादृत हुई है। तुलसी ने मनोहर रूपकों के द्वारा मानस के छंदों को कमल, भाषा को सुगंध और ध्वनि, वक्रोक्ति आदि को मनोहर मीन कहा है।

मानस की छंद योजना अपभ्रंश की कड़वकबद्ध शैली पर आधारित है। इस शैली में कुछ चौपाइयों के बाद दोहा या सोरठा का घत्ता देकर कड़वक की योजना की जाती है। बीच बीच में हरिगीतिका, तोमर, चौपैया आदि छंद भी रखे गये हैं। छंदों के प्रयोग में तुलसी ने पिंगल शास्त्र का नियम हू ब हू नहीं मान लिया है। जगह जगह अपनी स्वतंत्र वृत्ति का परिचय दिया है।

मानस का कथानक सात कांडों में विभाजित है। आचार्य विश्वनाथ की सीमा रेखा – कम से कम आठ सर्ग की – आवश्यकता का यहाँ उल्लंघन है। ये सातों कांड समानुपातिक नहीं हैं। बालकांड और अयोध्याकांड बहुत बड़े हैं तो किष्किंधा, अरण्य आदि बहुत छोटे। इस दृष्टि से देखने पर यह असमान विभाजन खटक सकता है।

महान् उद्देश्य और उन्नत जीवन दृष्टि

तुलसीदास ने रामचरितमानस का उद्देश्य 'स्वान्तः सुखाय' घोषित किया है। इस घोषणा को देखकर तुलसी की ही एक पंक्ति याद आती है–'जड़ मोहहिं बुध होहिं सुखारे'। तुलसी की इस घोषणा को वैयक्तिक सुख से जोड़ना जड़ता ही है। तुलसी का 'स्व' विराट् है। उसमें सारा जगत् घुलमिल गया है। अतः उनके स्वान्तः सुख में लोकसुख समाया हुआ है। उनकी नजर में सुंदर काव्य वही है जिससे सुरसरि की तरह लोगों का कल्याण हो।

रामचरितमानस का उद्देश्य रामभक्ति है। राम कथा कलियुग के पापों को नाश करने वाली है– 'राम कथा कलि कलुष विभंजनि'। 'कलुष विभंजनि' से तुलसी का तात्पर्य वैयक्तिक बुराइयों के अलावा सामाजिक अन्याय, राजनीतिक अत्याचार, वर्णाश्रम धर्म की विशृंखलता, नैतिक पतन आदि से है। अतः रामभक्ति के प्रचार का मतलब निर्गुण राम का नाम जपना या राम को परब्रह्म सिद्ध करना नहीं है बल्कि राम के कर्मों, गुणों को सामने रखकर लोकहित में संलग्न होना है। आचार्य शुक्ल ने ठीक ही लिखा है कि तुलसीदास के ही कारण भारतीय जनता में, ''यह संस्कार न जमने पाया कि श्रद्धा और भक्ति के पात्र केवल सांसारिक कर्त्तव्यों से विमुख कर्ममार्ग से च्युत, कोरे उपदेश देनेवाले ही हैं। उसके सामने यह फिर से अच्छी तरह झलका दिया गया कि संसार के चलते व्यापारों में मग्न, अन्याय के दमन के अर्थ रण क्षेत्रों में अद्भुत पराक्रम दिखाने वाले, अत्याचार पर क्रोध से तिलमिलानेवाले, प्रभूत शक्ति संपन्न होकर भी क्षमा करने वाले, अपने रूप, गुण और शील से लोक का अनुरंजन करनेवाले, मैत्री का निर्वाह करनेवाले, प्रजा का पुत्रवत् पालन करनेवाले, बड़ों की आज्ञा का आदर करनेवाले, संपत्ति में नम्र रहनेवाले, विपत्ति में धैर्य रखनेवाले प्रिय या अच्छे ही लगते हैं, यह बात नहीं है। वे भक्ति और श्रद्धा के प्रकृत आलंबन हैं, धर्म के दृढ़ प्रतीक हैं।''[1]

आचार्यों के दृष्टिकोण से महाकाव्य का उद्देश्य चतुर्वर्ग की प्राप्ति है। तुलसी ने इस बात पर पूरा ध्यान दिया है–

अरथ धरम कामादिक चारी । कहब ग्यान बिग्यान बिचारी ।।

---

1. गोस्वामी तुलसीदास, पृ० 32

मर्यादित काम और अर्थ को ही तुलसी ने स्वीकार किया है। काम का संतुलित स्वरूप राम और सीता के गंभीर दांपत्य प्रेम में दिखायी पड़ता है और अर्थ रामराज्य की संपन्नता में। मोक्ष से बढ़कर तुलसी ने भक्ति को ही माना है। धर्म तो मानस के मूल में ही है– अधर्म का नाश कर धर्मराज्य (रामराज्य) की स्थापना।

महान् प्रेरणा

महाकाव्य रचना के पीछे कोई न कोई महान् प्रेरणा काम करती है। जो कवि भौतिक सुख, यश, अर्थ, राजसम्मान आदि प्राप्त करने के लिए महाकाव्य रचेगा, उनका काव्य उच्च कोटि का नहीं हो सकता। तुलसी ने राम के प्रति अपने हृदय में उठनेवाली सहज आनंद की वेगवती धारा को ही वाणी दी है। उनकी प्रेरणा स्वयं राम का व्यक्तित्व है। उन्होंने लिखा है–

जस कछु बल बिबेक बुधि मेरे । तस कहिहौं हिय हरि के प्रेरे ।।

समाज को संजीवनी देने की शक्ति

साहित्यिक महाकाव्यों में अकेला रामचरितमानस ही है जिसने इतने व्यापक रूप से गहराई तक भारतीय जन जीवन को प्रभावित किया है। करोड़ों भारतीय जनता एक धर्मग्रंथ और काव्यग्रंथ के रूप में इसका पाठ करती है। इसका नाट्य रूपांतर कर अभिनय किया जाता है। जीवन के नाना क्षेत्रों में यह हमें शक्ति प्रदान करता है और हमारी जीवनधारा को एक सही दिशा में मोड़ता है। धन्य है वह देश जहाँ रामचरितमानस जैसी संजीवनी है।

●

रामचंद्रिका

हिंदी महाकाव्यों की प्रकृत धारा लोकप्रिय अपभ्रंश काव्यों की परंपरा से जुड़ी है। यह परंपरा संस्कृत की शास्त्रीय शैली के महाकाव्यों से अलग है। यही कारण है कि संस्कृत आचार्यों की महाकाव्य विषयक परिभाषा हू ब हू हिंदी महाकाव्यों पर लागू नहीं होती। जो महाकाव्य संस्कृत के नियम में पूरी तरह बँधकर चलेगा, उसकी प्राणवत्ता समाप्त हो जायेगी या कम हो जायेगी। केशवदास की रामचंद्रिका ऐसा ही महाकाव्य है। इसलिए डॉ० शंभूनाथ सिंह ने इसे महाकाव्य माना ही नहीं। इसे कृत्रिम महाकाव्य कहना तो ठीक है, पर महाकाव्य ही न मानना ठीक नहीं है।

केशवदास तुलसीदास की ही तरह रामचंद्रिका रचने का उद्देश्य आत्मसुख बताते हैं और 'कलुष विभंजनि' की तर्ज पर पुरातन पापों को दूर करने को अपना लक्ष्य घोषित करते हैं।

कालत्रयदर्शी निर्गुण परसी होत बिलम्ब न लागे ।
तिनके गुन कहिहौं सब सुख लहिहौं पाप पुरातन भागे ।।

पर राम का चरित्र ग्रहण कर भी केशवदास किसी महान् उद्देश्य को लेकर नहीं चल सके। ऐसा लगता है, अपने शास्त्रीय ज्ञान और पांडित्य का प्रदर्शन ही उनका प्रमुख उद्देश्य है।

कथानक

महाकाव्य के कथानक की विशेषता यह है कि वह सुश्रृंखलित और सुसंघटित होता

है। रामचंद्रिका में इसका अभाव है। आचार्य शुक्ल ने लिखा है– ''संबंध निर्वाह की क्षमता केशव में न थी। उनकी रामचंद्रिका अलग अलग लिखे हुए वर्णनों का संग्रह सी जान पड़ती है।''[1] केशव ने किस कथा को विस्तार और किसको संक्षिप्त रूप देना चाहिए, इसका भी ध्यान नहीं रखा है। संक्षेप में, रामचंद्रिका का कथानक सुसंघटित और जीवंत नहीं है।

महत्वपूर्ण चरित्र

रामचंद्रिका के राम विशिष्टतारहित और निष्प्राण से लगते हैं। सीता और कौसल्या के चरित्र को भी काफी नीचे उतार दिया गया है। तुलसी की उदात्त कौसल्या की स्थिति रामचंद्रिका में द्रष्टव्य है–

अवधपुरी महँ गाज परै । कै अब राज भरत्थ करै।[2]

जैन धर्म के प्रभाव से राम अंत में विरक्त दिखाये गये हैं।

युग जीवन का चित्रण

राम के जीवन की विविधता कवियों को युग जीवन के चित्रण के लिए पूरा अवकाश देती है। पर केशवदास ने सामंतों एवं उच्चवर्ग के लोगों के चित्रण में ही कुशलता दिखायी है। इसमें सामान्य जनता का चित्रण नहीं हो सका है। आचार्य शुक्ल ने लिखा है, ''रामचंद्रिका के लंबे चौड़े वर्णनों को देखने से स्पष्ट लक्षित होता है कि केशव की दृष्टि जीवन के मार्मिक और गंभीर पक्ष पर न थी। उनका मन राजसी ठाटबाट, तैयारी, नगरों की सजावट, चहल पहल आदि के वर्णन में विशेषतः लगता था।[3] वस्तु वर्णन का भी उद्देश्य ज्ञान प्रदर्शन है। शास्त्रीय लक्षणों की खानापूर्ति के लिए सेना प्रयाण, युद्ध, वन उपवन, नगरावरोध, संयोग श्रृंगार, विप्रलंभ आदि के वर्णन में अनावश्यक विस्तार है। शुक्ल जी के शब्दों में, ''वे बहुत से वर्णन यों ही बिना अवसर का विचार किये भरते गये हैं। वे वर्णन वर्णन के लिए करते थे न कि प्रसंग या अवसर की अपेक्षा से।''[4]

महत्कार्य

रामचंद्रिका का भी कार्य या घटना राम रावण युद्ध और रामराज्य की स्थापना है, किंतु केशव ने मनोयोगपूर्वक इसका वर्णन नहीं किया है।

रसात्मकता

रस व्यंजना में रामचंद्रिका असमर्थ है। इसमें श्रृंगार का चित्रण अधिक दिखायी पड़ता है। उसमें भी औचित्य का ध्यान नहीं रखा गया है। राम दासियों के नख शिख निरीक्षण में तल्लीन दिखाये गये हैं। वह श्रृंगार भी अलंकार प्रदर्शन के बोझ से दब गया है। कहीं कहीं श्रृंगार वर्णन में कल्पना शक्ति से भी काम लिया गया है। इसमें करुण रस की भी अवहेलना है तथा वीर रस और शांत रस की भी सम्यक् योजना नहीं है।

---

1. हिंदी साहित्य का इतिहास, पृ० 210
2. रामचंद्रिका, नवाँ प्रकाश, पृ० 163
3. हिंदी साहित्य का इतिहास, पृ० 212
4. वही, पृ० 212

मार्मिक स्थल

वैसे तो रामचंद्रिका में भावुकता और संवेदनशीलता का प्राय: अभाव ही है पर कहीं कहीं यह दिखायी पड़ती है। कुछ मार्मिक स्थल ये हैं- मेघनाद के वध पर रावण का शोक, विश्वामित्र को राम लक्ष्मण सौंपते समय दशरथ की वेदना, चित्रकूट में माताओं का मौन आदि।

शैली

रामचंद्रिका की शैली उदात्त नहीं, बल्कि कृत्रिम है। इसमें महाकाव्य के ऊपरी लक्षणों— सर्गबद्धता, मंगलाचरण, वस्तु निर्देश, दीनता प्रकाश, प्रकृति चित्रण आदि— का निर्वाह तो खूब हुआ है, पर आंतरिक तेज गायब है। अलंकारों की चकाचौंध में राग तत्व छिप गया है। उक्ति वैचित्र्य और वाग्वैदग्ध्य तो खूब है, पर प्रेषणीयता कम है। अत्यधिक छंद योजना और नाटकीयता से महाकाव्य दब गया है। उसकी शैली की दुर्बोधता का कारण बताते हुए शुक्ल जी ने लिखा है— 'पदों और वाक्यों की न्यूनता, अशक्त फालतू शब्दों का प्रयोग और संबंध के अभाव आदि के कारण भाषा भी अप्रांजल और ऊबड़ खाबड़ हो गयी है और तात्पर्य भी स्पष्ट रूप से व्यक्त न हो सका है। केशव की कविता जो कठिन कही जाती है उसका प्रधान कारण उनकी यही त्रुटि है, उनकी मौलिक भावनाओं की गंभीरता या जटिलता नहीं।''[1] लेकिन रामचंद्रिका के कुछ संवाद सुघड़ हैं। उनमें राजकीय मर्यादा का विशेष ध्यान रखा गया है।

संजीवनी शक्ति

रामचंद्रिका का पठन पाठन केवल हिंदी साहित्य के छात्रों, शिक्षकों एवं विद्वानों के बीच होता है। लोक जीवन में इसका कोई स्थान नहीं है, क्योंकि इसमें उद्देश्य की महानता, उदात्त चरित्र, सहज उदात्त शैली आदि का बड़ा अभाव है। इस तरह रामचंद्रिका में महाकाव्य का शरीर तो है पर आत्मा नहीं है।

रीतिकाल का दरबारी वातावरण प्रबंध रचना के अनुकूल नहीं था। इसलिए इस काल में मुख्यत: मुक्तकों की ही रचना हुई, फिर भी महाकाव्य के नाम से कई प्रबंध काव्य लिखे गये, जिनके नाम और कवि निम्नलिखित हैं—

1. छत्रप्रकाश – लालकवि 2. विजय मुक्तावली – छत्रसिंह 3. महाभारत – सबल सिंह चौहान 4. चंडीचरित्र – गोविंद सिंह 5. हम्मीर रासो – जोधराज 6. नैषधचरित – गुमान मिश्र 7. जैमिनीपुराण – सरयूराम 8. सुजान चरित्र – सूदन 9. ब्रजविलास – ब्रजवासीदास 10. वैताल पचीसी – देवीदत्त 11. भाषा सप्तशती – नवलसिंह 12. हम्मीरहठ – चन्द्रशेखर 13. राम रसायन – पद्माकर 14. हिम्मत बहादुर विरुदवली – पद्माकर 15. रामाश्वमेध – मधुसूदन दास 16. राजविलास – मानकवि 17. कृष्णचन्द्रिका – गुमान मिश्र

उपर्युक्त महाकाव्यों में 'राजविलास' ऐतिहासिक शैली पर रचित महाकाव्य है। इसमें महाकाव्य के लगभग सभी शास्त्रीय नियमों का पालन किया गया है। 'छत्रप्रकाश' ऐतिहासिक शैली का प्रशस्तिमूलक चरितकाव्य है। आचार्य शुक्ल के अनुसार, ''इतिहास की दृष्टि से छत्रप्रकाश बड़े महत्व की पुस्तक है। इसमें सब घटनाएँ सच्ची और सब ब्यौरे ठीक ठीक दिये

---

1. हिंदी साहित्य का इतिहास, पृ० 209

गये हैं।'' इसमें प्रबंध पटुता और काव्य गुण दिखायी पड़ते हैं। 'हम्मीर रासो' भी ऐतिहासिक शैली पर आधृत प्रशस्तिमूलक चरितकाव्य है। इसमें पृथ्वीराज रासो की भाषा शैली और छंद विधान का पूरा प्रभाव है।

रीतिकालीन महाकाव्यों में गुमान मिश्र की 'कृष्णचंद्रिका' केशवदास की रामचंद्रिका की तरह ही महत्वपूर्ण है। इसमें रामचरितमानस और रामचंद्रिका दोनों की शैलियों का समन्वय है। यह महाकाव्य की शास्त्रीय शैली और पौराणिक शैली दोनों का सुंदर सम्मिश्रण है। इसकी कथा श्रीमद्‌भागवत पर आधारित है। इसमें कृष्ण जन्म से लेकर कंस वध और कृष्ण की राज्य प्राप्ति तक की कथा रोचक ढंग से कही गयी है। रस व्यंजना में कवि को पूरी सफलता मिली है। छंद विधान में रामचंद्रिका सा वैविध्य है, पर वह भावानुकूल है, ऊबाऊ नहीं।

इस प्रकार ह्रासशील दरबारी संस्कृति में महान् आदर्शों से प्रेरित कोई भी महाकाव्य नहीं लिखा गया।

•

आधुनिक युग

अठारहवीं उन्नीसवीं शताब्दी में विज्ञान के प्रभाव से और पश्चिमी शिक्षा, सभ्यता, संस्कृति के प्रचार से भारत के जीवन में कई प्रकार के परिवर्तन आये। अंग्रेज भारत में सुदृढ़ शासन की स्थापना के लिए भारतीय संस्कृति को विकृत करने और ध्वस्त करने में लग गये। अंग्रेजों के भारतीय पिट्ठुओं ने उसके ताल में ताल मिलाया। पढ़े लिखे फैशनपरस्त लोगों का ऐसा दल तैयार हुआ जो भारतीय संस्कृति का मजाक उड़ाने लगा और अंग्रेजी सभ्यता संस्कृति की नकल करने लगा। इसकी तीखी प्रतिक्रिया हुई। भारतीय संस्कृति के पुनरुत्थान का आंदोलन शुरू हुआ। अनेक प्रकार के सुधार आंदोलन चले। भारतीय संस्कृति के जीवंत तत्वों की पहचान शुरू हुई और पाश्चात्य संस्कृति की अच्छी चीजें भी ग्रहण की गयीं। इससे दो बुराइयों से लोग बच सके। पाश्चात्य संस्कृति का अंधानुकरण बहुत कुछ कम हुआ और हमारे यहाँ की सामंती रूढ़ियों और मृत जीवन मूल्यों से लोगों को बहुत कुछ निजात मिली। विज्ञान की रोशनी में भारतीय जीवंत तत्वों को लेकर सांस्कृतिक पुनर्जागरण और नव निर्माण का सूत्रपात हुआ। इसका असर भारतेंदु युग, द्विवेदी युग और छायावाद युग की चेतना पर देखा जा सकता है।

द्विवेदी युग पर बंगला के कवि माइकेल मधुसूदन दत्त, रवींद्रनाथ ठाकुर आदि का प्रभाव पड़ा। माइकेल मधुसूदन दत्त के 'मेघनाद वध' और 'विरहिणी ब्रजांगना' ने हिंदी कवियों को झकझोरा। द्विवेदी युग में पौराणिक कथाओं पर आधारित महाकाव्य लिखे गये और उनके पात्रों के अति मानवीय और असंभव कार्यों का बौद्धिक विश्लेषण किया गया। इसमें 'प्रियप्रवास', 'रामचरित चिन्तामणि' आदि उल्लेखनीय हैं।

पुनर्जागरण आंदोलन के युग में कवियों का ध्यान संस्कृत महाकाव्य और काव्यशास्त्र की तरफ भी गया। इसलिए इस युग की महाकाव्य संबंधी धारणाएँ संस्कृत काव्यशास्त्र से प्रभावित हुईं। यह हिंदी की प्रकृत धारा नहीं थी। हिंदी महाकाव्य अपभ्रंश काव्यों की परंपरा से अधिक जुड़ा हुआ था। वह संस्कृत की शास्त्रीय शैलियों से बहुत कुछ भिन्न था। इसके सामाजिक, धार्मिक, राजनीतिक और भाषाशास्त्रीय कारण थे। लेकिन बीसवीं शताब्दी में

संस्कृत महाकाव्यों के लक्षणों को ध्यान में रखकर अधिकांश महाकाव्य रचे गये। यहाँ आधुनिक युग के तीन महान् महाकाव्य— प्रियप्रवास, साकेत और कामायनी के महाकाव्यत्व पर विचार किया जा रहा है।

●

प्रियप्रवास

प्रियप्रवास खड़ी बोली हिंदी का पहला महाकाव्य है। यह शास्त्रीय शैली का महाकाव्य है। डॉ० शंभूनाथ सिंह ने इसे महाकाव्य नहीं माना है, "महाकाव्य के मूल स्वर (एपिक इन्टेन्शन) तथा शाश्वत लक्षणों के अभाव के कारण यह निस्संकोच कहा जा सकता है कि प्रियप्रवास महाकाव्य नहीं है।"[1] लेकिन प्रियप्रवास को हिंदी खड़ी बोली का प्रथम महाकाव्य होने का गौरव प्राप्त है। महाकाव्य के निर्धारित लक्षणों के आधार पर इसके महाकाव्यत्व का परीक्षण प्रस्तुत है।

कथानक

इसमें कृष्ण के बालकाल से लेकर मथुरा प्रवास तक की कथा है। जिन आलोचकों ने प्रियवास को महाकाव्य नहीं माना है, उन्होंने इसके महाकाव्यत्व पर संदेह कथा सूत्रों की संगुफन विधि और अपर्याप्त सामग्री को लेकर किया है। आचार्य रामचंद्र शुक्ल ने लिखा है, "इसकी कथावस्तु एक महाकाव्य क्या अच्छे प्रबंधकाव्य के लिए भी अपर्याप्त है। अत: प्रबंध काव्य के सब अवयव इसमें कहाँ आ सकते ?"[2] डॉ० शंभूनाथ सिंह के अनुसार, "घटना विरलता और वर्णन विस्तार के कारण इसमें (प्रियप्रवास में) कथानक बहुत संक्षिप्त है और उसमें वह प्रवाह तथा जीवंतता नहीं जो महाकाव्य के कथानक में होनी चाहिए।"[3] लेकिन घटना की विरलता या कथानक की लघुता ही किसी को महाकाव्य न मानने का मूल कारण नहीं हो सकता; क्योंकि आधुनिक युग के महाकाव्यों में घटना विरल हो गयी है। जिस 'कामायनी' को डॉ० सिंह ने आधुनिक युग का श्रेष्ठ महाकाव्य माना है, उसी में घटनाएँ कहाँ है? वस्तुत: आज के बौद्धिक युग में घटना की जगह विचार और भाव तत्व ने ली है।

प्रियप्रवास के कथानक की विशेषता कृष्ण कथा की बौद्धिक व्याख्या कर एक नये अध्याय की शुरुआत करना है। शास्त्रीय दृष्टि से इसका कथानक शिथिल है। पंच संधियों एवं कार्यावस्थाओं की योजना इसमें नहीं है।

महत्वपूर्ण चरित्र

प्रियप्रवास चरित्र प्रधान काव्य है। विभिन्न पात्रों के चरित्र का नयी दृष्टि से मूल्यांकन करना कवि का उद्देश्य है। पाँच पात्रों के चरित्रांकन पर कवि का ध्यान विशेष रूप से केंद्रित रहा है— कृष्ण, राधा, नंद, यशोदा और उद्धव। इनमें भी राधा और यशोदा के विरह वर्णन में

---

1. हिंदी महाकाव्य का स्वरूप-विकास, पृ० 697
2. हिंदी साहित्य का इतिहास, पृ० 734
3. हिंदी महाकाव्य का स्वरूप-विकास, पृ० 697

कवि ने अधिक शक्ति लगायी है। कृष्ण के महान् चरित्र के उद्घाटन में उन्होंने कंजूसी दिखलायी है। कथानक की शिथिलता की क्षतिपूर्ति महान् चरित्र की योजना से हो सकती है। राधा और कृष्ण के चरित्र में नवीन युग की मौलिकता है। इनमें परंपरा या पौराणिकता तथा आधुनिकता का अच्छा समन्वय है। ये दोनों पात्र सशक्त और महाकाव्योचित गरिमा से मंडित हैं। ये लोक हित और जातीय गौरव के पोषक हैं।

समग्र युग जीवन का चित्रण

प्रियप्रवास पुनरुत्थानवादी आंदोलन की ऊपज है। उस समय भारत में प्राचीन विश्वासों, परंपराओं और मूल्यों को नयी दृष्टि से देखा जा रहा था। अनेक सुधारवादी आंदोलन चल रहे थे। हरिऔध जी एक सजग कवि थे। उन्होंने युग के आंदोलनों के प्रभावों को परोक्ष रूप से व्यक्त किया है। ब्रह्म से बढ़कर मनुष्य को महत्व देना, कर्मवाद, लोक सेवा, लोकहित, नारी की महत्ता, राष्ट्रीय भावना आदि की अभिव्यक्ति के द्वारा उन्होंने अपने युग जीवन को ही चित्रित किया है। यहाँ नवधा भक्ति का स्वरूप युगानुरूप है। इसमें आर्त्त, दुखियों, शोषितों, विवश विधवाओं और अनाथों को ऋण देने की बात कही गयी है। नारी समाज-प्रेमिका और विश्व-प्रेमिका है। कृष्ण मध्ययुगीन प्रेम लीलाओं से मुक्त हो चुके हैं। उद्धव से कृष्ण कहते हैं—

मेरे जीवन का प्रवाह पहले अत्यंत उन्मुक्त था।
पाता हूँ मैं अब नितांत उसको आबद्ध कर्त्तव्य में।।

इस तरह प्रियप्रवास में युग जीवन का सम्यक् चित्रण हुआ है।

महत्कार्य या महान् घटना

प्रियप्रवास में महत्कार्य या महान् घटना का निर्णय करना बड़ा कठिन है। नाम से जैसा लगता है प्रियप्रवास यानी ब्रजवासियों के प्रिय कृष्ण का मथुरा प्रवास चरम घटना होनी चाहिए। या कंस वध जैसी महत्वपूर्ण घटना को महत्कार्य के रूप में चित्रित किया जा सकता था। लेकिन संपूर्ण ग्रंथ में ब्रजवासियों के विरह वर्णन को ही अपेक्षाकृत अधिक महत्व मिला है। इस विरह का भोक्ता भी कोई एक पात्र नहीं है। जड़ चेतन सभी प्राणी दग्ध हैं। क्रमशः यशोदा, नंद, गोप गोपियाँ, राधा में कौन सर्वाधिक पीड़ित है, कहना कठिन है। इसीलिए डॉ० शंभूनाथ सिंह ने लिखा है कि ''वस्तुतः प्रियप्रवास एक विरह काव्य है और उसे मेघदूत तथा संदेशरासक की परंपरा में माना जा सकता है, यद्यपि उक्त दोनों काव्यों की अपेक्षा इसमें प्रबंधत्व कुछ अधिक है।''[1]

रसात्मकता और प्रभावान्विति

प्रियप्रवास का अंगीरस शृंगार है। इसमें भी विप्रलंभ शृंगार की प्रधानता है। आरंभ में वात्सल्य और सख्य भाव की अभिव्यक्ति हुई है। इसके अतिरिक्त प्रसंगानुकूल करुण, भयानक, वीर, रौद्र, अद्भुत रसों की भी सुंदर व्यंजना हुई है। कृष्ण के लोक कल्याणकारी उत्साहपूर्ण कार्यों, कालियनाग दमन, दावानल शमन, गोवर्धन धारण आदि कार्यों में वीर रस की अभिव्यक्ति हुई है। कालियनाग दमन में भयानक रस की, यशोदा के शोकाकुल हृदय की व्यंजना में करुण

1. हिंदी महाकाव्य का स्वरूप-विकास, पृ० 697

रस एवं त्रयोदश सर्ग में भयानक सर्प वाले प्रसंग में भयानक रस की अभिव्यक्ति हुई है। इस तरह इसमें आद्यंत रस भाव बना रहता है।

मार्मिक स्थलों की पहचान

यशोदा का शोक, गोपियों का विरह आदि स्थल मार्मिक हैं और इनका पूरे मनोयोग के साथ कवि ने चित्रण किया है।

उदात्त शैली

इसमें अभिधात्मक शैली में स्थूल वस्तु वर्णन या इतिवृत कथन की प्रवृत्ति है। नवीन युग के अनुसार मंगलाचरण, वस्तु निर्देश, पूर्व कवि प्रशंसा, सज्जन-दुर्जन वर्णन आदि प्रबंध रूढ़ियाँ नहीं हैं। प्रथम सर्ग में प्रकृति चित्रण के द्वारा कृष्ण की लोकप्रियता दिखायी गयी है। प्रकृति के अनेक सुंदर रूपों की झाँकी प्रस्तुत की गयी है। छंद प्रयोग में नवीनता नहीं है। यह संस्कृत के वर्ण-वृत्तों में लिखा गया है। भाषा संस्कृतनिष्ठ है। समास बहुल क्लिष्ट शब्दों के कारण भाषा की स्वाभाविक गति को ठेस पहुँची है। नवीन अलंकार बहुत कम प्रयुक्त हुए हैं। उपदेशात्मकता की प्रवृति अधिक है।

कुल मिलाकर प्रियप्रवास की शैली सरल है, पदलालित्य और अर्थगांभीर्य भी मिलता है, लेकिन महाकाव्योचित शक्तिमत्ता और गरिमा का अभाव है।

महान् उद्देश्य और उन्नत जीवन दृष्टि

प्रियप्रवास का उद्देश्य मानवतावादी जीवन मूल्यों की प्रतिष्ठा और युगीन जीवन दृष्टि की स्थापना करना है। प्रियप्रवास की भूमिका में स्वयं कवि ने अपने महाकाव्य के विभिन्न उद्देश्यों की चर्चा की है। उनमें एक खड़ी बोली में महाकाव्य की कमी को पूरा करना भी है। मातृभाषा हिंदी की समृद्धि के लिए भी इसकी रचना हुई है। पूरे भारत तक इसे पहुँचाने के उद्देश्य से भी संस्कृत शब्द अधिक रखे गये हैं। पौराणिक कथाओं की बौद्धिक व्याख्या भी इसका उद्देश्य है। संक्षेप में डॉ. देवी प्रसाद गुप्त के शब्दों में– "प्रियप्रवास की रचना खड़ी बोली के गौरव की प्रतिष्ठा, राष्ट्रभाषा प्रेम, पौराणिकता के प्रति वैज्ञानिक दृष्टिकोण और कृष्ण के ब्रह्मत्व को महापुरुष के रूप में अंकित करने की दृष्टि से हुई है।"[1] अतः उद्देश्य की महानता के कारण प्रियप्रवास महाकाव्य कहलाने का अधिकारी है।

महान् प्रेरणा

महाकाव्य की प्रेरणा उसके शरीर में प्राण की तरह व्याप्त रहती है। विश्वबंधुत्व और लोकसेवा की भावना इस रचना के मूल प्रेरक तत्व हैं।

समाज के लिए संजीवनी

प्रियप्रवास में वैसी प्राणवत्ता तो नहीं है कि युग युग तक यह जीवित और प्रासंगिक बना रहे, लेकिन इसका मूल स्वर 'वसुधैव कुटुम्बकम्' अवश्य है। इस दृष्टि से यह सदा समाज को शक्ति और प्रेरणा प्रदान करता रहेगा।

---

1. हिंदी महाकाव्य सिद्धांत और मूल्यांकन, पृ० 170

इस तरह उपर्युक्त लक्षणों के आधार पर प्रियप्रवास को हम महाकाव्य कह सकते हैं। हाँ, यह सही है कि इसमें वैसी महानता नहीं जैसी किसी युग के श्रेष्ठ या प्रतिनिधि महाकाव्य में होती है। पं० विश्वनाथ प्रसाद मिश्र ने इसे 'एकार्थ काव्य' कहने का सुझाव दिया था, पर इसका रूप विधान तो महाकाव्य का ही है।

●

साकेत

प्रियप्रवास का जो मूल स्वर है, लगभग वही साकेत का भी है, लेकिन उससे अधिक काव्यात्मकता होने के कारण साकेत का महत्व अधिक है।

डॉ० शंभूनाथ सिंह ने अपने शोध प्रबंध में साकेत को हर दृष्टि से महाकाव्य की सीमा से बाहर कर दिया है। उनके अनुसार, साकेत की रचना महान उद्देश्य से अनुप्राणित होकर नहीं हुई है। जातीय संस्कृति के मूल तत्वों के उद्घाटन, महान् आदर्शों की स्थापना, राष्ट्रीय चेतना की सशक्त अभिव्यक्ति, महच्चरित्र की सर्जना, विराट् कल्पना, जीवनी शक्ति, सुदृढ़ कथानक आदि किसी भी दृष्टि से वह महाकाव्य कहलाने का अधिकारी नहीं है।[1] अगर रामचरितमानस को ध्यान में रखकर हर महाकाव्य को कसेंगे तो हिंदी में अकेला महाकाव्य वही बचेगा। उपर्युक्त कसौटी पूरी तरह रामचरितमानस में चरितार्थ होती है। डॉ० सिंह द्वारा महाकाव्य का प्रमाण पत्र मानस के अतिरिक्त जिन महाकाव्यों– पृथ्वीराज रासो, आल्हखंड, पद्मावत और कामायनी को मिला है– उनमें भी वह गरिमा, वैसा महान् आदर्श और प्राणवत्ता नहीं है।

अब साकेत के महाकाव्यत्व की जाँच निर्धारित कसौटी पर की जा रही है।

कथानक

साकेत का कथानक प्रख्यात है। इसका कथानक ऊर्मिला के जीवन चरित्र से जुड़ा हुआ है। सारी घटनाएँ किसी न किसी रूप में उसके चरित्र पर प्रकाश डालती हैं। इसके कथानक में क्रमिक विकास देखा जा सकता है। डॉ० नगेंद्र ने लिखा है, ''साकेत की मुख्य कथा ऊर्मिला लक्ष्मण के संयोग वियोग की कथा है जिसके साथ राम और सीता की कथा भी लिपटी हुई है। उसकी परीक्षा करने पर हमें तीनों अंग (आदि, मध्य और अवसान) स्पष्ट परिलक्षित हो जायेंगे। ऊर्मिला लक्ष्मण की विनोद वार्ता से लेकर उनके चित्रकूट मिलन तक आदि, समस्त विरह निवेदन मध्य और एकादश सर्ग में शत्रुघ्न द्वारा राम के कार्यों की चर्चा से लेकर उनके चित्रकूट मिलन तक अवसान है।''[2] इसके बावजूद दशरथ मरण, भरत आगमन, चित्रकूट प्रसंग आदि का मूलकथा से सीधा संबंध नहीं दिखायी पड़ता। वस्तुतः इसके कथानक की एकता जगह जगह टूटी हुई है। अगर ऊर्मिला लक्ष्मण की कथा को आधिकारिक मानें तो राम सीता की कथा को क्या कहेंगे ? वह प्रासंगिक कथा तो नहीं है। दोनों कथाएँ महत्वपूर्ण हैं और परस्पर संबद्ध हैं। शास्त्रीय दृष्टि से कथानक में कमजोरी के बावजूद नवीनता और आधुनिकता की ताजगी इसमें है।

---

1. हिंदी महाकाव्य का स्वरूप-विकास, पृ० 698-700
2. साकेत : एक अध्ययन, पृ०11

महत्वपूर्ण चरित्र

प्रियप्रवास की तरह साकेत भी चरित काव्य है। इसके पात्र राम कथा के पात्र हैं– ऊर्मिला, लक्ष्मण, राम, सीता, भरत, मांडवी, दशरथ, कैकेयी, मंथरा आदि। ऊर्मिला नायिका है। ऊर्मिला का चरित्र चित्रण कवि की मौलिक उद्‌भावना है। मांडवी भी कवि की अपनी सृष्टि है। शेष पात्रों के व्यक्तित्व चूँकि पूर्व निर्धारित हैं, इसलिए कवि उसमें अपनी तरफ से ज्यादा कुछ परिवर्तन नहीं कर सकते थे। हाँ, कवि ने उनके माध्यम से युग चेतना और आदर्शों की व्यंजना की है। कैकेयी के चरित्रांकन में काफी स्वाभाविकता है। जितने उदात्त चरित्र मानस में मिलते हैं, उतने यहाँ नहीं हैं, लेकिन इसमें महाकाव्योचित गरिमा अवश्य है। इस महाकाव्य के चरित्रों की विशिष्टता दिखाते हुए डॉ० नगेंद्र ने लिखा है, ''साकेत के पात्र न तो वाल्मीकि रामायण के चरित्रों की भांति लोक प्रतिनिधि और वीर चरित्र हैं, न वे मानस की भांति उदात्त और आदर्श हैं, वे वर्तमान युग की सम्मिलित परिवार व्यवस्था का आभास लिये हुए हैं।''[1] इसलिए वे महत्वपूर्ण हैं।

समग्र युग जीवन का चित्रण

साकेत की सर्जना भारतीय स्वातंत्र्य संग्राम के समय हुई थी। गुप्त जी ने तत्कालीन भारतीय समाज, जीवन, संस्कृति और संघर्ष का विशद् चित्रण किया है। गांधी युग की छाया इसमें देखी जा सकती है। अष्टम सर्ग में सीता कोल किरातों को सभ्यता सिखाती है। अर्ध नग्नता दूर करने के लिए कातना बुनना सिखाती है। इसमें अनेक सामाजिक रीति रिवाजों का चित्रण हुआ है। जन्म, विवाह, मृत्यु आदि संस्कारों का वर्णन हुआ है। उस युग में धार्मिकता को नैतिकता का आधार मिल रहा था। साकेत की धार्मिक भावना के पीछे युगीन नैतिक भावना काम कर रही है। कवि ने भारतीय संयुक्त परिवार के रूप को विस्तृत रूप में रखा है। इसमें शिष्टाचार का बड़ा विशद् रूप मिलता है। इस प्रकार युग जीवन के विविध पक्षों के चित्रण की दृष्टि से साकेत का महाकाव्यत्व सिद्ध है।

महत्कार्य या महान् घटना

प्रियप्रवास की तरह ही साकेत का महत् कार्य ढूँढ़ना कठिन है। डॉ० नगेंद्र ने प्रश्नवाचक चिह्न के साथ ऊर्मिला विरह को ही ''सबसे महत्वपूर्ण घटना (?)'' माना है। महाकाव्य की परिणति ऊर्मिला लक्ष्मण मिलन में होती है। इसलिए ऊर्मिला विरह को महत्कार्य कहा जा सकता है।

रसात्मकता

साकेत श्रृंगार एवं करुण रस प्रधान महाकाव्य है। इनमें भी प्रधानता विप्रलंभ श्रृंगार की है। इसके अलावा वीर, रौद्र आदि रसों की भी सुंदर व्यंजना हुई है। डॉ० शंभूनाथ सिंह भी मानते हैं, ''काव्यात्मकता की दृष्टि से साकेत अवश्य एक उत्कृष्ट काव्य है। उसके विभिन्न प्रसंगों में अनेक रसमय स्थल भी आये हैं। प्रथम सर्ग में जो रसमय काव्य सृष्टि हुई है, अंतिम सर्ग में उसी का उत्कर्ष हुआ है।''[2]

---

1. साकेत : एक अध्ययन, पृ०-5
2. हिंदी महाकाव्य का स्वरूप-विकास, पृ०-699

मार्मिक स्थलों की पहचान

रस व्यंजना के साथ ही मार्मिक स्थलों की पहचान और सम्यक् चित्रण साकेत में हुआ है। साकेत के मार्मिक स्थल हैं– लक्ष्मण ऊर्मिला की विनोद वार्ता, कैकेयी मंथरा संवाद, विदा प्रसंग, निषाद मिलन, दशरथ मरण, भरत आगमन, चित्रकूट सम्मेलन, ऊर्मिला की विरह वेदना, नंदिग्राम में भरत मांडवी वार्ता आदि।

उदात्त शैली

प्रियप्रवास में जो कुछ शैली की कमजोरी रह गयी थी, वह साकेत में दूर हो जाती है। वर्णन कौशल, छंद विधान, सर्गबद्धता, भाषा की व्यंजकता आदि प्रायः सभी दृष्टियों से यह प्रौढ़ महाकाव्य है। शैली को आकर्षक बनाने के लिए अनेक उपाय अपनाये गये हैं। डॉ० नगेंद्र के अनुसार साकेत की शैली और उसके प्रसाधन ये हैं– वृत्त वर्णन, कथा वर्णन में वाक् संयम, कथा वर्णन के उपकरण, इतिवृत्ति, रोचकता एवं उत्सुकता, नाटकीय विषमता, घटनाओं की सकारणता और पूर्वापर संबंध, अभिव्यक्ति कौशल, प्रसंग गर्भत्व आदि।[1]

महान् उद्देश्य और उन्नत जीवन दृष्टि

साकेत के अनेक प्रत्यक्ष अप्रत्यक्ष महद्देश्य हैं। इनमें प्रमुख हैं ऊर्मिला के चरित्र को उजागर करते हुए राष्ट्र प्रेम की भावनाओं को उद्दीप्त करना। इसके साथ ही विश्वबंधुत्व की भावना का प्रसार और मानवतावादी जीवन मूल्यों की स्थापना करना भी इसके महत् कार्यों के अंतर्गत है।

महान् प्रेरणा

साकेत का प्रत्यक्ष प्रेरणा स्रोत महाकवि रवीन्द्रनाथ ठाकुर का एक लेख 'काव्येर उपेक्षिता' है। इसी से प्रभावित होकर आचार्य महावीर प्रसाद द्विवेदी ने 'कवियों की ऊर्मिला-विषयक उदासीनता' शीर्षक लेख लिखा। इन दोनों लेखों के अलावा कवि की राम के प्रति भक्ति भावना, राष्ट्रप्रेम एवं आधुनिक नवीन दृष्टि प्रेरक तत्व हैं।

संजीवनी शक्ति

साकेत भारतीय जीवन का काव्य है। इसमें मानव मानव के पारस्परिक संबंधों का ऐसा मार्मिक चित्रण हुआ है जिससे भारतीय आत्मा स्पंदित होती है और यही महाकाव्य की संजीवनी शक्ति है। यही कारण है कि जनसाधारण के बीच प्रियप्रवास और कामायनी से साकेत का महत्व अधिक है।

इस तरह हम देखते हैं कि साकेत महाकाव्य कहलाने का पूर्ण अधिकारी है। आचार्य नंददुलारे वाजपेयी ने इसके प्रभाव को देखते हुए इसे महाकाव्य माना है- "यों तो महाकाव्य की व्यापकता और महत्व के द्योतक कोई सुनिश्चित प्रतिमान नहीं हो सकते और अन्ततः इस संबंध का निर्णय मतभेद से रहित नहीं हो सकता, किंतु साकेत काव्य का साहित्यिक जगत में जो सम्मान है, हिंदी के ऐतिहासिक विकास में उसकी जो देन है, युग चेतना के जो नवोन्मेष उसमें अपनी आभा बिखेर रहे हैं, उन्हें देखते हुए साकेत को महाकाव्य न कहना अन्याय होगा।"[2]

●

1. साकेत : एक अध्ययन, पृ०-113-168
2. आधुनिक साहित्य, पृ०-54

कामायनी

कामायनी नये ढंग का महाकाव्य है। कुछ आलोचक इसे आधुनिक युग का प्रतिनिधि और सर्वश्रेष्ठ महाकाव्य मानते हैं। वस्तुतः कामायनी नये युग की सांस्कृतिक चेतना को सांकेतिक रूप में अभिव्यक्त करनेवाला प्रथम महाकाव्य है। इसमें शास्त्रीय नियमों और रूढ़ियों का दृढ़तापूर्वक पालन नहीं किया गया है। इसमें कुछ नयी प्रबंध पद्धति अपनायी गयी है। इसमें स्थूल घटनाओं के भीतर से सूक्ष्म भाव सत्यों का उद्घाटन किया गया है। कथा तत्व की यहाँ कमी है। उसकी जगह 'आत्मा की अनुभूति' की प्रतिष्ठा है। इसमें मानव की सूक्ष्म मनोवृत्तियों और भावनाओं के विकास की कथा है। हम आधुनिक युग के प्रतिनिधि नये महाकाव्य कामायनी के महाकाव्यत्व की परीक्षा निर्धारित लक्षणों के आधार पर कर रहे हैं–

महत्वपूर्ण कथानक

कामायनी का कथानक बिल्कुल ताजा है। मनु से संबंधित कोई कथा किसी हिंदी काव्य का आधार नहीं थी। प्रसाद ने अस्पष्ट उलझे हुए कथासूत्रों को अपनी अनुसंधान मूलक दृष्टि और कल्पना शक्ति के द्वारा सुलझा कर सुसंगठित रूप में प्रस्तुत किया है।

कामायनी का कथानक जीवंत है। इसमें आदि, मध्य और अंत की योजना है। जल प्रलय के बाद से मनु के द्वारा श्रद्धा के त्याग की घटनाएँ आदि भाग में, इड़ा मनु मिलन से मनु के सारस्वत प्रदेश से पलायन तक की घटनाएँ मध्य भाग में, मनु द्वारा नटेश के प्रथम तांडव नृत्य प्रदर्शन के बाद की घटनाएँ अंत भाग में आती हैं। केवल अंत को छोड़कर ये भाग परस्पर कार्य कारण भाव से जुड़े हुए हैं। एक घटना दूसरी घटना को गति प्रदान करती है।

इसका कथानक सरल है। इसमें एक आधिकारिक कथा और एक ही प्रासंगिक कथा है। इसमें अवांतर कथाएँ नहीं हैं। नायक का कार्यक्षेत्र भी सीमित है। कवि ने कार्यान्विति पर पूरा ध्यान दिया है। इसमें आवश्यक तत्वों का ही संग्रहण किया गया है। अनावश्यक विस्तार कहीं नहीं है।

इस तरह कामायनी का कथानक अंत भाग को छोड़कर सुशृंखलित और जीवंत है।

महत्वपूर्ण चरित्र

हिंदी महाकाव्यों के इतिहास में कामायनी संभवतः पहला महाकाव्य है जिसका नायक उदात्त या महान् किसी भी दृष्टि से नहीं है। इसमें कुल छह पात्र हैं– मनु, श्रद्धा, इड़ा, मानव, किलात और आकुलि। इनमें कुल तीन ही पात्र महत्वपूर्ण हैं– मनु, श्रद्धा और इड़ा । मनु नायक है। इसके चरित्र को लेकर आलोचना जगत में बहुत भ्रांतियाँ रही हैं। इन भ्रांतियों का मूल स्रोत कामायनी की भूमिका है, जिसमें प्रसाद ने मनु को मनन का प्रतीक घोषित कर दिया है। इस भ्रम जाल को अपनी पैनी दृष्टि से मुक्तिबोध ने छिन्न भिन्न किया है। मनु के चरित्र का मूल्यांकन करते हुए उन्होंने लिखा है, "वेदकालीन मनु कामायनी का मनु नहीं है। प्रसाद का मनु उसी वर्ग का मनु है, जिस वर्ग के स्वयं प्रसाद जी हैं। उसे मनन मात्र का, मन मात्र का, मानव मात्र का प्रतिनिधि कहना सरासर गलत है। मनु एक टाइप है, उस वर्ग का टाइप, जिसकी शासन सत्ता तथा ऐश्वर्य छिन गया हो। उस वर्ग की समस्त प्रवृतियाँ मनु में हैं। अहंकार, विलासिता, आत्ममोह, निर्बंध उच्छृंखलता, व्यक्तिवादी साहस, व्यक्तिवादी निराशा, पाखंड और ऐसा आत्मग्रस्त, निबिड़ आत्म विश्लेषण जो पराजय से प्रसूत होकर पराजयों की ओर ले

जाता है, मनु की विशेषता है। मनु पराजय का पुत्र है, जो अपनी पराजय को पलायन से ढँकता है तथा जबर्दस्ती लाये गये सामरस्य से छिपाता है। वस्तुतः मनु की प्रकृति ठीक उस पूँजीवादी व्यक्तिवाद की प्रकृति है जिसने कभी जनतंत्रात्मकता का बहाना भी नहीं किया, केवल अपने मानसिक खेद, अंतर्विप्लव और निराशा से छुटकारा पाने तथा स्वस्थ शांत अनुभव करने के लिये श्रद्धा और इड़ा के समान अच्छी साथिनों का सहारा लिया, जो उसके सौभाग्य से उसे प्राप्त भी हुईं।''[1] मनु की अच्छाई को मुक्तिबोध ने वृथा भावुकता बताया है। उनके शब्दों में, ''क्षणिक उच्च भावानुभूति से उच्च चरित्र का निर्माण नहीं होता। मनु जन्मजात कमजोर प्राणी है।''[2]

प्रसाद की जीवन दृष्टि का प्रतिनिधित्व करनेवाली पात्र श्रद्धा है। प्रसाद ने मानो मनु की मुक्ति के लिए ही उसकी अवतारणा की है। उसके चरित्र में एक विशेष प्रकार का विकास परिलक्षित होता है। उसके जीवन में आदर्श ही आदर्श दिखायी देता है— आरंभ में भौतिक सुख समृद्धि की प्रेरणा, करुणा आदि का आदर्श और अंत में आध्यात्मिक जीवनोपदेश का आदर्श। श्रद्धा के चरित्र पर मुक्तिबोध की बारीक दृष्टि द्रष्टव्य है, ''श्रद्धा को प्रसाद जी ने हृदय के सब गुण दिये हैं, केवल दो गुण ही नहीं दे पाये- कर्म और बुद्धि। क्यों नहीं दे पाये? इसका एक उत्तर तो यह है कि श्रद्धा को श्रद्धा भाव का प्रतीक मानते थे। किंतु श्रद्धा भाव आखिर किसी न किसी बात में तो होगा। श्रद्धा तो कुछ लोगों को हिटलर में भी थी तो क्या वे भी श्रद्धावादी हुए? नहीं, श्रद्धा का अर्थ है प्रसादजी के भाववादी अद्वैत में, सामरस्य के सिद्धांत में श्रद्धा।''[3]

इड़ा को प्रसादजी ने बुद्धिवाद का प्रतीक माना है। ऐसा विज्ञान और यंत्र से इड़ा को संबद्ध करके कहा गया है, पर बुद्धिवाद यह नहीं है। मुक्तिबोध के शब्दों में, ''वस्तुतः बुद्धिवाद वह धारणा है जो यह मानती है कि जगत सृष्टि तथा मानवता, यानी कि समस्त अस्तित्व के मूलभूत और अंतिम सत्यों को बुद्धि द्वारा समझा जा सकता है।''[4] इस कसौटी पर वह बुद्धिवादी नहीं है। उसे रहस्यवाद का भी शौक है। मुक्तिबोध के अनुसार इड़ा पूँजीवादी समाज की मूल विचारधारा की प्रतीक है। उसके चरित्र की सबसे बड़ी विशेषता नियमों के अनुसार काम करना है।

इस प्रकार मनु, श्रद्धा और इड़ा एक ही पूँजीवाद के तीन पहलू हैं। मनु उसके मनोवैज्ञानिक पक्ष का प्रतिनिधित्व करता है। श्रद्धा उसके अनुभूतिवादी ऐकांतिक आदर्श पक्ष का और इड़ा उसके सामाजिक मूल गति नियमों का। ये पात्र इस दृष्टि से अत्यंत महत्वपूर्ण हैं, इसलिए महाकाव्योचित हैं।

समग्र युग जीवन का चित्रण

एक यही पक्ष कामायनी को महाकाव्य सिद्ध करने के लिए पर्याप्त है। इस महाकाव्य की बहुत बड़ी क्षमता यह है कि इसने पूँजीवादी "ह्रासग्रस्त सभ्यता के भीतर व्यक्ति के भीतरी

1. मुक्तिबोध रचनावली (खंड 4), पृ०-231
2. वही, पृ-232
3. वही, पृ०-306
4. वही, पृ०-332

विकेंद्रीकरण का प्रश्न पूरी शक्ति से उठाया है। इसमें एक विशेष कालखंड के भीतर मध्यवर्गीय चरित्र का भलीभांति उद्‌घाटन किया गया है। विघटन, एकांगी विकास, असामंजस्य, नकली सामंजस्य की खोज आदि इसकी प्रवृत्तियाँ हैं। कामायनी में वर्णित देव सभ्यता का सामाजिक ऐतिहासिक विश्लेषण करने के बाद मुक्तिबोध का निष्कर्ष ध्यातव्य है, ''देव सभ्यता वह ह्रासकालीन सामंती सभ्यता है, जो ब्रिटिश साम्राज्यवादी पूँजीवाद के धक्कों से, विश्व पूँजीवाद के भूकंपों से, धराशायी हो गयी। निश्चय ही, इस सामंती सभ्यता के लिए यह प्रलय ही थी।''[1]

महत्कार्य या महान् घटना

कामायनी की प्रकृत कथा बाधित हुई है। मनु को अस्वाभाविक ढंग से कैलाश यात्रा करायी गयी है। इसलिए महत्कार्य खोजने में कुछ कठिनाई होती है। 'इड़ा मनु संघर्ष' कामायनी की सबसे बड़ी घटना है। लेकिन चूँकि इसके बाद मनु की पराजय होती है, इसलिए डॉ० शंभूनाथ सिंह ने इसे चरम विंदु नहीं माना है। उनके अनुसार त्रिपुर दर्शन कामायनी का चरम विंदु है।

रसात्मकता और प्रभावान्विति

कामायनी में भारतीय रसात्मकता और पाश्चात्य ढंग की प्रभावान्विति दोनों का समन्वय मिलता है। इसमें अनेक रसों की व्यंजना हुई है। 'चिंता सर्ग' में करुण रस है। उसके भीतर स्मृति रूप में संयोग श्रृंगार का उद्दाम चित्रण हुआ है। श्रद्धा और मनु के प्रेम प्रसंगों में संयोग श्रृंगार का सुंदर वर्णन है। 'संघर्ष' सर्ग में मनु और प्रजा के संघर्ष में वीर और रौद्र, 'स्वप्न' में विरह और वात्सल्य, 'रहस्य' में अद्‌भुत रस का पूर्ण परिपाक दिखायी पड़ता है। पशु की हत्या के संदर्भ में वीभत्स, 'निर्वेद' सर्ग में निर्वेदमूलक शांत रस और अंत में आनंदपूर्ण सामरस्य में शांत रस की योजना हुई है।

कामायनी में अंगीरस ढूँढ़ना कठिन है। डॉ० नगेंद्र ने अंतिम रस के आधार पर शांत रस को ही प्रधान माना है। इसे उन्होंने आत्मरस, महारस, आनंद रस[2] आदि नाम दिया है। लेकिन इसे स्वीकार करना कठिन है। व्याप्ति की दृष्टि से देखा जाय तो अधिकतर श्रृंगार की ही प्रधानता है।

मार्मिक स्थलों की पहचान

प्रलय का चित्रण, मनु का एकाकीपन, श्रद्धा का विरह आदि कई मार्मिक स्थलों की पहचान और उसका सशक्त चित्रण कर कामायनी को महाकाव्य की ऊँचाई प्रदान की गयी है।

उदात्त शैली

कामायनी की शैली भव्य और गरिमामयी है। अंतर्मुखी प्रवृत्तियों के विश्लेषण के कारण इसकी शैली वर्णनात्मक नहीं है, अपनी भावनाओं के अनुरूप इसमें प्रगीतात्मक शैली अपनायी गयी है। यह कवि का मौलिक प्रयास है। आंतरिक सूक्ष्म भावों को प्रांजल एवं चित्रमय भाषा के द्वारा चित्रित किया गया है। कामायनी का शब्द चयन सौंदर्यांकन के समय

---

1. मुक्तिबोध रचनावली (खंड 4), पृ०-255
2. कामायनी के अध्ययन की समस्याएँ, पृ०-15

देखते ही बनता है। प्रसाद ने जिन शब्दों में छायावाद को विश्लेषित किया है, वे गुण इसमें बखूबी मिलते हैं। ध्वन्यात्मकता, लाक्षणिकता, सौंदर्यमय प्रतीक विधान तथा उपचार वक्रता के साथ स्वानुभूति की विवृति यहाँ हुई है।

महान् उद्देश्य और उन्नत जीवन दृष्टि

कामायनी का उद्देश्य तो महान् है, लेकिन उनकी जीवन दृष्टि आदर्शवादी और रहस्यवादी है। उनका उद्देश्य वर्ग वैषम्य को मिटाकर शोषणरहित सुखी समाज की स्थापना है। लेकिन इसके नाम पर जो उपाय उनके पास है, वह है 'सामरस्य सिद्धांत'। इसके द्वारा सामाजिक व्यवस्था नहीं बदली जा सकती। इससे कामायनी का स्वाभाविक कथा-विकास बाधित हुआ है। चरित्र विकास संबंधी दोष उत्पन्न हुए हैं। संक्षेप में, कामायनी की अन्त:प्रकृति ही बिगड़ गयी है। मुक्तिबोध ने कामायनी के दर्शन या जीवन दृष्टि के बारे में बहुत ठीक लिखा है, "प्रसाद जी का दर्शन अपने हृदय के घावों को सहलाने का एक मनोवैज्ञानिक तरीका है, जिसे वे आध्यात्मिक कहते हैं। यों भी कहा जा सकता है कि वह वास्तविक जीवन, जगत की समस्याओं से छुटकारा पाने का, उनसे भाग जाने का, तरीका है, न कि उन समस्याओं के अस्तित्व को समाप्त करने का उपाय। संक्षेप में, प्रसादजी का दर्शन एक ऐसी भाव व्यवस्था का नाम है जो भाव व्यवस्था व्यक्तियों को अपनी समस्याओं से मनोवैज्ञानिक छुटकारा तो दिला सकती है, किंतु उन समस्याओं का अस्तित्व समाप्त नहीं कर सकती है।"[1]

महान् प्रेरणा

डॉ० नामवर सिंह प्रसाद को अतीत प्रवासी कवि कहते हैं। इस महाकाव्य की रचना की प्रेरणा भी उन्हें भारतीय संस्कृति से मिलती है। लेकिन असली प्रेरणा मनु की समस्याओं से, जो प्रकारांतर से प्रसाद की ही समस्या है, से मिलती है। प्रसाद ने आधुनिक पूँजीवादी समस्याओं के वैषम्य, दु:ख, हृदयहीनता से प्रेरित होकर उनका अपने ढंग से समाधान करने के लिए इसकी रचना की है।

संजीवनी शक्ति

कामायनी में जिन मानवीय भावों, समस्याओं के सफल चित्रण हुए हैं, वे ही उसकी शक्ति हैं, जो महाकाव्य को अमर बनाये रखेंगी। इसका सामरस्य सिद्धांत ही वह राख है जिसके भीतर मानव जीवन के सजीव चित्र अग्निपुंज की तरह ढँके हैं।

इस तरह हम देखते हैं कि कामायनी आधुनिक युग का बहुत ही मूल्यवान महाकाव्य है। आधुनिक युग का कोई भी महाकाव्य सामयिक जीवन और उसकी समस्याओं को इतनी गहराई से चित्रित नहीं करता है। इसीलिए कुछ आलोचकों ने इसे आधुनिक युग का सर्वश्रेष्ठ प्रतिनिधि महाकाव्य कहा है।

अभी तक हमने हिंदी के आठ प्रतिनिधि महाकाव्यों की चर्चा उनके महाकाव्यत्व पर विचार करते हुए की है। आधुनिक युग से हमने तीन महत्वपूर्ण महाकाव्य चुने और महाकाव्य के बदलते स्वरूप को भी देखा। लेकिन आधुनिक युग में कई महाकाव्य रचे गये हैं जो इन

---

1. मुक्तिबोध रचनावली (खंड 4), पृ०-360

तीनों की तुलना में कम महत्वपूर्ण हैं और कुछ एकदम महत्वशून्य हैं। उन शेष महाकाव्यों की स्वल्प चर्चा यहाँ अपेक्षित है।

हिंदी शोध प्रज्ञ एवं विद्वान डॉ० शंभूनाथ सिंह, डॉ० निर्मला जैन आदि ने आधुनिक महाकाव्यों को तीन वर्गों में बाँटा है– लक्षणबद्ध प्रबंध, अंशतः नवीन प्रयोग और सर्वथा नवीन प्रयोग

प्रथम श्रेणी के महाकाव्यों में युगानुरूप नवीनता होते हुए भी महाकाव्य के शास्त्रीय लक्षणों का निर्वाह सचेष्ट रूप से किया गया है। अधिकांश महाकाव्यों की भूमिका में स्वयं कवि ने अपने ग्रंथ को महाकाव्य घोषित किया है। प्रियप्रवास इसी श्रेणी का महाकाव्य है। इस वर्ग के कुछ महत्वपूर्ण महाकाव्य निम्नलिखित हैं–

	महाकाव्य	कवि	प्रकाशन काल
1.	सिद्धार्थ	अनूप शर्मा	1937
2.	रामचंद्रोदय	रामनाथ ज्योतिषी	1937
3.	रामचरित चिंतामणि	रामचरित उपाध्याय	
4.	वैदेही वनवास	हरिऔध	1939
5.	हल्दीघाटी	श्यामनारायण पाण्डेय	1939
6.	कृष्णायन	द्वारिका प्रसाद मिश्र	1943
7.	जौहर	श्यामनारायण पांडेय	1945
8.	जननायक	रघुवीर शरण मित्र	1949
9.	अंगराज	आनंद कुमार	1950
10.	वर्द्धमान	अनूप शर्मा	1951
11.	पार्वती	रामानंद तिवारी	1955

दूसरी श्रेणी के महाकाव्यों में युगानुरूप नवीनता तो है, पर महाकाव्य के शास्त्रीय नियमों का अनुपालन पूरी तरह नहीं किया गया है। इनमें आधुनिक उपन्यासों के कथानक संबंधी टेकनीक का प्रभाव परिलक्षित होता है। नायक और रस संबंधी शास्त्रीय नियमों का अनुसरण पूर्णतः नहीं किया गया है। साकेत इस श्रेणी का श्रेष्ठ महाकाव्य है। इस वर्ग के कुछ प्रमुख महाकाव्य निम्नलिखित हैं–

	महाकाव्य	कवि	प्रकाशन काल
1.	आर्यावर्त्त	मोहनलाल महतो	1943
2.	साकेत संत	डॉ० बलदेव मिश्र	1946
3.	रश्मिरथी	दिनकर	1952
4.	जयभारत	मैथिली शरण गुप्त	1952
5.	ऊर्मिला	बालकृष्ण शर्मा नवीन	1957

तीसरी श्रेणी में ऐसे महाकाव्य आते हैं, जिन्होंने अपने पूर्ववर्ती महाकाव्यों को आदर्श नहीं माना। इन महाकाव्यों पर कमोवेश पाश्चात्य विचारधारा और प्रबंधकाव्यों की टेकनीक का प्रभाव पड़ा है। इनके रूप विधान एक जैसे नहीं हैं। इनमें पर्याप्त भिन्नता है। इनमें प्रयत्नपूर्वक न तो महाकाव्य के शास्त्रीय लक्षणों को अपनाने की प्रवृति मिलती है और न ठुकराने की। इन सबों में रूप विधान संबंधी कुछ न कुछ नये प्रयोग मिलते हैं। इस श्रेणी का सर्वश्रेष्ठ महाकाव्य कामायनी है। इसके अतिरिक्त कुछ महत्वपूर्ण महाकाव्य ये हैं—

	महाकाव्य	**कवि**	**प्रकाशन काल**
1.	कुरुक्षेत्र	दिनकर	1943
2.	विक्रमादित्य	गुरुभक्त सिंह	1947
3.	मेधावी	रांगेय राघव	
4.	ऋतंबरा	प्रभात	
5.	कैकेयी	प्रभात	
6.	तप्तगृह	प्रभात	
7.	एकलव्य	रामकुमार वर्मा	

उपर्युक्त महाकाव्यों के अतिरिक्त और भी कुछ महाकाव्यों के नाम जान बूझ कर छोड़े जा रहे हैं, क्योंकि उनकी सूची प्रस्तुत करना उद्देश्य नहीं है। कुछ खास प्रवृत्तियों का संकेत कर उनसे संबंधित कुछ महाकाव्यों का उल्लेख कर दिया गया है। इतने से ही हिंदी महाकाव्यों की समृद्ध परंपरा का पूरा पूरा अनुमान लग सकता है।

4

रामचरितमानस और कामायनी का रचना परिवेश

प्रसिद्ध कवि और समीक्षक गजानन माधव मुक्तिबोध ने कामायनी पर विचार करते हुए लिखा है, ''किसी भी साहित्य को तीन प्रकार से देखा जाना चाहिए। एक तो, वह किन स्रोतों से उद्‌गत होता है, अर्थात् किन वास्तविकताओं के परिणामस्वरूप वह साहित्य उत्पन्न हुआ है। दूसरे, उसका कलात्मक प्रभाव क्या है; और तीसरे, उसकी अन्त:प्रकृति, रूप रचना कैसी है''[1] प्रस्तुत अध्याय में हम यही देखेंगे कि रामचरितमानस और कामायनी किन वास्तविकताओं के परिणामस्वरूप उत्पन्न हैं। परिस्थितियाँ और स्रोत अनेक हो सकते हैं। उनमें हम चार प्रमुख परिस्थितियों का विश्लेषण करेंगे— धार्मिक, सामाजिक, राजनीतिक एवं साहित्यिक।

रामचरितमानस का धार्मिक परिवेश

तुलसीदास भक्ति आंदोलन की सर्वोत्कृष्ट उपलब्धि हैं। इस आंदोलन का मूल प्रेरक तत्व दक्षिण का वैष्णव आंदोलन है। बारहवीं शताब्दी के आसपास जब दक्षिण भारत में भागवत धर्म ने नया रूप धारण किया तो सबसे अधिक विरोध सुप्रसिद्ध शंकराचार्य के दार्शनिक मत अद्वैतवाद का हुआ। अद्वैतवाद के अनुसार जीव और ब्रह्म एक हैं जबकि भक्ति के लिए जीव और भगवान् दोनों की पृथक् सत्ता अपेक्षित है। इस मत के विरोध में चार प्रबल संप्रदाय आविर्भूत हुए, जो निम्नलिखित हैं— रामानुजाचार्य का श्री संप्रदाय, मध्वाचार्य का ब्रह्म संप्रदाय, विष्णुस्वामी का रूद्र संप्रदाय और निम्बर्काचार्य का सनकादि संप्रदाय। इन चारों संप्रदायों में दार्शनिक मतभेद है, किंतु अद्वैतवाद या मायावाद के विरोध में सभी एकमत हैं। दूसरी महत्वपूर्ण एकता यह है कि ये अवतारवाद के पक्के समर्थक हैं। भक्तिकाल के साहित्य का इससे सीधा संबंध है।

श्री संप्रदाय के प्रवर्तक रामानुजाचार्य दक्षिण के आलवार भक्तों की परंपरा में आते हैं। ये मर्यादा के बड़े पक्के पक्षपाती थे। इन्हीं की शिष्य परंपरा में आगे चलकर स्वामी रामानंद हुए। वस्तुत: ये बहुत ही उदार और स्वाधीन प्रवृत्ति के थे। वस्तुत: मध्ययुगीन भक्ति साहित्य की स्वाधीन चिंताधारा के केंद्र में रामानंद ही थे। प्रसिद्ध है 'भक्ति द्राविड़ ऊपजी लाये रामानंद'

भक्ति के क्षेत्र से वर्णाश्रम धर्म को उन्होंने बाहर कर दिया। उन्होंने राम के अवतार और चरित्र को लोकोपयोगी बताया। उनका प्रभाव कबीर और तुलसीदास दोनों पर उनके अपने अपने व्यक्तित्व के अनुसार अलग अलग पड़ा। कबीर ने रामानंद के बीजमंत्र राम नाम का प्रसार किया और निर्गुण भक्ति को अपनाया, जबकि तुलसीदास ने राम को अवतार रूप में ग्रहण किया और राम की सगुण भक्ति पर जोर दिया। स्वामी रामानंद की तरह तुलसीदास ने भी भक्ति के क्षेत्र में जात पाँत के भेदभाव को मिटा दिया, लेकिन लोक व्यवहार में वर्णाश्रम धर्म का समर्थन किया।

---

1. मुक्तिबोध रचनावली खंड 4, पृ० 229

तुलसीदास पर यद्यपि शंकराचार्य के दार्शनिक मत अद्वैतवाद का भी प्रभाव है, तथापि वे मोक्षकामी नहीं थे। उन्हें भक्ति ही काम्य थी। उन्होंने अपने को पतित समझ कर पूर्णतः भगवान को समर्पित कर दिया। इस समर्पण भाव में भागवत धर्म का प्रभाव परिलक्षित होता है।

मध्ययुग में सगुण भक्ति का प्रमुख उपजीव्य ग्रंथ भागवतपुराण ही है। इस युग में उसका प्रभाव रामायण और महाभारत से कहीं ज्यादा है। रामचरितमानस के सिद्धांत मुख्यतः भागवत से ग्रहण किये गये हैं। आचार्य हजारीप्रसाद द्विवेदी ने लिखा है "रामचरितमानस या तुलसी रामायण में भागवत के सिद्धांत भरे पड़े हैं। केवल अंतर इतना ही है कि भागवत में जो स्थान कृष्ण को दिया गया है, वही स्थान रामायण में रामचंद्र को दिया गया है और भागवत में जहाँ माधुर्यभाव को प्रधान स्थान दिया गया है वहाँ रामायण में प्रीतिभाव को।"[1]

भागवतपुराण के अनुसार भगवान तीन रूपों में निवास करते हैं। स्वयंरूप, तदेकात्मरूप और आवेश रूप। कृष्ण भगवान के स्वयं रूप हैं। रामचतिमानस के राम भी स्वयंरूप हैं। तुलसी ने लिखा है–

सोइ सच्चिदानंदघन रामा । अज बिग्यान रूप बलधामा।।
ब्यापक ब्याप्य अखंड अनंता । अखिल अमोघ सक्ति भगवंता।।[2]

तुलसीदास भगवान के निर्गुण और सगुण दोनों रूपों को मानते हैं। विचित्र विरोधाभास है कि वे सगुण रूप को निर्गुण की अपेक्षा अगम बताते हैं–

निर्गुन रूप सुलभ अति, सगुन जान नहिं कोइ।
सुगम अगम नाना चरित, सुनि मुनि मन भ्रम होइ।।[3]

उनके इस मत पर भागवत की स्पष्ट छाया देखी जा सकती है, "हे विभो, यद्यपि निर्गुण और सगुण दोनों ही तुम्हीं हो, तो भी विशुद्ध चित्त द्वारा तुम्हारे निर्विकार रूप हीन विज्ञान वस्तु के रूप में अगुण ब्रह्म की महिमा कदाचित् समझ में आ भी जाय, तो भी इस विश्व के लिए अवतीर्ण तुम्हारे इस सगुण रूप की गुणावली गिनने में कौन समर्थ होगा ? जो अतिनिपुण हैं वे भी यदि दीर्घकाल तक गिनें तो पृथ्वी के परमाणु, आकाश के हिमकण और सूर्यादि की किरणें गिन सकते हैं, पर वे भी तुम्हारे सगुण रूप के गुणों की गणना नहीं कर सकते।"[4]

भागवत में कृष्ण का रूप बड़ा मुग्धकारी है। इसके प्रभाव का ही परिणाम है कि भगवान् के रूप माधुर्य से भक्ति साहित्य भरा हुआ है। सूरदास ने भगवान् के रूप माधुर्य का वर्णन खूब किया है। तुलसीदास पग पग पर रूप माधुर्य की झाँकी दिखाते चलते हैं। संसार में ऐसा 'तनुधारी' कौन है जो राम के रूप माधुर्य पर लट्टू न हो गया हो–

कहहु सखि अस को तनुधारी । जो न मोह यह रूप निहारी।।[5]

---

1. हजारीप्रसाद द्विवेदी ग्रंथावली, खंड 3, पृ० 93
2. रामचरितमानस, 7/72 (क)/3, 4
3. वही 7/73 (ख)
4. भागवत 10, 14, 6–7
5. रामचरितमानस 1/221/1

आचार्य हजारीप्रसाद द्विवेदी के शब्दों में, ''गोस्वामी तुलसीदास ने प्रत्येक व्यक्ति के साथ भगवान् के समागम के प्रसंग में बड़ी सावधानी से उसका मुग्ध होना बताया है''[1]

नाम महात्म्य भागवत के साथ साथ अन्य पुराणों में भी पाया जाता है। मध्य युग में इसका चरम विकास दिखायी पड़ता है। तुलसीदास ने ब्रह्म राम के नाम को बड़ा बताया है–

ब्रह्म राम तें नामु बड़ बर दायक बर दानि।
रामचरित सतकोटि महँ लिय महेस जियँ जानि।।[2]

मानस पर गीता का भी प्रभाव परिलक्षित होता है। गीता में कृष्ण कहते हैं, ''हे अर्जुन जब जब धर्म का ह्रास और अधर्म की वृद्धि होती है तब तब मैं अवतार रूप में जन्म लेता हूँ।[3] तुलसी भी इसे अपनाते हैं,[4] लेकिन एक परिवर्तन के साथ। मध्ययुग में भक्तों को यह विश्वास था कि भगवान् के अवतार का प्रधान कारण भक्तों पर अनुग्रह करना है। मानस में यह धारणा अत्यंत पुष्ट एवं विकसित रूप में मिलती है–

भगत हेतु भगवान प्रभु, राम धरेउ तनु भूप।
किए चरित पावन परम, प्राकृत नर अनुरूप।।[5]

तुलसीदास के समय तीन परंपरागत धार्मिक संप्रदाय प्रबल थे– शैव, शाक्त और वैष्णव। तीनों में परस्पर विरोध था। तुलसीदास ने रामचरितमानस में शैवों और वैष्णवों का विरोध दूर किया है। ब्रह्मवैवर्तपुराण के गणेश खंड में उन्हें शैव वैष्णव एकता का सूत्र मिला। उसमें शिव हरिमंत्र के जापक बताये गये हैं। इस आधार पर उन्होंने शिव को राम का सबसे अधिकारी भक्त बना दिया। इसके साथ ही राम को शिव का उपासक बनाकर दोनों को समान महत्व प्रदान किया। उन्होंने राम के मुख से कहलाया–

सिवद्रोही मम भगत कहावा। सो नर सपनेहुँ मोहि न पावा।।
संकर बिमुख भगति चह मोरी। सो नारकी मूढ़ मति थोरी।।
संकरप्रिय मम द्रोही, सिव द्रोही मम दास।
ते नर करहिं कलप भरि, घोर नरकु महुँ बास।।[6]

तुलसीदास का युग भक्ति आंदोलन का था। उस समय भक्ति की दो मुख्य धाराएँ थीं– निर्गुण और सगुण। निर्गुण भक्तिधारा की भी दो उपधाराएँ थीं– निर्गुण काव्यधारा और

---

1. हजारीप्रसाद द्विवेदी ग्रंथावली, खण्ड 3, पृ० 97
2. रामचरितमानस 1/25
3. श्री मद्भगवद्गीता (गीताप्रेस), 4/7
4. जब जब होइ धरम कै हानी। बाढ़हिं असुर अधम अभिमानी।
करहिं अनीति जाइ नहिं बरनी। सीदहिं बिप्र धेनु सुर धरनी।।
तब तब प्रभु धरि बिबिध सरीरा। हरहि कृपानिधि सज्जन पीरा।। 1/121/6-8
5. रामचरितमानस, 7/72 (क)
6. वही 6/2/7,8

सूफी काव्यधारा, जिसे शुक्ल जी ने क्रमशः ज्ञानाश्रयी और प्रेमाश्रयी शाखा कहा है। निर्गुण संप्रदाय के भीतर बहुत से पंथ थे– कबीरपंथ, सेनपंथ, रैदासी पंथ, नानक पंथ आदि। इनमें सबसे शक्तिशाली और प्रभावशाली कबीर थे। कबीर ने अवतारवाद का खंडन किया। वेदशास्त्र की निंदा की, मूर्तिपूजा और वर्णाश्रम पर आक्रमण किया। तुलसीदास ने इसका प्रतिवाद किया और इस चुनौती का उत्तर दिया। कबीर ने अवतारवाद का खंडन करते हुए कहा था–

(क) दसरथ सुत तिहुँ लोक बखाना। राम नाम का मरम है आना।।

(ख) दसरथ कुल अवतरि नहिं आया। नहिं लंका के राय सताया।।

पूरा समाज संदेहशील हो उठा था कि क्या दशरथ के पुत्र राम ब्रह्म हैं? यह सवाल केवल राम के ब्रह्म होने या न होने का नहीं था। इससे जुड़े हुए दो दृष्टिकोणों, दो विचारधाराओं का सवाल था। निर्गुण भक्तिधारा सांसारिक जीवन के प्रति कोई उत्साह नहीं दिखा रही थी। सांसारिक जीवन के प्रति उदासीनता जीवनी शक्ति को क्षीण कर रही थी। तुलसी ने अनुभव किया कि धार्मिक चेतना के आधार पर जीवन के प्रति आकर्षण पैदा करना आवश्यक है। अतः लोकजीवन को संजीवनी प्रदान करने के लिए उन्होंने अपने युग के इस प्रमुख प्रश्न का विश्लेषण कर, सामाजिक मर्यादा और आस्था को ध्यान में रखते हुए, उसके वास्तविक हित के अनुकूल उत्तर दिया है[1] तुलसीदास ने इस युग के प्रश्न को पार्वती का प्रश्न बनाकर शिव के द्वारा तीखा उत्तर दिलाया है। तुलसी ने 'आना' को लक्ष्य करके लिखा है–

एक बात नहिं मोहि सोहानी। जदपि मोह बस कहेहु भवानी।।
तुम्ह जो कहा राम कोउ आना। जेहि श्रुति गाव धरहिं मुनि ध्याना।।

कहहिं सुनहिं अस अधम नर, ग्रसे जे मोह पिसाच।
पाषंडी हरि पद बिमुख, जानहिं झूठ न साच।।[2]

तुलसी के समय तक आते आते कबीर का प्रभाव बहुत कुछ क्षीण पड़ गया था। उनकी वाणियों के आधार पर अनेक संप्रदाय भ्रम और विद्वेष पैदा कर रहे थे। तुलसीदास ने इस बहुसंप्रदायवाद का विरोध किया–

कलिमल ग्रसे धर्म सब, लुप्त भए सदग्रंथ।
दंभिन्ह निज मति कल्पि करि, प्रगट किए बहु पंथ।।[3]

तुलसीदास अपने समय के बज्रयानी सिद्धों और नाथपंथी योगियों के प्रभाव को अवांछनीय समझते थे। गोरखपंथी पाखंडी योगी अपने वाचिक ज्ञान और वैरागी वेष से समाज को दिग्भ्रमित कर रहे थे। तुलसीदास ने 'कवितावली' में इनके पाखंड को उजागर किया है–

बरन–धरमु गयो, आश्रम निवासु तज्यो
त्रासन चकित सो परावनो परो–सो है।

---

1. तुलसी (सं० उदयभानु सिंह), निबंध जीवनी और युग (ले० भगीरथ मिश्र), पृ० 32
2. रामचरितमानस 1/114/7, 8
3. वही 7/97

करमु उपासना कुबासनाँ बिनास्यो ग्यानु,
बचन-बिराग बेष जगतु हरो-सो है
गोरख जगायो जोगु भगति भगायो लोगु,
निगम-नियोग तें सो कलि ही छरो-सो है[1]

इस पर डॉ० उदयभानु सिंह ने ठीक ही लिखा है, "यह बात लक्ष्य करने योग्य है कि निर्गुण पंथ की विचारधारा का तीव्र खंडन करते हुए भी उन्होंने कबीर आदि का नामोल्लेख नहीं किया, परंतु गोरख का उल्लेख किये बिना नहीं रह सके। इससे सूचित होता है कि वे गोरखनाथ को सामाजिक रोग का प्रधान कारण समझते थे"[2]

निर्गुण भक्तिधारा का दूसरा पहलू सूफी कवियों ने प्रस्तुत किया। इस धारा के प्रतिनिधि कवि जायसी हुए। उनका उद्देश्य लौकिक प्रेम से आध्यात्मिक प्रेम तक पहुँचना था। उनके अनुसार परमात्मा प्रेमी है और आत्मा प्रेमिका। प्रेमपंथ में भी हठयोग का समावेश किया गया। इसका मार्ग यद्यपि प्रवृत्तिमूलक था, कण कण में परम सत्ता का प्रसार उन्हें दिखायी पड़ता था, तथापि लोकमानस को वे आकृष्ट नहीं कर सके। यह आकर्षण कृष्ण भक्तों ने उत्पन्न किया।

तुलसीदास के समय कृष्ण भक्ति काफी प्रचलित थी। मध्व, निंबार्क, वल्लभ, चैतन्य आदि दार्शनिकों के सिद्धांतों के अनुसार कृष्णभक्ति के अनेक संप्रदाय हुए। उन्होंने मधुर भाव से कृष्ण की भक्ति की। कृष्ण की रूप माधुरी और मनोहर लीलाओं ने लोक मानस को रस प्लावित कर दिया। लोक मानस में उल्लास और सरसता का वातावरण बना। लेकिन इनकी दृष्टि कर्म सौंदर्य तक नहीं जा सकी। शुक्ल जी के अनुसार, "सूरदास आदि अष्टछाप के कवियों ने श्रीकृष्ण के शृंगारिक रूप के प्रत्यक्षीकरण द्वारा 'टेढ़ी सीधी निर्गुण बानी' की खिन्नता और शुष्कता को हटाकर जीवन की प्रफुल्लता का आभास तो दिया, पर भगवान के लोकसंग्रहकारी रूप का प्रकाश करके धर्म के सौंदर्य का साक्षात्कार नहीं कराया।"[3]

यह काम तुलसीदास ने पूरा किया। रामचरित के द्वारा तुलसीदास ने जनता को लोकधर्म की ओर मोड़ दिया। "जनता ने लोक की रक्षा करनेवाले प्राकृतिक धर्म का मनोहर रूप देखा। उसने धर्म को दया, दाक्षिण्य, नम्रता, सुशीलता, पितृभक्ति, सत्यव्रत, उदारता, प्रजा पालन, क्षमा आदि में ही नहीं देखा बल्कि क्रोध, घृणा, शोक, विनाश और ध्वंस आदि में भी उसे देखा। अत्याचारियों पर जो क्रोध प्रकट किया जाता है, असाध्य दुर्जनों के प्रति जो घृणा प्रकट की जाती है, दीन दुखियों को सतानेवालों का जो संहार किया जाता है, कठिन कर्त्तव्यों के पालने में जो वीरता प्रकट की जाती है, उसमें भी धर्म अपना मनोहर रूप दिखाता है। जिस धर्म की रक्षा से लोक की रक्षा होती है, जिससे समाज चलता है वह यही व्यापक धर्म है।"[4] इसी सामाजिक दायित्व और मर्यादा को ध्यान में रखकर उन्होंने दास्य भक्ति अपनायी जो सबसे उत्तम विनीत भाव उत्पन्न करती है। प्रसंग आते ही वे भगवान के सगुण रूप पर जोर देते हैं और

1. कवितावली 7/84
2. तुलसी काव्य-मीमांसा, पृ० 236
3. गोस्वामी तुलसीदास, पृ० 20
4. वही, पृ० 15

भगवान से दास्य भक्ति माँग लेते हैं। दास्य भक्ति को श्रेष्ठ बताकर प्रकारांतर से मधुर भाव का प्रत्याख्यान ही करते हैं।

इस प्रकार तुलसीदास की सूक्ष्मदर्शिनी और सारग्राहिणी दृष्टि ने अपने युग के धार्मिक वातावरण से धर्म का वही रूप ग्रहण किया जिसमें लोकरंजन और लोकरक्षण दोनों हो।

कामायनी का धार्मिक परिवेश

तुलसीदास मध्य युग में पैदा हुए थे। उनका युग भक्ति युग था। जयशंकर प्रसाद आधुनिक युग में उत्पन्न हुए। इस युग में पुरातन धर्म की ज्योति क्षीण पड़ गयी। विज्ञान के प्रकाश में धर्म ने अपना स्वरूप बहुत कुछ बदला। हम यहाँ उस नये धार्मिक परिवेश की चर्चा करेंगे, जिसने किसी न किसी रूप में कामायनी के निर्माण में योगदान किया है।

हिंदी में बीसवीं शताब्दी के आरंभिक दो दशक सांस्कृतिक पुनरुत्थान का समय है। ब्रह्मसमाज, आर्यसमाज, स्वामी रामकृष्ण परमहंस, स्वामी विवेकानंद, तिलक, महात्मा गांधी, रवींद्रनाथ आदि का जबर्दस्त प्रभाव तत्कालीन कवियों पर पड़ा है।

आधुनिक युग में पाश्चात्य संस्कृति के संपर्क एवं प्रभाव से भारत में नवजागरण आया। इस नवजागरण के सर्वप्रथम और महान् नेता राममोहन राय (1772-1833) थे। अपने देश के प्रति गहरे प्रेम से प्रेरित होकर उन्होंने सामाजिक, बौद्धिक और राजनीतिक के साथ साथ धार्मिक पुनरुत्थान के लिए घोर परिश्रम किया। समसामयिक लोकधर्म अंधश्विासों से ग्रस्त था। उन्होंने जहाँ एक ओर हिंदुओं के निरर्थक धार्मिक कार्यों का जोरदार विरोध किया, वहाँ दूसरी ओर हिंदू धर्म की अज्ञानतापूर्ण आलोचना करनेवाले ईसाई धर्म के प्रचारकों को मुँहतोड़ जवाब दिया। उनके व्यक्तित्व में प्राच्य और पाश्चात्य चिंतन का सार निहित था। उन्होंने मूर्तिपूजा, बलिप्रथा आदि का कड़ा विरोध किया और इन कुरीतियों को बढ़ावा देनेवाले पुरोहित वर्ग की निंदा की। उनकी मान्यता थी कि सभी प्रमुख प्राचीन हिंदू धर्मग्रंथों में एक एकेश्वरवाद की शिक्षा है। वे यह भी मानते थे कि वेदांत दर्शन मानवीय तर्क शक्ति पर आधारित है।

हिंदुओं के धार्मिक जीवन को सुधारने के लिए उन्होंने 20 अगस्त, 1828 को ब्रह्म समाज की स्थापना की। इसमें हिंदू मुसलमान और ईसाई धर्मों के अच्छे तत्वों को सम्मिलित किया गया। ब्रह्म समाज में वर्णित सभी बातें वेदांत के मेल में हैं। उन्होंने धर्म के नाम पर प्रेम, न्याय, पवित्रता, दया, साधुता, भक्ति आदि का प्रचार किया। ईश्वर की सर्वशक्तिमत्ता एवं उसके एक होने में आस्था व्यक्त की। उसके ईश्वर निराकार थे। ब्रह्मसमाज भवन में मूर्तिपूजा की कोई व्यवस्था नहीं थी। पशुबलि वर्जित तथा पुरोहित और पूजा के विधि विधान अनावश्यक थे। इस तरह राममोहन राय ने धार्मिक जीवन में नया मोड़ लाने का प्रयत्न किया।

आगे चलकर 1843 ई० में देवेंद्रनाथ ठाकुर ने अपने मित्रों के साथ ब्रह्मसमाज की सदस्यता स्वीकार की और इस परंपरा को आगे बढ़ाया। इसके बाद केशवचंद्र सेन ने ब्रह्मसमाज को सहयोग दिया। केशवचंद्र सेन की रुचि धर्मसुधार में काफी थी। वे जनेऊ परित्याग की राय देते थे। वे वेद, उपनिषद् और पाश्चात्य चिंतन के उत्कृष्ट अंशों को लेकर हिंदू समाज को सुधारना चाहते थे और मानवीय तर्कबुद्धि के आधार पर धार्मिक सिद्धांतों और प्रथाओं को कसकर ही उन्हें स्वीकार या अस्वीकार करते थे। इस प्रकार वे संपूर्ण ब्राह्मणवादी व्यवस्था के विरोध में थे।

बंगाल में ब्रह्मसमाज की स्थापना के कारण धार्मिक जीवन में जो नयी लहर उठी थी, उसने महाराष्ट्र को भी प्रभावित किया। बंबई में धार्मिक सुधार की शुरुआत 1840 में परमहंस मंडली ने की। आधुनिक ज्ञान के प्रकाश में हिंदू धर्म चिंतन एवं रीति में सुधार लाने के लिए 1867 में प्रार्थना समाज की स्थापना हुई। उसके दो महान् नेता आर० जी० भंडारकर और महादेव गोविंद रानाडे थे।

उत्तर भारत में आर्यसमाज ने हिंदू धर्म में सुधार लाने का बीड़ा उठाया। स्वामी दयानंद सरस्वती (1824-1883) ने उसकी स्थापना 1875 में की। उनकी धारणा थी कि स्वार्थी और अज्ञानी पुरोहितों ने पुराणों की मदद से हिंदू धर्म को विकृत कर दिया है। उन्होंने वेदों को सारे भ्रमों से दूर और सर्वगुणसम्पन्न बताया। जो धार्मिक विचार वेद के अनुकूल नहीं थे, उन्हें उन्होंने ठुकरा दिया। उन्होंने वेदों की जो व्याख्या की वह तत्कालीन धार्मिक सुधारों के अनुकूल थी। उन्होंने अपना ध्यान परलोक की अपेक्षा सांसारिक समस्याओं पर केंद्रित किया। उन्होंने हिंदू धर्म में परिवर्तन नहीं होने दिया। इससे आगे चलकर बीसवीं शताब्दी में सांप्रदायिकता की भावना को मदद पहुँची। उस समय तक यह स्पष्ट नहीं हो सका था कि राष्ट्रीय एकता के लिए धार्मिक उदारता या निरपेक्षता आवश्यक है ताकि सभी धर्मों के लोग राष्ट्रीय एकता के एक झंडे के नीचे इकट्ठे हो सकें।

स्वामी रामकृष्ण परमहंस (1834-1886) एक उच्चकोटि के संत, चिंतक एवं भक्त थे। वे भक्ति के परंपरागत तरीकों से धार्मिक मुक्ति पाने का प्रयास करते थे। वे कलकत्ते के दक्षिणेश्वर काली मंदिर के भक्त थे। उन्होंने साधना के द्वारा आध्यात्मिक ऊँचाई प्राप्त की थी। धर्म के मामले में उन्होंने समन्वयवादी दृष्टिकोण अपनाया था। उनकी मान्यता थी कि मानव सेवा ही ईश्वर की सेवा है। वे सादगी और ब्रह्मचर्य पर जोर देते थे। उनके महान् शिष्य स्वामी विवेकानंद (1863-1902) हुए।

स्वामी विवेकानंद ने अपने गुरु के धार्मिक संदेश को लोकप्रिय और उसे समसामयिक भारतीय समाज की आवश्यकताओं के अनुरूप बनाया। अपने गुरु की तरह ही उन्होंने सर्वधर्म समभाव पर जोर दिया और धार्मिक संकीर्णता की निन्दा की। उन्होंने 1898 में लिखा, "हमारी अपनी मातृभूमि के लिए दो महान् प्रणालियों– हिंदू धर्म और इस्लाम का संगम ही एकमात्र आशा है।"[1] इसके साथ ही वे वेदांत के समर्थक थे। उन्होंने अमेरिका में आयोजित विश्व धर्म सम्मेलन में भाग लेते हुए घोषणा की कि "वेदांत संसार का भव्य, व्यापक तथा सर्वश्रेष्ठ धर्म है।" उनके व्याख्यान से भारतीय धर्म की धाक वहाँ जम गयी। उन्होंने 1893 में न्यूयार्क में एक वेदांत सोसाइटी की स्थापना की। वे भारतीय धर्म एवं दर्शन से अमेरिका को एवं वहाँ की वैज्ञानिक उपलब्धियों से भारत को परिचित कराना चाहते थे ताकि भारतीय जीवन में गतिशीलता आ सके।

विवेकानंद का धर्म जाति प्रथा, कर्मकांड, अंधविश्वासों, समारोहों आदि पर चोट कर समानता, स्वतंत्रता और मुक्त चिंतन का मार्ग प्रशस्त करता है। उन्होंने उद्दीप्त होकर कहा, "हमारे धर्म के हमारे रसोई घर में प्रवेश करने का खतरा है। हममें से अधिकतर अभी न वेदांती

1. आधुनिक भारत (ले० विपिनचंद्र), पृ० 176

हैं न पुराणपंथी और न ही तांत्रिक हैं। हम केवल 'छुओ नहीं वाले' (डॉन्ट टचीस्ट्स) हैं। हमारा धर्म रसोई घर में है। हमारा ईश्वर खाना पकाने के बर्तन में है, मुझे मत छुओ मैं पवित्र हूँ। अगर यह एक शताब्दी तक और चलता रहा तो हम सब पागलखाने में होंगे।''[1]

अपने गुरु की तरह विवेकानंद भी महान् मानवतावादी थे। देश की गरीबी और विपन्नता ने उन्हें मर्माहत किया था। उन्होंने लिखा, ''एकमात्र भगवान जिसमें मैं विश्वास करता हूँ, वह है सभी आत्माओं का कुल योग, और, सबसे पहले मेरे भगवान सभी जातियों के पीड़ित और दरिद्र हैं।''[2]

मानवतावादी कार्य करने के लिए उन्होंने 1896 में रामकृष्ण मिशन की स्थापना की। इस तरह उन्होंने हिंदू धर्म को कूप मण्डूकता से उबार कर धर्म को देखने समझने की आधुनिक दृष्टि दी।

आधुनिक भारत के धार्मिक क्षेत्र में थियोसोफिकल सोसाइटी का भी महत्वपूर्ण योगदान है। इसकी स्थापना 1875 में न्यूयार्क में मैडम एच० पी० ब्लावास्की और कर्नल एच० एस० ओलकाट ने की। इन्होंने भारत आकर 1886 में मद्रास के निकट आदयार नामक स्थान में अपना मुख्यालय बनाया। भारत में जल्द ही प्रतिभा संपन्न आयरिस महिला एनीबेसेंट के नेतृत्व में थियोसोफिस्ट आंदोलन पनप गया। यह आंदोलन सभी धर्मों की सच्चाई और एकता में विश्वास करता था। इसके सदस्यों ने हिंदू, जरथुष्ट्र और बौद्ध जैसे प्राचीन धर्मों को पुनर्जीवित करने तथा मजबूत करने का प्रयास किया। उन्होंने विश्व बंधुत्व की भी शिक्षा दी। इन विदेशियों के द्वारा भारतीय धर्म दर्शन की प्रशंसा करने का एक अच्छा परिणाम यह हुआ कि भारतवासियों के भीतर आत्मविश्वास की भावना उत्पन्न हुई और बुरा परिणाम यह निकला कि अपने अतीत की महानता का झूठा अभिमान जाग्रत हुआ। यद्यपि धार्मिक पुनर्जागरणवादियों के रूप में थियोसोफिस्टों को उतनी सफलता नहीं मिली, तथापि आधुनिक भारत की गतिविधियों में इनका अनूठा योगदान रहा।

हिंदू धर्म की तरह इस्लाम धर्म में भी जड़ता आ गयी थी। उसे दूर करने में सैयद अहमद खाँ का उल्लेखनीय योगदान रहा। पारसियों, ईसाइयों, सिक्खों आदि ने भी अपनी रूढ़ धार्मिक व्यवस्था में परिवर्तन लाने की कोशिश की और अनेक सुधारकों ने युगानुरूप धर्म को सुसंगठित कर उसे नयी दिशा दी।

आधुनिक भारत के जिन दो महान् कवियों ने युवापीढ़ी के हिंदुओं और मुसलमानों के धार्मिक तथा दार्शनिक दृष्टिकोण पर गहरा असर डाला है, वे हैं मुहम्मद इकबाल (1876-1938) और रवींद्रनाथ ठाकुर (1861-1941)। इकबाल ने कर्मकांड, संन्यास और परलोकवाद की निंदा की तथा इस संसार में ही सुखमय जीवन प्राप्त करने पर जोर दिया। उनके प्रारंभिक लेखन में देशभक्ति का गुणगान है, लेकिन बाद में उन्होंने मुस्लिम पृथकतावाद को प्रोत्साहित किया।

रवींद्रनाथ का प्रभाव उस युग के कवियों पर जबर्दस्त था। भारतीय धर्म दर्शन को आत्मसात कर उन्होंने उसे आधुनिक संदर्भ में रखा। मध्यकालीन कवि कबीर के रहस्यवाद का

---

1. आधुनिक भारत (ले० विपिनचंद्र), पृ० 176-77
2. वही, पृ० 177

उनपर गहरा असर था। उन्होंने धर्म को कर्म से जोड़ा। गीतांजलि में वे लिखते हैं, ''पुजारी आँख खोल कर देख तू किसकी पूजा कर रहा है! तेरा ईश्वर यहाँ नहीं है। वह वहाँ है जहाँ किसान पसीने में भींगा हुआ हल चला रहा है.......।'' आदि

तिलक ने 'गीता रहस्य' की रचना कर कर्मयोग पर बल दिया। उन्होंने लिखा है कि कृष्ण कदापि विषादमग्न अर्जुन को वैराग्य की ओर नहीं जाने दे सकते थे।

आधुनिक युग में महात्मा गांधी का जनमानस पर सर्वाधिक गहरा प्रभाव पड़ा। उन्होंने सत्य को ही ईश्वर बताया। सत्य साध्य है, अहिंसा साधन है। उन्होंने धर्म के क्षेत्र में इन दो महत्वपूर्ण तत्वों को धारण किया। उन्होंने सत्याग्रह और असहयोग आंदोलन में पूरी तरह सत्य और अहिंसा का पालन किया। अहिंसा को व्यक्तिगत स्तर पर कई बार भारत में अपनाया गया है, पर पूरे परतंत्र राष्ट्र को अहिंसा का पाठ पढ़ाने का यह राजनीतिक प्रयोग विश्व इतिहास की एक विलक्षण घटना है।

इस प्रकार समग्र धार्मिक आंदोलन पर दृष्टिपात करने से निम्नलिखित कुछ सामान्य तथ्य सामने आते हैं– (1) इसने तर्क बुद्धि और नवीन मानवतावाद को जन्म दिया (2) प्राचीन धर्मग्रंथों की उपादेयता का मूल्यांकन तर्क, बुद्धि या विज्ञान की दृष्टि से किया गया (3) भारतीय धर्मों के निरर्थक कर्मकांड, अंधविश्वास, विवेकहीन पोंगापंथी तत्वों का विरोध किया गया (4) धर्म को कर्म सौंदर्य से जोड़ा गया (5) भारतवासियों के भीतर आत्मसम्मान, आत्मविश्वास और देशाभिमान का भाव भरा गया आदि।

इसके कुछ बुरे प्रभाव भी पड़े। हर बात में अतीत की महानता की दुहाई देने और धर्मग्रंथों को प्रमाण मानकर निर्भर रहने की प्रवृत्ति बढ़ी। डॉ० विपिनचंद्र ने लिखा है, ''ये चीजें स्वयं सुधार आंदोलनों की सकारात्मक शिक्षाओं के विपरीत पड़ती थीं। उन्होंने, कुछ हद तक, मानवीय तर्कबुद्धि और वैज्ञानिक दृष्टिकोण की श्रेष्ठता की जड़ें खोदीं। उन्होंने नये रहस्यवाद को बढ़ावा दिया तथा छद्म वैज्ञानिक चिंतन का पोषण किया। अतीत की महानता के प्रति आग्रह ने मिथ्याभिमान तथा आत्म संतुष्टि की भावना को जन्म दिया।''[1] दूसरे, सांस्कृतिक विरासत के रूप में केवल धार्मिक दार्शनिक पहलुओं पर जोर रहा और अन्य पक्ष अछूते रहे। तीसरे, अतीत में भी प्राचीन काल तक ही उनकी दृष्टि सीमित रही। मध्यकालीन धार्मिक उपलब्धि भक्ति आंदोलन के सकारात्मक पहलू से उन्होंने अपने को नहीं जोड़ा। इस कारण भक्ति आंदोलन का प्रभाव निम्नवर्ग तक नहीं पहुँच सका। कई धर्मों वाले देश में किसी एक धर्म पर जोर देने से सांप्रदायिक सद्भाव पर भी आघात पहुँचा।

इसी धार्मिक वातावरण में सन् 1889 में प्रसाद का जन्म हुआ था। काशी का वातावरण तो सदा से ही धार्मिक रहा है। प्रसाद धार्मिक प्रवृत्ति के थे। उनके व्यक्तित्व पर उनके परिवार की छाप थी। उनका परिवार शैव था। कवि के घर के सामने एक शिवालय था, जिसे उनके पूर्वजों ने बनवाया था। अनेक अवसरों पर मंदिर में धार्मिक उत्सव हुआ करते थे। बालक प्रसाद पर शिव की भक्ति का गहरा प्रभाव पड़ा। वही प्रसाद बड़े होने पर शैव दर्शन से प्रभावित हुए और अपने महाकाव्य में उस दर्शन की प्रतिष्ठा की।

---

1. आधुनिक भारत, पृ० 182

धार्मिक आंदोलन ने पशुओं की बलि पर रोक लगायी थी। प्रसाद के दृष्टिकोण को व्यक्त करनेवाली श्रद्धा पशुबलि से घृणा करती है। वह बहुत दुःख के साथ कहती है :

और किसी की बलि होगी
किसी देव के नाते;
कितना धोखा! उससे तो हम
अपना ही सुख पाते ।[1]

धार्मिक आंदोलन ने पौरोहित्य कर्म की काफी निंदा की थी। कामायनी में तो प्रसाद ने उसे असुर ही बना दिया 'असुर पुरोहित' कहकर। स्वार्थ जर्जर पुरोहित किस तरह पशु का मांस खाने के लिए उपाय करता है, देखने योग्य है। आकुलि किलात से कहता है :

क्यों किलात ! खाते खाते तृण
और कहाँ तक जीऊँ ;
कबतक मैं देखूँ जीवित पशु
घूँट लहू का पीऊँ !
क्या कोई इसका उपाय ही
नहीं कि इसको खाऊँ ?
बहुत दिनों पर एक बार तो
सुख की बीन बजाऊँ ।[2]

इस तरह युग की धार्मिक छाया कामायनी पर परिलक्षित होती है।

रामचरितमानस और कामायनी के धार्मिक परिवेश की तुलना

भक्ति आंदोलन संपूर्ण भारतवर्ष में व्याप्त था। दक्षिण से चलकर संपूर्ण उत्तर भारत, पूरब, पश्चिम हर दिशा में फैल गया था। आधुनिक धार्मिक आंदोलन भी अखिल भारतीय आंदोलन था। यह बंगाल से शुरू होकर उत्तर भारत, महाराष्ट्र, गुजरात, पंजाब तक फैल गया था। प्रार्थना समाज की गतिविधियाँ तेलगु सुधारक विरेशलिंगम् के प्रयासों से दक्षिण भारत में भी फैल गयी थीं।[3] दोनों आंदोलन व्यापक और क्रांतिकारी थे।

मध्यकाल में इस्लाम के विरुद्ध प्रतिक्रिया हुई। आधुनिक काल में ईसाई के विरुद्ध। फिर भी भक्ति आंदोलन इस्लाम से प्रभावित हुआ और धार्मिक आंदोलन ईसाई धर्म से। दोनों आंदोलन उदार और सांप्रदायिकता से बहुत कुछ दूर हैं।

यद्यपि भक्ति आंदोलन अद्वैतवाद के विरोध में खड़ा हुआ था तथापि तुलसी के दार्शनिक सिद्धांतों पर उसका असर है। आधुनिक धार्मिक आंदोलन में भी एकेश्वरवाद और

1. कामायनी, कर्म सर्ग, पृ० 129
2. वही पृ० 111-112
3. आधुनिक भारत, पृ० 176

अद्वैतवाद को अपनाया गया। इसलिए रामचरितमानस और कामायनी दोनों पर अद्वैतवाद का थोड़ा बहुत असर है। प्रसाद की यह पंक्ति 'एक तत्व की ही प्रधानता कहो, उसे जड़ या चेतन' द्रष्टव्य है।

वेद, उपनिषद् आदि प्राचीन भारतीय धर्म ग्रंथों का व्यापक प्रभाव दोनों आंदोलनों पर है। रामचरितमानस तो 'नानापुराणनिगमागम सम्मत' है ही, कामायनी का कथानक भी वैदिक युग पर ही आधृत है।

दोनों आंदोलनों ने रूढ़िवाद, कर्मकांड, पाखंड आदि का विरोध कर प्रेम, दया, करुणा, न्याय, उदारता, सत्य, अहिंसा आदि को अपनाया। शैव धर्म भक्ति युग में काफी प्रचलित था। मानस में तो राम को ही शिव का भक्त बना दिया गया है और कामायनी का दर्शन शैव दर्शन है।

दोनों युगों में पौरोहित्य कर्म निंदनीय ठहराया गया। तुलसी ने भक्ति का दरवाजा सबके लिए खोलकर पुरोहितों का धर्म पर से एकाधिकार समाप्त कर दिया। कामायनी में किलात आकुलि के पौराहित्य कर्म से घृणा और आक्रोश पैदा किया गया है। भक्ति आंदोलन का मूल स्वर मानवतावाद है। आधुनिक धार्मिक आंदोलन का भी मूल स्वर नवमानवतावाद है। दोनों आंदोलन पराधीन भारत की विषम परिस्थितियों से पैदा हुए हैं। प्रथम आंदोलन में भारत मुगलों के अधीन था, दूसरे में अंग्रेजों के अधीन।

इस तरह दोनों आंदोलनों में कई समानताएँ ढूँढ़ी जा सकती हैं, लेकिन समानता से कई गुना अधिक भिन्नता है।

सबसे बड़ा अंतर है कि एक युग भक्ति का है, दूसरा भक्ति का नहीं है। ईश्वर के प्रति जो आत्म समर्पण, दीनता आदि के भाव तुलसी के यहाँ है, वह आज के युग में नहीं है। पहले युग में हृदय पक्ष की प्रधानता है, दूसरे युग में बुद्धि पक्ष की। समय के अंतराल से दोनों युगों में भारी अंतर आ गया है। पहले युग में कवि का जीवन मूल्य ही भक्ति है, दूसरे युग में विज्ञान के प्रकाश ने मनुष्य को पराधीनता की बेड़ी काटने का मंत्र दिया। एक में भक्ति है, तो दूसरे में दर्शन की प्रधानता है। यही कारण है कि मानस काव्यग्रंथ के साथ साथ भक्ति काव्य या धर्मग्रंथ भी है, किंतु कामायनी केवल काव्य है– एक मनोवैज्ञानिक और दार्शनिक काव्य।

●

रामचरितमानस का सामाजिक परिवेश

तुलसीदास का काल मुगल साम्राज्य के उत्कर्ष का काल था। अकबर और जहाँगीर उनके समसामयिक सम्राट थे। इतिहासकारों ने उस समय के राजनीतिक तथ्यों का वर्णन किया है, लेकिन सामाजिक एवं आर्थिक दशा पर उससे प्रकाश नहीं पड़ता है। तत्कालीन आर्थिक सामाजिक स्थिति की जानकारी उस समय की रचनाओं, विदेशी यात्रियों के वृत्तान्तों एवं यूरोपीय कंपनियों के कागजातों से प्राप्त होती है।

तुलसीदास के समय का सामाजिक ढाँचा सामंती था। इस व्यवस्था के अनुरूप समाज के शीर्ष स्थान पर राजा या सम्राट था। वह सर्वेसर्वा होता था। उसकी इच्छा ही कानून थी। उसी की आज्ञा से जन जीवन नियंत्रित होता था। उसका जीवन शान शौकत से बीतता था। वह प्रजा

से कर वसूल कर सुख सुविधा और भोग विलास का जीवन व्यतीत करता था। राजा प्रजा के लिए नहीं था, बल्कि प्रजा ही राजा के लिए थी। हरम में हजारों स्त्रियाँ रखी जाती थीं।

सम्राट के बाद समाज में अमीरों एवं सरदारों की चलती थी। आजकल 'अमीर' शब्द का अर्थ बदल गया है। धनी लोगों को अमीर कहा जाता है। लेकिन मुगल इतिहास के संदर्भ में यह विशिष्ट पारिभाषिक शब्द था, जिसका अर्थ उच्च राजकीय अधिकारी, नायक या सरदार होता था। यह अमीर वर्ग शासक वर्ग था। इसमें हिंदू और मुसलमान दोनों थे। अकबर के समय में हिंदू सरदारों का अनुपात सोलह प्रतिशत था, जहाँगीर के समय में यह अनुपात बढ़ा था। शेष सरदार विदेशी होते थे। अमीरों का आचरण सम्राट के अनुकूल होता था। सम्राट के इर्द गिर्द रहनेवाला देखते देखते अमीर का दर्जा पा सकता था, यद्यपि इसमें योग्यता का भी ध्यान रखा जाता था।

अमीरों के वेतन बहुत ज्यादा थे, खर्च भी वैसे ही थे। सभी सरदार काफी तादाद में नौकर चाकर रखते थे। आवागमन के सभी साधन हाथी, घोड़े आदि रखते थे। ये शान शौकत में मुगल सम्राट की नकल करते थे। भोजन, वस्त्र, आवास एवं विलास में बेहिसाब व्यय करते थे। ये फलों के वृक्षों और फव्वारों से घिरे आलीशान मकान में रहते थे।

सरदारों के बाद समाज का एक सुविधाभोगी वर्ग जमींदारों का था। बहुत सारी जमीनों पर इसका अधिकार रहता था जिसे मिल्कियत कहते हैं। भारत में यह प्रथा पुरानी थी। जमींदारों की जमींदारी के अंतर्गत आनेवाली कुछ जमीनों के मालिक किसान भी होते थे। जमींदार उनसे लगान वसूलते थे। लगान इकट्ठा करने पर कुल लगान का 5 या 10 प्रतिशत हिस्सा किसानों को मिलता था। कहीं कहीं यह हिस्सा 25 प्रतिशत तक था।[1] जमींदारों के पास अपनी सशस्त्र सेना होती थी और ये प्राय: किलों या गढ़ों में रहते थे। सरदारों की अपेक्षा जमींदारों की आय सीमित थी, लेकिन बड़े बड़े जमींदारों का रहन सहन लगभग सरदारों जैसा था। जमींदार ज्यादातर गाँव में रहते थे।

जमींदारों के ऊपर राजा लोग थे। ये राजा कहीं छोटे और कहीं बड़े इलाके पर शासन करते थे। इन्हें एक सीमा तक स्वतंत्रता भी प्राप्त थी।

इस तरह सम्राट्, सरदार, राजा, जमींदार आदि एक ही शोषक वर्ग में आते हैं। इनकी आय का मुख्य स्रोत भूमि था। किसानों, मजदूरों, छोटे छोटे कारीगरों की कमाई पर ये मौज करते थे।

मध्ययुग में एक व्यावसायिक और अधिकारी वर्ग भी था, जिसे इतिहासकारों ने मध्यवर्ग कहा है। मध्ययुगीन भारत में इस वर्ग की संख्या काफी बड़ी थी। इसमें धार्मिक नेताओं, इतिहासकारों, लेखकों, हकीमों आदि को उनकी सेवाओं के बदले में भरण पोषण के लिए दान में जमीन मिल जाती थी। ऐसे अनुदानों को मुगल की भाषा में 'मिल्क' या 'मदद-ए-मआश' कहा जाता था। ऐसे अनुदान प्राप्त कुछ लोग काजी जैसे सरकारी पदों पर नियुक्त भी किये जाते थे। इस तरह इनका आधार गाँव और शहर दोनों था। इनके जीवन स्तर के बारे में इतिहासकारों को विशेष पता नहीं है। आमतौर पर इनका जीवन संयमित और मितव्ययी बताया जाता है।

---

1. मध्यकालीन भारत, ले० सतीशचंद्र, पृ० 66

भारतीय व्यापारी बहुत कुशल थे। बड़े थोक व्यापारी 'सेठ' या 'बोहरा' कहलाते थे और छोटे खुदरा व्यापारी 'व्यापारी' या 'वणिक'। भारत के बड़े व्यापारियों की गिनती संसार के धनी व्यापारियों में होती थी। आगरा, दिल्ली, बालासोर (उड़ीसा) तथा बंगाल में अनेक धनी व्यापारी रहते थे। इनका जीवन भी ऐश्वर्यपूर्ण था। कुछ व्यापारी तो रहन सहन के स्तर में सरदारों से होड़ लेते थे। छोटे व्यापारी अपनी दूकानों के ऊपर बने घरों में रहते थे। आम तौर पर व्यापारियों में अपनी संपत्ति छिपाने की आदत थी। शायद कर का डर रहता होगा। असुरक्षा या चोरी के भय से भी कई व्यापारी साधारण या गरीब आदमी की तरह रहते थे।

इनके अतिरिक्त समाज का एक विशाल वर्ग शोषित था। इस वर्ग में किसान, छोटे छोटे दुकानदार, दस्तकार, मजदूर, सिपाही, नौकर, दास आदि थे। इनका स्वभाव सरल, किंतु जीवन अत्यंत कठोर था। किसानों पर जमींदारों और सरकारी अधिकारियों का अत्याचार होता था। घूसखोरी का द्वार खुला था। भूमि संबंधी कर व्यवस्था अनुचित थी। उसको लागू करने की पद्धति गलत सलत थी। लगान अदा न कर पाने की स्थिति में उन्हें भूमि से वंचित कर दिया जाता था। 'उसका रहन सहन कुछ हद तक बदलते मौसम और कुछ हद तक रीति रिवाजों तथा परंपराओं— जिसमें मेलों, तीर्थयात्राओं और रीति रिवाजों का अपना स्थान था— द्वारा निर्धारित था।''[1]

मजदूरों को काम के अनुसार मजदूरी नहीं मिलती थी। उनसे बेगारी करवायी जाती थी। उनका पेट नहीं भरता था। उनके शरीर पर न कपड़े होते थे और न पाँव में जूते। उनके घर मिट्टी तथा घास फूस के बने होते थे। यह स्थिति लगभग हर गरीब किसान मजदूर की थी।

नौकरों की संख्या समाज में काफी थी। उनकी स्थिति भी चिंत्य थी। दास प्रथा प्रचलित थी। दासों की खरीद बिक्री होती थी। ''कोल किरातों का आखेट होता था और जो पकड़े जाते थे, वे काबुल में बेच दिये जाते थे।''[2]

बार बार युद्धों के कारण आम जनता त्राहि त्राहि करती थी। उस पर अक्सर महामारी का प्रकोप हो जाया करता था। तुलसीदास को अपने जीवन के अंतिम समय में भी इस महामारी का सामना करना पड़ा। बार बार अकाल पड़ते थे। 'कलि बारहिं बार दुकाल परै'। सन् 1556 और 1573-74 ई० में पड़े अकालों में आदमी अपने सगे संबंधियों को खा जाते थे। लोग पेट के लिए ऊँचे नीचे सब कर्म करने को प्रस्तुत थे। बेटा बेटी तक को बेचने में न हिचकते थे।

शासक वर्ग के भोग विलास का असर सामान्य जन जीवन पर भी था। स्त्रियों की स्थिति सम्मानजनक नहीं थी। वह भोग विलास की सामग्री समझी जाती थी। स्त्रियों में मुगलों के आगमन के बाद पर्दा प्रथा का प्रचलन हो गया था। मुसलमानों की स्त्रियाँ बिना बुरख़ा के निकलने पर वेश्यालय भेज दी जाती थीं।[3]

सामाजिक जीवन में अनेक प्रकार की रूढ़िबद्ध परंपराएँ जमी हुई थीं। उदाहरणार्थ, बाल विवाह, सती प्रथा, दहेज प्रथा, कुलीन प्रथा सरीखे सामाजिक कोढ़ फैले हुए थे।

---

1. मध्यकालीन भारत, पृ० 66
2. परंपरा का मूल्यांकन, ले० रामविलास शर्मा, पृ० 79
3. विश्व और भारत ले० कुमार एवं कुमार, पृ० 64

वर्णधर्म टूट रहा था। जिनके घर की स्त्री मर जाती थी, वह मूड़ मुड़ाकर संन्यासी हो जाता था। "वस्तुतः मुस्लिम संपर्क के बाद हिंदू समाज में आत्मरक्षा की जो भावना उत्पन्न हुई थी, उसने समाज में अनावश्यक सावधानी का भार भर दिया था। जाति पाँति की प्रथा और भी कठोर हो उठी थी। जन्म से ही नीच माने जाने वाले लोगों में यदि कुछ भी स्वाधीन विचार उत्पन्न हुआ करता तो वे इस कठोर बंधन की विषम वेदना से विचलित हो जाते और साधु बन जाते थे। इस काल को यदि सहानुभूति की दृष्टि से देखा जाय तो यह आवश्यक सामाजिक रोग के रूप में दिखेगी, पर यदि समाज स्थिति के ढाँचे को ज्यों का त्यों बचा रखने की दृष्टि से देखा जाय, तो समाज को बर्बाद कर देनवाली कुप्रथा के रूप में ही दिखेगी। तुलसीदास ने अत्यंत दुख के साथ इस कुप्रथा का उल्लेख किया है"।[1]

समूचा समाज विशृंखल, अस्त व्यस्त और जर्जर हो गया था। शोषक वर्ग विलास के नद में तैर रहे थे और निचले स्तर के लोग दारिद्र्य, रोग, अशिक्षा, तनाव आदि के नरक में रेंग रहे थे।

यह सब देख तुलसी का संवेदनशील हृदय कराह उठा था। यही कारण है कि पीड़ितों के प्रति अथाह सहानुभूति और शासक वर्गों के प्रति क्षोभ का भाव उनके मानस में व्याप्त है। उस समय शोषक और शोषितों, सामंतों और किसानों के बीच जो संघर्ष का भाव था, वह कई कारणों से दबा ही रह गया। अकबर से पूर्व कई युद्धों के कारण उस पर पर्दा पड़ा रहा। वह हिंदू मुस्लिम राज्य की समस्या के नीचे दबा रहा और सबसे बढ़कर बात यह है कि उस समय किसानों मजदूरों का कोई संगठन नहीं था। "इसलिए हम किसी मध्यकालीन कवि से यह आशा नहीं कर सकते कि वह वर्ग संघर्ष का स्पष्ट चित्रण करेगा, कि वह राजाओं और सामंतों के विरुद्ध किसानों के राज्य की मांग करेगा। परंतु बिना अपनी रूपरेखा स्पष्ट किये हुए भी यह संघर्ष विद्यमान था। किसी न किसी रूप में उस समय के महान् साहित्यिकों की रचनाओं में उसकी छाया मिलेगी ही"।[2] कहना न होगा कि तुलसीदास की रचनाओं में वह छाप पूर्ण रूप से विद्यमान है। उस दुखमय जीवन से उबरने के लिए ही उन्होंने रामराज्य की कल्पना की है।

कामायनी का सामाजिक परिवेश

जयशंकर प्रसाद (1889-1937) का काल ब्रिटिश साम्राज्यवाद के शोषण का काल था। ब्रिटिश शासन के अंतर्गत भारतीय किसान धीरे धीरे दरिद्र हो गये। जमींदारों ने किसानों पर तरह तरह के जुल्म ढाये। भारतीय जनता को रोजगार मिलना कठिन हो गया। कारीगर बेकार हो गये। ब्रिटिश उद्योग की स्पर्धा में यहाँ के बुनकर आदि टिक नहीं सके। "ब्रिटिश आर्थिक शोषण, देशी उद्योगों का ह्रास, उनकी जगह लेने में आधुनिक उद्योगों की विफलता, करों की ऊँची दरें, भारत से धन ढोकर ब्रिटेन ले जाना और कृषि का पिछड़ा हुआ ढाँचा तथा गरीब किसानों का जमींदारों, भूस्वामियों, राजाओं, महाजनों, व्यापारियों और राज्य द्वारा शोषण- इन सबने भारतीय जनता को दरिद्र बना दिया तथा उसे प्रगति करने नहीं दिया।"[3] यही था हमारा

1. हजारीप्रसाद द्विवेदी ग्रंथावली, खंड 3, पृ० 380
2. भाषा, युगबोध और कविता, ले० रामविलास शर्मा, पृ० 35
3. आधुनिक भारत, पृ० 156

आर्थिक ढाँचा। इस शोषण ने मुगल काल से भी बदतर यहाँ का जीवन बना दिया था। स्वामी विवेकानंद ने ब्रिटिश काल में भारतीय जनता की दशा का बड़ा ही मार्मिक चित्र उपस्थित किया है, "यहाँ वहाँ जीर्ण शीर्ण चिथड़ों में युवा लोगों तथा बूढ़ों की कृश आकृतियाँ घूमती हुई दिखायी पड़ती हैं, जिनके चेहरों पर सैकड़ों वर्षों की दरिद्रता और निराशा की गहरी झुर्रियाँ पड़ी हैं। गाय, बैल, भैंस हर जगह समान रूप से हैं। हाँ, उनकी आँखों में वही विषादमय दृष्टि, वही दुर्बल शरीर, रास्तों के किनारे कूड़ा कर्कट और गंदगी- यही है हमारा वर्तमान भारत। महलों के बिल्कुल बराबर में टूटी फूटी झोपड़ियाँ, मंदिरों के बिल्कुल करीब कूड़ों का ढेर, भड़कीले वस्त्रों से सज्जित लोगों के साथ चलते हुए लंगोटधारी संन्यासी, अच्छे खाते पीते लोगों पर केंद्रित भूखों की मलिन आँखों की तरसती टकटकी- यही है हमारा अपना देश। भयंकर प्लेग और हैजे की विनाश लीला, राष्ट्र के मर्मस्थान को कुतरता हुआ मलेरिया, जीवन के अभिन्न अंग के रूप में भुखमरी और अर्द्धभुखमरी, बहुधा तांडव करता मृत्युवत अकाल...... केवल रंगरूप में ही मनुष्य दिखनेवाले तीस करोड़ जीवों का समूह- अपने ही लोगों द्वारा बाहरी राष्ट्रों द्वारा कुचलकर निर्जीव बनाये गये- आशाविहीन, अतीतविहीन, भविष्य विहीन... गुलाम जैसे विद्वेषपूर्ण स्वभाववाले जिनके लिए अपने संगी लोगों की सम्पत्ति असहनीय है.... ताकतवर लोगों के पैरों की धूल चाटने के बावजूद जो कमजोर हैं, उनपर सांघातक प्रहार करनेवाले, ऐसे कुत्सित क्रूर, अंधविश्वासों से भरे हुए हैं। जो उनमें भविष्य के प्रति निराश हैं, चरित्र रूप में बिना कोई मानदंडवाले, तीस करोड़ जीव भारत के शरीर पर इस प्रकार घूम रहे हैं, जैसे किसी जानवर की सड़ी बदबूदार लाश पर कीड़े हों। यह है हमसे संबंधित तस्वीर जो सहज ही अंग्रेज अधिकारी के सामने अपने आप आ जाती है"[1]

दरिद्रता, रोग, दैवी प्रकोप आदि के अलावा सदियों से चली आ रही सामाजिक कुरीतियाँ कोढ़ में खाज की तरह थीं। सती प्रथा, कन्यावध, बाल विवाह, अस्पृश्यता आदि घुन की तरह समाज को खोखला करती जा रही थी। सामाजिक जीवन में परिवर्तन लाने की आवश्यकता ने भारत में नवजागरण का सूत्रपात किया। अनेक भारतीय महापुरुषों का प्रादुर्भाव हुआ। उन्होंने राजनीतिक पराधीनता के बावजूद इन कुरीतियों से मुक्ति के लिए संघर्ष छेड़ दिया।

राजाराममोहन राय एक महान् चिंतक थे। उन्होंने परंपरा से चली आ रही अमानवीय सती प्रथा के विरुद्ध आंदोलन छेड़ दिया। उन्होंने शास्त्रों से प्रमाणित किया कि सती प्रथा हिंदू धर्म के विरुद्ध है। वे कलकत्ता के श्मशानों में जाकर विधवाओं के रिश्तेदारों को समझाते थे ताकि वे आत्मदाह का विचार छोड़ दें। उन्होंने अपने अथक प्रयास से संसद में 1829 में सती प्रथा को गैरकानूनी घोषित करवाया। विलियम बेंटिक ने घोषित किया कि पति की चिता पर विधवा के जल मरने की कार्रवाई में जो भी सहयोगी होगा, उसे अपराधी माना जायेगा। मध्यकाल में जो काम अकबर और औरंगजेब नहीं कर सके थे, उसे राममोहन राय ने किया।

उस समय लड़कियों को जनमते ही मार देने की कुप्रथा कुछ राजपूत वंशों एवं अन्य जातियों में थी। इसके कारण लड़ाई में नौजवानों के मारे जाने से लड़कों की कमी और दहेज

---

1. आधुनिक भारत, पृ० 174-75

का भयंकर रूप! इसे भी कानून बनवा कर समाप्त करने की दिशा में ठोस कदम उठाया गया।

राममोहन राय ने बहु विवाह और वेश्यावृति को समाप्त करने की दिशा में भी कदम उठाया। वे विधवा विवाह के समर्थक और औरतों के अधिकारों के पक्के हिमायती थे।

ईश्वरचंद्र विद्यासागर ने अपना सारा जीवन समाज सुधार में लगा दिया। 'गरीबों के प्रति उनकी उदारता अचंभे में डालने वाली थी। शायद ही कभी उनके पास कोई गर्म कोट रहा, क्योंकि निरपवाद रूप से उन्होंने अपना कोट जो भी नंगा भिखारी सड़क पर मिला उसे दे दिया।''[1] हमारे देश में उच्च जाति में पहला कानूनी विधवा विवाह 7 दिसंबर, 1856 में विद्यासागर की प्रेरणा और देखरेख में संपन्न हुआ।

महान् मानवतावादी विचारक स्वामी विवेकानंद देश की गरीबी और अशिक्षा से विचलित थे। उन्होंने शिक्षित भारतवासियों को संबोधित करते हुए कहा, ''जबतक करोड़ों लोग भूख और अज्ञान से पीड़ित हैं तबतक मैं उस हर व्यक्ति को देशद्रोही समझूँगा जो उनके खर्च से शिक्षित बनकर उनके प्रति तनिक भी ध्यान नहीं देता।''[2]

इनके अतिरिक्त केशवचंद्र सेन, दयानंद सरस्वती, रामकृष्ण परमहंस, देवेन्द्रनाथ ठाकुर आदि अनेक समाज सुधारकों ने अपने अपने ढंग से योगदान किया। उन्नीसवीं शताब्दी में समाज सुधार धर्म से जुड़ा हुआ था। धीरे धीरे वह धर्म निरपेक्ष होता चला गया। बीसवीं शताब्दी के तीसरे दशक से राष्ट्रीय आंदोलन समाज सुधार का मुख्य प्रचारक हो गया।

समाज सुधार आंदोलन दो क्षेत्रों में सर्वाधिक सक्रिय हुआ– नारी मुक्ति के लिए संघर्ष और जाति प्रथा के विरुद्ध संघर्ष। इन बुराइयों पर अधिक जोर केवल इसलिए नहीं था कि ये सामाजिक पिछड़ेपन की पहचान थी, बल्कि इसलिए भी कि मध्यकाल में और उसके पहले इन्हें धार्मिक समर्थन प्राप्त था।

नारी का जीवन अनेक प्रकार के प्रतिबंधों से जकड़ा हुआ था। पति से अलग उसका कोई व्यक्तित्व ही नहीं था। तुलसीदास के शब्दों में उनकी स्थिति दर्शनीय है– 'जिय बिनु देह नदी बिनु बारी । तैसिअ नाथ पुरुष बिनु नारी'। उनकी जन्मजात प्रतिभाएँ, इच्छाएँ दबी की दबी रह जाती थीं। वे आर्थिक दृष्टि से पुरुषों पर निर्भर थीं। शिक्षा की सुविधा से वंचित थीं। अनेक सुधारवादी व्यक्तियों, संस्थाओं, धार्मिक संगठनों ने उनके बीच शिक्षा का प्रचार किया। विधवाओं की दशा सुधारने की कोशिश हुई, रोजगार दिलाने की भी कोशिश हुई।

बीसवीं शताब्दी के राष्ट्रीय आंदोलन ने नारी मुक्ति आंदोलन को काफी प्रोत्साहित किया। नारियों ने राष्ट्रीय आंदोलन में भाग लिया। ''उन्होंने विदेशी कपड़े और शराब की दूकानों पर धरना दिया। चरखे चलाए और खादी का प्रचार किया। असहयोग आंदोलनों में जेल गयीं। सार्वजनिक प्रदर्शनों के दौरान लाठियों, आँसू गैस और गोलियों का सामना किया। क्रांतिकारी आंदोलनों में सक्रिय भाग लिया और विधान मंडल के चुनाव में मतदान किया तथा उम्मीदवारों के रूप में खड़ी हुईं। सरोजिनी नायडू राष्ट्रीय कांग्रेस की अध्यक्ष बनीं।''

---

1. आधुनिक भारत, पृ० 105

2. वही, पृ० 177

नारियों के इस रूप का परिचय कामायनी में काफी मिलता है। श्रद्धा सूत कातती हुई दिखायी पड़ती है–

मैं बैठी गाती हूँ तकली के
प्रतिवर्त्तन में स्वर विभोर–
चल री तकली धीरे धीरे
प्रिय गये खेलने को अहेर।[1]

इड़ा बुद्धि की प्रतीक ही है। उसकी प्रेरणा से मनु उजड़े सारस्वत नगर को पुनः बसाता है। इस तरह वह राजकाज में मदद करती है।

युगों से गहराई तक जड़ जमायी जाति प्रथा को आधुनिक युग में गहरी ठेस पहुँची। इस पर चौतरफा आक्रमण हुआ। एक तो अनेक महान् सुधारवादी आंदोलनों ने इसे झकझोरा, दूसरे इस युग में विकसित होते पूँजीवाद ने इसकी कमर तोड़ दी। जाति पाँति और छुआछूत प्रथा भयंकर अमानवीय थी। आधुनिक उद्योगों, रेलों, बसों और शहरीकरण की प्रक्रिया ने जनसंपर्क को प्रोत्साहित किया। इसी क्रम में यह चरमराने लगी। ब्राह्मण भी चमड़े का व्यापार करने लगा। रेलों, बसों में अछूत भी एक साथ बैठने को बाध्य हुए। उद्योगों में एक साथ काम करने को मजबूर हुए।

संपूर्ण राष्ट्रीय आंदोलन समानता, स्वतंत्रता, समान नागरिक अधिकारों को लेकर संघर्ष कर रहा था। वह जातिगत विशेषाधिकारों का समर्थक कैसे हो सकता था। अतः जाति, लिंग, धर्म आदि के भेदभाव को मिटाने के लिए संघर्ष हुआ। महात्मा गाँधी ने अस्पृश्यता निवारण को अपने कार्यक्रम में प्रमुखता दी।

प्रसाद के युग को अर्द्धसामंती युग कहा जा सकता है। पूँजीवाद को अंग्रेजों ने ठीक से विकसित होने नहीं दिया। सामंती व्यवस्था भी बरकरार रही। इस मद्धिम गति से विकसित होते पूँजीवाद ने अपनी कोख से नये मध्यवर्ग को जन्म दिया। वकील, डॉक्टर, प्रोफेसर आदि नौकरी पेशेवाले लोग इसी वर्ग में आते हैं। इस वर्ग ने स्वातंत्र्य आंदोलन एवं सामाजिक सुधार में क्रांतिकारी भूमिका निभायी।

विज्ञान के प्रसार से नये नये देशों से परिचय हुआ। उनकी आँखें ज्ञान के आलोक में खुलीं। पुराणपंथी धारणाएँ बहुत कुछ दूर हुईं। लोग शिक्षा प्राप्त करने के लिए समुद्र लांघ कर विदेश गये। ''नवीन आर्थिक व्यवस्था ने नौकरी पेशा व्यक्तियों की वृद्धि की, नौकरी पेशा व्यक्ति अपने बीबी-बच्चों को घर से ले आकर शहरों में बसने के लिए मजबूर हुए। शहर के भी बड़े बड़े परिवार वाणिज्य व्यवसाय की सुविधा के लिए अथवा परिवार के सदस्यों की व्यक्तिगत संपत्ति के कारण विभाजित होने लगे, इस तरह लोगों को एक हद तक वैयक्तिक स्वाधीनता मिली, नयी शिक्षा ने विविध संस्थाओं तथा कार्यों का जाल बुना, व्यक्ति व्यक्ति के बीच अनेक स्तरों पर सामाजिक संबंध स्थापित हुए।''[2] व्यक्तिगत स्वाधीनता से एक स्वस्थ सामाजिकता का विकास होने लगा।

---

1. कामायनी, ईर्ष्या सर्ग, पृ० 150
2. छायावाद, ले० नामवर सिंह, पृ० 39

डॉ० नामवर सिंह ने छायावादी कवियों के प्रकृति प्रेम का संबंध विज्ञान और व्यक्तिगत स्वाधीनता से जोड़ा है। उनके अनुसार, ''यदि यह नूतन प्रकृति परिचय इस स्वाधीनता का परिणाम न था तो छायावाद युग से पूर्व द्विवेदी युग और द्विवेदी युग से पूर्व भारतेंदु युग तथा उसके भी पूर्व के पाँच छह सौ वर्षों के संपूर्ण मध्ययुग में ऐसा प्रकृति प्रेम संभव क्यों नहीं हो सका? प्रकृति तो पहले से ही मौजूद थी और वह भी लगभग इसी रूप में, बल्कि आधुनिक युग से अधिक वन्य रूप में। फिर भी पूर्ववर्ती कवि उससे उदासीन रहे। आधुनिक वैज्ञानिक युग के लोगों की अपेक्षा मध्य युग के धार्मिक लोगों में प्रकृति के प्रति श्रद्धा भी अधिक थी, फिर भी वे लोग प्रकृति सौंदर्य की उपेक्षा करते रहे''।[1] लेकिन प्रकृति प्रेम का एक कारण व्यक्तिगत संस्कार और रुचि भी है। यही कारण है कि इसी युग के लेखक प्रेमचंद में छायावादी कवियों जैसा प्रकृति प्रेम नहीं दिखायी पड़ता।

इस प्रकार इस व्यापक सामाजिक परिवर्तन का प्रभाव प्रसाद जी पर पड़ा और उन्होंने उसे भावात्मक रूप में कामायनी में अभिव्यक्त किया है।

रामचरितमानस और कामायनी के सामाजिक परिवेश की तुलना

रामचरितमानस का सामाजिक परिवेश इतिहासकारों के समक्ष उतना स्पष्ट नहीं है जबकि कामायनी का सामाजिक परिवेश पूरी तरह स्पष्ट है।

उसका सामाजिक ढाँचा सामंती था, इसका अर्द्धसामंती। वहाँ रूढ़ मर्यादाएँ अधिक थीं, यहाँ सामाजिक स्वाधीनता और वैयक्तिक विकास की भावना अधिक। उस समय संयुक्त परिवार था, इस समय वह टूटने लगा था। उस समय मध्यवर्ग निष्क्रिय था। इस समय उसने स्वातंत्र्य संघर्ष का नेतृत्व किया। उस समय सामाजिक विषमताओं का चित्रण करनेवाले मुट्ठी भर कवि कलाकार थे, इस समय समाज सुधारकों की एक फौज तैयार हो गयी। उस समय जनता का दुख भक्त कवियों की भक्ति में लिपट कर आया है, इस समय उसकी अभिव्यक्ति कभी सीधे और विशेषतः छायात्मक रूप में हुई है।

उस समय नारियों की पराधीनता को काटने का कोई प्रयास नहीं हुआ था। केवल तुलसीदास जैसे संवेदनशील कवियों ने व्यथित होकर उसके पराधीनताजन्य दुख पर हार्दिक सहानुभूति दिखायी है–

कत बिधि सृजी नारि जग माहीं। पराधीन सपनेहुँ सुख नाहीं।।[2]

लेकिन कहीं उसके स्वतंत्र होने में सामाजिक मर्यादा का उल्लंघन भी देखा है– जिमि सुतंत्र होइ बिगरहिं नारी[3]

लेकिन आधुनिक युग में नारी घर के घेरे से बाहर निकली है और उसने पुरुषों के साथ मिलकर काम किया है। कामायनी में इड़ा मनु का साथ देती है, श्रद्धा उसे आनंद का मार्ग दिखलाती है। तुलसी के युग में नारी को पुरुषों जैसी स्वाधीनता नहीं थी। वहाँ पुरुष प्रेम करनेवाला और नारी प्रेम पात्र होती थी। प्रसाद के युग में प्रणय क्षेत्र का एक नया आयाम

---

1. वही, पृ० 39
2. रामचरितमानस, 1/102/5
3. वही 4/15(क)/7

खुला। प्रणय की अबाध स्वच्छंद अभिव्यक्ति हुई। यही कारण है कि मनु और श्रद्धा का मिलन पुष्पवाटिका में राम और सीता के मिलन से अधिक स्वच्छंद है।

कबीर के समय जाति बंधन टूटता हुआ नजर आता है। तुलसी के समय तक आते आते लगता है कि वह सख्त हो गया है। यही कारण है कि तुलसी भक्ति के क्षेत्र में जाति का बंधन अस्वीकारते हुए भी लोक व्यवहार में वर्णधर्म का समर्थन करते हैं। तुलसी का अपने युग के अनुसार क्रांतिकारी कदम यह है कि वहाँ अस्पृश्यता नहीं है। रामराज में एक घाट पर चारों वर्णों के लोग स्नान करते हैं– 'मज्जहिं तहाँ बरन चारिउ नर[1]

प्रसाद के समय में जाति भेद के विरुद्ध व्यापक आंदोलन चला और साहित्य के क्षेत्र से जाति पाँति का भेदभाव दूर हुआ। कामायनी में जातिगत भेदभाव की छाया तक नहीं है।

मध्ययुग में वर्ग संघर्ष दबा ही रह गया। इसलिए मानस में उसका स्पष्ट चित्रण नहीं मिलता है, लेकिन आधुनिक युग में साम्राज्यवाद सामंतवाद के विरोध में वर्ग संघर्ष एक हद तक उभरा। फलतः कामायनी में अशक्तता, दरिद्रता के कारण प्रजा का विद्रोह दिखायी पड़ता है–

प्रकृति शक्ति तुमने यंत्रों से सबकी छीनी।
शोषण कर जीवनी बना दी जर्जर झीनी।।[2]

शुक्ल जी ने लिखा है कि कामायनी में ''वर्गहीन समाज की साम्यवादी पुकार की भी दबी सी गूँज दो तीन जगह है''[3]

उस युग में देश प्रेम का विकास नहीं हुआ था, क्योंकि राष्ट्रीयता या जातीयता का निर्माण नहीं हुआ था। इस समय भारतीय जाति संगठित हुई और देश प्रेम का उभार आया।

उस युग में मनुष्य का दायरा सीमित था। इस युग में विज्ञान ने उसके सामने संसार का विराट् रूप खड़ा कर दिया। मनुष्य जिज्ञासा से भर उठा। प्रकृति से नये सिरे से संबंध हुआ और व्यापक रूप में उसका स्वतंत्र चित्रण हुआ। मध्य युग की प्रकृति उपदेशों से घिरी है, उद्दीपनों से भरी है।

आधुनिक युग में आत्म प्रसार की आकांक्षा व्यक्त हुई। प्रसाद यद्यपि अतीत प्रेमी हैं, फिर भी आत्मप्रसार के कारण भविष्य पर उनकी दृष्टि गयी। मनु के विकास को लक्षित करते हुए प्रसाद लिखते हैं–

वन गुहा-कुँज मरु अंचल में हूँ, खोज रहा अपना विकास ।[4]

प्रसाद के यहाँ आत्म प्रसार अतीन्द्रिय आनंदानुभूति के रूप में अभिव्यक्त हुआ है। यह चीज तुलसी के यहाँ भी है।

सीयराममय सब जग जानी । करउँ प्रनाम जोरि जुग पानी[5] ।।

इस प्रकार दोनों का सामाजिक परिवेश अंशतः एक और अधिकांशतः भिन्न है।

●

---

1. रामचरितमानस, 7/29/3
2. कामायनी, संघर्ष सर्ग, पृ० 199
3. हिंदी साहित्य का इतिहास, पृ० 660
4. कामायनी, इड़ा सर्ग, पृ० 158
5. रामचरितमानस, 1/8/2

रामचरितमानस का राजनीतिक परिवेश

तुलसीदास का जन्म सोलहवीं शताब्दी के उत्तरार्द्ध में किसी समय हुआ था। ठीक ठीक तिथि का पता विद्वानों को नहीं है। लेकिन इतना तो निश्चित है कि उन्होंने रामचरितमानस की रचना का आरंभ सं० 1631 अर्थात् 1574 ई० में किया था। इसके कम से कम तीस चालीस वर्ष पूर्व उनका जन्म अवश्य हो गया होगा। सोलहवीं शताब्दी के आरंभ में लोदीवंश का अंत और मुगल शासन का आरंभ हुआ। 1526 ई० में बाबर इब्राहिम लोदी को पराजित कर दिल्ली की गद्दी पर बैठा। 1530 तक उसने दिल्ली पर शासन किया। उसके बाद हुमायूँ गद्दी पर बैठा। हुमायूँ के बाद 1556 से 1605 तक अकबर का शासन रहा। यानी रामचरितमानस की रचना अकबर के शासन काल में हुई। तुलसी ने अपनी आँखों से बालपन में हुमायूँ और जवानी में अकबर का शासन देखा था।

तुलसी के समय में महत्वपूर्ण राजकीय परिवर्तन हुए। शासन प्राप्त करने के लिए परस्पर लड़ाइयाँ करना उस युग की सर्वप्रमुख राजनीतिक विशेषता है। राजा प्रजा सबका जीवन असुरक्षित और अस्थिर था। राजा साम्राज्य की स्थापना मुख्यत: अपनी ही सुख सुविधा और अधिकार लिप्सा के लिए करते थे। कोई नियम, मर्यादा या आदर्श उनके सामने नहीं था। पिता पुत्र, चाचा भतीजा, भाई भाई एक दूसरे की हत्या कर राज्याधिकार अपने हाथ में ले लेते थे। शासक वर्ग प्राय: अहंकारी, मूर्ख, विलासी, क्रूर और अक्सर अशिक्षित हुआ करते थे। अकबर के पूर्ववर्ती राजाओं के अस्थिर शासनकाल में कोई भी महत्वपूर्ण राजनीतिक कार्य नहीं हुआ। लेकिन अकबर तमाम मध्ययुगीन शासकों की अपेक्षा कुशल राजनीतिक सूझ बूझवाला, उदार और जनहितैषी माना जाता है। वह पिता हुमायूँ की अचानक मृत्यु के बाद तेरह वर्ष चार महीने की अल्पायु में सिंहासनारूढ़ हुआ। लगभग सात वर्षों तक राजपाट की देखभाल बैरम खाँ करते रहे। इतने दिनों में उनमें कुछ शासन का नशा भी आया। बहुत से सरदार उनसे नाराज रहने लगे। यह सब अकबर को मालूम था। स्थिति बिगड़ने से पहले ही वे आगरा से शिकार के बहाने निकले और दिल्ली आकर बैरम खाँ को पदच्युत करने का फरमान जारी किया और सभी सरदारों को व्यक्तिगत रूप से मिलने को कहा। कुछ लोगों के उकसाने से बैरम खाँ ने विद्रोह भी कर दिया पर अकबर ने उसे दबा दिया। क्रमश: उनका मुकाबला कई विद्रोहों से हुआ। उन्होंने बड़ी ही कुशलता और वीरता से बंगाल, बिहार और गुजरात के विद्रोहों को दबाकर कश्मीर पर भी अपना झंडा गाड़ दिया। साथ ही चित्तौड़, कालिंजर और गोंडवान को भी मुँहतोड़ उत्तर दिया। फतेहपुर सीकरी के किले का निर्माण उसी समय हुआ। राज्य विस्तार और आंतरिक शांति के प्रति वे सतत प्रयत्नशील रहे।

अकबर ने धर्मांधता और कट्टरपन को जरा भी प्रश्रय नहीं दिया। हिंदुओं पर से जजिया टैक्स हटा दिया। तीर्थस्थानों को करमुक्त कर दिया और अपने ढंग से हिंदू मुस्लिम एकता कायम कर शांति स्थापित की। कुछ लोगों को भ्रम है कि तुलसीदास ने इस्लाम से रक्षा करने के लिए रामचरितमानस की रचना की; जबकि सच्चाई यह है कि कट्टर मुल्ला और मौलवी अकबर पर इस्लाम से मुँह फेरने का दोषारोपण करते थे। इस भ्रम के शिकार स्मिथ जैसे इतिहासकार भी हुए। अकबर ने न तो इस्लाम से मुँह फेरा था और न कट्टरता से उसका प्रचार किया था। धर्म के मामले में वे बहुत उदार थे। उन्होंने प्रजा को धर्म संबंधी व्यापक स्वतंत्रता दे

रखी थी। इसलिए उस समय हिंदू धर्म की रक्षा का सवाल ही नहीं था। यह समस्या अकबर के काफी पहले की थी। अकबर की उदार धार्मिक नीति के सामने हिंदू धर्म की रक्षा करना कोई जटिल काम तो नहीं है। डॉ० रामविलास शर्मा ने लिखा है, ''वास्तव में गोस्वामी जी ने हिंदू धर्म की रक्षा की, परंतु अकबर और इस्लाम से नहीं, उन्होंने उसकी रक्षा की उसके अपने आंतरिक शत्रुओं से मत मतांतर, द्वेष, कलह, अंधविश्वास से, परंतु उसकी दृष्टि इस क्षेत्र से बाहर भी गयी थी''।[1]

अकबर ने सांस्कृतिक उन्नति के लिए भी प्रयास किया। उनके दरबार में नवरत्न रहते थे। इनमें फैजी, अबुलफजल, बीरबल, बदायूँगी, तानसेन, फैली आदि थे। इनके कारण भी अकबर का यश काफी फैला। यद्यपि अकबर पढ़े लिखे नहीं थे, फिर भी उन्होंने विद्वानों की संगति से काफी ज्ञान हासिल किया था। कला, साहित्य, संगीत को उन्होंने प्रोत्साहन और प्रश्रय दिया।

अकबर के दरबार का वैभव संपूर्ण संसार में बेजोड़ था। उस ऐश्वर्य में योगदान करनेवाले हिंदू और मुस्लिम सरदार थे। राज की आमदनी का मुख्य स्रोत भूमि था। भूमि लगान के आधार पर ही दरबार की चकाचौंध थी। किसानों के उत्पादन से लाभ उठाकर ये आनंदमय जीवन बिताते थे।

भूमि संबंधी कर व्यवस्था ठीक नहीं थी। इसके पालन में अनेक कठिनाइयाँ थीं। ''शासन के आरंभिक वर्षों में अकबर ने शेरशाह की बनायी हुई लगान की दर से किसानों से कर वसूल किया। शेरशाह ने अन्न की जो मात्रा निश्चित की थी उसके दाम लगाकर लगान तय किया जाता था। यह दाम स्वयं अकबर तय करता था और हर जगह एक ही दाम लगाये जाते थे। परंतु चीजों की कीमत तो जगह जगह पर अलग होती थी, इसलिए यह लगान की दर बड़ी गलत सलत थी। अकबर के शासन के दसवें साल में अलग अलग जगहों में भाव के अनुसार दाम तय किया गया। पंद्रहवें साल में लगान की नयी दरें तैयार हुईं। हर परगने की पैदावार के अनुसार उसकी एक तिहाई का दाम लगाकर लगान तय किया गया। दस साल तक यह क्रम चलता रहा। लेकिन किस फसल में भाव कहाँ पर कितना हो, इस सबका हिसाब करना कठिन था। हर फसल के लिए जगह जगह के भाव सम्राट तय करता था। युद्ध आदि की आवश्यकता के कारण अकबर को बराबर चलते रहना पड़ता था। इसलिए उसके हुक्मनामे निकलने में देर हो जाती थी और सारी व्यवस्था की गति बंद हो जाती थी। स्थानीय भावों की गलत रिपोर्ट भी उसके पास भेजी जाती थी इसलिए दस साल के बाद अकबर ने भाव तय करनेवाला किस्सा खत्म कर दिया और बीघों के हिसाब से लगान तय कर दिया।''[2]

मालगुजारी विभाग का संचालन बड़ा ही कठिन काम था। हर जगह भाव आदि तय कर लगान वसूलना मामूली काम नहीं था। इसमें अधिकारी वर्ग काफी अत्याचार करते थे और घूस खाते थे। मुगल दरबारों की चकाचौंध देख हम जिस सपनों के शीशमहल में पहुँच जाते हैं, वह जनता की दुर्दशा देख चूर चूर हो जाता है। किसान उस समय बहुत पीड़ित थे, लेकिन

---

1. भाषा, युगबोध और कविता, पृ० 33
2. वही, पृ० 34

राजनीतिक चेतना, संगठन आदि के अभाव में उसे भाग्य का खेल समझ कर उदासीन थे। वे शायद इसे ईश्वर की लीला समझते थे। इतिहासकार स्टेलने लेनपूल ने प्राचीन और मध्यकालीन जनता की इस मनःस्थिति के बारे में लिखा है, "जनता ने अपनी चिरकालीन उदासीनता के साथ हर राजा की आज्ञा का पालन किया, चाहे वह आर्य, हूण, यूनानी, पारसी, राजपूत, तुर्क, अफगान, मंगोल या अंगरेज जो कुछ रहा।" मंथरा की वाणी में आम जनता की राजनीति के प्रति उदासीनता ही व्यक्त हुई है।

कोउ नृप होउ हमहिं का हानी । चेरि छाड़ि अब होब कि रानी[1] ।।

इस तरह भयंकर वर्ग शोषण विद्यमान था, पर उसका कोई प्रतिकार शोषितों की ओर से नहीं था। आम जनता की सही स्थिति का पता तुलसीदास जैसे जनता के कवि से ही चल पाता है। द्रष्टव्य है, कवितावली का प्रस्तुत छंद, 'खेती न किसान को, भिखारी को न भीख बलि।' इतिहासकारों ने तो अकबर की तारीफ ही की है। तुलसीदास की संपूर्ण कविता में एक भी ऐसी पंक्ति नहीं है, जहाँ तत्कालीन राजा की प्रशंसा हो। उसकी कटु आलोचना जरूर भरी पड़ी है। रावण का जो रूप बालकाण्ड में प्रस्तुत किया गया है, वह तत्कालीन शासकों में दिखायी पड़ता है। उदाहरणार्थ– 'जीति बरी निज बाहुबल बहु सुंदर बर नारि'[2]

इतिहास साक्षी है कि अकबर के अन्तःपुर में पाँच हजार युवतियाँ थीं। अर्थ और काम की पूर्ति के लिए प्रजा के साथ नृशंस व्यवहार होता था।

नृप पाप परायन धर्म नहीं । करि दंड बिडंब प्रजा नितहीं ।।[3]

अकाल, महामारी आदि से राजा प्रजा की रक्षा नहीं कर पाते थे। केवल शासन करते थे। तुलसी ने शाप की मुद्रा में लिखा है–

राज करत बिनु काजहीं करै कुचालि कुसाज।
तुलसी ते दसकंध ज्यों, जइहैं सहित समाज।।[4]

अपने समय की दुरवस्था देख तुलसी द्रवित हुए थे। स्वयं उन्होंने सारे कष्ट झेले थे। इसलिए उन्होंने एक सुंदर राज रामराज की कल्पना की। सत्ता के लिए परस्पर कुटुंबियों का खून बहानेवालों के सामने एक ऐसा आदर्श रखा कि सत्ता के अधिकारी राम पिता की आज्ञा से वन चले जाते हैं और राजा जिस भरत को राज देते हैं, वे उसे ग्रहण नहीं करते, धरोहर रूप में उसकी रक्षा करते हैं। यहाँ सत्ता का अर्थ सेवा, बलिदान, प्रेम और प्रजावत्सलता है। तुलसी के कलियुग वर्णन और रामराज्य की कल्पना – दोनों तत्कालीन राजनीतिक परिस्थिति से ही उद्भूत हैं। एक में युग यथार्थ है, दूसरे में उससे उबरने की प्रेरणा।

कामायनी का राजनीतिक परिवेश

कामायनी की रचना सन् 1920–22 से शुरू हो गयी थी और 1935 में समाप्त हुई।

1. रामचरितमानस 2/16/6
2. वही, 1/182
3. वही, 7/101/6
4. दोहावली, दो० सं० 416, पृ० 139

एक लम्बे काल तक कामायनी लिखी जाती रही। वह समय भारतीय स्वातंत्र्य आंदोलन का था।

मध्य युग में ब्रिटिश सत्ता बनिये के रूप में भारत आयी, पर पलासी के युद्ध (1757) में विजय प्राप्त कर धीरे धीरे आगे बढ़ने लगी और एक सौ साल के भीतर 1857 तक उसने अपने शासन को स्थायी कर लिया। उसके बाद भयंकर शोषण शुरू किया। यहाँ का कच्चा माल विदेश (ब्रिटेन) जाता था, वहाँ के कारखाने में माल तैयार कर भारत में मँहगे दामों में बेचा जाता था। ब्रिटिश सत्ता ने यहाँ स्वाभाविक रूप से विकसित होते व्यापार को ठप्प कर एक कुंठित पूँजीवाद का बीजारोपण किया।

पहली बार ब्रिटिश शासन के विरुद्ध एक शक्तिशाली जनविद्रोह 1857 में भड़क उठा। यह विद्रोह अखिल भारतीय स्तर पर हुआ। यह केवल सिपाहियों के असंतोष की उपज नहीं था। यह वस्तुतः ईस्ट इंडिया कंपनी के शासन शोषण के खिलाफ जनता की संचित शिकायतों का विस्फोट था। इसका प्रमुख कारण आर्थिक शोषण था। भारत के लाखों किसान, सैनिक, दस्तकार आदि अंग्रेजों के खिलाफ वीरतापूर्वक लड़े। लेकिन केंद्रीय नेतृत्व और सुनिश्चित प्रगतिशील कार्यक्रम के अभाव में यह आंदोलन कुचल दिया गया। मगर विद्रोह व्यर्थ नहीं गया। उसने आधुनिक राष्ट्रीय आंदोलन के मार्ग को प्रशस्त किया।

उन्नीसवीं शताब्दी के उत्तरार्द्ध में भारत में राष्ट्रीय राजनीतिक चेतना का विकास हुआ और एक संगठित राष्ट्रीय आंदोलन सामने आया। दिसंबर 1885 में भारतीय राष्ट्रीय कांग्रेस का जन्म हुआ। उसने समाज के विभिन्न वर्गों के लोगों को एक सूत्रबद्ध कर शत्रु के विरुद्ध लड़ने के लिए प्रेरित किया। 1885 से लेकर 1905 तक राष्ट्रीय आंदोलन का प्रथम चरण चला। सुरेंद्रनाथ बनर्जी, गोपालकृष्ण गोखले, बालगंगाधर तिलक, दादाभाई नौरोजी इस दौर के नेता थे। इन नेताओं में दो दल थे— नरम और गरम। 1905 तक राष्ट्रीय आंदोलन पर नरम दल के नेताओं का ही बोलबाला था। नरमपंथी राष्ट्रवादी कानून के दायरे में ही आंदोलन चलाना चाहते थे। उनकी धारणा थी कि भारत की जनता की सही स्थिति की जानकारी ब्रिटिश संसद को हो जाय तो वह न्यायपूर्ण रुख अपना लेगी, लेकिन गरमपंथियों को अंग्रेजों की सद्भावनाओं में विश्वास नहीं था। उन्होंने एक जुझारू राजनीतिक और आर्थिक कार्यक्रम की वकालत की। बाल गंगाधर तिलक इस दल के सबसे तेजस्वी नेता थे।

इन दोनों दलों ने भारतीय जनता को राजनीति की कला सिखायी। उसके बीच जनतांत्रिक और राष्ट्रीय विचारों को लोकप्रिय बनाया और ब्रिटिश शासन के दुर्गुणों का पर्दाफाश किया। सबसे बढ़कर ब्रिटेन के आर्थिक शोषण को उजागर किया। उन्नीसवीं सदी के अंत तक भारतीय राष्ट्रवादियों में आत्मसम्मान और आत्मविश्वास की भावना आ गयी थी। इसमें स्वामी विवेकानंद का भी उल्लेखनीय योगदान रहा।

1905 में दो महत्वपूर्ण घटनाएँ घटीं— जापान द्वारा रूस की पराजय और बंगभंग। जापान द्वारा रूस की पराजय ने यूरोप की कल्पित श्रेष्ठता की भावना को समाप्त कर दिया और भारतीयों में नया उत्साह जगाया। यूरोपीय राष्ट्र दूसरों पर राज करने के लिए बने हैं, इस धारणा पर चोट पहुँची। कई तत्कालीन पत्रिकाओं में इस घटना पर टिप्पणियाँ छपीं।

बंगाल में उभरते हुए आंदालेन को छिन्न भिन्न करने के लिए सरकार ने बंगाल का विभाजन कर दिया। बंगभंग के विरुद्ध बंगाल की विभिन्न श्रेणियों के लोग उठ खड़े हुए। नरम दल और गरम दल दोनों ने मिलकर काम किया। राष्ट्रीय शोक दिवस मनाया गया। बंगाल में हड़तालें हुईं। सारे बंगाल में स्वदेशी वस्तुओं के इस्तेमाल और ब्रिटिश वस्तुओं के बहिष्कार की घोषणा की गयी। विदेशी वस्तु जलायी गयी। छात्रों, महिलाओं, मुसलमानों ने मिल कर काम किया। रवींद्रनाथ ठाकुर ने राष्ट्रीय गीत लिखा। बंकिमचंद्र के गीत 'वंदेमातरम्' की धुन में सारा राष्ट्र जाग उठा। बंगभंग आंदोलन का नेतृत्व तिलक, विपिनचंद्र पाल और अरविंद घोष जैसे लड़ाकू राजनेताओं के हाथ में चला गया। लेकिन यह आंदोलन शहरी निम्न मध्यवर्ग तक ही सीमित रहा। राजनीतिक संघर्ष की विफलता के कारण क्रांतिकारी आतंकवाद का जन्म हुआ। पर वह भी जनक्रांति को जन्म नहीं दे सका। लेकिन इस क्रांतिकारी आतंकवादी आंदोलन ने पौरुष का स्वाभिमान जरूर जगा दिया।

जून 1914 में विश्वयुद्ध छिड़ गया। भारतीय राष्ट्रवादी नेताओं ने इस युद्ध में सरकार का समर्थन करने का निश्चय किया। इस आशा से कि सरकार एहसानमंद होगी और स्वराज के रास्ते में हमारी मदद करेगी। लेकिन भारतीय नेताओं की माँगों को ठुकरा दिया गया। इसलिए सन् 1915-16 में दो होमरूल लीग की स्थापना हुई। एक के नेता लोकमान्य तिलक थे और दूसरे के एनीबेसेंट तथा एस० सुब्रह्मण्यम। दोनों होमरूल लीग ने होमरूल अथवा स्वराज की माँग की। इसी आंदोलन के दौरान तिलक ने एक नारा दिया जो काफी लोकप्रिय हुआ– 'स्वराज्य हमारा जन्मसिद्ध अधिकार है और इसे हम लेकर रहेंगे।'

सन् 1917 में दो महत्वपूर्ण घटनाएँ घटीं– प्रथम महात्मा गाँधी की राष्ट्रीय आंदोलन में सक्रियता, द्वितीय रूसी क्रांति । गाँधी जी ने 1917 में सत्याग्रह का पहला प्रयोग बिहार के चम्पारण जिले में किया। वहाँ नील की खेती करनेवाले किसानों पर अंग्रेज बड़ा अत्याचार करते थे। गाँधी के सविनय अवज्ञा आंदोलन में राजेंद्र प्रसाद, जे० वी० कृपलानी आदि भी शामिल हुए। गाँधी जी को सफलता मिली। उन्होंने राष्ट्रवादी आंदोलन का नेतृत्व सँभाल लिया। उनकी बहुत बड़ी विशेषता यह थी कि उनका जीवन आम जनता के जैसा था। उनके सिद्धांत और व्यवहार में एकरूपता थी। सत्याग्रह आंदोलन गाँधीजी की नवीन देन थी जिसने आंदोलन को ऊँचे स्तर पर पहुँचा दिया।

7 नवम्बर, 1917 को लेनिन के नेतृत्व में बोल्शेविक पार्टी ने अत्यंत निरंकुश तथा सैनिक दृष्टि से अत्यंत शक्तिशाली जारशाही सरकार का तख्ता पलट दिया और विश्व के इतिहास में पहली बार समाजवादी राज्य की स्थापना की। इसका असर भारतीय क्रांतिकारी जनता पर हुआ। रूसी क्रांति ने एक महत्वपूर्ण शिक्षा यह दी कि आम जनता के भीतर अपार शक्ति छिपी होती है।

1919 में दो दमनकारी घटनाएँ घटीं– मार्च 1919 में सरकार ने रौलेट एक्ट पास किया। इस एक्ट के अनुसार किसी भी व्यक्ति को बिना मुकदमा चलाये, बिना दोषी ठहराये, सरकार जेल में बंद कर सकती है। सभी राष्ट्रवादियों की तरह महात्मा गाँधी भी इस एक्ट से उत्तेजित हो गये। उन्होंने सत्याग्रह आंदोलन ठान दिया। मार्च और अप्रैल 1919 में बड़ी उल्लेखनीय राजनीतिक जागृति आयी।

इसी साल आधुनिक भारतीय इतिहास का सबसे जघन्य राजनीतिक अपराध सरकार ने किया। 13 अप्रैल, 1919 को अमृतसर के जालियाँवाला बाग में निहत्थी जनता की भीड़ को जनरल डायर ने भून डाला। इस घटना की खबर फैलते ही सारे देश में हाहाकार मच गया। मानवतावादी कवि रवींद्रनाथ ठाकुर विचलित हो उठे। उन्होंने इसका कड़ा विरोध किया और अंग्रेज का दिया हुआ अपना खिताब वापस कर दिया।

1921-22 के दौरान गाँधीजी के नेतृत्व में भारतीय जनता का एक अभूतपूर्व आंदोलन हुआ। स्कूल, कॉलेज छोड़कर हजारों छात्रों, शिक्षकों, महिलाओं आदि ने इसमें भाग लिया। विश्वविद्यालय के शिक्षकों में आचार्य नरेंद्रदेव, डॉ० जाकिर हुसैन, लाला लाजपत राय आदि प्रमुख थे। इस बार प्रांतीय कांग्रेस समिति को ब्रिटिश कानूनों की अवज्ञा करने की अनुमति दे दी गयी। इस आंदोलन में कई लोगों की जानें गयीं। गाँधीजी को छोड़कर लगभग सभी नेता गिरफ्तार कर लिये गये।

इस बीच एक दुर्भाग्यपूर्ण घटना घटी। उत्तर प्रदेश के देवरिया जिले के चौरीचौरा गाँव में 5 फरवरी को तीन हजार किसानों के एक जुलूस पर पुलिस ने अंधाधुंध गोलियाँ चलायीं। क्रुद्ध भीड़ ने थाने पर आक्रमण किया और 22 पुलिसवालों की हत्या कर दी। गाँधीजी इस घटना से बहुत दुखी हुए। उनका विश्वास था कि अहिंसा के बिना सविनय अवज्ञा आंदोलन सफल नहीं हो सकता। उनकी धारणा थी कि किसी हिंसक आंदोलन को अंग्रेज आसानी से कुचल देगा। इसलिए उन्होंने राष्ट्रीय आंदोलन को स्थगित करने का फैसला किया। उनके इस निर्णय से सारा देश हक्का बक्का हो गया। कांग्रेस के तेजस्वी युवा नेता सुभाषचंद्र बोस, यहाँ तक कि जवाहरलाल नेहरू भी इस फैसले से दुखी हुए।

लोगों का उत्साह भंग हो गया। पूरे देश में निराशा का बादल छा गया। इस बीच 1925 में कम्युनिस्ट पार्टी का जन्म हुआ। किसान, मजदूर संगठित हुए। हड़तालें हुईं। सोशलिस्ट पार्टी का उदय भी इसी दौरान हुआ। क्रांतिकारी आतंकवादी गतिविधि तेज हुई। भगत सिंह, आजाद, राजगुरु आदि ने बदमाश अंग्रेज पुलिस अफसर की हत्या की। 8 अप्रैल, 1929 को भगत सिंह और बटुकेश्वर दत्त ने सेंट्रल लेजिस्लेटिव असेम्बली में बम फेंका। उनका उद्देश्य किसी की हत्या करना नहीं, बल्कि 'बहरे को सुनाना' था। बंगाल में भी पुनः क्रांतिकारी आतंकवादी गतिविधि शुरू हुई।

गाँधीजी पुनः सक्रिय राजनीति में वापस आये। लाहौर के कांग्रेस अधिवेशन में पूर्ण स्वराज्य की घोषणा हुई। 26 जनवरी 1930 को प्रथम स्वतंत्रता दिवस मनाया गया और उस समय से हर साल मनाया जाने लगा।

12 मार्च, 1930 को गाँधीजी ने द्वितीय सविनय अवज्ञा आंदोलन की शुरुआत अपनी प्रसिद्ध डांडी यात्रा से की। साबरमती आश्रम से चुने हुए 78 आदमियों के साथ गुजरात के समुद्र तट पर स्थित डांडी गाँव लगभग 200 मील पैदल चलकर पहुँचे। वहाँ गाँधीजी ने नमक कानून तोड़कर अनुयायियों के साथ नमक बनाया। गाँधीजी ने घोषणा की, 'भारत में ब्रिटिश शासन ने इस महान् देश का नैतिक, भौतिक, सांस्कृतिक और आध्यात्मिक विध्वंस किया है। मैं इस शासन को अभिशाप समझता हूँ। मैं सरकार की इस प्रणाली को नष्ट करने का पक्का इरादा रखता हूँ ..... राजद्रोह मेरा धर्म बन गया है। हमारी लड़ाई अहिंसक है। हमें किसी व्यक्ति

को नहीं मारना है, मगर यह देखना हमारा धर्म है कि इस सरकार रूपी अभिशाप को मिटा दिया जाये"[1]

आंदोलन बहुत तेजी से पूरे देश में फैल गया। किसान ने सरकार को भूमि कर देना बंद कर दिया। लाखों लोगों ने सत्याग्रह किया। महिलाओं ने आंदोलन में खुलकर भाग लिया। गाँधीजी को हृदय परिवर्तन में बहुत विश्वास था। इसलिए उन्होंने मार्च 1931 में इरविन के साथ समझौता किया जो धोखा साबित हुआ। फिर आंदोलन ...... फिर दमन। कांग्रेस ने 1933 में आंदोलन स्थगित कर दिया और 1934 में वापस ले लिया।

1935 में गवर्नमेंट ऑफ इण्डिया एक्ट पास हुआ। इस एक्ट के अनुसार 1937 में कांग्रेस ने सात प्रांतों में अपने मंत्रिमंडल बनाये और इसी साल कवि जयशंकर प्रसाद का देहांत हो गया।

इस प्रकार कामायनी स्वातंत्र्य संग्राम के उतार चढ़ाव आशा निराशा के राजनीतिक परिवेश में रची गयी। कोई भी साहित्य राजनीतिक घटनाओं का अविकल अनुवाद नहीं होता। छायावादी रचनाओं में उन घटनाओं को ढूँढ़ निकालना तो और भी टेढ़ी खीर है। फिर भी मोटामोटी कुछ चीजें दिखायी पड़ती हैं। प्रलय का दृश्य सामंती व्यवस्था के टूटने की ओर संकेत करता है। मनु के विरुद्ध प्रजा का विद्रोह आज के विराट् विद्रोह युग की देन है। प्रसाद ने स्वतंत्र भारत नहीं देखा; उन्होंने जनता की समस्याएँ और पस्ती देखी। शायद यह भी कारण है कि कामायनी की समस्या का समाधान काल्पनिक और दार्शनिक जगत में होता है।

रामचरितमानस और कामायनी के राजनीतिक परिवेश की तुलना

दोनों महाकाव्यों का परिवेश पराभव का है। फर्क यह है कि मुस्लिम शासक भारतीय हो गये थे। वे भारत में ही बस गये थे और भारत को अपना घर बना लिया था। अंग्रेज भारत में बसने नहीं आये थे। उसका उद्देश्य भारत का धन हड़प कर ब्रिटेन को समृद्ध बनाना था।

अकबर आदि शासकों ने हिंदुओं के साथ रक्त संबंध स्थापित कर मेलजोल बढ़ाया था। अंग्रेजों का भारतीयों से न कोई रक्त संबंध था और न कोई हार्दिक संबंध। उसने उच्च वर्ग के भारतीयों के साथ भी अपमानजनक व्यवहार किया। वह बहुत ही अहंकारी जाति थी। वह जाति अपने को श्रेष्ठ समझती थी और भारतीय जनता को असभ्य बर्बर। भारतीय सेना को वे लोग 'हब्सी' कहते थे और उससे अपना काम निकालते थे।

मध्ययुग की जनता राजनीतिक चेतना से विहीन थी। केवल तुलसीदास जैसे कवि इस दृष्टि से भी काफी सजग दिखायी पड़ते हैं। आधुनिक युग में आम जनता में व्यापक राजनीतिक जागरण आया। यही कारण है कि मनु के अत्याचार के विरुद्ध प्रजा खड़ी हो जाती है और मनु को घायल कर धराशायी कर देती है, पर मध्ययुग में रावण के अत्याचार का विरोध कोई नहीं करता। वहाँ आम जनता केवल राम भरोसे है। राम ही आकर रावण को मारेंगे। जनता स्वयं यह काम करने की बात सोच भी नहीं सकती थी।

मध्ययुग में शासन की ओर से जनता के दुखों का निवारण अकबर आदि की भलमनसाहत

---

1. आधुनिक भारत, पृ० 231

के बावजूद नहीं हो पाता था। आधुनिक युग में तो ब्रिटिश शासन का कोई भी प्रयास भारतीय जनता को सुखी करने के लिए था ही नहीं। रेल, मोटर, सड़क, स्कूल, कॉलेज, अस्पताल आदि उनके ही स्वार्थों की सिद्धि के लिए बनाये गये थे, भले ही आम जनता को इनसे कुछ लाभ मिल जाता था। दोनों युगों में भीषण अकाल पड़े और असंख्य लोग मरे। शासन ने इसके लिए कोई उपाय नहीं किया। ब्रिटिश शासन मुगल की अपेक्षा क्रूर और नृशंस था। फिर भी उसकी क्रूरता, अमानवीयता का उद्‌घाटन कामायनी में उतना नहीं हो सका जितना रामचरितमानस में। तुलसी ने कहीं कहीं रावण को प्रतीक रूप में प्रस्तुत किया है। वह मध्ययुग के शासन का प्रतीक हो जाता है। कवि ने उसके कर्मों के प्रति क्रोध और घृणा का भाव पैदा किया है। लेकिन कामायनी में मनु, जो सामंती और पूँजीवादी दुर्बलताओं का शिकार है, के प्रति कवि ने पूरी सहानुभूति प्रकट की है। ब्रिटिश सत्ता के प्रतीक रूप में वहाँ कोई पात्र नहीं दिखायी पड़ता। मनु ब्रिटिश शासन का प्रतिनिधित्व नहीं करता, फिर भी उसकी कुछ छाया इसके चरित्र में है। ब्रिटिश शासक भारतीयों को मनुष्य बनाने आया था। भारत को मानवतावाद का पाठ पढ़ा रहा था। मनु भी यही चाहता है। श्रद्धा भी मानवतावाद और लोक कल्याण का डंका पीटती है। व्यवहार में श्रद्धा कहीं कोई सेवा का कार्य करती नहीं दिखायी पड़ती। मनु इड़ा का घर्षण करता है, प्रजा पर आक्रमण करता है और उसे कृतघ्न बताता है।

हमें ऐसा लगता है कि तुलसीदास अराजनीतिक वातावरण में भी राजनीतिक चेतना से संपन्न हैं और प्रसाद राजनीतिक नवजागरण के युग में भी उससे आँखें चुराते हैं। इस दृष्टि से वे तुलसी से बहुत पीछे हैं। कामायनी में युग का राजनीतिक संघर्ष उतनी प्रखरता से व्यक्त नहीं हो सका है, जितनी प्रखरता से उसी युग में निराला की एक लंबी कविता 'राम की शक्तिपूजा' में निखरा है।

●

रामचरितमानस का साहित्यिक परिवेश

तुलसीदास के सामने संस्कृत, प्राकृत, अपभ्रंश और हिंदी का विपुल समृद्ध साहित्य विद्यमान था। रामचरितमानस का अध्ययन करने से यह सिद्ध होता है कि उन्होंने श्रेष्ठ साहित्य का व्यापक अध्ययन किया था। परंतु प्रस्तुत अध्याय में हम उनके सारे साहित्यिक स्रोतों की चर्चा न कर उनके युग की प्रमुख साहित्यिक प्रवृत्तियों की चर्चा करेंगे।

तुलसीदास भक्ति आंदोलन की सर्वश्रेष्ठ उपलब्धि हैं। उन्होंने जिस समय साहित्य क्षेत्र में पाँव रखा, उस समय हिंदी का भक्तिकाल उत्कर्ष पर था। भक्तिकाल के पूर्व चौदहवीं शताब्दी तक पूर्वी प्रदेशों में सहजयानी और नाथपंथी साधकों की साधनात्मक रचनाएँ उपलब्ध थीं और पश्चिमी प्रदेशों में नीति, शृंगार एवं कथानक-साहित्य की कुछ रचनाएँ। ''एक में भावुकता, विद्रोह और रहस्यवादी मनोवृत्ति का प्राधान्य है और दूसरी में नियम, निष्ठा, रूढ़िपालन और स्पष्टवादिता का स्वर है; एक में सहज सत्य को आध्यात्मिक वातावरण में सजाया गया है, दूसरी में एहलौकिक वायुमण्डल में। चौदहवीं-पंद्रहवीं शताब्दी में दोनों प्रकार की रचनाएँ एक में सिमटने लगी थीं। दोनों के मिश्रण से उस भावी साहित्य की सूचना इसी समय मिलने लगी, जो समूचे भारतीय साहित्य में अपने ढंग का अकेला साहित्य है। इसी का नाम भक्ति साहित्य है।''[1]

1. हजारीप्रसाद द्विवेदी, ग्रंथावली, भाग-3, पृ० 306

चौदहवीं शताब्दी के पूर्व का साहित्य किसी महान् आदर्श से परिचालित नहीं था। चन्द्र, सज्जल, विद्याधर, शार्ङ्गधर आदि इस युग के कवि हैं। इनका लक्ष्य मुख्यत: राजसंरक्षण, यश और वाक्सिद्धि प्राप्त करना है। इनकी रचनाओं में आश्रयदाता राजाओं का गुणगान है। इनकी साहित्यिक सूक्तियाँ रूढ़ियों पर आधारित हैं। लेकिन भक्ति साहित्य का एक निश्चित लक्ष्य और आदर्श है। भगवद्भक्ति उसका लक्ष्य है, शुद्ध और सात्विक जीवन उसका आदर्श है और ईश्वर के पावन चरित्र और सरस लीलाओं का वर्णन साधन है। लक्ष्य एवं प्रेरक तत्व के बदलने से साहित्य के स्वरूप में बहुत बड़ा बदलाव दिखायी पड़ता है। किसी महान् आदर्श के अभाव में भक्तियुग पूर्व साहित्य समाज को प्रेरित नहीं कर सका।

भक्तिकालीन कवियों में कबीर, नानक, जायसी, सूर, दादू, तुलसी, मीरा आदि प्रमुख हैं। कबीर निर्गुण भक्तों में सर्वश्रेष्ठ हैं। उनका आविर्भाव संधिकाल में हुआ था। आचार्य हजारीप्रसाद द्विवेदी ने उनकी तुलना नृसिंहावतार से की है जो अनेक असंभव समझी जाने वाली परिस्थितियों के मिलन बिंदु पर अवतीर्ण हुए थे। द्विवेदी जी के शब्दों में, "कबीरदास ऐसे ही मिलन बिंदु पर खड़े थे, जहाँ से एक ओर हिंदुत्व निकल जाता है और दूसरी ओर मुसलमानत्व, जहाँ एक ओर ज्ञान निकल जाता है, दूसरी ओर अशिक्षा, जहाँ एक ओर योगमार्ग निकल जाता है, दूसरी ओर भक्ति मार्ग, जहाँ से एक ओर निर्गुण भावना निकल जाती है, दूसरी ओर सगुण साधना, उसी प्रशस्त चौराहे पर वे खड़े थे। वे दोनों ओर देख सकते थे और परस्पर विरुद्ध दिशा में गये मार्गों के दोष गुण उन्हें स्पष्ट दिखायी दे जाते थे। वह कबीरदास का भगवद्दत्त सौभाग्य था। उन्होंने इसका खुब उपयोग किया।"[1] द्विवेदी जी ने सार रूप में कबीर की स्थिति और उनकी साहित्यिक प्रवृति का निचोड़ यहाँ रख दिया है।

कबीर मूलत: भक्त कवि हैं। उनके प्रेम के आदर्श सती और शूर हैं। प्रभु के प्रति पूर्ण आत्मसमर्पण उनकी रचनाओं के श्रेष्ठ अंश हैं। उन्होंने निरर्थक आचारों का विरोध किया है। वे अपने युग के बड़े क्रांतदर्शी कवि थे। उन्होंने 'साखी', 'सबद', 'रमैनी' आदि में रचनाएँ की थीं। कबीर की 'साखी' और 'सबद' अर्थात् 'दोहे और पद' तुलसीदास को भी देखने में आये थे। वे 'साखी सबदी दोहरा' लिखनेवालों से विशेष खुश नहीं थे, क्योंकि ये वेद पुराण निंदक थे।

रैदास अत्यंत शांत और निरीह भक्त थे। उनके पदों में आत्मनिवेदन, परमात्म विरह की पीड़ा की सच्ची अनुभूति है। एक जगह वे लिखते हैं–

तू मोहि देखै हौं तोहि देखौं, प्रीत परस्पर होई।
तू मोहि देखै तोंहि न देखौ, यह मति बुधि सब खोई।।

अर्थात् "हे भगवान्, यह भी कैसी प्रीति है कि तुम मुझे देख रहे हो, पर मैं तुम्हें नहीं देख पा रहा हूँ। इस विसदृश प्रीति की बात जब सोचता हूँ, तो मेरी मति बुद्धि खो जाती है। परस्पर की प्रीति तो ऐसी होनी चाहिए कि तुम भी मुझे देखो और मैं भी तुम्हें देखूँ।" अनाडंबर, सहज शैली और निरीह आत्म समर्पण उनके काव्य की विशेषता है।

इसी समय सेना, पीपा, घना आदि संत कवि हुए। ये सभी नीच कही जानेवाली जाति

1. हजारीप्रसाद द्विवेदी, ग्रंथावली, खंड 3, पृ० 324-25

के थे। दादू दयाल (1544-1602) तुलसी के समकालीन थे। वे कबीर के अनुगामी थे। सामाजिक कुरीतियों, धार्मिक रूढ़ियों आदि मिथ्याचारों पर आघात उन्होंने भी किया है, लेकिन कबीर जैसी उग्रता के साथ नहीं। यह अपनी बात अत्यंत नम्रता के साथ कहते थे। दादू के शिष्यों में सुंदरदास शास्त्रीय ज्ञान संपन्न कवि हुए।

मध्ययुग की धर्म साधना एवं समाज व्यवस्था को प्रभावित करने में गुरु नानक देव (1469-1538) का स्थान अन्यतम है। उनका साहित्य अपराजेय आत्मबल और चारित्र्य शुद्धि की प्रेरणा प्रदान करता है। जाति पाँति, छुआ छूत, बाह्याचार पर आक्रमण उन्होंने भी किया है। उनकी वाणियों में त्याग भावना, और धैर्य प्रदान करने की अपार शक्ति है। सीधी सादी भाषा और निर्मल प्रतिपादन शैली उनके साहित्य की विशेषता है।

नानक के समकालीन और अनुवर्ती संतों में शेख फरीद विख्यात हैं। उस समय लौकिक प्रेमकाव्य को कौशलपूर्वक संतों ने भगवद्विषयक बना दिया था। उनका एक दोहा अपनी लौकिक और अलौकिक व्यंजना में अपूर्व है :

कागा करंग ढढोलिया, सगला खाइया मांसु।
ए दुई नैना मति छुअहु, पिव देखन की आसु।।

तुलसीदास से पहले लोककथा पर आधारित काफी संख्या में रचित प्रेम काव्य के चरित नायक की कथा कभी ऐतिहासिक व्यक्ति के नाम से जुड़ी होती तो कभी बिल्कुल कल्पित। इनमें मधुमालती, मृगावती, हीर और रांझा, ढोला और मारू, सारंगा और सदावृक्ष आदि विख्यात हैं। ये सस्ते ढंग की कहानियाँ लोग बड़े चाव से पढ़ते थे। संभवतः राज्य संरक्षण चाहने वाले एवं ऐसे ही प्रेम काव्य लिखनेवाले कवियों को लक्षित कर तुलसी ने लिखा होगा—

कीन्हें प्राकृत जन गुन गाना। सिर धुनि गिरा लागत पछिताना।[1]

रामचरितमानस में उत्कृष्ट काव्य गुणों के साथ धर्म भावना का मेल है। इस महान् ग्रंथ ने इन तमाम 'प्राकृत जन गुन गान मूलक' कथाओं की लोकप्रियता समाप्त कर दी। जिन मुस्लिम घरों में मानस का प्रवेश न हो सका, वहीं कुछ पुरानी प्रेम कहानियाँ बची रहीं।

भारत में सूफी संप्रदाय का आगमन बारहवीं शताब्दी में मुईनुद्दीन चिश्ती के समय हुआ। सूफियों के चार संप्रदाय आये— चिश्ती, सोहरावर्दी, कादरी और नक्सबंदी। इनके सादे जीवन, ऊँचे विचार एवं प्रेम के तत्ववाद ने भारत के लोगों को आकृष्ट किया। भारतीय सूफी कवियों ने लोककथाओं के आधार पर आध्यात्मिक विचारों का प्रचार किया। यहाँ मुल्ला दाऊद, कुतबन, मंझन, जायसी आदि प्रसिद्ध सूफी कवि हुए। इनमें जायसी का स्थान सर्वश्रेष्ठ है। इनका प्रसिद्ध महाकाव्य पद्मावत है। इसकी रचना 1521 में शुरू हुई थी और संभवतः शेरशाह के शासन काल 1540-41 में समाप्त हुई थी। जायसी की मृत्यु सन् 1542 में हुई।

सूफी कवियों ने अपनी प्रेम कहानियों की प्रेमिकाओं को ईश्वर का प्रतीक माना है। इसमें पुरुष का ऐकांतिक प्रेम और प्रिया को पाने के लिए कठोर साधना दिखायी पड़ती है। पारलौकिक दृष्टि से यह ऐकान्तिक प्रेम साधना की गहनता का सूचक है। 'प्रेमपात्र में

1. रामचरितमानस, 1/11/8

ऐश्वर्यबुद्धि और कठिन साधना के द्वारा ही उसकी प्राप्ति तथा माधुर्य भाव के द्वारा ऐश्वर्य भाव का पराभव, ये सूफियों के आध्यात्मिक आदर्श हैं।"[1]

प्राय: सभी सूफी कवियों के काव्य रूप एक समान हैं। इनकी भाषा ठेठ अवधी है और छंद चौपाई और दोहा। "चौपाई और दोहे का सबसे पुराना प्रयोग सरहपाद की रचनाओं में मिलता है, फिर कबीरदास की रचनाओं में यह प्रयोग पाया जाता है। शुरू शुरू में पायी जानेवाली सूफी कहानियों में पाँच पाँच अर्द्धालियों के बाद दोहा देने का नियम था, पर मलिक मुहम्मद जायसी ने आठ आठ अर्द्धालियों पर दिया। आगे चलकर यह प्रथा रूढ़ हो गयी। किसी किसी सूफी कवि ने दोहे का घत्ता न देकर अन्य छंदों का भी घत्ता दिया है। कितनी अर्द्धालियों के बाद घत्ता दिया जायेगा, इसका कोई नियम नहीं। किसी ने पाँच, किसी ने छह, किसी ने सात अर्द्धालियों पर दोहा लिखा है। कभी कभी नौ अर्द्धालियों पर भी दोहे का घत्ता मिलता है"[2] रामचरितमानस में गोस्वामी तुलसीदास ने इसी पद्धति का अनुसरण किया है।

तुलसीदास से पूर्व महाप्रभु बल्लभाचार्य की प्रेरणा से उत्तर भारत में कृष्ण भक्ति को एक नयी शक्ति मिली। कृष्णभक्ति परंपरा में सूरदास सर्वश्रेष्ठ कवि हुए। इसके पूर्व बारहवीं सदी में जयदेव ने संस्कृत में 'गीतगोविन्द' नामक सरस काव्य की रचना की थी। जयदेव के बाद लोकभाषा में कृष्णलीला परक गेय पदों की रचना विद्यापति ने की और बंगाल में चंडीदास ने।

सूरदास की भक्ति के आलंबन निखिलानंद संदोह भगवान कृष्ण हैं। वैष्णव भक्तों की एकमात्र अभिलाषा रहती है कि भगवान उनसे प्रसन्न रहे। सूरदास की बाल लीला संपूर्ण भारतीय साहित्य में अद्वितीय है— वैसी सरसता और मनोहारिता दुर्लभ है। यशोदा, गोपी आदि के माध्यम से सूर ने अपने ही भक्त हृदय को उड़ेल कर रख दिया है। सूरसागर गीतिकाव्य है, पर इसमें महाकाव्यात्मक ऊँचाई है। हजारीप्रसाद द्विवेदी के शब्दों में "गीतिकाव्यात्मक मनोभावों पर आधारित विशाल महाकाव्य ही 'सूरसागर' है।"[3]

सूरदास के बाद अष्टछाप के कवियों ने कृष्णलीला का गान किया, जिनमें नंददास बहुत प्रतिभाशाली थे। ये तुलसीदास के चचेरे भाई बताये जाते हैं। नंददास की प्रतिभा 'पदावली' के पदों में काफी विकसित हुई है। उनकी भाषा प्रौढ़ और मार्जित है। उनके विचार शास्त्रीय और पुष्टिमार्गसम्मत हैं।

सोलहवीं सदी के पूर्वार्द्ध में मीराबाई अपूर्व भाव विह्वलता और आत्म समर्पण में डूबे पद रच रही थीं। भगवद्विरह की पीड़ा का इतना मादक और प्रभावशाली वर्णन बहुत कम कवियों ने किया है। एक किंवदंती के अनुसार तुलसीदास से इनका पत्र व्यवहार भी हुआ था। उन्होंने सत्संगति से वंचित किये जाने पर तुलसी से पूछा था कि ऐसी अवस्था में क्या करना उचित है। तुलसी ने इसके जवाब में विनयपत्रिका का निम्नलिखित पद लिख भेजा था—

जाके प्रिय न राम बैदेही।
तजिये ताहि कोटि बैरी सम जद्यपि परम सनेही ।।

---

1. हजारीप्रसाद द्विवेदी, ग्रंथावली, खंड 3, पृ० 403
2. हजारीप्रसाद द्विवेदी, ग्रंथावली, खंड 3, पृ० 403
3. वही, पृ० 359

रहीम कवि तुलसी के समकालीन और मित्र थे। उनका हृदय मानवीय रस से परिपूर्ण, अनासक्त और सौंदर्य दृष्टि से समृद्ध था। उनका 'बरबै नायिका भेद' अत्यंत सरस है। कहा जाता है कि इससे प्रभावित होकर तुलसीदास बरबै छंद में रामचरितमानस लिखने को उत्साहित हुए थे।

इस तरह हम देखते हैं कि भक्तिकाल में ईश्वर प्रेम का चित्रण तन्मयता के साथ हो रहा था। तुलसीदास ने इस प्रेम को और ऊँचाई पर पहुँचा दिया और उसे मर्यादित किया जो उनके पहले दुर्लभ था। साहित्य में लोक संस्कृति और लोक भाषा अपनायी गयी। तुलसी ने लोकभाषा की जबर्दस्त वकालत की और लोकसंस्कृति के श्रेष्ठतम अंश से अपने महाकाव्य को सजा दिया। भक्ति साहित्य में मानवमात्र की समानता घोषित की गयी। भक्ति के क्षेत्र से जाति पाँति का भेदभाव निष्कासित कर दिया गया। आडंबर का प्रबल विरोध हुआ। डॉ० उदयभानु सिंह के शब्दों में, ''सभी ने सच्चिदानंद स्वरूप एक अद्वितीय ईश्वर का निरूपण किया, उस ईश्वर और उसके प्रेम की प्राप्ति को भक्त का साध्य माना, ईश्वर के संयोग की कामना की, उस लक्ष्य सिद्धि के लिए आत्मनिवेदन की आवश्यकता बतलायी, भक्त और भगवान के व्यक्तिगत संबंध पर बल दिया। भक्त भक्ति भगवंत गुरु की महिमा का बहुधा गान किया, नीति, चेतावनी और उपदेश को महत्व दिया, जगत की निस्सारता प्रतिपादित करके भोग विषयों के प्रति वैराग्य जगाने का प्रयास किया। चित्त शुद्धि के लिए सत्य, अहिंसा, परोपकार आदि मानव धर्मों को श्रेयस्कर और कर्मकांड के बाह्याडंबर, पाखंड, परपीड़न आदि को हेय बतलाया।''[1]

तुलसीदास ने रामचरितमानस में ये सारी विशेषताएँ सुनियोजित विस्तार के साथ लोकमंगल की भूमि पर मनोहर छंदों के माध्यम से अभिव्यक्त कीं। शैली की दृष्टि से तुलसी ने अपभ्रंश के चरित काव्यों की सभी विशेषताएँ अपनायीं।

कामायनी का साहित्यिक परिवेश

प्रसाद के सामने साहित्य की एक सुदीर्घ परंपरा थी। उसका व्यापक अध्ययन मनन कर उन्होंने लाभ उठाया था। लेकिन किसी रचनाकार के साहित्य के स्वरूप के निर्धारक तत्व मुख्यतः युगीन परिस्थितियाँ ही होती हैं। इसलिए इस अध्याय में हम कामायनी के तत्कालीन साहित्यिक परिवेश की चर्चा करेंगे।

यूरोप में 19वीं शताब्दी में वैज्ञानिक आविष्कारों ने अनेक परिवर्तन किये। व्यापार में वृद्धि हुई और धीरे धीरे पूँजी व्यापारियों के घर में सिमटती गयी। धीरे धीरे उन्होंने सत्ता पर भी अधिकार जमा लिया। पूँजीवादी प्रजातंत्र का विकास हुआ। इस नयी परिस्थिति में एक नयी विचारधारा 'राष्ट्रीयता' का जन्म हुआ। इसने भारत के विचारकों को प्रभावित किया। आचार्य हजारीप्रसाद द्विवेदी के शब्दों में, ''राष्ट्रीयता का अर्थ यह कि प्रत्येक व्यक्ति राष्ट्र का अंश है और इस राष्ट्र की सेवा के लिए, इसको धनधान्य से समृद्ध बनाने के लिए, इसके प्रत्येक नागरिक को सुखी और संपन्न बनाने के लिए, प्रत्येक व्यक्ति को त्याग और सब प्रकार के कष्ट स्वीकार करने चाहिए।''[2]

---

1. तुलसी-काव्य-मीमांसा, पृ० 241
2. हजारीप्रसाद द्विवेदी, ग्रंथावली, खंड 3, पृ० 473

19वीं शताब्दी के उत्तरार्द्ध में पढ़े लिखे भारतीय इसका महत्व समझने लगे। उनमें देशप्रेम और स्वाभिमान जगा। धीरे धीरे साहित्य में भारत की पराधीनता एवं शोषण की व्यथा व्याकुलता के साथ प्रतिबिंबित होने लगी। ''देशभक्ति, परोपकार भावना, मातृभाषा के प्रति प्रेम, समाज सुधार और पराधीनता के बंधन से मुक्ति उन दिनों की प्रगतिशील मनोवृत्ति के चिह्न हैं। धार्मिक और सामाजिक रूप में वह आर्यसमाज के रूप में प्रकट हो चुका था। काव्य और साहित्य के क्षेत्र में भारतेंदु ऐसा सुयोग्य नेता मिला।''[1]

अपने असाधारण व्यक्तित्व के कारण भारतेंदु न केवल श्रेष्ठ साहित्यकार हुए, वरन् वे श्रेष्ठ साहित्यिक नेता भी हो गए। ''इस महान् सूर्य को घेर कर अनेक दीप्यमान ग्रहमंडली स्वयं उपस्थित हो गयी।''[2] प्रतापनारायण मिश्र, बालकृष्ण भट्ट, बद्रीनारायण चौधरी, ठाकुर जगमोहन सिंह, पं० अंबिकादत्त व्यास, राधाचरण गोस्वामी, बाबू राधाकृष्णदास आदि ने भारतेंदु से प्रेरणा ग्रहण कर साहित्य की भी वृद्धि की।

भक्तिकालीन भक्ति साहित्य एक ओर संप्रदाय के घेरे में कैद होकर दम तोड़ चुका था और दूसरी ओर दरबारों में पहुँचकर कृत्रिम और केवल मनोरंजन का साधन हो चुका था। भारतेंदु ने कविता को इन दोनों प्रकार की अधोगतियों से उबारा। ''उन्होंने एक तरफ तो काव्य को फिर से भक्ति की पवित्र मंदाकिनी में स्नान कराया और दूसरी तरफ उसे दरबारीपन से निकाल कर लोकजीवन के आमने सामने खड़ा कर दिया।''[3] इस काल में कविता की तीन प्रमुख प्रवृत्तियाँ परिलक्षित होती हैं— राष्ट्रीय भावना, प्रेम भावना और भक्ति भावना। इस संधिकाल में प्राचीनता और नवीनता का बड़ा सुंदर मिलन दिखायी पड़ता है। कविता की भाषा मुख्यतः ब्रजभाषा ही रही। उस समय खड़ीबोली काव्योपयुक्त नहीं हो सकी थी पर गद्य की भाषा खड़ीबोली थी।

भारतेंदु की अद्भुत प्रतिभा के संस्पर्श से साहित्य की अन्य विधाएँ— नाटक, निबंध, कहानी, उपन्यास, पत्र साहित्य— आदि चमक उठीं। मरणोन्मुख हिंदी साहित्य में मूर्तिमान प्राणधारा का संचार हुआ और वह उच्छल वेग के साथ बहने लगा। इस युग के साहित्यकारों की अपनी अपनी शैलियाँ थीं। लेकिन सजीवता और जिन्दादिली में सभी एक समान थे। इस काल के लेखकों की भाषा की विशेषता बताते हुए आचार्य शुक्ल लिखते हैं, ''हरिश्चंद्र काल के सब लेखकों में अपनी भाषा की प्रकृति की पूरी परख थी। संस्कृत के ऐसे ही शब्दों और रूपों का व्यवहार वे करते थे जो शिष्ट समाज के बीच प्रचलित चले आते हैं। जिन शब्दों या उनके जिन रूपों से केवल संस्कृताभ्यासी ही परिचित होते हैं और जो भाषा के प्रवाह के साथ ठीक चलते नहीं, उनका प्रयोग वे बहुत औचट में पड़कर ही करते थे।''[4] 19वीं शताब्दी का अंत होते होते भाषा एवं साहित्य के शक्तिशाली होने के लक्षण पूरी तरह प्रकट हो गये।

बीसवीं शताब्दी के आरंभिक दो दशकों (1900-20) में हिंदी साहित्य का बहुमुखी

---

1. हजारीप्रसाद द्विवेदी, ग्रंथावली, खंड 3, पृ० 474
2. वही, पृ० 475
3. वही, पृ० 474
4. हिंदी साहित्य का इतिहास, पृ० 431

विकास हुआ। इस काल में धीरे धीरे गद्य और पद्य की भाषा का द्वैत समाप्त हो गया। काशी नागरी प्राचारिणी सभा के प्रयत्न से 1900 ई० में 'सरस्वती' पत्रिका का प्रकाशन आरंभ हुआ। 1903 ई० में इसके संपादन का भार आचार्य महावीर प्रसाद द्विवेदी जैसे सुयोग्य साहित्यकार ने ग्रहण किया। द्विवेदी जी ने नये साहित्यकारों को रूढ़िमुक्त होकर लिखने की प्रेरणा दी। साहित्य की अनेक विधाओं के विकास में इस पत्रिका ने महत्वपूर्ण योगदान किया। द्विवेदी जी ने हिंदी भाषा और साहित्य को एक व्यवस्था दी। संपादन और लेखन दोनों के द्वारा उन्होंने समाज और संस्कृति के क्षेत्र में नये विचारों का प्रकाश फैलाया। उनका मूल्य इतना अधिक है कि उन्हें युग निर्माता आचार्य कहा गया है और उनके नाम से 1900-20 तक का युग जाना जाता है। काव्य रचना की ओर द्विवेदी की विशेष प्रवृत्ति नहीं थी, लेकिन उन्हीं के प्रयास से पद्य की भाषा भी खड़ी बोली हुई। मैथिलीशरण गुप्त, नाथूराम शर्मा 'शंकर', अयोध्या सिंह उपाध्याय 'हरिऔध', रामचरित उपाध्याय आदि ने खड़ी बोली में कविता लिखकर इसकी महत्ता सिद्ध कर दी।

हरिऔध ने 1914 ई० में खड़ीबोली में प्रथम महाकाव्य लिखकर सहृदयों का ध्यान आकृष्ट किया। उदार सेवा भावना, सहज संगीत और समंजस भाव योजना का सुंदर समावेश प्रियप्रवास में हुआ।

इस काल में सर्वाधिक लोकप्रिय कवि मैथिलीशरण गुप्त हुए। उनकी लोकप्रिय रचना 'भारत भारती' का प्रकाशन 1912 ई० में हुआ। इस पर तत्कालीन आर्य समाज आंदोलन का प्रभाव है। उन्होंने प्राचीन भारत की गौरव गाथा गाकर भारतवासियों को उद्बुद्ध किया और राष्ट्रकवि के रूप में विख्यात हुए। 1912 ई० के पूर्व उनकी एक और लोकप्रिय रचना 'जयद्रथ वध' (1910) प्रकाशित हुई।

श्रीधर पाठक ने देशप्रेम, समाज सुधार और प्रकृति को विषय बनाकर बड़े मनोयोग से सुंदर कविताएँ लिखीं। उन्हें सर्वाधिक सफलता प्रकृति चित्रण में मिली। उन्होंने रूढ़ियों से अलग हट कर स्वतंत्र रूप में प्रकृति का मनोहर चित्रण किया। उन्होंने गोल्ड स्मिथ के 'हरमिट', 'डेजर्टेड विलेज' एवं 'द ट्रेवलर' का कुशल अनुवाद क्रमशः 'एकांतवासी योगी', 'उजड़ग्राम' और 'श्रांत पथिक' नाम से किया। उनकी पुस्तकें छायावादी कवियों के लिए प्रेरक हुईं।

1920 तक रामनरेश त्रिपाठी के महत्वपूर्ण खंडकाव्य 'मिलन' (1917) और 'पथिक (1920) प्रकाशित हुए। इनमें व्यक्तिगत सुखों को त्याग कर देश के लिए सर्वस्व न्योछावर करने की प्रेरणा दी गयी है।

इस तरह द्विवेदी युग के कवियों ने आगामी युग के प्रकृति प्रेम, स्वच्छंद प्रेमधारा और वैयक्तिक स्वातंत्र्य का वातावरण बनाने में महत्वपूर्ण काम किया। श्रीधर पाठक ने प्रकृति प्रेम और स्वच्छंद प्रेमधारा का पोषण किया। रामनरेश त्रिपाठी के काव्यों में स्वच्छंदतावादी प्रवृत्ति का विकास हुआ। सियारामशरण गुप्त के चिंतनशील काव्यों में वैयक्तिक दृष्टिकोण स्पष्ट हुआ और मुकुटधर पांडेय तथा गोपालशरण सिंह की कविताओं में वैयक्तिक दृष्टिकोण के प्रेमपरक रूप का विकास हुआ। माखनलाल चतुर्वेदी की नवीन राष्ट्रीय भावनाओं की कविता ने भी वैयक्तिकता का मार्ग प्रशस्त किया। लेकिन सबों में इतिवृतात्मकता और स्थूल चित्रण की प्रधानता रही।

कविता में खड़ी बोली का जो रूप स्वीकृत हुआ वह मात्रिक छंद में है। मात्रिक छंद हिंदी का प्रकृत रूप स्वीकार कर लिया गया। इससे भाषा का संबंध बोलचाल से थोड़ा कट

गया। वह संस्कृत के निकट संपर्क में आयी। कविता का संबंध जनसाधारण से कटने का एक कारण तेजी से नगरीकरण की प्रक्रिया का शुरू हो जाना भी है। भारतेंदु युग में जो शिक्षित मध्यवर्ग पैदा हुआ, उसका विकास होता गया और आधुनिक कविता के अभीष्ट पाठक वही हुए। कविता दिनोंदिन पाठ्य होती गयी और केवल शिक्षितों की चीज रह गयी।

द्विवेदी युग में कविता से अधिक शक्तिशाली गद्य हुआ। 1900 से 1910 तक हिंदी कहानियों का प्रयोग काल है। इस युग में इंदुमती (किशोरी लाल गोस्वामी) ग्यारह वर्ष का समय (रामचंद्र शुक्ल), दुलाईवाली (बंग महिला) की कहानियाँ क्रमश: निखरती हुई आयीं। 1916 तक उसने कहा था (चंद्रधर शर्मा गुलेरी) और पंच परमेश्वर (प्रेमचंद) दो शक्तिशाली कहानियाँ प्रकाशित हुईं। 1918 में प्रेमचंद का युगांतकारी उपन्यास सेवासदन प्रकाश में आया। इसने 'चंद्रकांता', 'तिलिस्म होशरूबा' में डूबे पाठकों को उबार कर एक सही जमीन पर खड़ा कर दिया। सस्ते ढंग से समाज सुधार की भावना से यह ऊपर है। इसमें पहली बार प्रेमचंद ने "तमाम पुरानी सांस्कृतिक परंपराओं को तोड़ते हुए वर्तमान समाज में नारी की पराधीनता को अपने निठुर और वीभत्स रूप में चित्रित किया।"[1] निबंध और आलोचना के क्षेत्र में बालमुकुंद गुप्त, मिश्रबंधु, सरदार पूर्ण सिंह, गुलेरी, श्यामसुंदर दास, पद्मसिंह शर्मा, रामचंद्र शुक्ल का आविर्भाव हुआ जो आगे चलकर बहुत शक्तिशाली सिद्ध हुए। शुक्ल जी के श्रेष्ठ मनोवैज्ञानिक निबंध (भय और क्रोध, घृणा, उत्साह, श्रद्धा भक्ति, करुणा, लज्जा और ग्लानि तथा लोभ और प्रीति) इसी काल में लिखे गये। इनका प्रभाव कामायनी पर पड़ा है। तुलनात्मक आलोचना इस युग के आलोचना साहित्य की मुख्य विशेषता है। इस युग में जीवनी, यात्रावृत, संस्मरण एवं पत्र साहित्य का भी पर्याप्त विकास-परिष्कार हुआ।

द्विवेदी युग की मानवतावादी दृष्टि और स्वच्छंद प्रकृति प्रेम की कोख से छायावाद का जन्म हुआ। छायावादी कविता, उपन्यास, कहानी, नाटक आदि में आर्थिक शोषण के बिरुद्ध विद्रोह तथा स्वच्छंद प्रेम का रूप स्पष्ट हुआ।

'वीणा' और 'ग्रंथि' के बाद पंत का प्रौढ़ काव्य संग्रह 'पल्लव' (1926) नये काव्य गुणों के साथ हिंदी साहित्य में आविर्भूत हुआ। इसमें प्रकृति और मानव सौंदर्य के प्रति औत्सुक्य, आश्चर्य और कुतूहल के भाव हैं। आचार्य शुक्ल के अनुसार इसमें 'चित्रमयी भाषा, लाक्षणिक वैचित्र्य, अप्रस्तुत विधान इत्यादि की विशेषताएँ प्रचुर परिमाण में भरी सी पायी जाती है।'[2] 'प्रवेश' नामक इसकी भूमिका काफी महत्वपूर्ण है। इसे आलोचकों ने छायावादी काव्य का घोषणा पत्र कहा है। 1926 से 1931 तक की गीतात्मक रचनाएँ गुंजन (1932) में संकलित हैं। एक मानवीय आशावाद गुंजन का मूल स्वर है। इसमें पंत जीवन और जगत की गहराई में प्रवेश करते हैं।

कामायनी के पूर्व निराला के दो महत्वपूर्ण काव्य संग्रह अनामिका (1922) और परिमल (1929) प्रकाशित हो चुके थे। अनामिका में निराला की ही नहीं, बल्कि उस युग की सर्वश्रेष्ठ कविता 'राम की शक्तिपूजा' है। इसी में 'सरोज स्मृति' जैसी विशिष्ट कविता भी है और व्यंग्य एवं आक्रोश का तीखापन लिए 'वनबेला' भी है। 'परिमल' की भूमिका में कवि ने छायावादी काव्य

---

1. प्रेमचंद और उनका युग, ले० रामविलास शर्मा पृ० 32
2. हिंदी साहित्य का इतिहास, पृ० 662

की स्थापनाओं को स्पष्ट किया। उन्होंने कविता की मुक्ति का संकल्प लिया और मुक्त छंद का प्रयोग किया। 'परिमल' में पर्याप्त विविधता है। इसमें वैयक्तिक प्रेमपरक अनुभूतियाँ, प्रकृति चित्रण, क्रांति का आह्वान, आध्यात्मिक एवं सांस्कृतिक भावनाओं से युक्त कविताएँ हैं।

महादेवी की भी तीन रचनाएँ— नीहार (1930), रश्मि (1932) और नीरजा (1934) कामायनी के पूर्व प्रकाशित हो गयी थीं। महादेवी ने छायावादी काव्य की आध्यात्मिक चेतना को विकसित कर उसे रहस्यवादी रंग दिया।

छायावाद युग में कुछ ऐसी भी रचनाएँ लिखी जा रही थीं जो पूरी तरह छायावादी नहीं है। इनमें मैथिलीशरण गुप्त का महाकाव्य साकेत (1931) काफी विख्यात हुआ। साहित्य की अन्य विधाएँ— उपन्यास, आलोचना, निबंध आदि— उत्कर्ष पर आ गयीं।

काव्योपयुक्त भाषा निर्माण में निराला और पंत का योगदान बहुत अधिक है। 1918 के आसपास की कविता की पंक्ति बहुत ढली हुई है। कीट्स और शेली की आरंभिक कविता का सा आभास पंत की प्रारंभिक कविता देती है। निराला की भाषा में विषमता है। उनकी भाषा के अनेक स्तर हैं। छायावादी कवि पश्चिमी स्वच्छंदतावादी कवियों से भी काफी प्रभावित हुए। प्रत्येक छायावादी कवि बंगला जानते थे। रवींद्र की भाषा और काव्य छायावादियों का आदर्श बन गया था। सबने गीतात्मक रचनाएँ लिखीं, पर प्रसाद ने एक हद तक रवींद्र से टकराने की भी कोशिश की और महाकाव्य लिखा। परोक्ष रूप से खड़ी बोली के निर्माण में रवींद्र का व्यक्तित्व काम कर रहा था, जिसकी वजह से भी भाषा संस्कृत बहुल हुई।

छायावाद युग में संपूर्ण हिंदी कविता का आधार शिक्षित नया मध्यवर्ग हो गया। अशिक्षित व्यापक जनसमुदाय कविता से पूरी तरह कट गया। पाठ्य होने से कविता में मुक्तछंद का प्रवेश हो गया।

छायावादी कवियों में प्रसाद का काव्य विकास मृदु मंद मंद मंथर गति से हुआ। उन्हें अपने विकास के लिए लंबा संघर्ष करना पड़ा। प्रसाद चुपचाप लगातार पंत, निराला तथा अन्य कवियों से बहुत बारीक ढंग से भीतर भीतर सीख रहे थे। वे संग्रही वृत्ति के थे, पर पचाने की उनमें अद्‌भुत क्षमता थी। कामायनी में उन्होंने संपूर्ण छायावाद के विकास से लाभ उठाया, पर किसी भी कविता पर उंगली रख कर यह नहीं कहा जा सकता कि इस पर पंत या निराला का प्रभाव है। यह प्रसाद की बड़ी विलक्षण स्थिति है। इस विकास गति का ही परिणाम है कि उनकी श्रेष्ठतम कृति उनके जीवन के अंत में आयी। इस विकास यात्रा में प्रसाद ने एक गंभीर काव्य तत्व निर्मित किया। भाषा ऊबड़ खाबड़ होने के बावजूद कविता उत्कृष्ट है।

रामचरितमानस और कामायनी के साहित्यिक परिवेश की तुलना

रामचरितमानास भक्ति आंदोलन की देन है तो कामायनी आधुनिक राष्ट्रीय स्वातंत्र्य आंदोलन की उपज। दोनों रचनाएँ आंदोलन से पैदा हुई हैं। इसलिए उनमें मनुष्य का संघर्ष, उसकी व्यथा और मुक्ति कामना अपने अपने ढंग से अभिव्यक्त हुई है।

पहले के साहित्य में कर्मफल की प्राप्ति और पुनर्जन्म में अटूट विश्वास व्यक्त हुआ है। मानस में यह धारणा व्याप्त है। आज के साहित्य में यह विश्वास शिथिल पड़ गया है। मनुष्य इसी जन्म में सुखी और सफल होने का प्रयत्न करता है।

आज का जन जीवन वैज्ञानिक आविष्कारों, आंदोलनों, आर्थिक ढाँचे में परिवर्तन के कारण तेजी से बदल रहा है। यह परिवर्तन साहित्य में भी परिलक्षित होता है। मध्ययुग में एक स्थिरता है या बहुत कम परिवर्तन देखा जाता है। लंबे काल तक एक सा जीवन जीते मनुष्य दिखायी पड़ते हैं। इसलिए साहित्य के ढाँचे में जहाँ पहले स्थिरता थी वहाँ अब तेजी से विकास होता जा रहा है।

मध्ययुग में साहित्य का लक्ष्य था भगवद्भक्ति। आधुनिक युग में ईश्वर प्रेम की जगह प्रकृति प्रेम और देश प्रेम ने ली है, फिर भी ईश्वर प्रेम का भी क्षीण लेकिन स्वस्थ रूप भारतेंदु, निराला, प्रसाद में दिखायी पड़ता है।

मध्ययुग में विदेश से सूफी साहित्य का आगमन हुआ था। जायसी ने उससे प्रभाव ग्रहण कर भारतीय लोक कथा को आधार बनाकर काव्य रचा था। आधुनिक युग में अंग्रेजी साहित्य का आगमन हुआ और इसने हिंदी साहित्य को आंदोलित किया।

रामचरितमानस की पृष्ठभूमि में कबीर, सूर, जायसी जैसे महान् भक्त कवि हैं तो कामायनी की पृष्ठभूमि में भारतेंदु, मैथिलीशरण गुप्त, निराला और पंत जैसे महान् कवि।

रामचरितमानस से पूर्व सस्ते ढंग के प्रेमकाव्य जनसाधारण में काफी लोकप्रिय थे। कामायनी के पूर्व भी तिलस्मी ऐयारी कहानियाँ एवं उपन्यास लोकप्रिय थे। अकेले रामचरितमानस ने उसे विस्थापित कर दिया था। पर कामायनी में वह क्षमता नहीं है। इस युग में यह काम प्रेमचंद के उपन्यासों ने किया।

मध्ययुग में कविता जनसाधारण के बीच पढ़ी सुनी जाती थी। आधुनिक युग में नगरीकरण के कारण कविता श्रव्य से पाठ्य हो गयी और मुट्ठी भर सुशिक्षित समुदाय के बीच सिमट गयी।

मध्ययुग की नीति, चेतावनी और उपदेश का रूप आधुनिक युग में बहुत सीमित हो गया या उठ गया लेकिन सत्य, अहिंसा और परोपकार की व्यापक अभिव्यक्ति हुई।

मध्ययुग में लोकभाषा को अपनाया गया, उसकी वकालत की गयी और आधुनिक युग में 'निज भाषा' की उन्नति जी जान लगाकर की गयी। दोनों युगों में लोकभाषा की विजय हुई।

मध्ययुग में साहित्य की भाषा मुख्यत: ब्रजभाषा और अवधी थी। आधुनिक युग में इसने अपना दायित्व खड़ी बोली को सौंप दिया, जिसे खड़ी बोली ने पूरे सामर्थ्य और कौशल से निभाया। अभी यह सतत उज्ज्वल भविष्य की और विकासमान है।

दोनों युगों में मात्रिक छंद अपनाये गये हैं, पर आधुनिक युग में मुक्त छंद का भी विकास हुआ है।

5

रामचरितमानस एवं कामायनी की भावगत विशेषताएँ

भावगत विशेषताओं के अंतर्गत हमें छह चीजों पर विचार करना है— कथावस्तु, पात्रयोजना, रसनिवेश, प्रकृति चित्रण, दार्शनिक सिद्धांत एवं युग का प्रतिनिधित्व।

कथावस्तु

कथावस्तु महाकाव्य का प्रमुख तत्व है। सुसंबद्धता कथावस्तु के प्राण हैं। जीवन की घटनाएँ परस्पर असंबद्ध हो सकती हैं, किंतु महाकवि जीवन से उन्हीं घटनाओं को ग्रहण करता है जो परस्पर संबद्ध हों।

पुराने समय में महाकाव्य की कथावस्तु व्यापक और वैविध्यपूर्ण होती थी। आधुनिक युग में कथावस्तु क्षीण होती गयी। कामायनी में कथा गौण है। कुरुक्षेत्र में तो कथा तंतु और भी क्षीण पड़ गया है। वहाँ तो मुख्य रूप से विचारों, भावों का घात प्रतिघात है।

महाकाव्य में कथावस्तु प्रधान हो या गौण, वह किसी न किसी रूप में रहती अवश्य है। इसी के ढाँचे पर भावों और विचारों के महल खड़े होते हैं।

रामचरितमानस की कथावस्तु

रामचरितमानस का प्रतिपाद्य 'रघुनाथगाथा'[1] है। प्रतिपाद्य विषय को अच्छी तरह समझाने के लिए तुलसीदास ने एक भव्य भूमिका और उपसंहार की योजना की है। मानस की कथावस्तु का आरंभ बड़े धूमधाम से होता है। एक लंबी भूमिका के बाद बालकांड में राम जन्म से आधिकारिक कथा आरंभ होकर उत्तरकांड में रामराज्य की स्थापना के साथ समाप्त होती है। इतना व्यापक और भव्य आरंभ एवं उपसंहार अन्य किसी महाकाव्य में नहीं मिलता है। ये रामचरितमानस की गुरुता और गांभीर्य प्रदर्शित करते हैं।

मानस की भूमिका में अनेक प्रकार की वंदनाएँ, संत असंत लक्षण, काव्य विषयक मान्यताएँ, मानस रूपक, अनुबंध चतुष्टय (विषय, संबंध, अधिकारी और प्रयोजन) एवं रामावतार के कारणों का निरूपण है। यह विस्तृत भूमिका कवि की दृष्टि को समझने में मदद करती है। उपसंहार में रामचरित महात्म्य के साथ गरुड़ भुशुंडि संवाद के बहाने कथा को समेटा गया है। इसके बाद ज्ञान भक्ति निरूपण के साथ कथानक का अंत होता है। भक्ति की महिमा और ज्ञान से भक्ति की श्रेष्ठता का प्रतिपादन आवश्यक समझा गया। ''उपसंहार की एक और विशेषता तुलनात्मक दृष्टि से प्रलक्ष्य है। गीता के कृष्ण ने अपना प्रवचन समाप्त करके अर्जुन से पूछा— क्या तुमने मेरा उपदेश ध्यान से सुना और तुम्हारा मोह दूर हो गया? रामचरितमानस के किसी वक्ता को किसी श्रोता के संबंध में ऐसा संदेह नहीं हुआ। बिना पूछे ही श्रोताओं ने

---

1. रामचरितमानस 1/ श्लोक 7

आनंद विभोर होकर अपनी कृतकृत्यता प्रकट की है।''[1] वस्तुतः यह अंतर दर्शन और काव्य की शक्ति का है, ज्ञान और भक्ति का है।

रामचरितमानस का कथानक प्रख्यात है। रामायण, महाभारत, पुराणों, नाटकों, महाकाव्यों आदि में अनेक वर्षों से राम कथा का वर्णन होता आ रहा था। तुलसीदास ने उन सभी स्रोतों से पर्याप्त सामग्री ली है और अपनी विलक्षण प्रतिभा के संस्पर्श से पुरानी कथावस्तु को नवीन रूप प्रदान किया है। उनकी संयोजन कला अद्भुत है।

मानस में पाँच प्रकार की कथाएँ परिलक्षित होती हैं— आधिकारिक कथा, प्रासंगिक कथाएँ, अवांतर कथाएँ, हेतु कथाएँ और अन्तःकथाएँ। प्रधान कथा को आधिकारिक कथा कहते हैं। राम की कथा प्रधान होने के कारण आधिकारिक है। जो आधिकारिक कथा प्रगति में सहायक होती है, उसे प्रासंगिक कथा कहते हैं। प्रासंगिक कथा के दो रूप मिलते हैं— पताका और प्रकरी। दोनों रूपों में अंतर यह है कि पताका नायक के कार्य में उसका स्वार्थ भी निहित रहता है, किंतु प्रकरी नायक निःस्वार्थ होता है।[2] सुग्रीव कथा प्रासंगिक है, क्योंकि वह आधिकारिक कथा की प्रगति में सहायक है। वह प्रासंगिक कथा का पताका रूप है, क्योंकि राम की उद्देश्य पूर्ति में सहायक होने के साथ ही उन्हें भी फल प्राप्ति होती है। विश्वामित्र भी पताका नायक हैं और एक दूसरे के सहायक हैं। वे राम को धनुष विद्या सिखाते हैं और उनसे अपने कार्य की सिद्धि भी करवाते हैं। जटायु, हनुमान, विभीषण आदि प्रकरी नायक हैं, क्योंकि ये निष्काम भाव से राम की सहायता करते हैं। यह बात अलग है कि जटायु को परमधाम, विभीषण को राज्य और हनुमान को भक्ति मिलती है।

कुछ विद्वानों ने प्रासंगिक कथा की पहचान करने में भारी भूलें की हैं। डॉ० शंभूनाथ सिंह ने अहल्या उद्धार, ताड़का वध, शबरी आतिथ्य, हनुमान का विवर प्रवेश, सूर्पणखा और खर दूषण प्रसंग को प्रासंगिक कथा माना है। कारण यह है कि वे कथाएँ ''नायक का उत्कर्ष और महत्व बढ़ानेवाली और कवि के उद्देश्य की सिद्धि में सहायक हैं तथा उनमें से अधिकांश नायक की फल प्राप्ति के प्रयत्नों और मार्ग के अवरोधों के रूप में हैं।''[3] डॉ० राजकुमार पांडेय ने और आगे बढ़कर इन्हें प्रकरी के अंतर्गत रखा है।[4] डॉ० उदयभानु सिंह ने इस व्यापक अज्ञान का निवारण किया है, ''अहल्या, ताड़का, शबरी और खर दूषण के वृत्त को प्रकरी मानना भी असंगत है। अहल्या के शप्त होने की कथा मानस में वर्णित नहीं है और उसका उद्धार राम के महत्कार्यों का ही एक अंग है। ताड़का राम की सहायता नहीं करती और उसका वध रामचरित के ही अंतर्गत है। असुरों का वध करने और भक्तों को कृतार्थ करने के लिए ही तो राम ने अवतार लिया है। सुबाहु, विराध, खर दूषण, मारीच, कुम्भकर्ण आदि सभी राक्षस उनके लक्ष्य हैं। शबरी ही नहीं, वाल्मीकि, अत्रि, सुतीक्ष्ण, अगस्त्य आदि ऋषि मुनि उनके द्वारा कृतार्थ हुए हैं। इन सबको प्रकरी मानना उचित नहीं है।''[5]

---

1. तुलसी काव्य मीमांसा, पृ० 407
2. नाट्यदर्पण 1/29, 32 और उनपर वृत्ति
3. हिंदी महाकाव्य का स्वरूप विकास, पृ० 531
4. रामचरितमानस का शास्त्रीय अध्ययन, पृ० 189
5. तुलसी-काव्य-मीमांसा, पृ० 401-2

कवि ने अवांतर कथाओं की योजना उपक्रम और उपसंहार में की है। रामचरित वर्णन की अवतरणिका के रूप में सती-पार्वती,-शिव और काकभुशुंडि-गरुड़ के आख्यान वर्णित हैं। जय, विजय, कश्यप, अदिति (संकेत मात्र) जलंधर मोह, मनु शतरूपा, प्रतापभानु, रामावतार पूर्व रावण चरित, दशरथ की पुत्रेष्टि आदि की कथा रामावतार के कारणों का निरूपण करनेवाली हेतु कथाएँ हैं। पृथु, शिवि, दधीचि, हरिश्चंद्र, नहुष आदि का सांकेतिक उल्लेख अन्तःकथाएँ हैं। इनके स्रोत विभिन्न पुराण हैं।[1]

रामचरितमानस की रचना के पीछे दो प्रकार की दृष्टियाँ सक्रिय हैं– काव्य दृष्टि और भक्तिपरक दृष्टि। काव्यदृष्टि से अयोध्याकांड और बालकांड का उत्तरार्द्ध अपेक्षाकृत अधिक महत्वपूर्ण है। भक्तिपरक दृष्टि के ही कारण विभिन्न सोपानों के आरंभ में मंगलश्लोक तथा स्तुतियाँ हैं। कई पात्रों के संवादों के माध्यम से धर्म, वैराग्य, योग, ज्ञान एवं भक्ति का प्रतिपादन इसी दृष्टि का परिणाम है।

मानस की कथा का विभाजन सात कांडों में परंपरानुसार किया गया है। कवि ने रामचरितमानस की कल्पना मानसरोवर के रूप में की है। मानस के सात कांड इसकी सात सीढ़ियाँ हैं–

सप्त प्रबंध सुभग सोपाना । ग्यान नयन निरखत मन माना ।[2]

मानस भक्ति-वारि से भरा है। प्रथम सोपान पर उतरते ही भक्ति रस प्राप्त होने लगता है। धीरे धीरे पाठक भक्ति रस में पूर्णतः डूब जाता है। सप्तसोपान वाले सरोवर के चार घाट हैं–

सुठि सुंदर संबाद बर, बिरचे बुद्धि बिचारि।
तेइ एहि पावन सुभग सर, घाट मनोहर चारि।।[3]

मानस के चार प्रकार के वक्ता श्रोता – याज्ञवल्क्य-भरद्वाज, शिव-पार्वती, काकभुशुंडि गरुड़ और तुलसी संतजन- चारों घाट हैं। इस तरह रामचरितमानस का वस्तु विन्यास पौराणिक ढंग का है। पुराणों में सूत वक्ता तथा शौनकादि श्रोता, अध्यात्म रामायण में शिव वक्ता और पार्वती श्रोता हैं।

भारतीय काव्यशास्त्रियों ने महाकाव्य की परिभाषा देते हुए नाटक की पंच संधियों का भी उल्लेख किया है। किंतु उन्होंने लक्ष्य ग्रंथों से उदाहरण देकर अपने मत की पुष्टि नहीं की है। रामचरितमानस पौराणिक शैली पर रचित अत्यंत विस्तृत महाकाव्य है। इसका वस्तु विन्यास नाटक की संधियों के ढाँचे पर नहीं किया गया है। डॉ० शंभूनाथ सिंह को मानस में नाटक की पाँच कार्यावस्थाएँ एवं संधियाँ दिखायी पड़ती हैं।[4] डॉ० उदयभानु सिंह ने नाम लिये बिना ही उसका खंडन किया है। ''रावण वध को कार्य मानते हुए भी राम वन गमन में प्रतिमुख संधि मानना असंगति है। वह तो कथानक को रावण वध की ओर अग्रसर करता है। सीताहरण में गर्भ संधि कैसे है? वहाँ से तो रावण वध के कारण का आरंभ होता है, और 'कार्य' का वास्तविक

1. तुलसी-काव्य-मीमांसा पृ० 402-3
2. रामचरितमानस, 1/37/1
3. वही, 1/36
4. हिंदी महाकाव्य का स्वरूप-विकास, पृ० 531-33

कार्यक्रम– हनुमान के लंका से लौट आने पर बनता है। राम हनुमान संवाद अथवा लक्ष्मण मूर्छा से विमर्श संधि मानने में भी कोई तुक नहीं है। पहली संभावना की विसंगति यह है कि अभी सीता तथा रावण का पता ही नहीं है। न खोज शुरू हुई न युद्ध छिड़ा और विमर्श संधि मान ली गयी। लक्ष्मण मूर्च्छा निराशा की स्थिति है, उसमें गर्भ संधि तो हो सकती है, किंतु विमर्श नहीं। रावण वध से राम राज्याभिषेक तक निर्वहण संधि मानी गयी है। इसमें कई विप्रतिपत्तियाँ हैं। उक्त दोनों कार्य एक नहीं हैं। दोनों में आवश्यक संबंध भी नहीं है, रावण वध के बिना भी भरत आदि की बात मानकर राम राजा बन सकते थे। 'निर्वहण' प्रबंध का अंतिम भाग होता है। लगभग सारा उत्तर कांड राज्याभिषेक के बाद की वस्तु है। 'निर्वहण' के बाद वह सब कहाँ रखा जायेगा ?''[1] इस प्रकार मानस में शास्त्रीय ढंग से नाटकीय संधियाँ ढूँढ़ना अनावश्यक है।

मानस की कथावस्तु में रामकथाओं की अनेक कथानक रूढ़ियाँ आ गयी हैं। जैसे– आकाशवाणी और मुनि का शाप, रूप परिवर्तन, वन में मार्ग भूलना और मुनि से भेंट, मंदिर, वाटिका या वन में सुंदरी से भेंट, अतिमानवीय व्यक्ति (राक्षस, गंधर्व, बंदर, भालू) आदि की सहायता, अतिप्राकृतिक और अलौकिक शक्तियों के चमत्कारपूर्ण कार्य आदि।

अरस्तू की मान्यता है कि एक सुघटित कथानक में पूर्णता होनी चाहिए। पूर्णता आदि, मध्य और अंत से युक्त होती है। ''आदि वह है जो किसी हेतु का परिणाम नहीं होता, पर जिसके पश्चात् स्वभावतः कुछ विद्यमान या घटित होता है। इसके विपरीत अवसान उसे कहते हैं, जो स्वयं तो अनिवार्यतः या नियमतः किसी अन्य घटना का सहज अनुवर्ती होता है, पर जिसका अनुवर्ती कुछ नहीं होता है। मध्य वह है, जो स्वयं किसी घटना (या घटनावली) का अनुगमन करता है।[2]'' डॉ० शंभूनाथ सिंह ने इस दृष्टि से मानस की आधिकारिक कथा को सुशृंखलित और सुसंगठित माना है। ''उसमें रामजन्म से लेकर वनवास तक की कथा आदि भाग में, वन यात्रा से सीता हरण तक की कथा मध्यभाग में और सीताहरण से रावण वध और राम राज्य स्थापना तक की कथा अंत भाग में आती है।''[3] पूर्णता पूरे महाकाव्य की होती है, न कि आधिकारिक कथा की। डॉ० सिंह ने पूर्णता के घेरे से उपक्रम उपसंहार को बाहर कर दिया है। यह उचित नहीं है। दूसरे, रामजन्म किन्हीं पूर्ववर्ती घटनाओं का कारण है। अतः वह अरस्तू की आदि की परिभाषा के अनुकूल नहीं है, लेकिन अगर मंगलाचरण से ही आदि मानते हैं तो इस दोष का परिहार हो जाता है। अंत भी अंत तक जायेगा। मानस का अंत भी कथा भाग से संबंधित है।

इस तरह मानस की कथावस्तु, भव्य, जीवंत, विस्तृत और सुगठित है।

कामायनी की कथावस्तु

कामायनी की कथावस्तु विख्यात होते हुए भी अछूती और ताजा है। प्रसाद प्रथम भारतीय कवि हैं जिन्होंने वैदिक पृष्ठभूमि में महाकाव्य की रचना की है। इस आख्यान की खोज भारतीय चिंताधारा की एक असाधारण घटना है। राम कथा और कृष्ण कथा की तरह मनु

---

1. तुलसी–काव्य–मीमांसा, पृ० 409
2. अरस्तू का काव्यशास्त्र (डॉ० नगेन्द्र), पृ० 74
3. हिंदी महाकाव्य का स्वरूप–विकास, पृ० 530

कथा का पहले से कोई बना बनाया ढाँचा प्रसाद के सम्मुख नहीं था। इसलिए कवि ने कामायनी की अनुत्पाद्य कथा में कवि कल्पना के द्वारा अनेक वस्तु व्यापारों, भावानुभूतियों और घटनाओं की योजना की है।

मनु की प्राचीन कथा उलझी हुई और अस्पष्ट है। इसे सुलझाकर एक सुसंगठित रूप देने के लिए प्रसाद ने आधुनिक मनोवैज्ञानिक शैली का सहारा लिया है। मनोवैज्ञानिक शैली पर आधारित साहित्य में स्थूल घटनाओं की कमी और उससे उत्पन्न मानसिक वृत्तियों की क्रिया प्रतिक्रिया अधिक रहती है। इस तरह कामायनी की कथावस्तु घटना प्रधान न होकर मनोविश्लेषण प्रधान है।

घटनाओं के विन्यास को ही कथावस्तु या कथानक कहते हैं। कामायनी के पंद्रह सर्गों में फैली हुई प्रमुख घटनाएँ ये हैं– देव दंभ का पराभव, मनु और श्रद्धा का मिलन तथा श्रद्धा का सर्वस्व समर्पण। दोनों के प्रणयपूर्ण ससंर्ग से संसृति विकास, मनु की अबाधित अधिकार भावना और कलह, मनु द्वारा श्रद्धा का त्याग, इड़ा मिलन और सारस्वत सभ्यता का निर्माण, मनु का इड़ा पर अतिचार और प्रजा से युद्ध, श्रद्धा से पुनर्मिलन और अंत में सामरस्य तथा पूर्णानंद की प्राप्ति। केवल अंतिम घटना को छोड़कर शेष घटनाएँ कार्य कारण भाव से अनुस्यूत हैं। कवि का समाधान कृत्रिम है।

अरस्तू ने कथानक की जीवंतता के लिए आदि, मध्य और अंत का सुंदर गठन आवश्यक माना है। कामायनी में जल प्रलय से लेकर मनु द्वारा श्रद्धा त्याग की घटनाएँ आदि भाग में है। सारस्वत प्रदेश में मनु इड़ा मिलन से लेकर मनु का सारस्वत से पलायन तक की घटनाएँ मध्य भाग में और श्रद्धा द्वारा कैलाश पर नटेश के तांडव नृत्य दिखाने से लेकर अवसान तक की घटनाएँ अंत भाग में हैं। बहुत सारे विद्वानों को कथा के अंतिम खंड की अस्वाभाविकता खटकती नहीं है। डॉ० शंभूनाथ सिंह के अनुसार, ''तीनों भागों की घटनाएँ कार्य कारण श्रृंखला के रूप में एक दूसरे से इस तरह संबंद्ध हैं कि कथानक की धारा कहीं टूटी हुई या अस्वाभाविक रूप से जुड़ी हुई प्रतीत नहीं होती।''[1] किंतु कामायनी के कथानक की अस्वाभाविकता का संकेत पहली बार आचार्य शुक्ल ने ही कर दिया था– ''जिस समन्वय का पक्ष कवि ने अंत में सामने रखा है, उसका निर्वाह रहस्यवाद की प्रवृति के कारण काव्य के भीतर नहीं होने पाया है।''[2] आगे चलकर मुक्तिबोध ने विस्तार से इस दरार पर तीखी रोशनी डाली है, ''प्रसाद जी ने आंतरिक संतुलन के प्रश्न को मनुष्यता के वास्तविक संघर्षों से पृथक कर और फिर मनुष्य को उसके वास्तविक जीवन से पृथक् कर, केवल अभेदानुभूति आत्मानुभूतिवादी अद्वैतवादी धरातल पर ही सुलझाया है। इस हल को प्रस्तुत करने के लिए प्रसादजी ने कथा की स्वाभाविक परिणति को रोक कर उसे इस तरह घुमाया कि जिससे उनका भाववादी आदर्शवादी समाधान तो सम्मुख आ सका, किंतु कथा की स्वाभाविक विकास गति में बाधा हुई। जहाँ कथा समाप्त होनी चाहिए, वहाँ समाप्त न होकर वह आगे बढ़ी, फलत: मनु की समस्या ने जिन नये नये प्रश्नों को खड़ा किया, उनका स्वाभाविक रूप से कथा की विकासधारा में से बहते हुए उत्तर तो

---

1. हिंदी महाकाव्य का स्वरूप-विकास, पृ० 629
2. हिंदी साहित्य का इतिहास, पृ० 658

प्राप्त न हो सका, वरन् प्रसाद जी द्वारा कृत्रिम रूप से संयोजित नियोजित होकर वह हमारे सामने आया।''[1]

कामायनी के कथानक में जटिलता नहीं है। वह सरल और मर्मस्पर्शी है। उसमें न तो कोई अवांतर कथा है और न नायक का कर्मक्षेत्र व्यापक है। मनोविज्ञान की प्रधानता होने के कारण कथानक रूढ़ियों की भी आवश्यकता नहीं पड़ी है। इसमें आधिकारिक कथा (मनु वृत्त) के साथ एक ही प्रासंगिक कथा (किलात आकुलि वृत्त) है।

कामायनी की कथा का आरंभ आधुनिक कथा शिल्प पर आधृत है। आधुनिक कथाएँ प्राय: मध्य या अंत से आरंभ होती हैं और 'आदि' की बातें या तो बाद में आती हैं या स्मृति रूप में या पात्रों के कथोपकथन के द्वारा व्यक्त कर दी जाती हैं। कामायनी का आरंभ कथा के पूर्व खंड से नहीं होता है। इसकी कथा जल प्रलय के बाद मनु की चिंता से शुरू होती है। देवताओं के अबाध विलास, उनकी यज्ञ क्रियाएँ, शक्ति संचय, जल प्रलय, मत्स्य के आघात से मनु की नाव का किनारे लगना आदि बातों का वर्णन चिंतामग्न मनु की स्मृतियों द्वारा होता है। इस पद्धति की विशेषता यह है कि कथावस्तु बोझिल नहीं हो पाती और आवश्यक चीजें आसानी से प्रस्तुत हो जाती हैं। इस तरह इसके आरंभ में नाटकीय तत्व प्रचुर मात्रा में हैं।

कामायनी का कार्य या उद्देश्य आध्यात्मिक क्षेत्र में ज्ञान, इच्छा और क्रिया का समन्वय है। कथानक के अंतिम भाग के पूर्व तक इस निष्कर्ष का कोई आभास तक नहीं मिलता है। इसलिए इसमें नाटक की पंच संधियाँ और पाश्चात्य ढंग की कार्यावस्थाएँ ढूँढ़ना कृत्रिम लगता है। डॉ० शंभूनाथ सिंह ने विस्तार से ये चीजें ढूँढ़ निकाली हैं।[2] डॉ० सिंह को कामायनी की असंगतियाँ नहीं दिखायी पड़ती हैं।

मुक्तिबोध ने कामायनी को एक विशाल फैंटेसी माना है। कामायनी को फैंटेसी (स्वप्न चित्र) मान लेने पर उसकी असंगतियाँ छिप जाती हैं। मुक्तिबोध ने लिखा है, ''प्रसाद जी ने कामायनी में एक विशाल फैंटेसी के अंतर्गत स्वानुभूत जीवन समस्या को एक परिवेश से संलग्न कर उपस्थित किया है तथा उस जीवन समस्या का स्वचिंतित दार्शनिक निदान प्रस्तुत किया है। यह जीवन समस्या फैंटेसी रूप में उपस्थित होकर फैंटेसी के नियमों में बँधकर अपने मूल वास्तविक जीवन संदर्भ को अर्थात् अपने मूल वास्तविक संबंध क्षेत्र को- जिससे कि वह आवयविक संबंध रखती है- भूमिगत बना चुकी है- उस क्षेत्र को नेपथ्य में डालकर ही वह समस्या कल्पना चित्रों के रूप में उद्घाटित हुई है और कल्पना के गति नियमों में बँध गयी है।''[3]

फैंटेसी में यथार्थ प्रतीक बनकर सामने आता है। इससे फायदा यह है कि कवि यथार्थ के व्यापक चित्रण से बच जाता है, क्योंकि इसके द्वारा यथार्थ या तो ध्वनित होता है या प्रतीकों में प्रकट होता है। इससे नुकसान यह है कि कभी कभी यथार्थ धूमिल और ओझल हो जाता है। तब उसे पहचानना कठिन होता है।

---

1. मुक्तिबोध रचनावली, खंड -4, पृ० 246
2. हिंदी महाकाव्य का स्वरूप-विकास, पृ० 632-36
3. मुक्तिबोध रचनावली, खंड -4, पृ० 218

कामायनी में फैंटेसी जीवन की विस्तृत वास्तविकता को लेकर उपस्थित हुई है। इसके कथानक, कार्य आदि सभी वास्तविक जीवन तथ्यों के प्रतीक हैं। फैंटेसी में कलाकार का व्यक्तित्व प्रमुख रूप से व्यक्त होता है। इसमें कथावस्तु, पात्र आदि गौण होते हैं। "सच तो यह है कि वैदिक साहित्य के मनु कथानक का आधार लिये जाने के बावजूद कामायनी की फैंटेसी कलाकार के आभ्यंतर उत्सों द्वारा अपना रूप प्रकट कर रही है।"[1] कामायनी की कथावस्तु में कवि की स्वानुभूत जीवन समस्या ही दिखायी पड़ती है।

इस तरह कामायनी की कथावस्तु आधुनिक महाकाव्यों -प्रियप्रवास, साकेत आदि से भी भिन्न धरातल पर अवस्थित एक विशाल फैंटेसी है। प्रलय, पशु बलि, सारस्वत प्रदेश की भौतिक उन्नति आदि सभी घटनाएँ प्रतीक हैं।

मानस और कामायनी की कथावस्तुओं की तुलना

मानस की कथावस्तु अत्यंत विस्तृत है, उसकी तुलना में कामायनी की अत्यंत संक्षिप्त। मानस में आधिकारिक कथा के साथ अनेक अवांतर कथाएँ, प्रासंगिक कथाएँ, हेतुकथाएँ और अंतःकथाएँ हैं। कामायनी में आधिकारिक कथा के साथ बस एकमात्र प्रासंगिक कथा है। इस तरह अनेक कथाओं के सम्मिलन के कारण मानस की कथावस्तु जटिल है और कामायनी की एकांगी या सरल।

दोनों की कथावस्तुएँ प्रख्यात या अनुत्पाद्य हैं, लेकिन मानस की कथावस्तु का आधार जहाँ पौराणिक है, वहाँ कामायनी का वैदिक। राम कथा का उपयोग भारतीय साहित्य परंपरा में एक लंबे काल से होता आ रहा था, इसलिए उसके मूल ढाँचे में कोई मौलिक फेर बदल नहीं किया जा सकता था। कामायनी की कथावस्तु बिल्कुल अनाघ्रात, अछूती और ताजा है। उसमें स्वभावतः अस्पष्टता एवं उलझन भी है, जिसे कवि ने कल्पना के द्वारा कुछ जोड़कर स्पष्ट और उलझन रहित बनाया है।

मानस की कथावस्तु विस्तृत होते हुए भी सुगठित और सुश्रृंखलित है, जबकि कामायनी में एक दरार है। कामायनी की कथा अंत में बिल्कुल अस्वाभाविक ढंग से एक भिन्न दिशा में मोड़ दी जाती है।

आदि, मध्य और अंत की योजना दोनों कथावस्तुओं में है।

मानस की कथावस्तु वस्तुपरक और कामायनी की आत्मपरक है। एक घटना प्रधान है, दूसरी कल्पना या मनोविज्ञान प्रधान । मानस के कथा नायक तुलसी के जीवन के प्रतिनिधि पात्र नहीं हैं जबकि कामायनी के कथा नायक प्रसाद के जीवन के प्रतिनिधि पात्र हैं, लेकिन इसका मतलब यह नहीं कि प्रसाद का व्यक्तित्व केवल उतना भर है। प्रसाद के समग्र व्यक्तित्व का प्रतिनिधित्व मनु नहीं करता है, उनके केवल एक अंश का करता है।

मानस में मुख्य रूप से विभाव पक्ष का चित्रण हुआ है और कामायनी में भाव पक्ष का चित्रण प्रधान है। एक में हम विभाव से भाव यात्रा करते हैं, दूसरी में भाव के द्वारा विभाव को ढूँढ़ सकते हैं।

---

1. मुक्तिबोध रचनावली, खंड-4 पृ० 222

मानस का आरंभ एक विस्तृत भूमिका को लिए हुए पूरी भव्यता के साथ होता है, जबकि कामायनी अचानक शुरू होती है। मानस का आरंभ किसी अन्य घटना का परिणाम नहीं है जबकि कामायनी के आरंभ से तुरत आभास होता है कि इसके पीछे घटनाएँ घट चुकी हैं। मानस का आरंभ मंगलाचरण, वंदनाओं आदि से होता है और कामायनी का प्रलय दृश्य से। एक आरंभ शांत और प्रसन्न है, दूसरे के आरंभ में बेचैनी, भयानक और अद्‌भुत तत्व हैं। कामायनी के आरंभ में नाटकीय तत्व प्रचुर परिमाण में हैं।

दोनों महाकाव्यों के अंतिम भाग दर्शन प्रधान हैं। दोनों का अंत शांत रस और ज्ञान चर्चा से होता है। मानस के उत्तरकाण्ड में विस्तृत भक्ति-ज्ञान-निरूपण है और कामायनी के अंतिम भाग में प्रत्यभिज्ञा दर्शन का रहस्य। फर्क यह है कि मानस का दर्शन शेष कथा का अभिन्न अंग है जबकि कामायनी का अभेदानुभूतिमूलक रहस्यात्मक सामरस्य कथा का अभिन्न अंग नहीं है, उससे अलग थलग और आरोपित है।

मानस की रचना के पीछे काव्य दृष्टि और भक्ति दृष्टि सक्रिय है जबकि कामायनी के पीछे केवल काव्य दृष्टि सक्रिय है। इन दृष्टियों के अलग अलग प्रभाव कथावस्तुओं पर देखे जा सकते हैं। मानस की कथावस्तु में हरी गयी सीता नकली है। विशुद्ध काव्यदृष्टि से यह कथावस्तु का दोष है, लेकिन भक्तिपरक दृष्टि से देखने पर इस दोष का परिहार हो जाता है। भला ब्रह्म की आद्या शक्ति सीता का अपहरण कोई दुष्ट कैसे कर सकता है और कैसे अपने घर में रख सकता है ?

मानस और कामायनी दोनों के पूर्वार्द्ध में कवित्व की प्रधानता है। बालकांड के उत्तरार्द्ध और संपूर्ण अयोध्याकांड काव्य की दृष्टि से बहुत महत्वपूर्ण हैं। उधर चिंता, आशा, श्रद्धा, लज्जा आदि सर्ग काव्यकर्म की दृष्टि से विशिष्ट महत्व के अधिकारी हैं। इस प्रकार दोनों महाकाव्यों के पूर्वार्द्ध काव्य प्रधान और उत्तरार्द्ध दर्शन प्रधान हैं।

मानस में अनेक प्रकार की कथानक रूढ़ियाँ हैं, कामायनी में उनका अभाव है।

फैंटेसी की छाया होने की वजह से कामायनी की कथावस्तु की प्रत्येक घटना प्रतीक है, वह अपने भीतर किसी न किसी जीवन तथ्य को छिपाये है। मानस की प्रत्येक घटना प्रतीक नहीं है।

●

पात्र योजना

महाकाव्य में कथावस्तु के संचालक पात्र या चरित्र होते हैं। जो घटना का प्रधान चालक होता है, वह नायक कहलाता है। अरस्तू के अनुसार महाकाव्य में मुख्यत: तीन प्रकार के चरित्र होते हैं— आदर्श, यथार्थ और परंपरागत या रूढ़। भारतीय आचार्यों ने आदर्श चरित्र को धीरोदात्त नायक कहा है और ऐसे ही चरित्रों को महाकाव्य का नायक बनाने का निर्देश दिया है। आदर्श की धारणा युगानुरूप बदलती भी है, किंतु कई महाकाव्यों में यथार्थ चरित्रों की भी योजना हुई है और ऐसे सामान्य चरित्रों को भी नायक बनाया गया है। कामायनी का नायक ऐसा ही है। सामान्य चरित्र अपनी स्वाभाविक सदसद् प्रवृत्तियों, चेष्टाओं और क्रियाओं के साथ चित्रित होते हैं। परंपरागत या रूढ़ चरित्र से अरस्तू का तात्पर्य ऐसे कल्पित चरित्रों से है जिनकी ऐतिहासिक सत्ता तो नहीं होती, लेकिन जिन्हें समाज प्राचीन काल से मानता आया है।

महाकाव्य के चरित्र आदर्श हों, यथार्थ हों या रूढ़ हों, महाकाव्य में उनकी भूमिकाएँ अत्यंत महत्वपूर्ण होनी चाहिए। वे महाकाव्य के महदुद्देश्य की सिद्धि के साधन हों। वे किसी राष्ट्र, जाति, युग, विचारधारा आदि का प्रतिनिधित्व करते हों। ऐसे चरित्र महत्वपूर्ण कहलाते हैं। वे महान् हो भी सकते हैं, नहीं भी हो सकते हैं। महत्वपूर्ण और महान् में अंतर है, इसे समझने में भ्रम नहीं होना चाहिए।

रामचरितमानस की पात्र योजना

रामचरितमानस के काव्यगत सौंदर्य का मेरुदंड चरित्रगत सौंदर्य है। मानस के चरित्र विश्व साहित्य में अद्वितीय हैं। इसके प्रभावशाली चरित्रों के बारे में आचार्य हजारीप्रसाद द्विवेदी ने लिखा है– ''चरित्र चित्रण में तुलसीदास की तुलना संसार के गिने चुने कवियों के साथ ही की जा सकती है। उनके सभी पात्र उसी प्रकार हाड़ मांस के जीव हैं, जिस प्रकार काव्य का पाठक, परंतु फिर भी उनमें अलौकिकता है, सबसे अद्भुत बात यह है कि इन चरित्रों की अलौकिकता समझ में आनेवाली चीज है। जीवंत पात्र सिर्फ श्वास प्रश्वास ही नहीं लेते, सिर्फ हमारी भांति नाना प्रकार की संवेदनाओं को ही नहीं अनुभव करते, बल्कि वे आगे बढ़ते हैं, पीछे हटते हैं, अपनी उदात्त वाणी और स्फूर्तिप्रद क्रियाओं से हमारे अंदर ऊपर उठने का उत्साह भरते हैं, हमें साथ ले लेते हैं, हम उनका संग पा लेने पर उल्लसित होते हैं, उमँगते हैं और सन्मार्ग पर चलने में जो विघ्न बाधाएँ आती हैं उन्हें जीतने का प्रयास करते हैं। तुलसीदास के जीवंत पात्र इसी श्रेणी के हैं। बहुतेरे सगुणमार्गी भक्तों द्वारा निबद्ध चरित्रों में श्वास प्रश्वास की क्रिया तो है, संवेदना की तरंगें भी हैं, परंतु आगे बढ़ने और बढ़ाने की गति नहीं है। उनकी अलौकिकता पाठक के चित्त में केवल आश्चर्यजन्य श्रद्धा और औत्सुक्यजन्य निष्ठा जाग्रत करके समाप्त हो जाती है। पाठक सोचता है कि ये लोग समर्थ हैं और हम नगण्य जीव हैं। परंतु तुलसीदास के पात्र ऐसे नहीं हैं। उनकी अलौकिकता हमारी नगण्यता को नहीं बल्कि हमारी ग्राहिका शक्ति को उत्तेजित करती है। हम उसी मार्ग पर चलने को आतुर हो जाते हैं।''[1]

भारतीय आलंकारिकों ने सभी पुरुष चरित्रों को– धीरोदात्त, धीर प्रशांत, धीरललित और धीरोद्धत – इन चार श्रेणियों में विभाजित किया है। परवर्त्ती महाकाव्यों में चरित्रों को इन्हीं चार साँचों में ढालकर अधिकतर उन्हें निष्प्राण बनाया गया है। उल्लेखनीय बात यह है कि तुलसी ने मानस में आलंकारिकों द्वारा निर्दिष्ट ढाँचे का हू ब हू पालन नहीं किया है। उनका दृष्टिकोण आदर्शवादी है। उनके पास पात्रों की अच्छाई बुराई को मापने की कसौटी रामभक्ति है। लोकसंग्रह भावना उनकी रामभक्ति के केंद्र में है। अत: उन्होंने रामकथा के परंपरागत पात्रों में भक्तिवादी, मर्यादावादी और लोक संग्रहवादी दृष्टि से बहुत कुछ परिवर्तन कर उनमें निखार ला दिया है। उनके सभी पात्र प्रकारात्मक (टाइप) और व्यक्ति दोनों हैं। दूसरे शब्दों में, तुलसी के पात्र एक खास साँचे में ढले होते हुए भी अपनी निजी विशेषताओं से युक्त हैं। उन्होंने पात्रों के स्वाभाविक गुणों का भी पूरा ध्यान रखा है और परिस्थिति के अनुसार उनकी विशिष्टताओं का उद्घाटन किया है।

आचार्य रामचंद्र शुक्ल ने सात्विक, राजस और तामस इन तीन प्रकृतियों के अनुसार

---

1. हजारीप्रसाद द्विवेदी ग्रंथावली, खंड 3, पृ० 288–89

मानस के चरित्रों को दो कोटियों में विभाजित किया है– आदर्श और सामान्य। शुक्ल जी के शब्दों में– ''सात्विक राजस और तामस इन तीन प्रकृतियों के अनुसार चरित्र विभाग करने से दो प्रकार के चित्रण हम गोस्वामी जी में पाते हैं– आदर्श और सामान्य। आदर्श चित्रण के भीतर सात्विक और तामस दोनों आते हैं। राजस को हम सामान्य चित्रण के भीतर ले सकते हैं। इस दृष्टि से सीता, राम, भरत, हनुमान और रावण आदर्श चित्रण के भीतर आवेंगे तथा दशरथ, लक्ष्मण, विभीषण, सुग्रीव, कैकेयी सामान्य चित्रण के भीतर। आदर्श चित्रण में हम या तो यहाँ से वहाँ तक सात्विक वृत्ति का निर्वाह पावेंगे या तामस का। प्रकृति भेद सूचक अनेकरूपता उसमें न मिलेंगी। सीता, राम, भरत, हनुमान ये सात्विक आदर्श हैं। रावण तामस आदर्श है।''[1]

राम मानस के नायक हैं। वे तुलसी के विशाल हृदय की विराट कल्पना के मूर्त रूप हैं। ''किसी भी जाति की काव्य प्रतिभा ने कभी भी जिन उदात्त गुणों की कल्पना की होगी, कदाचित् उनका एक संगठित रूप हमें राम के चरित्र में समाहित मिलता है।''[2] मानस में राम के तीन रूप परिलक्षित होते हैं– ब्रह्म रूप, आदर्श मानव रूप और स्वाभाविक नर रूप। डॉ० शंभूनाथ सिंह के शब्दों में, ''तुलसी के भक्त और चिंतक रूप ने राम में ब्रह्मत्व की प्रतिष्ठा की है। उनके मानवतावादी रूप ने राम को आदर्शों के उच्च शिखर पर प्रतिष्ठित किया है और उनके भावुक, कवि और कलाकार हृदय ने विवश होकर कलात्मक, मनोवैज्ञानिक और सौंदर्य बोधात्मक उत्कृष्टता और स्वाभाविकता लाने के लिए राम को सामान्य मानव के रूप में भी चित्रित किया है।''[3]

अरस्तू ने चरित्र की एक बड़ी विशेषता एकरूपता या सुसंगति बताया है।[4] इस दृष्टि से मानस के चरित्र जितने सफल हैं उतने और किसी महाकाव्य के नहीं। इसी बात को आचार्य शुक्ल ने अपने ढंग से व्यक्त किया है, ''रस संचार से आगे बढ़ने पर हम काव्य की उस उच्चभूमि में पहुँचते हैं, जहाँ मनोविकार अपने क्षणिक रूप में ही न दिखायी देकर जीवनव्यापी रूप में दिखायी पड़ते हैं। इसी स्थायित्व की प्रतिष्ठा द्वारा शील निरूपण और पात्रों का चरित्र चित्रण होता है। कहने की आवश्यकता नहीं कि इस उच्च भूमि में आने पर फुटकरिए कवि पीछे छूट जाते हैं, केवल प्रबंध कुशल कवि ही दिखायी पड़ते हैं। खेद के साथ कहना पड़ता है कि गोस्वामी जी को छोड़ हिंदी का और कोई पुराना कवि इस क्षेत्र में नहीं दिखायी पड़ता।''[5] राम के चरित्र की मुख्य विशेषता वीरता, धीरता, गंभीरता और कोमलता है। मानस में विभिन्न परिस्थितियों में उनके ये गुण परिलक्षित होते हैं। इस नियम का अनुपालन कवि ने अन्य चरित्रों के साथ भी सफलतापूर्वक किया है।

भरत एक आदर्श चरित्र है। उनके हृदय में लोकभीरुता, स्नेहार्दता, भक्ति और धर्मप्रवणता दिखायी पड़ती है। कवि ने अपने हृदय का संपूर्ण रस उड़ेल कर भरत के चरित्र का निर्माण

1. गोस्वामी तुलसीदास, पृ० 80
2. तुलसीदास (डॉ० माता प्रसाद गुप्त) पृ० 292
3. हिंदी महाकाव्य का स्वरूप विकास, पृ० 540
4. अरस्तू का काव्यशास्त्र (डॉ० नगेंद्र), पृ० 31
5. गोस्वामी तुलसीदास, पृ० 71

किया है। राम के प्रति उनका प्रेम और शील अथाह है। अयोध्याकांड और उत्तरकांड में उनका भातृ प्रेम चरमोत्कर्ष पर है।

लक्ष्मण शेषनाग के अवतार हैं। अतः उनका विष्णु के अवतार राम का सेवक होना उचित ही है। वे रघुपति की कीर्ति रूपी विमल पताका के आधार दंड स्वरूप हैं। जनक, परशुराम, सुग्रीव और समुद्र के सामने राम की कीर्ति रूपी पताका को ऊँचाई पर फहराते हैं, लेकिन दशरथ एवं भरत के प्रति कुछ असहनशीलता, अदूरदर्शिता एवं उग्रता का भी परिचय देते हैं। उनमें धैर्य भी है, जिसका परिचय वन गमन के समय देते हैं। इस तरह वे निर्भीक, साहसी, स्पष्ट वक्ता, धीर, दृढ़, कर्मठ, चपल, उग्र एवं असहनशील हैं।

विभीषण का चरित्र रामभक्त के रूप में चित्रित है। कवि ने विभीषण को साधु प्रकृति का बनाया है। उन्होंने न तो राज्य के लोभ में फँसकर राम का साथ दिया था और न भाई के तिरस्कार करने पर क्रोध के आवेश में आकर रावण का साथ छोड़ा था। वे तो राम के लोकविश्रुत शील, शक्ति और सौंदर्य पर मुग्ध थे"[1] और रावण की दुष्टता से अप्रसन्न। कवि ने उनके चरित्र निर्वाह में बड़े कौशल से काम लिया है। अक्सर तुलसी द्वारा चित्रित विभीषण के चरित्र को समझने में लोग भूल करते हैं और उन्हें भ्रातृ द्रोही एवं कुलनाशक समझते हैं।

दशरथ के चरित्र में सत्य और प्रेम का अपूर्व सामंजस्य है। "जिस पुत्र को वे सत्य की रक्षा के लिए निर्वासित करते हैं, उसी के प्रेम में अपने प्राणों का परित्याग भी करते हैं।"[2] हनुमान में महानतम वीर और अन्यतम सेवक, इन दो गुणों का अद्‌भुत समन्वय है।

रावण खलनायक है। वह असत्प्रवृत्तियों का पुंज, अत्याचार और विध्वंस की साकार मूर्ति है। उसने तीनों लोकों को प्रंकपित कर देनेवाली शक्ति अर्जित की है। "जिसका वध करने के लिए स्वयं भगवान को पृथ्वी पर जन्म लेना पड़े उसकी शक्ति का अनुमान नहीं किया जा सकता।"[3] इस तरह रावण का चरित्र पौराणिक ढंग का अतिरंजित और अतिमानवीय है। "तुलसी ने अपनी भक्ति भावना और युग प्रभाव के कारण रावण के चरित्र के कृष्ण पक्ष को उभार कर अंकित किया है, उसके शुक्ल पक्ष की उपेक्षा की है।"[4] लेकिन रावण के कुछ गुण भी दिखायी पड़ते हैं– जैसे वह लूट कर लायी गयी संपत्ति को अपने राज्य में योग्यतानुसार बाँट देता है – जेहि जस जोग बाँटि गृह दीन्हे। सुखी सकल राजनीचर कीन्हे।।[5] कोई एक घर नहीं, बल्कि सारी लंका सोने की है। वीरता, धीरता, विद्वता, अहंकार आदि उसकी विशेषताएँ हैं।

कवि ने नारी संबंधी उच्चतम आदर्श की स्थापना सीता, कौसल्या, सुमित्रा, मंदोदरी आदि के द्वारा की है। सीता मानस की नायिका है। वह ब्रह्म की आदिशक्ति माया है और नर रूप राम की आदर्श पत्नी। पुष्पवाटिका, धनुषयज्ञ, अयोध्या, वन मार्ग, वन, अशोक वाटिका और अग्नि परीक्षा में उनके अनेक गुण उभर कर सामने आते हैं। शोभा, कांति, दीप्ति, माधुर्य,

---

1. गोस्वामी तुलसीदास, पृ॰ 82
2. हिंदी महाकाव्य का स्वरूप-विकास, पृ॰ 543
3. वही, पृ॰ 541
4. तुलसी-काव्य-मीमांसा, पृ॰ 417
5. रामचरितमानस, 1/179/7

सुकुमारता, लज्जा, सुशीलता, विनय, पति परायणता, सेवा भाव, उदारता, धैर्य आदि भारतीय काव्य की आदर्श नायिका के प्रायः सभी गुण उनमें विद्यमान हैं।

कौसल्या एवं सुमित्रा आदर्श माताएँ और पत्नियाँ हैं। सौतेले बेटे के प्रति उनके वात्सल्य का कोई जवाब नहीं है। कौसल्या का तेज समस्त मध्ययुगीन साहित्य में बेजोड़ है। वह भरत से कहती है–

राजु देन कहि दीन्ह बनु, मोहि न सो दुख लेसु।
तुम्ह बिनु भरतहि भूपतिहि, प्रजहि प्रचंड कलेसु।।[1]

कैकेयी के चरित्र में एक बड़ा भारी परिवर्तन दिखाया गया है और उल्लेखनीय है कि वह परिवर्तन मनोवैज्ञानिक आधार पर किया गया है। वह कुटिल, ईर्ष्यालु, पतिघातिन, स्वार्थमयी, अदूरदर्शी और कठोर विमाता के रूप में चित्रित हुई है। उसके चरित्र में सुधार नहीं दिखाया गया है, यद्यपि इसका अवसर कवि के पास था। अतः उसका चरित्र भी मुख्यतः टाइप (प्रकारात्मक) ही है।

मंथरा में चापलूस, मुँहलगी, झगड़ा लगानेवाली मूर्ख स्त्री का बड़ा ही यथार्थ और मनोवैज्ञानिक चित्रण हुआ है।

तुलसी ने मंदोदरी के चरित्र को भी ऊँचा उठाया है। वह एक ओर तो पतिव्रता है, रावण की पत्नी और उसकी अनुगामिनी है; दूसरी ओर सत्य, धर्म और नीति का पालन करनेवाली है। वह रावण को सीता को लौटाने और राम से युद्ध न करने की सलाह देती है। दशरथ की तरह वह भी दो विरोधी भावों से ग्रसित है– एक तरफ रावण की पत्नी और दूसरी तरफ राम की भक्त।

कवि ने जीवन की विभिन्न परिस्थितियों में पात्रों को डालकर उनकी वैयक्तिक विशेषताओं के मर्मस्पर्शी उद्‌घाटन के साथ ही समुदाय विशेष की प्रवृतियों या स्वभाव का भी यथार्थ और मनोरम चित्रण किया है। जैसे– नारी स्वभाव, बाल स्वभाव, वानर स्वभाव, राक्षस स्वभाव आदि। जनकपुर, अयोध्या, वनमार्ग में एवं राम के अयोध्या लौटने पर नारियों के उछाह का मनोहारी चित्रण मिलता है, परशुराम लक्ष्मण संवाद में बाल स्वभाव का अद्‌भुत चित्रण है। "अकारण चिढ़नेवालों को चिढ़ाना बालकों के स्वभाव के अंतर्गत होता है। चिड़चिड़े लोगों की दवा करने का भार मानो समाज ने बालकों ही को दे रखा है।"[2]

इस प्रकार मानस में पात्रों की विविधता है। डॉ० उदयभानु सिंह के शब्दों में, "तुलसी के पात्रों में जाति, वर्ण, आश्रम, वय, पद, लिंग, रूप और गुण की जो असाधारण विविधता पायी जाती है, वह विरले कवियों की कृतियों में देखने को मिलती है। इस वैविध्य के फलस्वरूप उनके काव्य में पार्थिव और पुराण कल्पित जीवन की समग्रता का निदर्शन हुआ है।"[3]

कामायनी की पात्र योजना

कामायनी रामचरितमानस की तरह चरित्र प्रधान महाकाव्य नहीं है। प्रसाद ने चरित्र को

1. रामचरितमानस, 2/55
2. गोस्वामी तुलसीदास, पृ० 85
3. तुलसी-काव्य-मीमांसा, पृ० 304

रस का साधन माना है।[2] आधुनिक युग में चरित्र चित्रण संबंधी मान्यता बदल गयी है। आदर्श चरित्रों की सामंतयुगीन कल्पना अमान्य हो गयी है। अब साहित्य में पात्रों का यथार्थ मनोवैज्ञानिक चित्रण होने लगा है।

कामायनी में मानस की तरह पात्रों की भीड़ नहीं है। इसमें कुल छह पात्र हैं– मनु, श्रद्धा, इड़ा, मानव, किलात और आकुलि। किलात और आकुलि खलपात्र हैं। दोनों केवल दो स्थानों पर दिखायी पड़ते हैं। इनका उद्देश्य स्वार्थसाधन और दूसरों को कर्त्तव्यच्युत करना है। मानव भी कामायनी का गौण पात्र है। इस तरह कामायनी में प्रमुख केवल तीन पात्र हैं– मनु, श्रद्धा और इड़ा ।

मनु कामायनी की कथा के केंद्र में है। वह नायक है। शास्त्रीय लक्षणों के अनुसार मनु न तो धीरोदात्त नायक है और न उसमें चारित्रिक ऊँचाई है। फिर भी वह महाकाव्योचित चरित्र है, क्योंकि वह अपने युग के एक विशेष वर्ग का प्रतिनिधि पात्र है। महाकाव्य के चरित्रों के संबंध में एबरक्रोम्बी का कहना है कि ''महाकाव्य में एक या एकाधिक चरित्र ऐसे अवश्य होने चाहिए जिनमें किसी युग की समस्त अच्छाइयाँ और असफलताएँ केन्द्रीभूत हों, महदुद्देश्य से अनुप्राणित और गौरवान्वित कोई भी महाकाव्य उन उद्देश्यों को वहन करने योग्य महान् चरित्र के बिना नहीं निर्मित हो सकता है।''[3] मनु, श्रद्धा और इड़ा तीनों मिलकर आधुनिक युग की समस्त अच्छाइयों एवं असफलताओं का प्रतिनिधित्व करते हैं।

मनु के चरित्र पर अनेक आलोचकों ने अपने विचार व्यक्त किये हैं। पर उन्होंने कवि प्रसाद की धारणाओं को ज्यों का त्यों स्वीकार लिया है। कामायनी की आलोचना के नाम पर आलोचकों ने जितना धुआँ उगला है, उतना प्रकाश नहीं। लेकिन इस युग के महान् कवि और समर्थ समीक्षक गजानन माधव मुक्तिबोध ने कामायनी के विचार एवं चरित्रों पर ऐसी तेज रोशनी डाली है कि उनकी समस्त कमजोरियाँ एवं खूबियाँ सूक्ष्मता एवं गहराई से उजागर हुई हैं। मुक्तिबोध की सूक्ष्म दृष्टि के प्रकाश में मनु का चरित्र प्रलक्ष्य है – ''मनु एक विशेष प्रकार की ऐतिहासिक-सामाजिक भूमि में ही पैदा हो सकता है। वेदकालीन मनु कामायनी का मनु नहीं है। प्रसाद का मनु उसी वर्ग का मनु है, जिस वर्ग के स्वयं प्रसाद जी हैं। उसे मनन मात्र का, मनमात्र का, मानव मात्र का प्रतिनिधि कहना सरासर गलत है। मनु एक टाइप है, उस वर्ग का टाइप, जिसकी शासन-सत्ता तथा ऐश्वर्य छिन गया है। उस वर्ग की समस्त प्रवृतियाँ मनु में हैं। अहंकार, विलासिता, आत्ममोह, निर्बंध उच्छृंखलता, व्यक्तिवादी साहस, व्यक्तिवादी निराशा, पाखंड और ऐसा आत्मग्रस्त, निबिड़ आत्म विश्लेषण जो पराजय से प्रसूत होकर पराजयों की ओर ले जाता है, मनु की विशेषता है। मनु पराजय का पुत्र है, जो अपनी पराजय को पलायन से ढाँकता है तथा जबर्दस्ती लाये गये सामरस्य से छिपाता है। वस्तुतः मनु की प्रकृति ठीक उस पूँजीवादी व्यक्तिवाद की प्रकृति है जिसने कभी जनतंत्रात्मकता का बहाना भी नहीं किया, केवल अपने मानसिक खेद अंतर्विप्लव और निराशा से छुटकारा पाने तथा स्वस्थ शांत अनुभव करने के लिए श्रद्धा और इड़ा के समान अच्छी साथिनों का सहारा लिया, जो उसके सौभाग्य से उसे प्राप्त भी हुईं।''[3]

1. काव्य और कला तथा अन्य निबंध (जयशंकर प्रसाद), पृ० 84
2 द एपिक, पृ० 50
3. मुक्तिबोध रचनावली, खंड- 4, पृ० 231

मन अच्छे और बुरे दोनों का योग होता है। ''मनु की अच्छाई उसकी वृथा भावुकता है। क्षणिक उच्च भावानुभूति से ऊँचे चरित्र का निर्माण नहीं होता।''[1] प्रसाद ने मनु को एक विशेष प्रकार के टाइप के रूप में प्रस्तुत किया है। वह ऐसे सामंत वर्ग का प्रतिनिधि पात्र है, जो अपनी सत्ता खो चुका है, फिर भी विलासिता और तानाशाहियत उसमें बरकरार है।

मनु के चरित्र के दो रूप हैं– सामाजिक-राजनीतिक और व्यक्तिगत। मनु का सामाजिक-राजनीतिक जीवन कर्म प्रधान नहीं कहा जा सकता। उसमें कर्म के प्रति विशेष उत्साह नहीं है। उसका मुख्य उद्देश्य जीवन निर्माण नहीं है, क्योंकि जीवन निर्माण के लिए जिस उत्साह, आत्मोत्सर्ग की भावना होनी चाहिए, वह उसमें नहीं है। श्रद्धा मनु के बारे में कहती है–

दुख के डर से तुम अज्ञात
जटिलताओं का कर अनुमान,
काम से झिझक रहे हो आज,
भविष्यत् से बनकर अनजान।।[2]

कार्यजटिलता से घबराकर जो लक्ष्य की ओर अनुशासनबद्ध गति से नहीं चलेगा, उसके लिए भविष्य अनजान रहेगा ही। मनु ने सामाजिक-राजनीतिक जीवन में दो भयानक अपराध किये हैं– इड़ा घर्षण प्रयत्न और अपनी ही प्रजा से युद्ध और इन कुकृत्यों के लिए उसके मन में कोई पश्चाताप नहीं है। उल्टे वह प्रजा को ही दोषी मानता है।

मनु के व्यक्तिगत जीवन में वासना की प्रधानता है। अपने व्यक्तिगत जीवन में उन्होंने एक गहन अपराध किया है, श्रद्धा त्याग। वह अपनी मन:स्थितियों के अनुसार तुरत दिशा बदल लेता है। वह आकर्षण से भरे विश्व को अपना भोग्य समझता है–

आकर्षण से भरा विश्व यह
केवल भोग्य हमारा;
जीवन के दोनों कूलों में
बहे वासना-धारा।[3]

मनु की यह व्यक्तिवादिता है। व्यक्तिवादी केवल अपना लाभ देखता है, चाहे वह जिस कीमत पर प्राप्त हो। मनु भावुक और अंतर्मुखी व्यक्ति है। कवि ने उसके चरित्र में अहंकार, विलासिता, भावुकता, अंतर्मुखता, प्रभुत्व कामना, आत्मछल आदि गुणों की प्रतिष्ठा की है।

मनु आत्मालोचना भी करता है, पर जीवन में उसे उतारता नहीं है। इसलिए वह बराबर निराश और हताश रहता है।

अंत में मनु श्रद्धा की प्रेरणा से दिव्य ज्ञान का अधिकारी होता है। यह चरित्र का स्वस्थ और स्वाभाविक विकास नहीं कहा जा सकता, क्योंकि मनु की अन्त: प्रकृति में आध्यात्म की कोई भी रेखा विद्यमान नहीं है।

---

1. मुक्तिबोध रचनावली, खंड- 4, पृ० 232
2. कामायनी, श्रद्धा सर्ग, पृ० 52
3. वही, कर्म सर्ग, पृ० 128

प्रसाद ने अपनी जीवन-दृष्टि श्रद्धा के चरित्र के माध्यम से व्यक्त की है। श्रद्धा की अवतारणा मनु की मुक्ति के लिए हुई है। उसके चरित्र में आद्यंत आदर्शवाद की प्रतिष्ठा की गयी है।

काव्य के आरंभ में वह मनु को जीवन निर्माण का संदेश देती है। मनु की उदासीनता उसे खटकती है। वह उसे पुरातनता को छोड़ भौतिक सुख समृद्धि की महान् प्रेरणा देती है—

डरो मत अरे अमृत संतान
अग्रसर है मंगलमय वृद्धि;
पूर्ण आकर्षण जीवन केन्द्र
खिंची आवेगी सकल समृद्धि।[1]

वस्तुत: श्रद्धा के इस आरंभिक स्वरूप में हमारे राष्ट्रीय आंदोलन की आशा-आकांक्षा, आत्मविश्वास, गंभीर मनोबल आदि प्रतिबिंबित हुए हैं। किंतु, आगे चलकर यही श्रद्धा रहस्यवादी, अद्वैतवादी हो जाती है। उसके इस रूप पर शैव दर्शन के साथ स्वामी विवेकानंद और कवींद्र रवींद्र के रहस्यवाद का प्रभाव है।

श्रद्धा के चरित्र में कर्म सौंदर्य का अभाव है। वह जब कामायनी के दर्शन सर्ग में कहती है कि— 'मैं लोक अग्नि में तप नितांत, आहुति प्रसन्न देती प्रशांत'[2] तो उसके इस मत की पुष्टि उसके कर्म से नहीं होती। श्रद्धा ने कहीं भी, किसी भी अवसर पर लोक अग्नि में आहुति नहीं दी है। एक मौका आया भी तो उसने उस ओर ध्यान तक नहीं दिया। रणक्षेत्र में जब सब लोग घायल और मृतक गिरे हुए थे तो श्रद्धा ने उनकी सेवा सुश्रूषा नहीं की और न उनके प्रति कोई सहानुभूति व्यक्त की। यह वही श्रद्धा है जो 'श्रद्धा' सर्ग में मानवता की विजय कामना का ढोल पीटती है, 'कर्म' और 'ईर्ष्या' सर्ग में पशु बलि से मर्माहत होकर मानवता का प्रश्न उठाती है। पशुबलि से उद्विग्न हो उठनेवाली श्रद्धा मानव बलि से अविचलित और अप्रभावित रहती है। यही है श्रद्धा का मानवतावाद! इड़ा के साथ सहानुभूति व्यक्त करने की बजाय उल्टे उसे उपदेश पिलाती है। मुक्तिबोध ने ठीक ही लिखा है, "श्रद्धा आत्मबद्ध भावुकता के आदर्शीकरण का नाम है। यदि उसमें आत्मबद्धता नहीं होती तो उसका चरित्र दूसरे प्रकार का होता। तब उसमें सकर्मकता के दर्शन होते"[3] स्वयं श्रद्धा के चरित्र में इच्छा, ज्ञान और क्रिया का सामंजस्य नहीं है। वह रस में ही पगी रही, बुद्धि नहीं पायी और कर्म भी नहीं पाया।

जिस प्रकार मनु मानवमात्र का प्रतीक नहीं है, उसी प्रकार श्रद्धा भी नारी जाति की प्रतीक नहीं। बुद्धि और कर्म से दूर नारी की कल्पना नहीं की जा सकती। नारी के पास पर्याप्त विवेक, उत्तरदायित्व एवं सेवा की भावना होती है। श्रद्धा भले ही दार्शनिक हो, गहन संवेदन क्षमता से युक्त हृदय के अनेक गुणों से पूर्ण हो, मनु की आत्मा को भले ही वह मुक्ति दिलाती

---

1. कामायनी, श्रद्धा सर्ग, पृ० 58
2. वही, दर्शन सर्ग, पृ 242
3. मुक्तिबोध रचनावली, खंड- 4, पृ० 340-41

हो, पर मानव कल्याण के सामाजिक कार्य की ओर वह उन्मुख नहीं है। मुक्तिबोध के शब्दों में, "श्रद्धा की व्यक्तित्व-सत्ता भावात्मक, अकर्मक और स्थित्यात्मक है।"[1]

इड़ा का चरित्र श्रद्धा से भिन्न है। वह प्रतिभाशाली, तेजस्वी और निर्माण संकल्प से पूर्ण है। कामायनी के अन्य पात्रों की तुलना में उसका चरित्र दृढ़तम और उज्ज्वलतम है। काव्य में इड़ा की अवतारणा अत्यंत चमत्कारपूर्ण ढंग से होती है—

बिखरीं अलकें ज्यों तर्क-जाल।
वह विश्व मुकुट-सा उज्ज्वलतम शशिखंड सदृश था स्पष्ट भाल
दो पद्म पलाश चषक से दृग देते अनुराग-विराग ढाल
गुंजरित मधुप से मुकुल-सदृश वह आनन जिसमें भरा गान
वक्षस्थल पर एकत्र धरे संसृति के सब विज्ञान-ज्ञान
था एक हाथ में कर्म-कलश वसुधा जीवन रस सार लिये
दूसरा विचारों के नभ को था मधुर अभय अवलंब दिये
त्रिबली थी त्रिगुण तरंगमयी, आलोक वसन लिपटा अराल
चरणों में थी गति भरी ताल।[2]

एक ही छंद में कवि ने इड़ा के बाह्य और आंतरिक सौंदर्य का मनोरम उद्घाटन कर दिया है। विचार और कर्म उसके व्यक्तित्व की दो महत्वपूर्ण विभूतियाँ हैं। वह स्वार्थ भावना के ऊपर उठकर मानव कल्याण के लिए सक्रिय है। बुद्धि और वर्ग विभाजन के आधार पर नयी सारस्वत सभ्यता का उच्चतर स्तर पर पुनर्निर्माण करती है। उसका 'व्यक्तित्व चरित्र बहिर्मुख, सकर्मक, विज्ञानवादी तथा वैयक्तिक स्वार्थ से नितांतरहित है।"[3] उसके चरित्र की एक बड़ी विशेषता यह है कि वह अनुशासनप्रिय है। समाज और राष्ट्र संचालन के लिए नियम और अनुशासन कितना जरूरी है, कहने की आवश्यकता नहीं। कवि ने इड़ा की महान् उपलब्धि (उच्चतर सभ्यता का निर्माण) को नजर अंदाज किया है और इड़ा का निरादर किया है।

कवि ने इड़ा को बुद्धिवाद का प्रतीक चरित्र माना है। इसका कारण कदाचित यह है कि वह विज्ञान और यंत्र से संबद्ध है। लेकिन यह बुद्धिवाद नहीं है। मुक्तिबोध के शब्दों में, "बुद्धिवाद उस विचार प्रवृत्ति को कहते हैं जो जीवन जगत की बौद्धिक व्याख्या करती है तथा उस बात को सत्य नहीं मानती जो बुद्धि से अतीत हो। इंद्रियगम्य ज्ञान के उच्चतर निष्कर्षात्मक सामान्यीकृत ज्ञान को ही बौद्धिक ज्ञान कहते हैं।"[4] इड़ा का चरित्र बुद्धि प्रधान अवश्य है, पर उसे बुद्धिवाद का प्रतीक नहीं माना जा सकता, क्योंकि श्रद्धा की तरह वह भी बुद्धि से परे विश्व को रहस्य समझती है। "जीवन जगत संबंधी उसकी अंतिम व्याख्या रहस्यवादी है।"[5] मुक्तिबोध

---

1. मुक्तिबोध रचनावली, खंड- 4, पृ० 341
2. कामायनी, इड़ा सर्ग, पृ० 168
3. मुक्तिबोध रचनावली, खंड- 4, पृ० 339
4. वही, पृ० 353
5. वही, पृ० 353

के अनुसार "इड़ा पूँजीवादी समाज की मूल विचारधारा की प्रतीक है।"[1] जीवन संघर्ष में योग्यतम की विजय और शेष का नाश (स्ट्रगल फॉर ऐक्जिस्टेंस एंड सर्वाइवल ऑफ द फिटेस्ट) उसका प्रमुख सिद्धांत है, जो स्वार्थग्रस्त साम्राज्यवादी पूँजीवाद का वैचारिक अस्त्र है।

इस प्रकार मनु, श्रद्धा और इड़ा एक ही पूँजीवादी व्यवस्था के तीन रूप हैं। "मनु उसके मनोवैज्ञानिक पक्ष का प्रतिनिधित्व करते हैं, श्रद्धा उसके अनुभूतिवादी ऐकांतिक आदर्श पक्ष का चरित्रात्मक उद्‌घाटन है और इड़ा उसके सामाजिक मूल गति नियमों का, उसके विविध विधानों का प्रतिनिधित्व करती है।"[2]

रामचरितमानस और कामायनी के पात्रों की तुलना

मानस चरित्र प्रधान काव्य है कामायनी में चरित्र चित्रण गौण है। मानस के पात्र भव्य और दिव्य हैं। उनमें प्रेरित करने एवं जीवन को बदल देने की विलक्षण क्षमता है। कामायनी के पात्रों में ऐसी क्षमता नहीं है। हाँ, श्रद्धा और इड़ा एक सीमा तक अवश्य प्रभावित करती हैं, पर कवि ने उन्हें स्वतंत्र रूप से विकसित नहीं होने दिया। उन्हें खास भावों का प्रतीक बनाकर उन पर अपनी विचारधारा लाद कर उन्हें बिगाड़ दिया। यही कारण है कि उनकी प्रभाव-क्षमता भी कम हो गयी।

मानस के प्रायः सभी पात्र विभिन्न रूपों के अवतार हैं। कामायनी के पात्रों का पूर्वजन्मों से कोई सरोकार नहीं है। मानस के पात्र अलौकिक और लौकिक दोनों हैं, कामायनी के केवल लौकिक । लौकिकता की वजह से कामायनी के पात्रों को जनसामान्य के करीब होना चाहिए था, पर ऐसा नहीं है, मानस के पात्र अलौकिक होते हुए भी जनसाधारण के बीच हैं, क्योंकि द्विवेदी जी के शब्दों में वे 'हमारी नगण्यता को नहीं, ग्राहिका शक्ति को उभारते हैं।'

मानस में पात्रों की भीड़ है और उसमें वैविध्य है। कामायनी में कुल छह पात्र हैं जिनमें तीन ही प्रमुख हैं। उसमें वैसा वैविध्य नहीं है।

मानस और कामायनी दोनों के पात्र टाइप भी हैं और व्यक्ति भी, पर दोनों के टाइप और व्यक्तित्व अलग अलग हैं।

मानस के पात्रों की अच्छाई बुराई की कसौटी रामभक्ति है और कामायनी की रहस्यात्मक सामरस्य।

मानस के चरित्र चित्रण में एकरूपता या सुसंगति का उत्कृष्ट निर्वाह हुआ है अर्थात् राम, लक्ष्मण, भरत, विभीषण आदि के चरित्रों की जो खास विशेषताएँ हैं, वे विभिन्न परिस्थितियों में दिखायी पड़ती हैं। कामायनी में ऐसा नहीं है। पशु बलि को देख विचलित होनेवाली श्रद्धा नर बलि देख अविचलित रहती है। इड़ा भी अपनी बुद्धि को श्रद्धा के रहस्यवादी गह्वर में छोड़ देती है। मनु में बहुत कुछ एकरूपता है। उसका व्यक्तित्व अस्थिर है और इस अस्थिरता में एकरूपता देख सकते हैं। वह कब किस दिशा में बहेगा, कहना कठिन है। केवल अंतिम दृश्य में शांत एवं स्थिर होता है।

---

1. मुक्तिबोध रचनावली, खंड- 4, पृ० 328
2. वही, पृ० 332

चरित्र चित्रण में दोनों महाकाव्यों में मनोविज्ञान का सहारा लिया गया है। नारी पात्रों के प्रति सम्मान भाव दोनों महाकाव्यों में है। मानस की नायिका सीता और कामायनी की नायिका श्रद्धा में कुछ हद तक समानता देखी जा सकती है। दोनों में सौंदर्य और हृदय के गुण भरपूर हैं। दोनों में संवेदनशीलता, कोमलता, लज्जा, उदारता आदि गुण हैं। पर सीता जहाँ मुख्य रूप से पत्नी है, वहाँ श्रद्धा अपने को लोक अग्नि में तपनेवाली भी कहती है, पर व्यवहार में ऐसा करती हुई नहीं देखी जाती। इड़ा और कौसल्या के चरित्र में विवेक, तेजस्विता और उज्ज्वलता है।

मानस के नायक राम हैं और कामायनी के मनु। राम भारतीय सामंतयुगीन आदर्श के चरम निदर्शन हैं, मनु पूँजीवादी प्रवृत्तियों के प्रतिनिधि पात्र । राम का जीवन कर्म प्रधान है, मनु का नहीं। राम कठिनाइयों से जूझते हैं, मनु कार्य जटिलताओं के अनुमान मात्र से पलायन कर जाते हैं। राम कर्मवादी हैं, मनु पलायनवादी। 'राम पुनीत विषय रस रूखे' हैं, मनु 'आकर्षण से भरा विश्व यह केवल भोग्य हमारा' के उद्घोषक। राम धीर हैं, मनु अधीर। राम मर्यादावादी हैं, मनु स्वच्छंदतावादी। राम लोकवादी हैं, मनु व्यक्तिवादी। राम आशावादी हैं, मनु निराशावादी। राम विनीत हैं, मनु अहंकारी। राम सरल है, मनु पाखंडी। राम प्रजा वत्सल हैं, मनु प्रजा संहारक। राम राज लोभ से परे हैं, मनु प्रभुत्वकामी हैं। राम जीवन संघर्ष में विजयी होते हैं और मनु हर बार पराजित। राम ने अपने जीवन में कोई भी भयंकर भूल नहीं की है, मनु ने एक पर एक तीन भयंकर अपराध किये हैं। राम गहरे स्तर पर भावुक हैं, मनु की भावुकता क्षणिक और उथली है। राम संतुलित हैं, मनु असंतुलित और अंतमुर्खी। राम आदर्श हैं, मनु यथार्थ। चारित्र्य वैशिष्ट्य की दृष्टि से दोनों लगभग दो सिरे पर हैं, फिर भी दोनों महाकाव्योचित पात्र हैं, क्योंकि दोनों किसी न किसी रूप में अपने युग का प्रतिनिधित्व करते हैं।

●

रस योजना

रस महाकाव्य का सर्वाधिक महत्वपूर्ण तत्व है। इसे काव्य की आत्मा कहा गया है। विभाव, अनुभाव, स्थायी भाव, संचारी भाव इसके अंग हैं। रस निष्पत्ति के सभी अंगों का पुष्ट होना आवश्यक है। लेकिन कुशल कलाकार कभी कभी किसी एक भाव का ही ऐसा मार्मिक वर्णन करता है कि सहृदय उतने में ही रस दशा को प्राप्त कर लेता है। कभी कभी वर्णन भावोदय तक ही रहता है, कभी रसाभास की स्थिति आती है। कभी रसोद्रेक की तीव्रता होती है, कहीं उसकी झलक भर मिलती है। हम दोनों महाकाव्यों की रस निवेश कला पर क्रमशः विचार करते हुए दोनों की तुलना प्रस्तुत करेंगे।

रामचरितमानस में रस योजना

तुलसीदास रससिद्ध कवि हैं। उन्होंने मानस में रस की अत्यंत प्रभावशाली योजना की है। मानस में आचार्यों द्वारा प्रतिपादित सभी रसों की योजना तो हुई ही है, इसके अतिरिक्त मानव जीवन की अनेक सुख दुखानुभूतियों की बड़ी सूक्ष्म, सरस अभिव्यंजना भी हुई है। आचार्य शुक्ल ने बहुत सही लिखा है कि "काव्य के गूढ़ और उच्च उद्देश्य को समझनेवाले, मानव जीवन के सुख और दुख दोनों पक्षों के नाना रूपों के मर्मस्पर्शी चित्रण को देखकर, गोस्वामीजी

के महत्व पर मुग्ध होते हैं; और स्थूल बहिरंग दृष्टि रखनेवाले भी लक्षण ग्रंथों में गिनाए हुए नव रसों और अलंकारों पर अपना आह्लाद प्रकट करते हैं।''[1]

यहाँ पर हमारा उद्देश्य मुख्य रूप से शास्त्रीय दृष्टि से रस सामग्री पर विचार करना है। संस्कृत काव्यशास्त्र की परंपरा में नौ रसों को प्रतिष्ठा मिली थी। आगे चलकर आचार्य विश्वनाथ ने वात्सल्य को दसवें रस में स्थान दिया और वैष्णव आचार्यों ने भक्तिरस को ग्यारहवाँ रस माना। इन ग्यारहों रसों की समर्थ व्यंजना रामचरितमानस में हुई है। इनमें भक्तिरस की योजना अंगीरस के रूप में हुई है।

तुलसी के वात्सल्य वर्णन का क्षेत्र बहुत व्यापक है। वहाँ वात्सल्य की सीमा शिशु स्वभाव, क्रीड़ा, माँ पिता का उसके प्रति स्नेह और संयोग वियोग तक ही सीमित नहीं है, बल्कि राम सीता के प्रति सास ससुर, गुरुओं एवं साधारण नर नारियों का जो प्रेम भाव है, वह वात्सल्य ही कहलायेगा क्योंकि ''वात्सल्य रस का स्थायी भाव पाल्य पालक लक्षण से युक्त पुत्रादि विषयक स्नेह है''[2] इस दृष्टि से दास दासियों एवं भक्तों के प्रति राम का स्नेह भी वात्सल्य है। इसलिए राजा को प्रजावत्सल कहा जाता है। राम प्रजा वत्सल और भक्तवत्सल हैं। तुलसी को राम का भक्तवत्सल रूप अत्यंत प्रिय है।

तुलसी के वात्सल्य वर्णन की एक बड़ी विशेषता यह है कि उन्होंने ऐसी माता की ममता का मर्मस्पर्शी वर्णन किया है जो विमाता है। वात्सल्यमयी माँ कौसल्या का सपत्नी पुत्र भरत के प्रति जिस चित्ताकर्षक स्नेह का वर्णन तुलसी ने दिया है, वह हिंदी साहित्य में दुर्लभ है।

अस कहि मातु भरतु हियँ लाये । थन पय स्रवहिं नयन जल छाये ।[3]

तुलसी के वात्सल्य की दूसरी महत्वपूर्ण विशेषता यह है कि खेलों के वर्णन में उन्होंने राम के धनुष बाण को विशेष रूप से याद किया है। इसके पीछे तुलसी की विशेष दृष्टि काम कर रही है। उनके राम लोकरक्षक हैं। ये ही बालक राम आगे चलकर राक्षसों का विनाश करेंगे। अंग्रेजी में एक कहावत है, 'मॉर्निंग शोज द डे'। स्वाभाविक ही है कि राम आखेट एवं धनुष बाण के खेलों में रुचि लेते हैं। धनुष बाण से सज्जित राम के बाल रूप पर तुलसी मुग्ध हैं—

करतल बान धनुष अति सोहा । देखत रूप चराचर मोहा ।।[4]

तुलसीदास ने श्रृंगार रस का अत्यंत मनोहर चित्रण किया है। उनके श्रृंगार वर्णन की विलक्षण विशेषता यह है कि वह मर्यादित और मंगल विधायक है। पूर्णत: मर्यादित होने पर भी ऐसा उत्कट, प्रभावशाली और विशद श्रृंगार वर्णन उनके पूर्ववर्ती और परवर्ती किसी कवि ने नहीं किया है। वे अमर्यादित, उच्छृंखल श्रृंगार वर्णन के दुष्परिणाम से सुपरिचित थे। इसलिए उन्होंने मानस के श्रृंगार को शिव तत्व से जोड़कर 'विषय कथा रस' का विरोध किया—

---

1. गोस्वामी तुलसीदास, पृ० 54
2. तुलसी-काव्य-मीमांसा, पृ० 286
3. रामचरितमानस, 2/169/5
4. वही, 2/204/7

संबुक भेक सेवार समाना । इहाँ न विषय कथा रस नाना ।।[1]

भारतीय कवियों में एकमात्र तुलसी का ही ऐसा निर्मल श्रृंगार वर्णन है जिसे परिवार के सभी सदस्य एक साथ बैठकर बिना किसी विकार और झिझक के पढ़ सुन कर आनंद उठाते हैं। हिंदी भाषी जनता को पहली बार समाजानुमोदित प्रेम का रूप मानस की पुष्पवाटिका में दिखायी पड़ता है। पुष्पवाटिका में नायक नायिका अकेले नहीं है और न चुंबन आलिंगन का कोई कामोत्तेजक दृश्य है। राम के साथ लक्ष्मण और सीता के साथ सहेलियाँ हैं। नायक नायिका में कोई बातचीत भी नहीं हो पाती है, दोनों एक दूरी पर ही हैं, उनका प्रथम अनुराग दर्शन तक ही सीमित है फिर भी उनके पूर्वानुराग को कवि ने ऐसी तीव्रता के साथ अभिव्यक्त किया है कि सहृदय अभिभूत हो उठता है।

धनुष यज्ञ के अवसर पर यह प्रेम और तीव्र होता है। धनुर्भंग में विलम्ब होने के कारण उस अवसर पर सीता की मनोदशा का संश्लिष्ट चित्र द्रष्टव्य है—

प्रभुहि चितै पुनि चितव महि राजत लोचन लोल ।
खेलत मनसिज मीन जुग जनु बिधु मंडल डोल ।।

गिरा अलिनि मुख पंकज रोकी । प्रगट न लाज निसा अवलोकी।।
लोचन जलु रह लोचन कोना । जैसे परम कृपन कर सोना।।[2]

यहाँ पर श्रृंगार रस की अत्यंत मार्मिक व्यंजना हुई है। राम आलंबन और सीता आश्रय है। आश्रयगत स्थायी भाव रति उद्‌बुद्ध होकर पीड़ा, विषाद, चिंता के संचारी भावों से पुष्ट होकर चितवन, अश्रु आदि अनुभाव के माध्यम से रस रूप में परिणत होकर अभिव्यक्त हो रही है।

राम सीता का प्रेम कर्मक्षेत्र से अलग नहीं, उसी के मध्य पनपने और विकसित होनेवाला है। प्रेम के प्रभाव से जंगल के दुख को भी उन्होंने सुख में बदल दिया था। यह प्रेम जब सीता हरण के बाद वियोगावस्था में आता है तो राम के हृदय में और अधिक उत्साह जगाता है। तुलसीदास का वियोग वर्णन विशिष्ट प्रकार का है। आचार्य रामचंद्र शुक्ल ने इसकी विशिष्टता का उद्‌घाटन करते हुए लिखा है, ''वन में सीता का वियोग चारपाई पर करवटें बदलवाने वाला नहीं है – चार कदम पर मथुरा गये हुए गोपाल के लिए गोपियों को बैठे बैठे रुलानेवाला वियोग नहीं है। झाड़ियों में थोड़ी देर के लिए छिपे हुए कृष्ण के निमित्त राधा की आँखों से आँसुओं की नदी बहानेवाला वियोग नहीं है- यह राम को निर्जन वनों और पहाड़ों में घुमानेवाला, सेना एकत्र करानेवाला, पृथ्वी पर का भार उतारनेवाला वियोग है। इस वियोग की गंभीरता के सामने सूरदास द्वारा अंकित वियोग अतिशयोक्तिपूर्ण होने पर भी बाल क्रीड़ा सा लगता है।''[3]

वीर रस की व्यंजना राम, लक्ष्मण, हनुमान, अंगद आदि के युद्धोत्साह वर्णन में कई जगह हुई है। जनक की चुनौती से उत्तेजित लक्ष्मण की उक्तियों में वीर रस का ओजस्वी प्रवाह द्रष्टव्य है—

---

1. रामचरितमानस, 1/38/4
2. वही, 1/258–1/259/1–2
3. गोस्वामी तुलसीदास, पृ० 58

सुनहु भानुकूल पंकज भानू। कहउँ सुभाउ न कुछ अभिमानू।।
जौं तुम्हारि अनुसासन पावौं। कन्दुक इव ब्रह्मांड उठावौं।।
काचे घट जिमि डारौं फोरी। सकउँ मेरु मूलक जिमि तोरी।।
कमल नाल जिमि चाप चढ़ावौं। जोजन सत प्रमान लै धाबौं।।

तोरौं छत्रक दंड जिमि तब प्रताप बल नाथ।
जो न करौं प्रभु पद सपथ कर न धरौं धनु भाथ।।[1]

यहाँ उत्साह का आलंबन दुष्कर कर्म है। लंकाकांड में विशेष रूप से युद्धोत्साह की दीप्तिपूर्ण व्यंजना देखने को मिलती है। संग्राम की उग्रता और प्रचंडता की दृश्य योजना उत्कर्ष पर पहुँच गयी है।

करुण रस का हृदयद्रावक चित्रण दो जगह विशेष रूप से हुआ है– अयोध्या में राम वन गमन पर और लंका में लक्ष्मण को शक्ति लगने पर।

राम के प्रवास जन्य दुख में वियोग और शोक दोनों मिले हुए हैं। वियोग ही ऐसा असाधारण है कि वह शोक में बदल गया है। कारण है कि राम का वियोग कुछ दिनों के लिए नहीं है। दूसरे, राम सबके प्राणों का प्यारा है। तीसरे, यह दुख सुख के समय अचानक टूट पड़ा है, यानी अभिषेक के बदले वनवास मिला है। इन सबने मिलकर इस वियोग को गहरा कर दिया है, इतना गहरा कि वह शोक हो गया है :

राम चलत अति भयउ विषादू । सुनि न जाई पुर आरत नादू ।।[2]

यहाँ 'आरतनादू' शोकसूचक है और विषाद उसका संचारी भाव। यह शोक दशरथ की मृत्यु होने पर अपनी पूर्णावस्था में पहुँच जाता है।

राम के वन गमन के शोक का विस्तार परिवार तक ही नहीं बल्कि संपूर्ण राज्य और मनुष्य मात्र तक है। इससे भी बढ़कर प्राकृतिक जगत– पेड़, पौधों, लताओं तक है। प्रलक्ष्य है कि लोगों की दुरवस्था केवल राम के अलग होने से अपने ऊपर पड़नेवाले दुख की संभावना से ही नहीं है, बल्कि राम के ऊपर पड़नेवाली इस असह्य विपत्ति की कल्पना मात्र से है। लेकिन स्वयं धीर राम वनवास के दुख से दुखी नहीं हैं– मुख प्रसन्न मन रंग न रोषू ।[3]

राम केवल तीन ही अवसरों पर शोकमग्न हुए हैं– पिता की मृत्यु का समाचार पाकर, जटायु की मृत्यु पर और लक्ष्मण की मूर्छा पर। लक्ष्मण के मूर्च्छित होने पर राम का विलाप अत्यंत कारुणिक है। वहाँ राम के शील, स्नेह, पश्चाताप और पीड़ा की हृदयस्पर्शी व्यंजना हुई है। विलाप परिताप के आगे कुछ देर के लिए नियम बंधन शिथिल हो जाते हैं। इस संबंध में आचार्य शुक्ल ने बड़ी मार्मिक टिप्पणी की है, "भावदशा का तात्पर्य न समझनेवाले, नीति के नाम पर पाखंड धारण करनेवाले, इसे चरित्र ग्लानि समझेंगे या कहेंगे पर ऐसे प्रिय बंधु का

---

1. रामचरितमानस, 1/253/3–58

2. वही, 2/81/3

3. वही, 2/166/1

शोक जिसने एक क्षण के लिए भी विपत्ति में साथ न छोड़ा, यदि एक क्षण के लिए सब बातों का विचार छुड़ा देनेवाला न होता तो राम के हृदय की वह कोमलता कहाँ दिखायी पड़ती जो भक्तों की आशा का अवलंबन है ? यह कोमलता, यह सहृदयता सब प्रकार के नियमों से परे है। नियमों से निराश होकर, कर्मवाद की कठोरता से घबराकर, परोक्ष ज्ञान और परोक्ष शक्ति मात्र से पूरा पड़ता न देख कर ही तो मनुष्य परोक्ष हृदय की खोज में लगा और अंत में भक्तिमार्ग में जाकर उस परोक्ष हृदय को उसने पाया। भक्त लोगों का ईश्वर अविचल नियमों की समष्टि मात्र नहीं है, वह क्षमा, दया, उदारता इत्यादि का अनंत समुद्र है। लोक में जो कुछ क्षमा, दया, उदारता आदि दिखायी देती है, वह उसी समुद्र का एक बिंदु है।''[1]

राम के चरित्र में स्थान स्थान पर अद्‌भुत रस का पुट मिलता ही रहता है। राम के विराट रूप प्रदर्शन, हनुमान के समुद्रोल्लंघन का दृश्य, अंगद के पाँव रोपने का दृश्य; राक्षसों, वानरों के मायावी युद्ध आदि में अद्‌भुत रस की अद्‌भुत व्यंजना हुई है। आचार्य शुक्ल ने मानस में आश्चर्य से मिलता जुलता एक भाव देखा है जिसे उन्होंने किसी अच्छे नाम के अभाव में 'चकपकाहट' कहना पसंद किया है। उन्होंने दोनों भावों का अंतर बताते हुए लिखा है, ''आश्चर्य किसी विलक्षण बात पर होता है– ऐसी बात पर होता है जो साधारणतः नहीं हुआ करती। 'चकपकाहट' किसी ऐसी बात पर होती है जिसकी कुछ भी धारणा हमारे मन में न रही हो और जो एकाएक हो जाय । जैसे किसी दूर देश में रहनेवाले मित्र को सहसा अपने सामने देखकर हम 'चकपका' उठते हैं। राम का सेतु बांधना सुन रावण चकपकाकर कहता है–

बांधे बननिधि ? नीरनिधि ? जलधि ? सिंधु ? बारीस ?
सत्य, तोयनिधि ? कंपती ? उदधि ? पयोधि ? नदीस ?''[2]

मानस में कई प्रसंगों में हास्य की योजना मिलती है। दुष्ट वंदना, पार्वती परीक्षा, शिव विवाह, नारद मोह, कपटी मुनि प्रसंग, धनुष यज्ञ, परशुराम लक्ष्मण संवाद, कैकेयी मंथरा संवाद, केवट प्रसंग, सूर्पणखा प्रसंग, अंगद रावण संवाद, कलि धर्म वर्णन आदि प्रसंगों में हास्य रस के छींटे देखकर डॉ० उदयभानु सिंह का यह कथन निराधार लगता है कि 'तुलसी की प्रवृत्ति हास की ओर नहीं है।'[3] हाँ, यह बात सही है कि उनका हास्य सोद्देश्य, मर्यादित और गंभीर है।

मानस में कई स्थलों पर रौद्र रस की प्रभावशाली व्यंजना हुई है। राम का समुद्र और रावण पर किया गया क्रोध रौद्ररस का अच्छा उदाहरण है। अंगद का रावण पर किया गया क्रोध भी उल्लेखनीय है। डॉ० उदयभानु सिंह ने रौद्र रस के उदाहरण के रूप में परशुराम के क्रोध को भी रखा है, 'परशुराम का क्रोध प्रसिद्ध है।'[4] वस्तुतः परशुराम का क्रोध लक्ष्मण के हस्तक्षेप के कारण हास्य रस का उदाहरण बनता है। उसके क्रोध से रौद्र रस की अनुभूति नहीं होती, क्योंकि उसकी सच्ची अभिव्यक्ति के लिए आलंबन का लोकपीड़क या दुष्ट होना आवश्यक है।

---

1. गोस्वामी तुलसीदास, पृ० 61
2. वही, पृ० 68
3. तुलसी काव्य मीमांसा, पृ० 296
4. वही, पृ० 297

मानस में भयानक रस का उत्कृष्ट उदाहरण लंका दहन में देखने को मिलता है। वैसे काव्य के भीतर शिव की बारात देख कर बाल वनिताओं एवं राम के नाना रूपों को देखकर सती को भी भय होता है, परंतु वहाँ भयानक रस का पूर्ण परिपाक नहीं है।

लंका दहन एवं युद्ध वर्णन में वीभत्स रस का अच्छा उदाहरण मिलता है और 'शांत रस का पुट तो बीच बीच में बराबर मिलता ही है।''[1]

इस प्रकार शास्त्र सम्मत सभी रसों की न्यूनाधिक व्यंजना मानस में है। भाव व्यंजना के विभिन्न प्रसंगों में कवि ने विभावों, अनुभावों एवं संचारियों के द्वारा भी अलग अलग रसों की मार्मिक अभिव्यक्ति की है। आत्मग्लानि, उदासीनता, खीझ, प्रसाद, चकपकाहट, आत्मोपहास आदि मनोदशाओं की सुंदर अभिव्यक्ति देखने योग्य है। मानस में ऐसे भाव भी बहुत मिलते हैं, जिनकी ओर अन्य कवियों का ध्यान तक नहीं गया था। इसका कारण है कि तुलसीदास को मनुष्य की अन्तःप्रकृति की अद्‌भुत परख थी।

महाकाव्य में बहुव्याप्त एक प्रधान रस होता है जिसे अंगी रस कहते हैं। अन्य रस इससे अंगागिभाव से जुड़े होते हैं। मानस में भक्तिरस अंगीरस के रूप में व्याप्त है। भक्तियुग से पूर्व साहित्य में भक्ति की अभिव्यक्ति उतने बड़े पैमाने पर कभी नहीं हुई थी। इसलिए संस्कृताचार्यों ने अंगी रस के रूप में शृंगार, वीर या शांत रस की ही योजना की सलाह दी थी।

मानस में कई स्थलों पर शृंगार की प्रौढ़ अभिव्यक्ति हुई है, लेकिन उसका प्रसार इसमें सीमित है। राम के जीवन का प्रधान लक्ष्य शृंगार नहीं, अपितु पाप और पापियों का नाश तथा धर्म की स्थापना है। इसलिए शृंगार उसका अंगीरस नहीं हो सकता।

वीर रस का प्रसार शृंगार से अधिक है। लेकिन वह भूमिका और उपसंहार में बिल्कुल अनुपस्थित है। राम की वीरता का पर्यवसान ईश्वरत्व में होता है। राम के प्रयत्नों का फल राज्य प्राप्ति नहीं है, क्योंकि वह तो उन्हें पहले से ही सुलभ है।

शांत रस की पूर्ण स्वतंत्र योजना मानस में नहीं मिलती है। उसके अंगी होने का तो सवाल ही नहीं उठता है। ध्यातव्य है कि शांत और भक्ति रस में अंतर है। एक का स्थायी भाव निर्वेद है, दूसरे का भक्ति। एक निवृत्ति मूलक है, दूसरा प्रवृत्तिमूलक। एक के चिंतन का आध ार निर्गुण ब्रह्म है, दूसरे का सगुण ।

डॉ० उदयभानु सिंह ने मानस के अंगीरस के रूप में भक्तिरस को स्वीकार किया है और इसके पक्ष में अनेक पुष्ट प्रमाण प्रस्तुत किये हैं।[2] स्वयं कवि ने 'हरिपदरति रस'[3] की प्रधानता का उल्लेख किया है। भूमिका और उपसंहार में इसी रस का साम्राज्य है। राम की सभी लीलाओं के मूल में भक्तिरस की अनुभूति कराना और अंत में 'अविरल हरिभक्ति' प्राप्त करना मानस का उद्देश्य है। पूरे महाकाव्य में अन्तः सलिला की तरह भक्ति व्याप्त है। डॉ० उदयभानु सिंह के शब्दों में, ''अंगीरस का जैसा सशक्त, अविच्छिन्न और एकतान प्रवाह रामचरितमानस में मिलता है वैसा किसी अन्य महाकाव्य में नहीं।''[4]

---

1. गोस्वामी तुलसीदास, पृ० 54
2. तुलसी-काव्य-मीमांसा, पृ० 226/428
3. रामचरितमानस, 1/37/7
4. तुलसी-काव्य-मीमांसा, पृ० 428

कामायनी में रस योजना

संक्षिप्त कथानक के बावजूद कामायनी में अधिकांश रसों की सुंदर अभिव्यक्ति हुई है। कामायनी के पूर्वार्द्ध (चिंता से लेकर कर्म सर्ग तक) शृंगार रस के अनेक चित्र हैं। उत्तरार्द्ध के स्वप्न सर्ग में भी शृंगार का रसाभास है। शृंगार रस के अंतर्गत सौंदर्य, प्रेम, रति, काम आदि वस्तुएँ आती हैं। प्रसाद ने इन सबों का बड़ा मनोरम चित्रण किया है। श्रद्धा के आगमन के साथ संयोग शृंगार आरंभ हो जाता है। मनु उसके सौंदर्य पर अभिभूत हो 'लुटे से निरखने' लगता है। श्रद्धा के अनेक सौंदर्योद्‌घाटक चित्रों में एक चित्र यहाँ द्रष्टव्य है –

घिर रहे थे घुँघराले बाल
अंस अवलंबित मुख के पास,
नील घन-शावक से सुकुमार
सुधा भरने को विधु के पास।
और उस मुख पर वह मुस्क्यान !
रक्त किसलय पर ले विश्राम
अरुण की एक किरण अम्लान
अधिक अलसायी हो अभिराम।[1]

श्रद्धा के आगमन से मनु के सूने जीवन में माधुर्य भर जाता है। 'जीवन वन के मधुमय वसंत' ने दोनों के हृदय में मादकता का संचार किया। कोकिल, कलिका, प्रसून, सुरभि आदि ने उद्दीपन का काम किया। आकर्षण इतना प्रबल हुआ कि मनु के हृदय में एक 'नयी इच्छा', 'अतिथि का संकेत' पाकर उभर आयी। मनु सव्रीड़ 'मैं तुम्हारा हो रहा हूँ' कहता हुआ अधीर, अशांत और उन्मत्त हो गया। उसने अपनी चेतना समर्पित कर दी। श्रद्धा का हृदय भी उसी प्रकार आलोड़ित हो उठा और लज्जा, रोमांच, भ्रू निक्षेप, उल्लास आदि से युक्त होकर वह रतिभाग की साकार मूर्ति हो उठी–

झुक चली सव्रीड़ वह सुकुमारता के भार,
लद गई पाकर पुरुष का नर्ममय उपचार!
और वह नारीत्व का जो मूल मधु अनुभाव,
आज जैसे हँस रहा भीतर बढ़ाता चाव।
मधुर व्रीड़ा मिश्र चिंता साथ ले उल्लास,
हृदय का आनंद कूजन लगा करने रास।
गिर रही पलकें, झुकी थी नासिका की नोक,
भ्रू लता थी कान तक चढ़ती रही बेरोक!
स्पर्श करने लगा लज्जा ललित कर्ण कपोल,
खिला पुलक कदंब-सा था भरा गदगद बोल![2]

---

1. कामायनी, श्रद्धा सर्ग, पृ० 47
2. वही, वासना सर्ग, पृ० 94

यहाँ संयोग शृंगार की पराकाष्ठा है। लज्जा, चिंता, उल्लास आदि संचारी हैं। पलकों का गिरना, नासिका का झुकना, भ्रू लता का कानों तक खिंच जाना, कर्ण कपोल का लाल होना और सारा अस्तित्व रोमांचित होना, बोल का गदगद होना आदि अनुभाव रति भाव के पूर्णतया रस रूप में परिणत होने के सबल चिह्न हैं।

मनु के भाग जाने पर वियोग शृंगार का आरंभ होता है। मनु तो क्षणभर पश्चाताप कर रह जाता है, लेकिन श्रद्धा विरह की आग में जलती रहती है। उसका जीवन अंधकारमय हो जाता है और बीते दिनों की याद करने से आँसू भरने लगते हैं। वियोगिनी श्रद्धा का रूप द्रष्टव्य है–

'कामायनी कुसुम वसुधा पर पड़ी, न वह मकरंद रहा;
एक चित्र बस रेखाओं का, अब उसमें है रंग कहाँ!
वह प्रभात का हीन कला शशि, किरन कहाँ चाँदनी रही,
वह संध्या थी, रवि शशि तारे ये सब कोई नहीं जहाँ।'[1]

स्मृति, अवसाद, अभिलाषा आदि संचारी भाव विरह वेदना को पुष्ट करते हैं। शिशु मानव की किलकारी, मनु के साथ बिताये मधु ऋतु रातों की याद को ताजा कर दुख को उभार देती है। रीतिकालीन प्राकृतिक उद्दीपन की अपेक्षा ज्यादातर संचारी भावों के द्वारा ही यहाँ विरह वेदना की अभिव्यक्ति हुई है।

ऐसे ही समय में कवि को वात्सल्य रस के अंकन का सुयोग मिलता है। बालक मानव के भोले प्रश्न और उसकी किलकारी श्रद्धा के विषण्ण हृदय में वात्सल्य रस का संचार कर उसे बहुत कुछ दुख भार से मुक्त करती है। निम्नलिखित पंक्तियों में माता के हृदय की उत्कंठा द्रष्टव्य है–

कहाँ रहा नटखट! तू फिरता अबतक मेरा भाग्य बना!
अरे पिता के प्रतिनिधि, तू ने भी सुख-दुख तो दिया घना;
चंचल तू, बनचर मृग बन कर भरता है चौकड़ी कहीं,
मैं डरती तू रूठ न जाये करती कैसे तुझे मना![2]

दूध का जला मट्ठा भी फूँक कर पीता है। सो श्रद्धा शिशु मानव को वन जाने से इस डर से नहीं रोकती कि कहीं पिता की तरह वह भी रूठ कर भाग न जाय। यहाँ वियोग की कोख में ही वात्सल्य पल रहा है। इस प्रकार वात्सल्य के भी कई चित्र कामायनी में हैं– "बच्चे किस प्रकार रूठते हैं, वे कितने नटखट होते हैं, उनमें कितनी जिज्ञासा भरी होती है, वे अपरिचित स्थानों में कैसी चेष्टा करते हैं, पिता या घर के किसी आत्मीय व्यक्ति के अनुपस्थित होने पर बच्चे किस प्रकार उन्हें खोजते हैं, माता के घर से दूर जाने पर बच्चा किस प्रकार कहता है माँ घर चलो, माता के मुख पर रंच मात्र उदासी आने पर बालक किस प्रकार उदास हो जाता है, माँ के चुप हो जाने पर शिशु किस प्रकार उसके मौन होने का कारण पूछता है आदि बाल

---

1. कामायनी, स्वप्न सर्ग, पृ० 175

2. वही, पृ० 179

मनोवृत्तियों का स्वाभाविक चित्रण, स्वप्न, निर्वेद तथा दर्शन सर्ग में कुमार मानव की उक्तियों एवं चेष्टाओं द्वारा हुआ है।"[1] अंत में पिता को भी पुत्र प्रेम में विह्वल दिखाकर कवि ने वात्सल्य के त्रिकोण (माता, पिता और बालक) को पूरा किया है।

चिंता सर्ग में अनिष्टकारी प्रलय और देवसृष्टि के विध्वंस-वर्णन के द्वारा करुण रस की मार्मिक अभिव्यंजना हुई है। "प्रलय में विनष्ट बंधु बांधव, सुखोपकरण विभूति आदि आलंबन हैं। देवताओं का दंभ, उच्शृंखल विलास, अतीत सुख, कीर्ति, दीप्ति आदि का स्मरण उद्दीपन है। मनु का प्रलाप, देवताओं की निंदा, मर्मवेदना का निकलना, कातर क्रंदन, उच्छ्वास आदि अनुभाव हैं। भविष्य की चिंता, विस्मृति, जड़ता आदि संचारी भाव हैं।"[2]

कामायनी में भयानक रस का वर्णन तीन प्रसंगों में मिलता है। प्रलय चित्रण में, युद्ध वर्णन में और निर्वेद सर्ग में। चिंता सर्ग में देव विलास को उद्ध्वस्त करनेवाले प्रलय के उद्दाम वर्णन में भयानक रस की सुंदर व्यंजना हुई है। बिजलियाँ, आँधियाँ, विशाल जलराशि, पंचभूत का तांडव आदि मिलकर भयानक वातावरण की सृष्टि करते हैं। प्रलय का एक चित्र द्रष्टव्य है—

> हा-हा-कार हुआ क्रंदनमय
> कठिन कुलिश होते थे चूर;
> हुए दिंगत बधिर, भीषण रव
> बार-बार होता था क्रूर।
> दिग्दाहों से धूम उठे, या
> जलधर उठे क्षितिज तट के!
> सघन गगन में भीम प्रकंपन
> झंझा के चलते झटके[3]

कवि की विशेषता यह है कि आलंबन के चित्रण के द्वारा भयानक रस की अभिव्यक्ति का प्रयास किया है। यहाँ कृत्रिम चमत्कार प्रदर्शन की कोशिश नहीं है। तुलसी ने भयानक रस के वर्णन में अतिप्राकृतिक तत्वों का समावेश अधिक किया है, जबकि प्रसाद ने प्राकृतिक विप्लव के द्वारा भयानक रस की व्यंजना की है।

अद्भुत रस का पूर्ण परिपाक नहीं दिखायी पड़ता। रहस्य और दर्शन सर्ग में इसकी झलक मिलती है। इच्छा, ज्ञान और कर्म का रहस्यमय लोक अद्भुत तत्व का आभास देता है। नटेश के तांडव नृत्य में अद्भुत रस की गंभीरता नहीं है और त्रिपुर मिलन वाला दृश्य तो तमाशा सा प्रतीत होता है। लौकिक या भौतिक आधार छोड़ देने पर रस का प्राय: यही हाल होता है।

कामायनी में वीर रस की पूर्ण व्यंजना नहीं हुई है। वीर रस दया, दान, धर्म आदि क्षेत्रों में भी अभिव्यक्त होता है। पर इसकी प्रकृत भूमि युद्धवीर ही है। कामायनी के संघर्ष सर्ग में युद्ध तो होता है पर वीर भाव भावोदय तक ही सीमित रहता है। वह मुख्यत: रौद्र रस का संचारी

---

1. कामायनी-अनुशीलन (ले० डॉ० रामलाल सिंह), पृ० 116
2. वही, पृ० 112
3. कामायनी, चिंता सर्ग, पृ० 13

होकर ही आता है। मनु क्रोधावेश में बुद्धिरहित हो प्रजा के प्रश्नों के उत्तर देने के बदले उस पर आक्रमण कर देता है। वहाँ दोनों पक्षों का स्थायी भाव क्रोध है। मनु के अत्याचांरों से प्रजा उबल रही है और प्रजा के विद्रोह से मनु आपे से बाहर है। इस तरह यहाँ वीररस पूर्णतया व्यक्त नहीं है। लेकिन जहाँ श्रद्धा मनु को कर्म की प्रेरणा दे रही है, वहाँ उसकी उक्तियों में उत्साह की व्यंजना दिखायी पड़ती है—

डरो मत अरे अमृत संतान
अग्रसर है मंगलमय वृद्धि;
पूर्ण आकर्षण जीवन केंद्र
खिंची आवेगी सकल समृद्धि।[1]

जैसा कि ऊपर कहा गया, संघर्ष एवं स्वप्न सर्ग में प्रजापीड़क मनु के विरुद्ध जनता के क्रोध में रौद्र रस की पूर्ण व्यंजना हुई है। मनु के द्वारा इड़ा पर हुए अत्याचार से प्रजा क्रोधित है। प्रजा का क्रोध जायज है। लेकिन उधर मनु प्रजा की अकृतज्ञता से गुस्से में आकर आक्रमण करता है, युद्ध होता है। एक दूसरे के कार्यों की निंदा, उलाहना, कटु वचन आदि अनुभाव हैं। अमर्ष, उग्रता, उत्साह आदि संचारी भाव हैं। ''देव शक्तियों को क्रुद्ध, रूद्र नयन को उन्मीलित तथा प्रकृति को कंपित दिखाकर कवि ने रौद्र रस की तीव्रता बढ़ा दी है।''[2]

कामायनी में हास्य एवं वीभत्स रस का लगभग अभाव है, यद्यपि इनके वर्णन का मौका कवि के पास था। वात्सल्य के प्रसंग में कुछ हास्य एवं पशु हत्या के संदर्भ में कुछ वीभत्स की झलक मिलती है।

शांत रस लोकजीवन का सामान्य भाव नहीं है। आचार्यों ने नाटक में इसकी सत्ता स्वीकार नहीं की थी, लेकिन श्रव्य काव्य में इसकी गुंजाइश है। कामायनी में श्रद्धा मनु को कोलाहलमय संसार से कैलाश पर्वत पर लेकर चली जाती है। आनंद सर्ग में शांत रस की व्यंजना दिखायी पड़ती है। कैलाश पर्वत, एकांत प्रदेश, विजन वन आदि उद्दीपन हैं। द्वैत की विस्मृति, आनंद पुलक आदि अनुभाव हैं। हर्षादि संचारी भाव हैं। निर्वेद सर्ग में शांत भाव रूप में ही है। शांत रस की एक हल्की व्यंजना आशा सर्ग में मिलती है, जहाँ मनु नियति के एकांत शासन में तप रत होकर विरतिपूर्ण संसार रचते हैं। आनंद सर्ग में शममूलक शांत रस है और आशा सर्ग में निर्वेदमूलक।

महाकाव्य में अनेक रसों के समावेश के साथ ही अंगीरस का भी नियोजन प्रायः किया जाता है। कामायनी का अंगीरस श्रृंगार है, क्योंकि वह चिंता सर्ग से लेकर कर्म सर्ग तक नेतृत्व करता है। इसके बाद भी संघर्ष आदि सर्गों में रसाभाव के रूप में वह अभिव्यक्त होता है। इस तरह पूर्ण व्याप्त नहीं तो बहुव्याप्त अवश्य है। कथानक के अंतिम भाग में इस रस का अभाव सा है। नायक मनु और नायिका श्रद्धा की मूल वृत्ति श्रृंगार है। चूँकि कथानक का अंतिम भाग कथा के शेष भागों से विच्छिन्न और आरोपित है, इसलिए श्रृंगार रस फलागम में स्थान नहीं पा सका। शांत रस इसका अंगी नहीं हो सकता, क्योंकि कथानक के आदि और मध्य से उसका

1. कामायनी, श्रद्धा सर्ग, पृ० 58
2. कामायनी अनुशीलन, पृ० 116

कोई संबंध नहीं है। आशा सर्ग में वह क्षण भर के लिए संचारी के रूप में आता है। डॉ० नगेंद्र ने शांत रस में अंगी रस का सामर्थ्य न देख कर एक ऐसे मूल रस 'आनंद रस'[1] को शास्त्रों से ग्रहण कर कामायनी पर घटित किया है जो अस्वाभाविक, काल्पनिक और आरोपित है।

इस तरह अंगागिभाव से तो नहीं लेकिन व्याप्ति, नायक की मूल प्रवृत्ति आदि दृष्टियों से शृंगार रस कामायनी का अंगी रस है।

रामचरितमानस और कामायनी में रस योजना की तुलना

मानस की रस व्यंजना अत्यंत विस्तृत है। उसमें ग्यारहों रसों की पूर्ण योजना हुई है। कामायनी का विस्तार सीमित है। हास्य, वीभत्स आदि रसों का इसमें अभाव है।

मानस की रस व्यंजना गहरे स्तर पर हुई है। वैसी गहराई कामायनी में नहीं है, परंतु तीव्रता और सूक्ष्मता दोनों में है।

मानस का संयत किंतु तीव्र एवं गहरा शृंगार वर्णन विश्व साहित्य में बेजोड़ है। वह चुंबन, आलिंगन से रहित केवल दर्शन तक सीमित है। कामायनी में उद्दाम शृंगार के अनेक कामोत्तेजक दृश्य हैं। इसमें संभोग शृंगार का रसात्मक चित्रण है। संक्षेप में, मानसकार मर्यादावादी है तो कामायनीकार मधुचर्यावादी ।

मानस में आलंबनों, अनुभावों एवं संचारियों के विशद् एवं तीव्र वर्णनों द्वारा रस व्यंजना की गयी है। कामायनी में भी ऐसा हुआ है। अंतर क्षेत्र विस्तार का है। लज्जा नामक भाव का वर्णन मानस और कामायनी दोनों में है। मानस में वह सीता की सुशीलता, स्नेह और मर्यादित शृंगार को दर्शाती है। कामायनी में उस नाम से एक सर्ग ही है और उसमें लज्जा के सूक्ष्म मनोवैज्ञानिक विशद् वर्णन से शृंगार का उद्रेक किया गया है।

मानस में प्रेम की ऐसी दिव्य दुनिया का द्वार कवि ने दिखाया है जिसे किसी शास्त्रीय घेरे में नहीं रखा जा सकता। आचार्य शुक्ल के शब्दों में, ''पथिक वेशधारी राम जानकी के साथ साथ चलकर पाठक ग्रामीण स्त्री पुरुषों के उस विशुद्ध सात्विक प्रेम का अनुभव करते हैं, जिसे हम दांपत्य, वात्सल्य आदि कोई विशेषण नहीं दे सकते, पर जो मनुष्य मात्र में स्वाभाविक है।''[2] यह प्रेम न दांपत्य है, न वात्सल्य, न परकीया। यह 'विशुद्ध सात्विक प्रेम' है। मानस का इतना महत्व ऐसे स्थलों के कारण विशेष रूप से है। कामायनी में इस विशुद्ध सात्विक प्रेम के दर्शन नहीं होते, वहाँ तो जो श्रद्धा मनु के सामने पूर्ण आत्मसमर्पण करती है और वही त्याग दी जाती है। वह पुनः तब स्वीकारी जाती है जब मनु को बहुत बड़ी ठोकर लगती है। मुक्तिबोध के शब्दों में 'गहरी मनुष्यता के बिना प्रेम असंभव है।'[3] मनु रूप-रंग-गंध से प्रेम करता है; श्रद्धा या इड़ा या प्रजा से नहीं।

वियोगिनी सीता और श्रद्धा दोनों की दुख दशा बहुत कुछ समान है। दोनों का वियोग करुण विप्रलंभ के अंतर्गत आता है। अंतर यह है कि सीता जहाँ हरित है, वहाँ श्रद्धा तिरस्कृत।

---

1. कामायनी के अध्ययन की समस्याएँ, पृ० 21-32
2. गोस्वामी तुलसीदास, पृ० 53
3. मुक्तिबोध रचनावली, खंड-4, पृ० 242

सीता के वियोग में राम विह्वल हैं। पर श्रद्धा के वियोग में मनु नहीं। अंत में दोनों का अपने अपने पति से मिलन होता है। तुलसी के वियोग वर्णन में कर्म की प्रेरणा है। कामायनी का मनु पलायनवादी है। श्रद्धा भी किसी महत् कर्म की ओर प्रवृत्त नहीं है।

मानस में अद्‌भुत रस जगह जगह दिखायी पड़ता है। कामायनी में इस रस के वर्णन में गंभीरता नहीं है। मानस में जहाँ स्थान स्थान पर गंभीर, मर्यादित और सोद्देश्य हास्य का पुट मिलता है, वहाँ कामायनी में इसका सर्वथा अभाव है।

रौद्र रस एवं भयानक रस की दोनों महाकाव्यों में सुंदर योजना हुई है। प्रलय दृश्य जैसी हिला देनेवाली भयानकता के दर्शन मानस में नहीं होते। भयानक रस के वर्णन में तुलसी ने संबंधातिशयोक्ति से ज्यादा काम लिया है। उसमें अप्राकृतिक, अतिप्राकृत तत्वों का अधिक समावेश है। कामायनी में कृत्रिम पद्धति का सहारा न लेकर प्राकृतिक आलंबनों के वर्णनों से भयानक रस अभिव्यक्त किया गया है।

करुण रस का परिपाक दोनों में है, पर महाकवि तुलसी ने उसे जो सर्वभूतव्यापी प्रसार दिया है, वह बेमिसाल है। देव सभ्यता के ध्वंस पर रोनेवाला अकेला मनु है। उस एकाकी मनु की पीड़ा वाकई गहरी है, लेकिन मानस में तो पूरा समाज, राष्ट्र, पशु-पक्षी यहाँ तक कि पेड़ पौधे, सर सरिता सभी राम के वियोगजन्य शोक में शामिल हैं। वहाँ प्राकृतिक जगत की उदासी के द्वारा मनुष्यमात्र के भीतर समाविष्ट शोक की व्यंजना हुई है। मनु की देव सभ्यता इसलिए नष्ट हुई कि देव अत्यधिक उच्छृंखल और विलासी हो गये थे। इसलिए उसके पतन से सहृदय को वैसी पीड़ा नहीं हो सकती। कुछ लोग सोच सकते हैं– 'जैसी करनी, वैसी भरनी'। लेकिन राम के वन गमन में और दशरथ के मरण में उनका कोई दोष नहीं है। वे सर्वथा निर्दोष हैं। इसलिए मानस की करुणा अगाध और व्यापक है।

मानस में जहाँ विभिन्न प्रसंगों में वीर रस की दीप्तिपूर्ण व्यंजना है, वहाँ कामायनी में इसका अभाव है। राम दयावीर, दानवीर, धर्मवीर, कर्मवीर आदि के साथ साथ युद्धवीर भी हैं। मनु में प्रथम चार प्रकार की वीरता का अंश भी नहीं है। वह एक बार प्रजा से युद्ध करने में युद्ध कौशल का परिचय देता है, लेकिन सहृदय की सहानुभूति उसके साथ नहीं है, क्योंकि वहाँ वह अत्याचारी है। कवि ने उसकी तेजस्विता, प्रचंडता, धीरता, भीषणता आदि का रूप नहीं निखारा है। वह क्रोध में जलता हुआ प्रतिशोध की भावना से आक्रामक हुआ था। युद्ध के पूर्व स्खलित मनु अपनी दुर्बलता में हाँफ रहा था।

मानस में अंगीरस की जैसी 'सशक्त अविच्छिन्न और एकतान' योजना मिलती है, वैसी कामायनी में नहीं। मानस का अंगीरस भक्ति है तो कामायनी का शृंगार। दोनों का एक ही मूल भाव रति है। भक्ति में उसका उन्नयन देखा जाता है, शृंगार में नहीं। मानस में भक्तिरस का अन्य रसों के साथ अंगागिभाव संबंध है, कामायनी में नहीं।

निष्कर्षतः मानस में विराट्, समुन्नत रस योजना है। कामायनी में सीमित, परंतु प्रखर। मानस से भले ही उसका महत्व कम है, पर एक सुंदर महाकाव्य की विविधता और तीव्रता तो उसमें है ही।

●

प्रकृति चित्रण

महाकाव्य में पात्रों के चरित्र, उनके शील, उनके अंग सौष्ठव आदि के साथ साथ प्रकृति के अनेक रूपों के साथ उनके हृदय का सामंजस्य भी दिखाया जाता है। इसलिए आचार्यों ने महाकाव्य में प्रकृति के अनेक रूपों— वन, पर्वत, नदी, निर्झर, ऋतु, संध्या, सुबह, रात्रि आदि के चित्रण का विधान किया है। प्रकृति चित्रण प्राचीन संस्कृत कवियों वाल्मीकि, कालिदास आदि के बाद आधुनिक युग के छायावादी कवियों में ही अपने पूर्ण वैभव के साथ साहित्य में व्यक्त हुआ है। मध्यकाल में प्रकृति गौण रही। इसका कारण बताते हुए डॉ० नामवर सिंह ने लिखा है, "छायावादी कवियों का प्रकृति की ओर झुकना, प्रकृति को इतना महत्व देना, प्रकृति की स्वतंत्र सत्ता को काव्य में प्रतिष्ठित करना और प्रकृति के सौंदर्य को उद्घाटित करना — यह सब आधुनिक विज्ञान का परिणाम है। विज्ञान ने प्रकृति के रहस्यों को जानने की चेष्टा की। धर्म ने प्रकृति के प्रति अंध श्रद्धा का भाव जगाकर जहाँ प्रकृति को जानने से रोका, वहाँ विज्ञान ने विवेक के द्वारा उसका रहस्योद्घाटन किया। धार्मिक अंधविश्वास ने जिस प्रकृति से मानव को बांध रखा था, विज्ञान ने उसी को बंधन से मुक्त किया। विज्ञान ने मनुष्य को प्रकृति से अलगाकर फिर उसे प्रकृति के साथ अच्छी तरह से लगा दिया। जिस तरह नवीन औद्योगिक व्यवस्था ने वैयक्तिक परिवारों को सम्मिलित कुटुम्ब से अलगाकर उनमें उच्च स्तर का परस्पर स्नेह सौहार्द्र स्थापित किया, उसी तरह विज्ञान ने भी मनुष्य को प्रकृति के बंधनों से मुक्त करके प्रकृति के प्रति उसकी रागात्मकता बढ़ा दी। इसका प्रत्यक्ष प्रमाण यह है कि जिस युग में मनुष्य ने प्रकृति पर सबसे अधिक विजय प्राप्त की, उसी समय उसने प्रकृति पर सबसे अच्छी कविताएँ लिखीं। वाल्मीकि कालिदास का प्रकृति काव्य प्रकृति पर आरंभिक विजय का परिणाम है तो छायावादी कवियों का प्रकृति चित्रण आधुनिक विजय का।"[1]

रामचरितमानस में प्रकृति चित्रण

मध्यकालीन हिंदी कवियों में प्रकृति का सूक्ष्म निरीक्षण सबसे अधिक तुलसीदास में ही दिखायी पड़ता है।[2] तुलसीदास समग्र प्रकृति को राम रूप मानते हैं। अतः उन्होंने स्वतंत्र रूप से प्रकृति चित्रण अधिक नहीं किया है। रामचरितमानस में मुख्यतः चार रूपों में प्रकृति चित्रण हुआ है— आलंबन रूप में, उद्दीपन रूप में, आलंकारिक रूप में और उपदेशक रूप में।

प्रकृति की स्वतंत्र सत्ता मानकर उसका रूप चित्रण करना आलंबन रूप के अंतर्गत आता है। कुछ ही स्थलों पर कवि ने आलंबन रूप में प्रकृति का चित्रण किया है। चित्रकूट और पंपा सर आदि का चित्रण आलंबन रूप में हुआ है। पंपा सरोवर का वर्णन द्रष्टव्य है—

बिकसे सरसिज नाना रंगा। मधुर मुखर गुंजत बहु भृंगा।।
बोलत जलकुक्कुट कल हंसा। प्रभु बिलोकि जनु करत प्रसंसा।।
चक्रबाक बक खग समुदाई। देखत बनइ बरनि नहिं जाई।।

---

1. छायावाद, पृ० 40
2. गोस्वामी तुलसीदास, पृ० 86

सुंदर खग गन गिरा सुहाई। जात पथिक जनु लेत बोलाई।।

× × ×

कुहू कुहू कोकिल धुनि करहीं। सुनि रव सरस ध्यान मुनि टरहीं।।[1]

यहाँ पर कवि ने पंपा सरोवर के कुछ पक्षियों, वृक्षों, फूलों के नाम गिनाकर शीतल मंद सुगंध समीर के बहने की चर्चा की है। यह प्रकृति का स्थूल वर्णन है।

कवि ने ज्यादातर प्रकृति की योजना किसी वस्तु, भाव या विचार को उत्कर्ष प्रदान करने के लिए की है।

प्रकृति का उद्दीपन रूप में चित्रण करने की बड़ी पुरानी परंपरा है। कई श्रृंगारिक कवियों ने आश्रयगत भावों को तीव्रता प्रदान करने के लिए उद्दीपन रूप में षड्ऋतु वर्णन और बारहमासे लिखे हैं। संयोगावस्था में प्रकृति का रमणीय रूप प्रेमियों के सुख को और बढ़ा देता है तथा विरहावस्था में उसके दुख को घोर कष्टकारक बना देता है। अत: दोनों ही दशाओं में श्रृंगार को उत्कर्ष प्रदान करने के लिए प्रकृति चित्रण की परिपाटी है। राम सीता के प्रथम मिलन के लिए कवि ने प्रकृति का उद्दीपनकारी परिप्रेक्ष्य प्रस्तुत किया है–

भूप बाग बर देखेउ जाई। जहँ बसंत रितु रही लोभाई।।
लागे बिटप मनोहर नाना। बरन बरन कर बेलि बिताना।।
नव पल्लव फल सुमन सुहाए। निज संपति सुर रूख लजाए।।
चातक कोकिल कीर चकोरा। कूजत बिहग नटत कल मोरा।।
मध्य भाग सरु सोह सुहावा। मनि सोपान बिचित्र बनावा।।
बिमल सलिल सरसिज बहुरंगा। जलखग कूजत गुंजत भृंगा।।

बागु तड़ागु बिलोकि प्रभु, हरषे बन्धु समेत।
परम रम्य अराम यहु, जो रामहिं सुख देत।।[2]

राम सीता की वियोगावस्था में प्रकृति के उद्दीपक रूप का वर्णन कवि ने विस्तार के साथ किया है। सुंदर कांड में हनुमान सीता को राम का संदेश सुना रहे हैं–

कहेउ राम बियोग तव सीता। मो कहुँ सकल भए बिपरीता।।
नव तरु किसलय मनहुँ कुसानू। कालनिसा सम निसि ससि भानू।।
कुबलय बिपिन कुंत बन सरिसा। बारिद तपत तेल जनु बरिसा।।
जे हित रहे करत तेइ पीरा। उरग स्वास सम त्रिबिध समीरा।।[3]

यहाँ वियोग काल में, प्रकृति का उद्दीपन रूप में बड़ा सुंदर वर्णन हुआ है। सीता के वियोग में भी प्रकृति के उद्दीपन रूप का मर्मस्पर्शी उपयोग द्रष्टव्य है–

देखिअत प्रगट गगन अंगारा। अवनि न आवत एकउ तारा।।
पावकमय ससि स्रवत न आगी। मानहुँ मोहि जानि हतभागी।।

---

1. रामचरितमानस, 3/40/1–9
2. वही, 1/227/3–8
3. वही, 5/15/1--4

सुनहि बिनय मम बिटप असोका। सत्य नाम करु हरु मम सोका।।

नूतन किसलय अनल समाना। देहि अगिनि जनि करिहिं निदाना।।[1]

सीता अशोक वाटिका में दुख संतप्त हो मृत्यु माँग रही है। उन्हें चंद्रमा आग बरसाता हुआ और किसलय अंगार के समान दहकता हुआ प्रतीत हो रहा है।

मानस की उद्दीपनकारी प्रकृति परंपरागत होते हुए भी आकर्षक है। वह अतिशयोक्तिपूर्ण नहीं है। उसके माध्यम से पात्रों की मनोदशाओं की अभिव्यक्ति सफलतापूर्वक हुई है।

कभी कभी कवि अपनी बात को सशक्त ढंग से अभिव्यक्त करने के लिए, उसमें रमणीयता लाने के लिए, प्रकृति की विशेषताओं का अलंकार रूप में वर्णन करते हैं। मानस में अनेक बार प्रकृति अलंकार रूप में आयी है। इससे कथ्य में प्रभविष्णुता आ गयी है। अलंकारों में एक प्रमुख अलंकार मानवीकरण है। प्रकृति में मानव सुलभ गुणों के आरोप को मानवीकरण कहते हैं। जैसे—

श्रीफल कनक कदलि हरषाहीं। नेकु न संक सकुच मन माहीं।।

सुनु जानकी तोहि बिनु आजू। हरषे सकल पाइ जनु राजू।।[2]

यहाँ श्रीफल, कदलि आदि का मानवीकरण किया गया है। ''श्रीफल और कदली अपने को सीता के उरोजों तथा जाँघों का प्रतिस्पर्धी समझते थे। सीता के सामने वे श्रीहत थे। अब सीता के न रहने पर उन्हें हर्ष हो रहा है।''[3] यहाँ पर प्रकृति के मानवीकरण के द्वारा सीता के विविध अंगों के सौंदर्य के ललित चित्रण के साथ वियोगी राम की मनःस्थितियों का बड़ा बारीक चित्रण हुआ है। प्रकृति के मानवीकरण के द्वारा ही कवि ने राम को पश्चाताप और ग्लानिवश अपना उपहास आप करते हुए दिखाया है, राम कहते हैं—

हमहिं देखि मृगनिकर पराहीं। मृगी कहहिं तुम्ह कहँ भय नाहीं।।

तुम आनंद करहु मृग जाए। कंचन मृग खोजन ये आए।।[4]

सोने के हिरण के पीछे राम अपनी सोने सी सीता गँवा बैठे हैं। इन पंक्तियों से उनकी क्षोभपूर्ण आत्मनिंदा प्रकट हो रही है। यहाँ मृगी में मानवीय भावनाओं का आरोप है। मानवीकरण के अतिरिक्त मानस में प्रकृति के संस्पर्श से अनेक अलंकार खिल उठे हैं, जिनमें रूपक, उत्प्रेक्षा, उपमा आदि का विशेष महत्व है। अक्सर प्रकृति के आलंकारिक रूपों में एक ही साथ अनेक अलंकारों की शृंखला गूँथी हुई मिलती है।

रामचरितमानस के काम दहन प्रसंग में काम की प्रेरणा से संपूर्ण जड़ चेतन पदार्थ काम भाव से अभिभूत है। वृक्ष से संगम करती हुई लताओं एवं समुद्र से संगम करती हुई सरिताओं पर जिस मानवी भाव का आरोप किया गया है उसमें कितनी रमणीयता है!

---

1. रामचरितमानस, 5/12/8–11
2. वही 3/30/13–14
3. तुलसी–काव्य–मीमांसा, पृ० 12
4. रामचरितमानस 3/37(क)/5–6

सबके हृदय मदन अभिलाषा। लता निहारि नवहिं तरुसाखा।।
नदीं उमगि अंबुधि कहुँ धाई। संगम करहि तलाब तलाई।।[1]

तुलसी लोकमंगलवादी कवि हैं। वे रसानुभूति के द्वारा जनता के जीवन में परिवर्तन लाना चाहते हैं। इसलिए उन्होंने प्रकृति को नीति एवं उपदेश देने वाली शक्ति के रूप में भी चित्रित किया है। मानस के अरण्यकांड एवं किष्किंधाकांड के वर्षा एवं शरद् ऋतुओं के विशद् वर्णनों में लोकनीति और भक्ति दोनों की योजना की गयी है। यथा—

(क) दामिनि दमक रह न घन माहीं। खल कै प्रीति जथा थिर नाहीं।।
बरषहिं जलद भूमि निअराएँ। जथा नवहि बुध बिद्या पाएँ।।
बूंद अघात सहहिं गिरि कैसें। खल के बचन संत सह जैसें।।[2]

(ख) फूलें कास सकल महि छाई। जनु बरषाँ कृत प्रगट बुढ़ाई।।
× × ×
कहुँ कहुँ बृष्टि सारदी थोरी। कोउ एक पाव भगति जिमि मोरी।।[3]

रामचरितमानस में दो प्रसंगों में षड्ऋतु वर्णन मिलता है, जो परंपरा से मुक्त है। उसका रूप तो परंपरा से लिया गया है, लेकिन उसकी अंतर्वस्तु तुलसी की अपनी है। परंपरा में षड्ऋतु वर्णन के द्वारा शृंगार वर्णन किया जाता है, लेकिन तुलसी ने एक में रामकथा का रूपक बाँधा है और दूसरी में कामोत्तेजक नारी की निंदा की है। दोनों वर्णनों के उदाहरण क्रमशः प्रस्तुत हैं—

(क) कीरति सरित छहूँ रितु रूरी। समय सुहावनि पावनि भूरी।।
× × ×
रामराज सुख बिनय बड़ाई। बिसद सुखद सोइ सरद सुहाई।।[4]

(ख) सुनु मुनि कह पुरान श्रुति संता। मोह बिपिन कहुँ नारि बसंता।।
× × ×
पुनि ममता जवास बहुताई। पलुहइ नारि सिसिर रितु पाई।।[5]

इस प्रकार रामचरितमानस के प्रकृति वर्णन पर रामभक्ति का काफी असर है। कई स्थलों पर शुद्ध काव्य की दृष्टि से प्रकृति चित्रण हुआ है। जगह जगह कवि की प्रकृति की सूक्ष्म निरीक्षण शक्ति का पता चलता है। कई स्थलों पर प्रकृति का संश्लिष्ट चित्रण बड़ा चित्ताकर्षक बन पड़ा है।

कामायनी में प्रकृति चित्रण

कामायनी प्राकृतिक परिवेश में लिखा गया महाकाव्य है। इसकी अधिकांश घटनाएँ उन्मुक्त प्रकृति के प्रांगण में घटती हैं और कुछ घटनाएँ तो प्राकृतिक व्यापार ही हैं। इसकी दो

---

1. तुलसी (सं०) डॉ० उदयभानु सिंह के 'प्रकृति चित्रण' शीर्षक निबंध, पृ० 105
2. रामचरितमानस 4/14/2–4
3. वही, 4/16/2–10
4. वही , 1/42/1–6
5. वही, 3/44/1–6

बड़ी प्राकृतिक घटनाएँ उल्लेखनीय हैं। महाकाव्य के प्रारंभ में प्रकृति का उग्र तांडव नृत्य और अंत में प्रकृति का मनोहर लास्य नृत्य। इन दो विरोधी प्राकृतिक चित्रों की योजना कवि की कला की विशेषता है।

कामायनी में प्रकृति मुख्यतः सजीव और सचेतन है। वह मनुष्य की सहचरी भी है और एक मुख्य चरित्र भी। दूसरे शब्दों में वह वर्ण्य विषय अर्थात् आलंबन के रूप में चित्रित है। साहित्य में आलंबन रूप में प्रकृति दो रूपों में वर्णित होती है। पहले रूप में दृष्टिपथ में आनेवाले प्राकृतिक पदार्थों के नाम गिना दिये जाते हैं और दूसरे रूप में उसके संश्लिष्ट चित्र उभारे जाते हैं। आचार्य शुक्ल इन्हें क्रमशः अर्थग्रहण और बिंबग्रहण कहते हैं। ''दृश्यचित्रण में केवल अर्थ ग्रहण कराना नहीं होता, बिंबग्रहण कराना भी होता है। यह बिंब ग्रहण किसी वस्तु का नाम ले लेने मात्र से नहीं हो सकता। आसपास की और वस्तुओं के बीच परिस्थिति तथा नाना अंगों की संश्लिष्ट योजना के साथ किसी वस्तु का जो वर्णन होगा, वही चित्रण कहा जायेगा।''[1] कामायनी में प्राकृतिक पदार्थों का यही बिंब ग्रहण कराया गया है। हिमालय की ऊँचाई और उसकी हरियाली का एक संश्लिष्ट चित्र द्रष्टव्य है–

'स्वर्ण-शालियों की कलमें थीं
दूर-दूर तक फैल रही;
शरद इंदिरा के मंदिर की
मानो कोई गैल रही।
विश्व-कल्पना-सा ऊँचा वह
सुख शीतल संतोष निदान;
और डूबती-सी अचला का
अवलंबन मणि रत्न निधान।[2]

प्रकृति के इस सौंदर्य को निहार किसी रहस्य का आभास कवि को होता है। उषा की शोभा में किसी अज्ञात की मृदु मुसकान का संकेत कवि को मिलता है–

उस असीम नीले अंचल में
देख किसी की मृदु मुसक्यान,
मानो हँसी हिमालय की है
फूट चली करती कलगान।[3]

रहस्य और आनंद सर्ग में प्रकृति का स्वतंत्र रूप विशेष रूप से मिलता है। चिंता सर्ग में मनु की मर्मवेदना अकेली प्रकृति सुन रही है–'वहाँ अकेली प्रकृति सुन रही हँसती सी पहचानी सी'।[4]

---

1. गोस्वामी तुलसीदास, पृ० 86
2. कामायनी, आशा सर्ग, पृ० 28–29
3. वही, आशा सर्ग, पृ० 29
4. वही, चिंता सर्ग, पृ० 4

प्रसाद ने प्रकृति और मानव के बीच एक भावात्मक एकता देखी है। कामायनी में प्रकृति मानव से सहानुभूति दिखाती है, स्नेह और सहयोग करती है। प्रलय के पश्चात् हिमगिरि के उत्तुंग शिखर पर बैठा मनु भींगे नयनों से प्रलय प्रवाह देख रहा है। प्रकृति भी उसके समान दुखी दिखायी दे रही है। दूर दूर तक विस्तृत हिम उसी के हृदय की तरह स्तब्ध है और देवदारु उसी की तरह पत्थर, चेतनाशून्य बने अड़े हैं।[1]

इस तरह प्रकृति मनुष्य की सहज सहचरी है, लेकिन मर्यादा का अतिक्रमण करने पर वह दंड भी देती है। इसीलिए यह कहा गया है कामायनी में प्रकृति एक चरित्र भी है। कवि ने निम्नलिखित पंक्तियों में प्रकृति को एक शक्ति, एक चरित्र के रूप में चित्रित किया है :

प्रकृति रही दुर्जेय, पराजित हम सब थे भूले मद में[2]

आलंबन रूप में कवि ने प्रकृति के कोमल रूपों के साथ उग्र और भीषण रूपों के भी अनेक चित्र प्रलय चित्रण में खींचे हैं। प्रलय का अत्यंत शक्तिशाली चित्रण कामायनी में हुआ है। पृथ्वी को निगल जानेवाली भीषण गर्जना करते हुए सागर की करालता का बोध, फेन उगलनेवाले फन फैलाये व्यालों के चित्र से कराया गया है—

उधर गरजतीं सिंधु लहरियाँ
कुटिल काल के जालों-सी,
चली आ रही फेन उगलती
फन फैलाये व्यालों-सी ।[3]

इस चित्र के बारे में डॉ० नामवर सिंह ने लिखा है, ''समुद्र के रौद्र रूप का जैसा चित्रण 'कामायनी' के चिंता सर्ग में हुआ है, संपूर्ण हिंदी कविता में उससे पहले नहीं मिलता।''[4]

कामायनी में प्रकृति चित्रण स्वतंत्र रूप से ज्यादा पृष्ठभूमि के रूप में हुआ है। जहाँ प्रकृति स्वतंत्र रूप में दिखायी पड़ती है, वहाँ भी वह एक व्यापक भाव के प्रभाव को प्रखर करने की पृष्ठभूमि बना रही होती है। मनु की चिंता को प्रखर करने के लिए प्रलय और हिमगिरि की पृष्ठभूमि प्रस्तुत की गयी है। संयोग और वियोग की अवस्था में कामायनी ने बड़ी महत्वपूर्ण भूमिका पृष्ठभूमि के रूप में निभायी है। वासना सर्ग में मनु और श्रद्धा के भीतर उठती हुई वासना की तरंग के लिए प्रकृति अद्‌भुत मादक वातावरण की सर्जना करती है। चंद्रिका राग रंजित हो उठी है। उसमें सारी सृष्टि हँस पड़ी है। उसकी आँखों में अनुराग खिल उठा है। पवन मधुभार से रोमांचित हो मंद मंद प्रवाहित है। प्रकृति जागरण उत्सव मना रही है और श्रद्धा-मनु के मिलन को कोई गहरा संकेत दे रही है :

सृष्टि हँसने लगी आँखों में खिला अनुराग;
राग रंजित चंद्रिका थी, उड़ा सुमन पराग।

× × ×

---

1. कामायनी, पृ० 3
2. वही, पृ० 7
3. वही, पृ० 14
4. छायावाद, पृ० 46

देवदारु निकुंज गह्वर सब सुधा में स्नात;
सब मनाते एक उत्सव जागरण की रात।
आ रही थी मदिर भीनी माधवी की गंध;
पवन के घन घिरे पड़ते थे बने मधु अंध।

× × ×

शिथिल अलसाई पड़ी छाया निशा की कांत;
सो रही थी शिशिर कण की सेज पर विश्रांत।
उसी झुरमुट में हृदय की भावना थी भ्रांत;
जहाँ छाया सृजन करती थी कुतूहल कांत।[1]

यह प्रकृति का उद्दीपनकारी रूप नवीन कल्पनाओं से निर्मित है, रूढ़िबद्ध नहीं है। प्रकृति के उद्दीपक रूप की विशेषता यह है कि वह संयोग और वियोग दोनों अवस्थाओं में पात्रों से तादात्म्य स्थापित करती है। विरही प्रकृति को कष्टप्रद न पाकर अपने मेल में पाता है। प्रकृति भी उसी भाव में मग्न होकर वियोगी के हृदयगत भाव को उद्दीप्त करती है। कामायनी के स्वप्न सर्ग में प्रकृति की दशा विरहिणी श्रद्धा की तरह है-

संध्या नील सरोरुह से जो श्याम पराग बिखरते थे,
शैल-घाटियों के अंचल को वे धीरे से भरते थे;
तृण गुल्मों से रोमांचित नग सुनते उस दुख की गाथा,
श्रद्धा की सूनी साँसों से मिल कर जो स्वर भरते थे:—[2]

कवि ने प्राकृतिक दृश्यों के चित्रण द्वारा पात्रों की मन:स्थितियों, मनोवृत्तियों का सुंदर उद्घाटन किया है। पश्चाताप और ग्लानि से भरा मनु दुबारा भाग जाता है। उस रात्रि की शून्य प्रकृति के द्वारा एक ऐसा संश्लिष्ट चित्र निर्मित किया गया है जिसमें श्रद्धा, इड़ा और मानव की मन:स्थितियाँ बड़ी मार्मिकता के साथ सांकेतिक रूप में अभिव्यक्त होती हैं—

उजले उजले तारक झलमल,
प्रतिबिंबित सरिता वक्षस्थल,
धारा बह जाती बिंब अटल,
खुलता था धीरे पवन पटल;

चुपचाप खड़ी थी वृक्ष-पाँत,
सुनती जैसे कुछ निजी बात ।

धूमिल छायाएँ रहीं घूम।
लहरी पैरों को रही चूम;[3]

---

1. कामायनी, वासना सर्ग, पृ० 88
2. वही, स्वप्न सर्ग, पृ० 176
3. वही, दर्शन सर्ग, पृ० 233

'धारा बह जाती बिम्ब अटल' में मनु की चंचलता, गतिशीलता और श्रद्धा की स्थिरता, एकनिष्ठता की कैसी मार्मिक व्यंजना प्राकृतिक व्यापार के द्वारा करायी है! 'धूमिल छायाएँ रहीं घूम' में श्रद्धा, मानव तथा इड़ा की धूमिल छवि ही परिलक्षित होती है। वातावरण में एक स्याह निस्तब्धता व्याप्त है।

कामायनी में कई स्थलों पर प्रकृति का उपयोग कला के उदात्तीकरण के लिए किया गया है। प्रकृति के प्रतीक, मानवीकरण, रूपक, उपमा आदि अपनी पूर्ण सजीवता और सरसता की अभिव्यक्ति करते हैं। श्रद्धा के सौंदर्य की एक एक रेखा प्रकृति से गृहीत उपमानों और रमणीय दृश्य खंडों से अंकित की गयी है। उत्प्रेक्षा के द्वारा श्रद्धा के सौंदर्य का एक चित्र द्रष्टव्य है—

नील परिधान बीच सुकुमार
खुल रहा मृदुल अधखुला अंग,
खिला हो ज्यों बिजली का फूल,
मेघ-बन बीच गुलाबी रंग।[1]

इसी तरह नील परिधान से आवृत्त श्रद्धा का तेजोद्दीप मुखमंडल श्याम घन को चीर कर दिखायी पड़नेवाले छविधाम रविमंडल के समान है।[2] अथवा वह वासंती निशा में इंद्रनील के लघु श्रृंगों को फोड़कर धधकनेवाली ज्वाला है।[3] समग्र हिंदी साहित्य में यह चित्र अद्वितीय है।

मानवीय रूप सौंदर्य से अधिक भाव सौंदर्य की व्यंजना में कवि ने प्रकृति का उपयोग किया है। अमूर्त को मूर्त कर प्रत्यक्ष करना उनकी सहज विशेषता है -

ओ चिंता की पहली रेखा,
अरी विश्व-वन की व्याली;
ज्वालामुखी स्फोट के भीषण,
प्रथम कंप से मतवाली![4]

मानव के अस्तित्व को ही हिला देनेवाली चिंता का कितना प्रभावशाली वर्णन है! चिंता की पहली रेखा विश्व वन की व्याली और ज्वालामुखी के विस्फोट के पूर्व के भीषण प्रथम कंप के समान कही गयी है।

उद्दाम वासना के वशीभूत मनु के मानसिक अधैर्य का चित्रण विच्छुरित चिनगारियों, धधकती ज्वाला एवं वात्याचक्र के आवेग के द्वारा किया गया है। मनु के समर्पण के बाद श्रद्धा के हृदय में लज्जा का आविर्भाव होता है। लज्जा किस तरह हृदय को परवश कर देती है, इसका प्रकृति चित्रों द्वारा कालजयी चित्रण लज्जा सर्ग में हुआ है।

कवि ने रात्रि का वर्णन मानवीकरण के द्वारा बहुत आकर्षक ढंग से किया है। पगली

---

1. कामायनी, श्रद्धा सर्ग, पृ० 46
2. वही, श्रद्धा सर्ग, पृ० 46
3. वही, पृ० 47
4. वही, चिंता सर्ग, पृ० 5

रजनी हाँफती, खिलखिलाती, मुसकाती अपने प्रियतम से मिलने जा रही है। कवि उससे आँचल सम्हालने का स्नेह भरा अनुरोध करते हैं—

पगली हाँ सम्हाल ले कैसे
छूट पड़ा तेरा आँचल;
देख, बिखरती है मणिराजी
अरी उठा बेसुध चंचल।[1]

प्रसाद को रजनी का मधुर रहस्यमय सौंदर्य अत्यंत प्रिय है। इसलिए कामायनी में उन्होंने उसके अनेक चित्र अंकित किये हैं। उपर्युक्त पंक्तियों में नटखट, हँसमुख और मुग्धा अभिसारिका के रूप में रजनी का मानवीकरण किया गया है।

संक्षेप में, कामायनी में हिमगिरि के उत्तुंग शिखर से कैलाश तक के घटना-क्षेत्र में समुद्र, नदी, पर्वत, घन, वर्षा, आँधी, शंपा, उल्का, उषा, रात्रि, संध्या, अंधकार, नक्षत्र, प्रकाश आदि प्रकृति के विविध रूपों का चित्रण किया गया है। यहाँ प्रकृति कला को उत्कर्ष प्रदान करती है। मानवीय भावों के साथ मिलकर वह अद्‌भुत रस का संचार करती है। डॉ० विष्णुकांत शास्त्री के शब्दों में, "प्रकृति कामायनी के अंत: बाह्य में व्याप्त उसकी दार्शनिक निष्पत्ति से प्रमुख रूप से युक्त, उसके चरित्रों की लीला भूमि, शिक्षिका, सहचरी, उन चरित्रों के रूप, स्वभाव, विचारों एवं भावों के बोध के लिए अपरिहार्य तत्व है।"[2]

रामचरितमानस और कामायनी में प्रकृति चित्रण की तुलना

संपूर्ण मध्यकालीन काव्य में प्रकृति चित्रण गौण है। किसी का अगर उस पर ध्यान गया है तो महाकवि तुलसीदास का ही। युग की सीमा के बावजूद उनकी भावुक दृष्टि प्रकृति के विविध रूपों की ओर गयी है। उन्होंने कई जगह स्वतंत्र रूप में भी प्रकृति चित्रण किया है। आधुनिक युग में पहली बार प्रकृति सौंदर्य के नये नये आयाम उभर कर सामने आये, जो आधुनिक विज्ञान की देन है। छायावादी कवियों ने प्रकृति के विविध रूपों के रमणीय चित्र प्रस्तुत किये हैं। कामायनी छायावाद की प्रतिनिधि रचना है। स्वभावत: इसमें प्रकृति की प्रचुरता एवं विविधता है। अन्य सभी क्षेत्रों में दिग्विजयी महाकाव्य रामचरितमानस प्रकृति चित्रण के क्षेत्र में कामायनी से पराजित हो जाता है। इसका कारण कवि की क्षमता का कम होना नहीं, वरन दो युगों की दो भिन्न दृष्टियाँ और उनकी अपनी अपनी उपलब्धियाँ हैं।

दोनों महाकाव्यों की कथावस्तु का अधिकांश प्रकृति के बीच घटित होता है। अत: प्रकृति चित्रण का भरपूर अवसर दोनों महाकाव्यों में है। कामायनी में उन अवसरों का जम कर उपयोग किया गया है, लेकिन मानस में प्रकृति बहुत कुछ उपेक्षित रह गयी है। शुक्लजी के शब्दों में, 'चित्रकूट, पंचवटी आदि स्थानों में गोस्वामी जी राम लक्ष्मण को ले गए हैं, पर उनके राम लक्ष्मण में प्रकृति के नाना रूपों और व्यापारों के प्रति वह हर्षोल्लास नहीं है जो वाल्मीकि के राम लक्ष्मण में है।"[3]

---

1. कामायनी, आशा सर्ग, पृ० 40
2. कामायनी (सं० कल्याणमल लोढ़ा), में संकलित निबंध 'कामायनी में प्रकृति', पृ० 150
3. गोस्वामी तुलसीदास, पृ० 87

समुद्र का दृश्य दोनों महाकाव्यों में आता है, पर तुलसीदास का ध्यान उसकी ओर नहीं गया है। उन्होंने उसकी जड़ता को कोई चित्रात्मक रूप नहीं दिया। राम उसकी विनती रास्ता के लिए करते हैं। नहीं सुनने पर बाण का संधान करते हैं। उसके भीतर से ज्वाला निकलती है और वह राम से एक मानव की तरह क्षमा मांगता है, कुछ भाषण भी दे देता है। वह न तो समुद्र का स्वाभाविक चित्रण है, न प्रकृति का मानवीकरण है। वह एक अति प्राकृत घटना है। किंतु कामायनी में पहली बार समुद्र के रौद्र रूप का अत्यंत स्वाभाविक और चित्रात्मक वर्णन हुआ है।

मानस में आलंबन रूप में प्रकृति चित्रण हुआ है। परिगणन शैली और संश्लिष्ट चित्रण शैली दोनों का सहारा लिया गया है। लेकिन कामायनी में कहीं भी प्राकृतिक पदार्थों की गणना नहीं करायी गयी है। उसमें एक से एक चमकते हुए बिंब हैं।

दोनों महाकाव्यों में प्रकृति की जड़ता पर चेतनता का आरोप है। दोनों के चित्रण में मर्मस्पर्शिता है। किंतु कामायनी में प्रकृति अपनी एक अलग पहचान लेकर प्रस्तुत होती है। वह एक चरित्र रूप में भी आती है जो मानव से स्नेह करती है, सहानुभूति प्रदान करती है, सहयोग करती है, नियमन करती है और नियम का उल्लंघन होने पर दंड भी देती है।

दोनों महाकाव्यों में प्रकृति की उद्दीपनकारी भूमिका प्रमुख है। युग और दृष्टिकोण के अंतर से दोनों के स्वरूप में बहुत अंतर है। वासना सर्ग में मनु और श्रद्धा के मिलन के लिए प्रकृति जैसी अमोघ उद्दीपनकारी भूमिका निभाती है, वह अत्यंत प्रभावशाली है। मानस में भी पुष्पवाटिका में राम सीता के प्रथम मिलन के लिए प्रकृति उद्दीपन का काम कर रही है, पर कामायनी में प्रकृति प्रेमी युगल को वासना के चरम बिंदु पर बलपूर्वक पहुँचा देती है, जबकि मानस में वासना की गंध तक नहीं है। वह निर्मल, स्वस्थ, प्रसन्न करनेवाली उद्दीपनकारी प्रकृति है। कारण, तुलसी मर्यादावादी हैं और प्रसाद शृंगारिक। लेकिन मानस में जहाँ कामदेव शिव का तप भंग करना चाहता है, वहाँ प्राकृतिक जगत अबाध काम सरिता बहाने लगता है। हर व्यक्ति के मन में क्षोभ उत्पन्न हो जाता है।

मानस में वियोगावस्था में प्रकृति का उद्दीपनकारी रूप बहुत कुछ रूढ़िबद्ध है। वह विरही को बहुत कष्ट देती है, 'बारिद तपत तेल जनु बरिसा', पर कामायनी में प्रकृति कष्ट नहीं देती, बल्कि विरही के साथ पीड़ित है। यहाँ विरही और प्रकृति दोनों के भाव एक से हैं, एक सा अनुभव है। कामायनी में प्रकृति एक निर्जीव पदार्थ नहीं बल्कि सजीव, संवेदनशील, सहानुभूति प्रदान करनेवाली सहचरी है। ''मध्यकालीन उद्दीपनकारी विभाव के अंतर्गत किये जानेवाले प्रकृति चित्रण से कामायनी के ऐसे चरित्र का मौलिक अंतर यही है कि मध्यकालीन काव्य में प्रकृति करीब करीब निर्जीव उपकरण सी है, उसका अपना कोई स्वतंत्र व्यक्तित्व नहीं है जबकि कामायनी में प्रकृति कारण है, सचेतन एवं स्वतंत्र व्यक्तित्व संपन्न है।''[1]

दोनों महाकाव्यों में पात्रों की मन:स्थितियों, मनोवृत्तियों की व्यंजना प्राकृतिक क्रिया व्यापारों के द्वारा हुई है, लेकिन कामायनी में ज्यादा सफलतापूर्वक हुई है। मानस में इसका उत्कृष्ट उदाहरण मृग मृगी की वार्ता के द्वारा राम के हृदय का पश्चाताप और ग्लानि के मार्मिक उद्घाटन में देखा जा सकता है और कामायनी में यह कई स्थलों पर देखा जा सकता है।

1. कामायनी (संपादक : कल्याणमल लोढ़ा) में संकलित निबंध 'कामायनी में प्रकृति' (ले० विष्णुकांत शास्त्री), पृ० 164

तुलसी की लोकवादी भक्तिपरक दृष्टि प्रकृति चित्रण में जीवनानुभव का कोई निचोड़, कोई सूक्ति, कोई रसोपदेश पिरो देती है। मानव और प्रकृति के व्यापारों में बिंब प्रतिबिंब भाव उन्होंने जो लोकनीति, शिक्षा आदि को गूँथा है, वह कामायनी में दुर्लभ है। मूलत: शृंगारिक कवि होने के कारण प्रसाद प्रकृति की क्रियाओं में उद्दाम शृंगार ढूँढ़ लेते हैं। यह प्रवृत्ति इतनी अधिक है कि वह अवांछित स्थलों पर भी आ जाती है। जैसे प्रलय के भयानक वर्णन में भी शृंगार की घुसपैठ देखी जा सकती है--

बार बार उस भीषण रव से
कँपती धरती देख विशेष,
मानो नील व्योम उतरा हो
आलिंगन के हेतु अशेष।[1]

मानस में प्राकृतिक जगत से अधिकतर परंपरागत उपमान ग्रहण किये गये हैं। कामायनी में परंपरागत उपमानों के नवीन प्रयोग और अनेक नवीन सुरुचिपूर्ण उपमानों की छटा दिखायी पड़ती है।

मानस में षड्ऋतु वर्णन का बिल्कुल अभिनव प्रयोग किया गया है। कामायनी में इसका परंपरागत रूप नहीं है।

प्राकृतिक वर्णन में स्थानगत विशेषता का ख्याल दोनों महाकाव्यों में रखा गया है। कुछ लोग हिमालय की बर्फीली चोटी पर देवदारु और हरियाली का होना असंभव और निरीक्षण की त्रुटि बताते हैं, लेकिन तराई में और कुछ ऊँचाई तक हरियाली रहती ही है। कवि का तात्पर्य वहीं से हो सकता है।

इस प्रकार हम कह सकते हैं कि कामायनी का प्रकृति चित्रण मानस की तुलना में भव्य, व्यापक, सूक्ष्म और रमणीय है।

●

दार्शनिक सिद्धांत

महाकाव्य में भाव लालित्य एवं गांभीर्य के साथ ही विचारों की ऊँचाई भी होती है। महाकाव्य के मर्म को समझने के लिए उसके दार्शनिक विचारों को भी अच्छी तरह समझ लेना आवश्यक होता है।

रामचरितमानस के दार्शनिक सिद्धांत

दार्शनिक सिद्धांत के अंतर्गत प्राय: जीव, जगत, माया, मोक्ष, आदि के बारे में अध्ययन किया जाता है। ''जिस प्रकार आयुर्वेद में रोग, रोग हेतु, आरोग्य और भैषज्य पर विचार किया गया है उसी प्रकार दर्शनशास्त्र में संसार, संसार हेतु, मोक्ष और मोक्षोपाय पर। इन्हीं को बौद्ध दर्शन में चार आर्यसत्य कहा गया है। तुलसी ने भी रोग के अनुसार चिकित्सा पर बल देकर रूपक के सहारे चित्त की रोग मुक्ति का उपस्थापन किया है। मोक्षोपाय के विधान में साधन तत्व का निरूपण सभी दर्शनों का एक प्रधान अंग है। उसमें जीव की त्रिविध मूल वृत्तियों

---

1. कामायनी, चिंता सर्ग, पृ० 14

(इच्छा, ज्ञान तथा क्रिया) के अनुसार भक्ति, ज्ञान और कर्म का समन्वय उपस्थित किया गया है। चित्तशुद्धि के लिए सभी ने अष्टांगिक योगमार्ग और आचार निष्ठा की महिमा स्वीकार की है। विभिन्न दर्शनों में साधक की अवस्था, शक्ति, वृत्ति और प्रवृत्ति के अनुसार अंग विशेष को अपेक्षाकृत अधिक या कम महत्व दिया गया है।''[1]

संसार में मनुष्य अनेक प्रकार के शारीरिक और मानसिक दुखों से दग्ध है। भारतीय दर्शन में इन दुखों के निवारण के लिए मुख्यत: तीन मार्ग – ज्ञान मार्ग, भक्ति मार्ग और कर्म मार्ग – बताये गये हैं। ''ज्ञानमार्ग शुद्ध बुद्धि की स्वाभाविक क्रिया अर्थात् चिंतन पद्धति का आश्रय लेता है, भक्तिमार्ग शुद्ध हृदय की स्वाभाविक अनुभूतियों अर्थात् भावों को लेकर चलता है, योगमार्ग चित्त की वृत्तियों को अनेक प्रकार के अभ्यासों द्वारा अस्वाभाविक (एबनार्मल) बना कर अनेक प्रकार की अलौकिक सिद्धियों के बीच होता हुआ अन्त:स्थ ईश्वर तक पहुँचना चाहता है।''[2] तुलसीदास का मार्ग भक्ति का है। योग मार्ग की गुह्य साधना को उन्होंने दूर से ही प्रणाम कर लिया। उसकी जगह लोक व्यवहार के लिए कर्म की प्रतिष्ठा की और जनता के सामने कर्मयोगी राम के चरित्र को प्रस्तुत किया। बिना सदाचार और कर्म के समाज व्यवस्था नहीं चल सकती, लेकिन कर्म को ज्ञान और भक्ति से संयुक्त होना चाहिए।

मुक्ति के लिए कवि ने ज्ञान और भक्ति को आवश्यक बताया। कर्म को इनके साधन के रूप में रखा। अच्छे कर्म के बिना चित्त निर्मल नहीं होता। ज्ञान और भक्ति दोनों का उद्देश्य एक है। दोनों दुख दूर करते हैं–

भगतिहि ज्ञानहिं नहिं कुछ भेदा। उभय हरहिं भव संभव खेदा ।।[3]

तुलसीदास ज्ञानी भक्त थे। उनकी दिव्यदृष्टि खुल चुकी थी। उनके अनुसार ज्ञानी भक्त भगवान् को विशेष प्रिय है– ग्यानहिं प्रभुहि बिसेषि पिआरा ।[4]

लेकिन जनसाधारण के लिए वे ज्ञान मार्ग को कठिन समझते थे– ज्ञान पंथ कृपान के धारा । परत खगेस होइ नहिं बारा ।।[5]

इसलिए उन्होंने भक्ति पर विशेष बल दिया और विस्तार से भक्तिमार्ग का प्रतिपादन किया। भक्ति चूँकि रागात्मिका वृत्ति है, इसलिए वह मनोनुकूल और सुग्राह्य है। उन्होंने भागवतपुराण और अध्यात्म रामायण की नवधा भक्ति से बहुत सारे तत्व ग्रहण कर और अपने हृदय का रस उड़ेल कर ऐसा रसायन तैयार किया जिसने दग्ध जीवों को शांति प्रदान की। इस भक्ति रसायन के सेवन से मनुष्य का राम के चरणों में प्रेम स्थिर होता है। तुलसीदास राम के चरणों में दृढ़ प्रेम को सिद्धि और साधन दोनों मानते हैं– 'साधन सिद्धि राम पग नेहू' ।[6] भक्तिमार्गी मुक्तिकामी नहीं होता, क्योंकि भक्ति स्वयं मुक्ति है और वह इसी जीवन में रामपद सेवा से प्राप्त होती है। इस तरह तुलसी के भक्ति दर्शन का फल इसी जीवन में प्राप्त है।

---

1. तुलसी–दर्शन–मीमांसा, पृ० 20–21
2. गोस्वामी तुलसीदास, पृ० 3
3. रामचरितमानस, 7/15/7
4. वही, 1/22/7
5. वही, 7/119/1
6. वही, 2/289/8

रामचरितमानस में अनेक प्रकार के दार्शनिक मतों की टंकार सुनायी पड़ती हैं। पर तुलसीदास किसी भी दर्शन की सीमा में बँधते नहीं हैं। वे जिस राम के उपासक हैं, वे सगुण और निर्गुण, प्रत्यक्ष और परोक्ष दोनों है। इसलिए तुलसीदास न तो विशुद्ध सगुणमार्गी हैं और न विशुद्ध निर्गुणमार्गी । उन्होंने लिखा है–

अगुन सगुन दुइ ब्रह्म सरूपा। अकथ अगाध अनादि अनूपा।[1]

डॉ० रामविलास शर्मा ने आधुनिक संदर्भ में उपर्युक्त पंक्तियों की मौलिक और सुग्राह्य व्याख्या की है – ''यदि प्राचीन दर्शन की शब्दावली को थोड़ी देर के लिए छोड़ दें तो इस उक्ति में कोई ऐसी बात नहीं जो आधुनिक विज्ञान को अग्राह्य हो। मनुष्य का ज्ञान सीमित है, उसके ज्ञान के साधन सीमित हैं। जगत् अनंत है, इसलिए वह जितना जानता है, वह पूर्ण इकाई का अंश मात्र ही है। साथ ही जो नहीं देखा, वही सत्य है, जो देखा है वह भ्रम ही होगा, यह सोचना भी सही नहीं है। इसलिए वैज्ञानिक दृष्टिकोण के अनुसार संसार को व्यक्त और अव्यक्त, परोक्ष और प्रत्यक्ष की एकता मानना चाहिए। .... एक दूसरा निष्कर्ष भी निकलता है जिसे हम देखते हैं, वह अनदेखे से विलग नहीं है। वह उसी का अभिन्न अंग है। इस प्रकार जिसे हम सगुण और प्रत्यक्ष सत्ता कहते हैं, वह असत्य नहीं, वह परोक्ष और निर्गुण सत्ता से अभिन्न रूप में जुड़ी हुई है।''[2] यही कारण है कि कवि को प्रत्यक्ष जगत् राममय दिखायी देता है— सीय राममय सब जग जानी । करउँ प्रनाम जोरि जुग पानी ।।[3]

उनकी नजर में जड़ और चेतन सभी राममय हैं—

जड़ चेतन जग जीव जत सकल राममय जानि।
बंदउँ सबके पद कमल सदा जोरि जुग पानि।।[4]

तुलसी के राम परम तत्व सच्चिदानंद स्वरूप हैं। ''उपनिषदकारों और वेदांतियों ने जिसे ब्रह्म कहा है, शैवों ने जिसे परम शिव माना है, वैष्णवों की दृष्टि में जो परमविष्णु है, उसी परमार्थ तत्व को तुलसी 'राम' कहते हैं।''[5] राम ही सृष्टि के कर्त्ता, पालक और संहारक हैं। पौराणिक ब्रह्मा, विष्णु और शिव उनके अंश हैं। राम साधुओं के परित्राण के लिए, दुष्टों के विनाश के लिए, धर्म की स्थापना के लिए और भक्तों को आनंद प्रदान करने के लिए समय समय पर अवतार धारण करते हैं—

जब जब होइ धरम कै हानी। बाढ़हिं असुर अधम अभिमानी।।
करहिं अनीति जाइ नहिं बरनी। सीदहिं बिप्र धेनु सुर धरनी।।
तब तब प्रभु धरि बिबिध सरीरा। हरहिं कृपानिधि सज्जन पीरा।।

---

1. रामचरितमानस, 1/23/1
2. परंपरा का मूल्यांकन, पृ० 60
3. रामचरितमानस, 1/8/2
4. वही, 1/7/(ग)
5. तुलसी-काव्य-मीमांसा, पृ० 319

असुर मारि थापहिं सुरन्ह राखहिं निज श्रुति सेतु।
जग बिस्तारहिं बिसद जस राम जन्म कर हेतु।।[1]

तुलसीदास राम की शक्ति को माया कहते हैं। सीता राम की शक्ति है। इसलिए उन्हें माया कहा गया है। इसी माया शक्ति के द्वारा राम सृष्टि चलाते हैं।

श्रुति सेतु पालक राम तुम्ह जगदीस माया जानकी।
जो सृजति जगु पालति हरति रुख पाइ कृपा निधान की।।[2]

माया के दो भेद हैं– विद्या और अविद्या । विद्या माया के द्वारा सृष्टि होती है और इसी के द्वारा जीवन को मुक्ति मिलती है, किंतु अविद्या माया जीव को अहंकार, स्वार्थ आदि से ग्रस्त कर बंधन में डाल देती है। माया के बारे में संक्षेप में समझाते हुए तुसलीदास लिखते हैं–

मैं अरु मोर तोर तैं माया। जेहिं बस कीन्हें जीव निकाया।।
गो गोचर जहँ लगि मन जाई। सो सब माया जानेहु भाई।।
तेहि कर भेद सुनहु तुम्ह सोऊ। बिद्या अपर अबिद्या दोऊ।।
एक दुष्ट अतिसय दुख रूपा। जा बस जीव परहिं भवकूपा।।
एक रचइ जग गुन बस जाकें। प्रभु प्रेरित नहिं निज बल ताकें।।[3]

तुलसीदास की माया अद्वैतवाद से थोड़ी भिन्न है। अद्वैतवाद में माया अज्ञान और अविद्या का पर्याय है। वहाँ विद्या माया नामक आदि शक्ति की कल्पना नहीं है। तुलसीदास की अविद्या माया ही अद्वैतवाद की माया है। तुलसीदास ने अद्वैतवादी 'माया' को ही मिथ्या कहा है और उसके लिए भी 'माया' शब्द का ही प्रयोग किया है। इसलिए तुलसीदास द्वारा प्रयुक्त 'माया' के अर्थ कहीं विद्या माया और कहीं अविद्या माया होते हैं। प्रसंगानुकूल उनका अर्थ समझना चाहिए।

विद्या माया से निर्मित जगत को तुलसीदास सत्य मानते हैं। जब राम सत्य है, तो उनसे निर्मित संसार असत्य कैसे हो सकता है ? किंतु कई बार तुलसी ने संसार को असत्य भी कहा है– एहि बिधि जग हरि आश्रित रहई । जदपि असत्य देत दुख अहई ।।[4]

इस अंतर्विरोध का निराकरण करते हुए डॉ० उदयभानु सिंह लिखते हैं, ''बात यह है कि जगत् तत्वत: राम रूप है, माया अर्थात् जीव की भ्रांति के कारण वह राम से भिन्न रूप में प्रतीत होता है। उसका दृश्यमान रूप मिथ्या है क्योंकि वह परिवर्तनशील है। इसीलिए तुलसी ने कहा है : 'सब रूप सदा सब होइ न सो', अथवा 'रवि आतप भिन्न न भिन्न यथा'। जब जीव को अपने, माया के और राम के यथार्थ स्वरूप का ज्ञान हो जाता है तब वह संपूर्ण जगत को राममय देखने लगता है। राम से इतर कुछ दिखायी ही नहीं पड़ता। यही जगत् का हेरा जाना है।''[5]

---

1. रामचरितमानस, 1/121/6–8
2. वही, 2/126/छंद
3. वही, 3/15/1–6
4. वही, 1/118/1
5. तुलसी काव्य मीमांसा, पृ० 32

तुलसीदास ने मानस के उत्तरकांड में संसार विटप की स्तुति की है-

'पल्लवत फूलत नवल नित संसार बिटप नमामहे'[1]

डॉ० रामविलास शर्मा इस पंक्ति को उद्‌धृत करते हुए तुलसीदास की संसार के बारे में धारणा स्पष्ट करते हैं, ''यदि संसार मिथ्या है, तो संसार विटप नमामहे कहना निरर्थक है। अहंकार और मोह में फँसे हुए मनुष्य को संसार जैसा दिखायी देता है, वह असत्य है, इसका यह अर्थ नहीं कि संसार की सत्ता ही नहीं है।''[2]

जीव ईश्वर का अंश है, इसलिए वह असत्य नहीं हो सकता। जीव सत्य, चेतन और आनंदमय है। माया के कारण वह आत्मस्वरूप को भूल जाता है। मायावादियों से तुलसी के विचारों में स्पष्ट भिन्नता है। मायावादी जीव की प्रतीति को मिथ्या बताते हैं। तुलसी का मत उसके विपरीत है :

ईश्वर अंस जीव अबिनासी। चेतन अमल सहज सुखरासी।।
सो मायाबस भयउ गोसाईं। बँध्यो कीर मरकट की नाईं।।
जड़ चेतनहि ग्रंथि परि गई। जदपि मृषा छूटत कठिनई।।
तब ते जीवन भयउ संसारी। छूट न ग्रंथि न होइ सुखारी।।[3]

स्पष्टतः ईश्वर और जीव एक हैं। जीव ईश्वर का ही अंश है। वह उसी की तरह चेतन, निर्विकार, सहज और सुख की खान है। केवल माया में बँधकर संसार के पिंजड़े में पड़ जाता है। उसकी चेतना पर जड़ता की ग्रंथि पड़ जाती है। यही ग्रंथि संसार है। इससे जबतक जीव मुक्त नहीं होगा तबतक वह सुखी नहीं हो सकता। जीव का लक्षण बतलाते हुए तुलसीदास कहते हैं— हरष बिषाद ग्यान अग्याना । जीव धर्म अहमिति अभिमाना ।।[4] जीव के लक्षण हर्ष, विषाद, ज्ञान, अज्ञान और अभिमान हैं। मोह जाल में फँसा हुआ जीव राम की कृपा होने पर भक्ति या मुक्ति पाता है।

तुलसीदास ने जनता को भरमाने के लिए किसी ऐसे काल्पनिक स्वर्गलोक की रचना नहीं की है, जहाँ राम नाम जपने से मनुष्य पहुँच जायेगा। दार्शनिक कवि ने इसी संसार में राम कृपा प्राप्त कर दुख से मुक्ति के उपाय बताये हैं। अतएव इस संसार सागर को पार करने के लिए लोकव्यवहारों को छोड़ना आवश्यक नहीं है। इस संसार में ही स्वार्थ, अहंकार आदि को त्यागकर प्रभु में लौ लगाना तुलसी का अभिमत है।

इस प्रकार हम देखते हैं कि ब्रह्म, जगत और जीव— तीनों के प्रति तुलसी के विचारों में एक तारतम्य और सामंजस्य है। ''ऐसा नहीं है कि ब्रह्म की चर्चा में तो उन्होंने वेदांत की बात कही और जीव की चर्चा में उनकी मान्यता वेदांत विरोधी हो गयी है। जो दार्शनिक ब्रह्म को व्यक्त और अव्यक्त, सगुण और निर्गुण दोनों मानता है, वह जगत को भी ब्रह्ममय स्वीकार

---

1. रामचरितमानस 7/छंद 5
2. परंपरा का मूल्यांकन, पृ० 62
3. रामचरितमानस, 7/117/2-5
4. वही, 1/116/7

करता है और जीव को ब्रह्म का अंश मानकर चेतन और अविनाशी मानता है। यह है तुलसीदास का ज्ञान जो जीवन की स्वीकृति का दर्शन है, जो जीव के जीवत्व का विनाश करके मोक्ष लाभ करने का दर्शन नहीं है। जिसने संसार विटप नमामहे लिखा था, उसने यह भी बताया था कि संसार में कैसे जीना चाहिए। तुलसी की रचनाओं में जो व्यावहारिक ज्ञान की सैकड़ों बातें भरी पड़ी हैं, वे उनके लोकोन्मुख दर्शन से विच्छिन्न नहीं है वरन् उसका अनिवार्य परिणाम हैं।''[1]

कामायनी के दार्शनिक सिद्धांत

प्रसाद दार्शनिक कवि हैं। उनके पास एक व्यवस्थित निजी दर्शन है। अपने दर्शन में एक व्यवस्था उन्होंने अपने अनुभवात्मक अनुसंधान से पायी है। कामायनी में कवि का जीवन दर्शन पूरी शक्ति और आभा के साथ प्रकट हुआ है।

कामायनी में निहित जीवन दर्शन का चरम लक्ष्य आनंद की प्राप्ति है। आनंद की प्रतिष्ठा अनेक भारतीय दर्शनों में हुई है। उनके स्वरूप में थोड़ा अंतर है। 'कामायनी का आनंद' समरसता का पर्याय है। समरसता शब्द और इसका सिद्धांत प्रसाद ने शैव दर्शन से ग्रहण किया है। इसकी व्याख्या विभिन्न शैव दार्शनिकों ने अपने अपने ढंग से की है। लिंगायत दर्शन में समरसता शब्द को समरस से निर्मित माना गया है। अर्थात् दो समान रसों का मेल समरस है। यही समरसता मोक्षदशा है। कामायनी की समरसता का सिद्धांत प्रत्यभिज्ञा दर्शन पर आधृत है। प्रत्यभिज्ञा दर्शन शैव दर्शन के चार प्रमुख रूपों में एक है। इसका अर्थ होता है ''ज्ञात का फिर से ज्ञान''। इस दर्शन के अनुसार सुख दुख से परे विशुद्ध आनंद की दशा ही समरसता है। जब आत्मा परम तत्व को प्राप्त कर पूर्णत: शिवमय हो जाती है तो यही स्थिति सामरस्य कहलाती है।

कामायनी में श्रद्धा और इड़ा के मध्य निहित वैषम्य में समत्व स्थापित कर इसी तत्व का प्रतिपादन हुआ है। श्रद्धा विश्वास समन्वित रागात्मिका वृत्ति और इड़ा व्यवसायात्मिका वृत्ति की प्रतीक है। इन पात्रों के प्रतीकात्मक स्वरूप और उनसे उपलब्ध आनंद की ओर इशारा कर कवि ने अपने दर्शन को भलीभाँति प्रकट किया है।

कामायनी के रहस्य सर्ग में कवि ने त्रिपुर को दिखाकर समरसता का दार्शनिक विवेचन प्रस्तुत किया है। इच्छा, ज्ञान और कर्म — तीनों में एकता स्थापित कर आनंद की प्राप्ति की घोषणा की गयी है। जब तक इन तीनों में अभिन्नता स्थापित नहीं होगी तबतक मनुष्य के जीवन में आनंद का संचार नहीं हो सकता। इनके बीच भिन्नता ही दुख का मूल कारण है। कामायनी के रहस्य सर्ग में सामरस्य के अभाव के द्योतक एक त्रिकोण का वर्णन द्रष्टव्य है—

यही त्रिपुर है देखा तुमने
तीन विन्दु ज्योतिर्मय इतने,
अपने केन्द्र बने दुख-सुख में
भिन्न हुए हैं ये सब कितने।
ज्ञान दूर कुछ, क्रिया भिन्न है
इच्छा क्यों पूरी हो मन की;

1. परंपरा का मूल्यांकन, पृ० 64

एक दूसरे से न मिल सके
यह विडम्बना है जीवन की।[1]

जब इन तीनों में सामरस्य की स्थापना होती है तब एक दिव्य लोक का पट खुल जाता है। मनु योगियों की परमानंद दशा प्राप्त करते हैं। उनकी चेतना अनाहत नाद पर थिरकने लगती है और वे मुक्ति का आनंद प्राप्त कर लेते हैं—

स्वप्न, स्वाप, जागरण भस्म हो
इच्छा क्रिया ज्ञान मिल लय थे;
दिव्य अनाहत पर निनाद में
श्रद्धायुत मनु बस तन्मय थे।[2]

इस तरह यह सामरस्य योगियों की निर्विकल्प समाधि जैसा है।

कामायनी का आनंदवाद सगुणोपासक वैष्णव भक्तों सा नहीं है। सगुणोपासक भक्तों के आनंद का आलंबन चराचर जगत में अवतार धारण करने वाले ईश्वर हैं, जबकि प्रत्यभिज्ञा दर्शन का लक्ष्य अपनी अंतरात्मा में ही आनंद की अनुभूति करना है। यह आनंदानुभूति निर्गुण भक्तों के आनंद जैसी है। इस दर्शन में ध्यान, धारणा, समाधि आदि योगशास्त्र के साधनों का उपयोग भी किया जाता है। आचार्य रामचंद्र शुक्ल ने लिखा है कि कामायनी में प्रसाद ने "अपने प्रिय आनंद की प्रतिष्ठा दार्शनिकता के ऊपरी आभास के साथ कल्पना की मधुमती भूमिका बनाकर की है। यह आनंदवाद वल्लभाचार्य के काम या आनंद के ढंग का न होकर, तांत्रिकों और योगियों की अंतर्भूमि पद्धति पर है।"[3]

लेकिन प्रसाद की दार्शनिक विचारधारा हू ब हू प्रत्यभिज्ञा दर्शन का काव्यानुवाद नहीं है। प्रसाद ने इसमें अपनी कल्पना से जोड़ा भी है। प्रत्यभिज्ञा दर्शन को व्यष्टि दर्शन समझकर आलोचकों ने इसे अधूरा बताया है। बात ऐसी नहीं है। ईश्वर की प्राप्ति व्यक्ति को अकेले ही होती है। इस कारण जितने भी दर्शन हैं वे व्यष्टि दर्शन ही होंगे, लेकिन समाधि को उपलब्ध व्यक्ति या जिन्हें प्रत्यभिज्ञा हो गयी है, वह अकेला नहीं रह सकता। वह उस दर्शन को समाज में बाँटेगा। यही कारण है कि महावीर, बुद्ध आदि ने जो ज्ञान प्राप्त किया उसको जनता तक पहुँचाया। और तब वही दर्शन समष्टि दर्शन हो जाता है क्योंकि उससे लाभ अनेक लोग उठाने लगते हैं। प्रसाद का जीवन दर्शन मनु के व्यक्तिवाद के खिलाफ है। कवि ने कर्म सर्ग में स्पष्ट लिखा है—

अपने में सब कुछ भर कैसे
व्यक्ति विकास करेगा ?
यह एकांत स्वार्थ भीषण है
अपना नाश करेगा!

---

1. कामायनी, रहस्य सर्ग, पृ० 272
2. वही, पृ० 273
3. हिंदी साहित्य का इतिहास, पृ० 652

औरों को हँसते देखो मनु
हँसो और सुख पाओ;
अपने सुख को विस्तृत कर लो
सब को सुखी बनाओ ।[1]

प्रसाद ने अपने समाज में विषमता देखी थी, वर्ग संघर्ष देखा था और इसे दूर कर एक शोषणरहित वर्गहीन समाज की कामना व्यक्त की थी। कवि ने श्रद्धा के द्वारा संसार के वैषम्य का चित्रण कर समरसता की इच्छा व्यक्त की है–

विषमता की पीड़ा से व्यस्त
हो रहा स्पंदित विश्व महान्;
यही दुख सुख विकास का सत्य
यही भूमा का मधुमय दान।
नित्य समरसता का अधिकार,
उमड़ता कारण जलधि समान;
व्यथा से नीली लहरों बीच
बिखरते सुखमणि गण द्युतिमान् ।[2]

यहाँ समरसता के द्वारा कवि लोक कल्याण का मार्ग प्रशस्त करता प्रतीत होता है। व्यष्टिगत आनंद को समष्टिगत आनंद में रूपांतरित कर कवि ने प्रत्यभिज्ञा दर्शन में अपना उल्लेखनीय योगदान किया है।

कामायनी में प्रतिपादित आत्मा, जीव, जगत, माया आदि के स्वरूप पर भी प्रत्यभिज्ञा दर्शन का प्रभाव विशेष रूप से पड़ा है।

शैव दर्शन में आत्मा को चैतन्य और अनंत शक्ति संपन्न माना गया है और उसे चिति, महाचिति, चेतना आदि कहा गया है। यह सत्य, शाश्वत, चिर सुंदर एवं परम तत्व शिव है। इस चिति या चिदात्मा का कवि ने अनेक स्थलों पर वर्णन किया है–

(क) चिति का विराट वपु मंगल
यह सत्य सतत चिर सुंदर[3]
(ख) कर रही लीलामय आनंद,
महाचिति सजग हुई सी व्यक्त[4]
(ख) चेतनता एक विलसती
आनंद अखंड घना था[5]

---

1. कामायनी कर्म सर्ग, पृ० 132
2. वही, श्रद्धा सर्ग, पृ० 54
3. वही, आनंद सर्ग, पृ० 288
4. वही, श्रद्धा सर्ग, पृ० 53
5. वही, आनंद सर्ग, पृ० 294

यही चैतन्य आत्मा, जो शिव रूप है, तीन प्रकार के मलों और तीन प्रकार के कंचुकों के आविल होकर जब सांसारिकता में लीन रहती है तो 'जीव' कहलाती है। जीव का स्वरूप पाशबद्ध है। कामायनी में मनु जीव का प्रतीक है। अज्ञान स्वार्थ, काम, वासना, भेद-बुद्धि आदि के कारण वह संसार में आकंठ निमग्न है। दार्शनिक शब्दावली में इसे मलों और कंचुकों से आवृत्त होना कहा गया है। इनसे आवृत्त रहने के कारण जीव दुखी रहा करता है। श्रद्धा के सान्निध्य और उपदेश से मनु की भेद-बुद्धि समाप्त होती है और वह सामरस्य में पहुँचकर चैतन्य या शिवत्व को प्राप्त कर लेता है।

प्रत्यभिज्ञा दर्शन के अनुसार चिति या आत्मा अपनी इच्छा शक्ति से जगत में प्रकट होती है। जगत महाचिति की लीलामयी अभिव्यक्ति है। श्रद्धा सर्ग में इस सिद्धांत की स्पष्ट अभिव्यक्ति द्रष्टव्य है–

कर रही लीलामय आनंद,
महाचिति सजग हुई सी व्यक्त,
विश्व का उन्मीलन अभिराम
इसी में सब होते अनुरक्त।
काम मंगल से मंडित श्रेय
सर्ग, इच्छा का है परिणाम;
तिरस्कृत कर उसको तुम भूल
बनाते हो असफल भवधाम।[1]

यह जगत मूलतः सत्य, सुंदर और मंगलमय है। डॉ० नगेंद्र ने लिखा है, "शैव दर्शन के अनुसार यह विश्व शिव या चिति से अभिन्न है– वही अपनी इच्छा से अभिन्न रूप में इसका उन्मेष करती है : चेतनो हि स्वात्मदर्पणे भावान् प्रतिबिंबवद् आभासयति इति सिद्धांतः (अभिनवगुप्त)[2] चिति से अभिन्न होने के कारण यह संसार भी शिवमय, सत्य और सुंदर है।

जगत के निर्माण में माया का योगदान रहता है। इसलिए माया को शिव की शक्ति माना गया है। वेदांत में जैसे माया अज्ञान का जाल फैलाकर ब्रह्म और जीव के बीच अज्ञान का आवरण डाल देती है, उसी तरह कामायनी में चिति शक्ति के आश्रित रहकर माया कर्मजाल फैलाती है। कामायनी में इस चितिशक्ति के आश्रित माया का वर्णन कई स्थानों पर हुआ है।[3] दर्शन सर्ग में चिति के द्वारा सृष्टि रचना का वर्णन द्रष्टव्य है :

चिति का स्वरूप यह नित्य जगत,
वह रूप बदलता है शत शत;

---

1. कामायनी, श्रद्धा सर्ग, पृ० 53
2. कामायनी के अध्ययन की समस्याएँ, पृ० 55
3. कामायनी (सं० कल्याणमल लोढ़ा) में संकलित डॉ० विजयेंद्र स्नातक का लेख 'कामायनी का दार्शनिक आधार' से गृहीत, पृ० 91

कण विरह-मिलनमय नृत्य-निरत,
उल्लास पूर्ण आनंद सतत;[1]

इसको काम सर्ग में कवि ने प्रेमकला (कामकला) कहा है—

यह लीला जिसकी विकस चली
वह मूल शक्ति थी प्रेम कला;
उसका संदेश सुनाने को
संसृति में आई वह अमला।[2]

इस तरह कामायनी में माया मूल शक्ति है। वह सृष्टि रचना का भी कार्य करती है और कर्मजाल फैलाकर जीवों को उलझाती भी है।

कामायनी के पूर्वार्द्ध में मनु जगत को असत्य और दुखमय बताता है। यहाँ अंतर्विरोध नहीं है, क्योंकि मनु वे उद्गार मायाबद्ध या आणव में स्थित होने के कारण व्यक्त करते हैं। डॉ॰ नगेंद्र ने उन उद्गारों के बारे में लिखा है कि "वे मन की आवृत्त अवस्था के द्योतक हैं, अतः वे सिद्धांत पक्ष के अंतर्गत नहीं आते।"[3]

प्रत्यभिज्ञा दर्शन का एक अन्य सिद्धांत नियतिवाद भी कामायनी में यथास्थान मिलता है। नियति शिव की शक्ति है और संसार का नियमन करती है, लेकिन इसका नियमन या शासन सांसारिक जीवों पर ही चलता है, समरसता या शिवत्व को प्राप्त आनंदस्थ व्यक्ति पर इसका नियंत्रण नहीं चलता। इस बात का संकेत रहस्य सर्ग में किया गया है। प्रसाद का नियतिवाद भाग्यवाद नहीं है। भाग्यवादी भाग्य के भरोसे अकर्मण्य बना बैठा रहता है, किंतु नियतिवादी कर्मलीन रहता है। नियति का नियंत्रण इतना कठोर रहता है कि मनुष्य अपने कर्म का निर्धारण भी उसी के अनुसार करता है।[4] नियति को अधिष्ठात्री देवी के रूप में कामायनी में कई स्थलों पर चित्रित किया गया है। इड़ा सर्ग में मनु अपने निराश और दुखी जीवन का कारण नियति को ही बताता है—

इस नियति-नटी के अति भीषण अभिनय की छाया नाच रही
खोखली शून्यता में प्रतिपद असफलता अधिक कुलाँच रही
पावस-रजनी में जुगनूगण को दौड़ पकड़ता मैं निराश
उन ज्योति-कणों का कर विनाश।[5]

कामायनी पर प्रत्यभिज्ञा दर्शन के व्यापक और गहरे प्रभाव के साथ वेद, ब्राह्मण, उपनषिद्, बौद्ध दर्शन, सांख्य दर्शन, अद्वैतवाद और आधुनिक युग के कई भौतिक दर्शनों की

---

1. कामायनी, दर्शन सर्ग, पृ॰ 242
2. वही, काम सर्ग, पृ॰ 76
3. कामायनी के अध्ययन की समस्याएँ, पृ॰ 54
4. डॉ॰ विजयेंद्र स्नातक का उपर्युक्त निबंध, पृ॰ 92
5. कामायनी, इड़ा सर्ग, पृ॰ 158

कुछ प्रवृत्तियों का भी यत्र तत्र प्रभाव पड़ा है। उन प्रभाव छायाओं को यहाँ दिखलाना न आवश्यक है और न वह हमारा प्रतिपाद्य है। हमें तो कामायनी के भीतर उस मूल दार्शनिक धारा को दिखलाना था, जिसकी चर्चा ऊपर हुई है। उपर्युक्त विवेचन के बाद हमने देखा कि कामायनी की कथा एक सुदृढ़ दार्शनिक भाव भूमि पर स्थित है। श्रद्धा एवं बुद्धि के योग से मनु चरम लक्ष्य पाने में समर्थ होता है और उसे पाकर वह पूर्णत: स्वस्थ, चैतन्य और आनंदलीन हो जाता है। शाप, ताप, दुख दैन्य, संघर्ष, वैषम्य आदि समाप्त हो जाते हैं और सामरस्य जन्य आनंद की अजस्रधारा फूट पड़ती है—

शापित न यहाँ है कोई
तापित पापी न यहाँ है;
जीवन वसुधा समतल है
समरस है जो कि जहाँ है।[1]

और —

समरस थे जड़ या चेतन
सुंदर साकार बना था;
चेतनता एक विलसती
आनंद अखंड घना था।[2]

ऊपर हमने कामायनी में निहित दार्शनिक विचारों का उल्लेख किया। अब हम उन विचारों का अत्यंत संक्षेप में मूल्यांकन प्रस्तुत करना चाहते हैं। पहली बात तो यह कि प्रसाद का सामरस्य सिद्धांत या आनंदवाद सामाजिक रोगों का निदान नहीं है। समस्या अगर भौतिक है जो उसका हल भी अनिवार्यत: भौतिक ही होगा और आध्यात्मिक समस्या का हल आध्यात्मिक होगा। कामायनी में जो समस्याएँ उठायी गयी हैं वे भौतिक हैं। उनका आध्यात्मिक रहस्यवादी समाधान समाज की खाई को पाट नहीं सकता, उसके वैषम्य को दूर नहीं कर सकता। सामाजिक जीवन में सामरस्य तभी आ सकता है, जब जनता सक्रिय होकर शोषण पर आधारित समाज व्यवस्था को बदल कर एक नयी शोषण रहित वर्गहीन समाज व्यवस्था की स्थापना करे। मुक्तिबोध ने प्रसाद जी के दर्शन पर बड़ी सटीक टिप्पणी की है, "प्रसादजी का दर्शन अपने हृदय के घावों को सहलाने का एक मनोवैज्ञानिक तरीका है, जिसे वे आध्यात्मिक कहते हैं। यों भी कहा जा सकता है कि वह वास्तविक जीवन जगत की समस्याओं से छुटकारा पाने का, उनसे भाग जाने का तरीका है, न कि उन समस्याओं के अस्तित्व को समाप्त करने का उपाय। संक्षेप में, प्रसादजी का दर्शन एक ऐसी भाव व्यवस्था का नाम है, जो भाव व्यवस्था व्यक्तियों को अपनी समस्याओं से मनोवैज्ञानिक छुटकारा तो दिला सकती है किंतु, उसकी उन समस्याओं का अस्तित्व समाप्त नहीं कर सकती"[3]

---

1. कामायनी, आनंद सर्ग, पृ० 288
2. वही, पृ० 294
3. मुक्तिबोध रचनावली, खंड-4, पृ० 360

प्रसाद का दर्शन काव्य पर आरोपित है। इससे कला की रीढ़ पर गहरी चोट पड़ी है। इस दर्शन ने कथा और चरित्र के स्वाभाविक विकास पर आघात किया है। कामायनी की भीतरी संरचना बिखर गयी है। प्रसाद जी के दर्शन के समर्थक डॉ० नगेंद्र जैसे विद्वान भी मानते हैं कि यह दर्शन कवित्व की कीमत चुकाकर हासिल हुआ है– "इसमें संदेह नहीं कि यह वर्णन व्यवस्थित और क्रमिक नहीं है, किंतु काव्य के कलेवर में उसकी अपेक्षा भी नहीं की जा सकती और जितना हुआ है वह भी कवित्व का मूल्य देकर ही हुआ है।"[1]

इच्छा, ज्ञान और क्रिया का काल्पनिक सामंजस्य हिमालय पर किया गया है। इसके वास्तविक सामंजस्य की योजना कामायनी में नहीं दिखायी पड़ती। स्वयं श्रद्धा के व्यक्तित्व में इस सामंजस्य का अभाव है। दर्शन का रंग कर्म पर चढ़ाकर कवि ने उसकी अवहेलना की है। अपनी दार्शनिक व्यवस्था के अनुरोध पर कर्म को व्यवसायात्मिका बुद्धि से मिलाकर हीन स्थान प्रदान किया है। "आश्चर्य की बात यह है कि जिस प्रसाद ने अपने नाटकों में कर्म के भव्य, गौरवपूर्ण और प्रेरणामय चित्र प्रस्तुत किये, वही प्रसाद कामायनी में आकर कर्म का स्थूल अर्थ ग्रहण करते हैं। हमारे भारतीय धर्म ग्रंथों में कर्म के अत्यंत प्रेरणामय जीवन चित्र उपस्थित किये गये हैं। गीता के कर्मयोग ने हमारे राष्ट्रवादी संघर्ष में वस्तुतः योग दिया है– बहुत बड़ा योग।"[2]

इस प्रकार कामायनी का दार्शनिक सिद्धांत एक गतिमान, क्रियाशील और अन्वेषणशील व्यक्तित्व की अगतिक, स्थित्यात्मक, कूटस्थ और आरोपित सर्जना है। इसके बावजूद उनकी लोकोन्मुख दृष्टि, मनुष्य के कल्याण की उत्कट लालसा, एक वर्गहीन सुखी समाज की तमन्ना उन रहस्यवादी दार्शनिक विचारों के भीतर से झाँक झाँक उठती है।

रामचरितमानस और कामायनी के दार्शनिक सिद्धांतों की तुलना

महाकवि तुलसीदास और जयशंकर प्रसाद दोनों दार्शनिक कवि हैं। दोनों महाकवियों ने नाना पुराणनिगमागम का गहन अध्ययन कर उनसे व्यापक प्रभाव ग्रहण किया है। दोनों महाकाव्यों– मानस और कामायनी – पर अनेक दार्शनिक सिद्धांतों का प्रभाव है, फिर भी दोनों में से कोई भी कवि पूरी तरह किसी भी दार्शनिक शिकंजे में कसे नहीं हैं। वे उनकी सीमाओं से बाहर भी निकले हैं। तुलसीदास न तो विशुद्ध रूप से विशिष्टाद्वैतवाद के प्रचारक हैं और न प्रसाद प्रत्यभिज्ञा दर्शन के। हाँ, उन दर्शनों से उन्होंने प्रचुर सामग्री अवश्य ली है।

तुलसीदास वैष्णव थे और प्रसाद शैव। तुलसी की दृष्टि में राम परम तत्व हैं। पौराणिक ब्रह्मा, विष्णु और शिव उनके अंश हैं। लेकिन प्रसाद की दृष्टि में शिव उस परम तत्व के अंश नहीं, वरन् स्वयं परम तत्व हैं। तात्पर्य यह कि तुलसी की नजर में जो स्थान राम का है, प्रसाद की दृष्टि में वही शिव का। अंतर यह है कि राम अवतार धारण करते हैं। वे सगुण भी हैं और निर्गुण भी। प्रसाद के शिव केवल निर्गुण आत्मरूप हैं।

जीव और जगत् के बारे में दोनों कवियों का दृष्टिकोण लगभग एक सा है। तुलसी मानते हैं कि 'ईश्वर अंस जीव अविनासी' है। माया के आवरण के कारण वह ईश्वर से अलग

---

1. कामायनी के अध्ययन की समस्याएँ, पृ० 56
2. मुक्तिबोध रचनावली, खंड-4, पृ० 361-62

दिखायी पड़ता है। प्रसाद भी मानते हैं कि आत्मा शिवरूप है। वह माया या मलों और कंचुकों से आवृत्त रहने के कारण भटकती है। तुलसी के अनुसार जगत 'सीयराममय' है और प्रसाद के भी अनुसार 'चिति स्वरूप यह नित्य जगत है''। दोनों मानते हैं कि संसार सत्य और नित्य है। दोनों ने कहीं कहीं संसार को मिथ्या भी कहा है, पर वस्तुतः मायाबद्ध जीव की दृष्टि से देखने पर ही संसार मिथ्या दिखायी पड़ता है। अतएव दोनों के जगत संबंधी विचारों में कोई अंतर्विरोध नहीं है। इस दृष्टि से दोनों महाकवियों का दृष्टिकोण लोकोन्मुख है।

मानस में माया के दो रूप– विद्या और अविद्या - बताये गये हैं। एक से जगत का निर्माण होता है, वह राम की आद्या शक्ति है। दूसरी दुखदायी है और ईश्वर से प्राणी को अलग करती है। डॉ० विजयेन्द्र स्नातक ने कामायनी में भी माया को सृष्टि रचना में संलग्न और कर्मजाल फैलाकर जीवों को भरमानेवाली शक्ति के रूप में देखा है। प्रत्यभिज्ञा दर्शन के विभिन्न मल और कंचुक जीवों को आवृत्त कर माया का ही काम करते हैं।

वैराग्य और उच्छृंखल भोगवाद का दोनों महाकाव्यों में विरोध दिखायी पड़ता है। दोनों महाकाव्यों में कवियों ने साहित्य को दुखवाद, निराशावाद, भोगवाद आदि से मुक्त रखा है–

कामायनी में संसार का नियमन और नियंत्रण करनेवाली शक्ति के रूप में नियति को चित्रित किया गया है। नियति का ऐसा रूप मानस में भी यत्र तत्र दिखायी पड़ता है। राजा दशरथ कहते हैं–

औरु करै अपराधु कोउ और पाव फल भोगु।
अति बिचित्र भगवंत गति को जग जानै जोगु।।[1]

विधाता का नियम है कि जो व्यक्ति जैसा अपराध करेगा उस व्यक्ति को वैसा फल मिलेगा। दशरथ के अनुसार अपराध तो उन्होंने किया है और इसका फल राम भोग रहे हैं। यही नियति है, जिस पर आदमी का वश नहीं। यहाँ नियति को ही 'भगवंत गति' कहा गया है।

दोनों महाकाव्यों का उद्देश्य आनंद की प्राप्ति है। मानस में जहाँ आनंद के आलंबन चराचर जगत के स्वामी राम हैं, जो बहिर्जगत में मनुष्य की तरह कर्म करते दिखाये गये हैं, वहाँ कामायनी का आनंद आत्मानुभूति है। वह आनंदानुभूति बहुत कुछ तांत्रिकों और योगियों जैसी है। मानस में योग को उतना ही महत्व दिया गया है, जितना चित्त शुद्धि के लिए आवश्यक है।

दोनों महाकाव्यों की सबसे बड़ी विशेषता और दोनों के बीच सबसे बड़ा साम्य यह है कि उनमें हृदय, बुद्धि और कर्म (इच्छा, ज्ञान और क्रिया) के बीच सामंजस्य स्थापित किया गया है। आचार्य शुक्ल के शब्दों में 'गोस्वामीजी की भक्तिपद्धति की सबसे बड़ी विशेषता है उसकी सर्वांग पूर्णता। जीवन के किसी पक्ष को सर्वथा छोड़कर वह नहीं चलती है। सब पक्षों के साथ उसका सामंजस्य है न उनका कर्म या धर्म से विरोध है, न ज्ञान से। धर्म तो उसका नित्य लक्षण है। तुलसी की भक्ति को कर्म और ज्ञान दोनों की रसानुभूति कह सकते हैं। योग का भी उसमें समन्वय है, पर उतने ही का जितना ध्यान के लिए, चित्त को एकाग्र करने के लिए आवश्यक है।''[2] कामायनी में भी इन तीनों वृत्तियों का अंत में सविस्तार वर्णन हुआ है।

1. रामचरितमानस, 2/77/
2. हिंदी साहित्य का इतिहास, पृ० 137

कामायनी का लक्ष्य ही इन तीनों के बीच सामरस्य से अखंड आनंदानुभूति प्राप्त करना है, लेकिन कामायनी का यह सामंजस्य आरोपित है। आचार्य शुक्ल की तीक्ष्ण दृष्टि इस पर पड़ी है। उन्होंने लिखा है, "जिस समन्वय का पक्ष कवि ने अंत में सामने रखा है उसका निर्वाह, रहस्यवाद की प्रवृत्ति के कारण काव्य के भीतर नहीं होने पाया है।"[1]

जिस कर्म की रामचरितमानस में राम के व्यक्तित्व में प्रतिष्ठा की गयी है, उसी की कामायनी में अवहेलना हुई है। इसके कारण कामायनी का दर्शन अपना ओज खो चुका है और इसलिए वह मानस की तरह प्रेरणा प्रदान करने में असमर्थ भी है। किंतु इसमें दो राय नहीं कि समरसता के बिना मनुष्य सुखी नहीं हो सकता, जिसका संदेश दोनों महाकाव्य देते हैं।

●

युग का प्रतिनिधित्व

बहुत पुरानी उक्ति है कि साहित्य समाज का दर्पण है। साहित्य और युग जीवन में बड़ा घनिष्ठ संबंध होता है। दोनों एक दूसरे को प्रभावित नियंत्रित करते हैं। साहित्य में युग मुख्यत: दो रूपों में प्रतिबिंबित होता है। मुक्तिबोध ने इस तथ्य को स्पष्ट करते हुए लिखा है– "युग तथा साहित्य के घनिष्ठ परस्पर संबंधों के वास्तविक स्वरूप को समझने की दिशा में प्रयास करते हुए हमारे सामने विशेष रूप से दो प्रकार का साहित्य उपस्थित होता है। एक वह, जिसमें युग प्रवृत्तियों से संचालित नियंत्रित होते हुए भी, साहित्यकार सचेत रूप से उन प्रवृत्तियों को ग्रहण नहीं करता। इसका फल यह होता है कि वह साहित्य अपने में उन प्रवृत्तियों का विकृत असंस्कृत प्रतिबिंब ही लिये रहता है। दूसरा साहित्य इस प्रकार का होता है कि उसमें उन युग प्रवृत्तियों के वास्तविक अभिप्राय, गर्भितार्थ तथा उनके निर्माणकारी अथवा विनाशकारी आशय आदि को जागरुक प्रकार से ग्रहण किया जाता है, और वर्तमान के पार मानव भविष्य को निहारा जाता है।"[2]

रामचरितमानस में युग का प्रतिनिधित्व

रामचरितमानस निश्चय ही दूसरी श्रेणी का साहित्य है। तुलसीदास ने अपने युग की प्रवृत्तियों के समीक्षात्मक आकलन के आधार पर मानस की रचना की है। इस महाकाव्य में युग का प्रतिनिधित्व समग्रता में हुआ है। युग जीवन का प्रतिनिधित्व करना महाकाव्य की सबसे बड़ी विशेषता है। डॉ० शंभूनाथ सिंह ने लिखा है, "जिस तरह महाभारत से प्रारंभिक वीर युग का, रामायण से विकसित वीर युग का, रघुवंश और कुमारसंभव से विकासोन्मुख सामंत युग का और नवसाहसांकचरित तथा नैषधचरित से ह्रासोन्मुख सामंत युग का पूरा चित्र हमारी कल्पना दृष्टि के सम्मुख प्रत्यक्ष हो जाता है, उसी तरह रामचरितमानस में हमें तुलसी के युग का समग्र रूप चित्रित दिखायी पड़ता है।[3]

वैसे तो संपूर्ण महाकाव्य में युग जीवन झाँकता है, लेकिन उत्तर कांड के कलियुग वर्णन में कवि ने विशेष रूप से युग यथार्थ का चित्रण किया और उसके प्रति अपनी चिंता

---

1. हिंदी साहित्य का इतिहास, पृ० 658
2. मुक्तिबोध रचनावली, खंड-4, पृ० 226
3. हिंदी महाकाव्य का स्वरूप-विकास, पृ० 527

व्यक्त की है। राजनीतिक दृष्टि से पूरे मध्यकाल में तुलसीदास की तरह सजग एक भी भक्त कवि नहीं थे। तुलसी अकबर और जहाँगीर के समकालीन थे। राजा राज्य विस्तार और विलास में निमग्न थे। इसकी पूर्ति के लिए प्रजा का आर्थिक शोषण होता था। राजा की आस्था अपने कर्त्तव्यपालन में नहीं थी। वे पाप परायण थे और प्रजा को केवल कठोर दंड देते थे-

नृप पाप परायन धर्म नहीं । करि दंड बिडंब प्रजा नितहीं ।[1]

सामंती उत्पीड़न से पैदा होनेवाली व्यथा का वर्णन कवि ने कई स्थानों पर किया है—

बैरी पुनि छत्री पुनि राजा । छलबल कीन्ह चहइ निज काजा ।।[2]

कवि ने न्याय के बदले छल बल की नीति अपनानेवाले सामंतों की कलई खोल दी है।

कवि ने राक्षसों के अत्याचारों के वर्णन के द्वारा वस्तुतः अपने युग के सामंतों, शासकों की राक्षसी प्रवृत्ति का ही वर्णन किया है।

जेहि बिधि होइ धर्म निर्मूला। सो सब करहिं बेद प्रतिकूला।।
जेहि जेहि देस धेनु द्विज पावहिं। नगर गाउँ पुर आगि लगावहिं।।[3]

'नगर गाउँ पुर आगि लगावहिं' विशेष रूप से ध्यातव्य है। 'हिंसा पर अति प्रीति' करने वाले आक्रामक वर्ग गाँव के गाँव जला डालते थे। इस बात का साक्षी इतिहास भी है। उसकी मनमानी यहाँ तक बढ़ गयी थी कि लोगों की बहू बेटियों का बलपूर्वक अपहरण कर लेते थे।[4] ऐसे असुरों के मनुष्य होने में अगर किसी को संदेह हो तो कवि की इन पंक्तियों को पढ़ कर उसे दूर किया जा सकता है—

जिन्ह के यह आचरन भवानी । ते जानेहु निसिचर सब प्रानी।।[5]

अपने युग में 'धर्म कै ग्लानी' देखकर तुलसीदास क्षुब्ध थे। रावण के धार्मिक अत्याचार के विरुद्ध किसी में मुँह तक खोलने की हिम्मत नहीं थी—

अतिसय देखि धर्म के ग्लानी। परम सभीत धरा अकुलानी।।
गिरि सरि सिंधु भार नहिं मोही। जस मोहि गरुअ एक परद्रोही।।
सकल धर्म देखइ बिपरीता। कहि न सकइ रावन भय भीता।।[6]

इतिहास बताता है कि अकबर की धार्मिक नीति अत्यंत उदार थी। साहित्य की पंक्तियाँ हर जगह ज्यों का त्यों यथार्थ को प्रतिबिंबित नहीं करतीं। यहाँ रावण का अर्थ अकबर करना समीचीन नहीं प्रतीत होता। लेकिन इसमें तो संदेह नहीं कि उनके शासनकाल में अनेक कट्टर धार्मिक मुल्ला उत्पीड़न करते थे। उन्होंने अकबर के विरुद्ध भी जंग छेड़ दी थी, जिसे दबा दिया गया था।

---

1. रामचरितमानस, 7/101/6
2. वही, 1/160/6
3. वही, 1/183/5-6
4. वही, 1/182 (ख)
5. वही, 1/184/3
6. वही, 1/184/4-6

तुलसी के समय में बराबर अकाल पड़ता था-- कलि बारहिं बार दुकाल परै। बिनु अन्न दुखी सब लोग मरै ।।[1] बहुत बार वर्षा नहीं होती थी और बोया हुआ अन्न उगता नहीं था।[2] पूरे देश में भुखमरी और दारिद्र्य का साम्राज्य था। जनता का धन सामंतों की विलासिता में चला जाता था। वे विलासिता के पंक में डूबे रहते थे और नीचे स्तर के लोग दारिद्र्य, रोग और अशिक्षा से दग्ध थे।

सामंतों की विलासिता का असर जनसाधारण पर भी था। सभी स्त्री पुरुष 'तनु पोषक' हो गये थे।[3] सभी पुरुष नारियों के वशीभूत थे और बाजीगर के बंदर की तरह उसके इंगित पर नाचते थे।[4] पुरुष समाज इतना पतित हो गया था कि भोग में बहिन बेटी का भी विचार नहीं करता था— कलिकाल बिहाल किए मनुजा । नहिं मानत क्वौ अनुजा तनुजा ।।[5] पुरुष दुराचारी होगा तो स्वभावत: स्त्रियाँ भी दुराचारिणी होंगी; अकेली एक जाति कैसे दुराचारी होगी! स्त्रियों का हाल इन पंक्तियों में देखें— गुन मंदिर सुंदर पति त्यागी । भजहि नारि पर पुरुष अभागी ।।[6]

पारिवारिक आदर्श ध्वस्त हो गये थे। पुत्रों के भीतर माता पिता के प्रति श्रद्धा, जिम्मेवारी का भाव अत्यंत कम हो गया था और ससुरालप्रियता काफी बढ़ गयी थी—

सुत मानहिं मातु पिता तब लौं। अवलानन दीख नहीं जब लौं।।
ससुरारि पिआरि लगी जब तें। रिपु रूप कुटुंब भए तब तें।।[7]

समाज का ऐसा अध:पतन हो गया था कि ब्रह्म ज्ञान की बातें करनेवाले ढोंगी पैसे के लिए ब्राह्मणों और गुरुओं की हत्या कर देते थे।[8] गुरु शिष्यों का धन तो हर लेते थे लेकिन शोक नहीं हरते थे।[9] न तो शिष्य ज्ञान पाने को इच्छुक था और न गुरु के पास ज्ञान था। एक बहरा था तो दूसरा अंधा।[10] माँ बाप बच्चों को केवल उदर भरने की शिक्षा देते थे।[11] तीर्थों, मंदिरों में भ्रष्टाचार का बोलवाला था। धूर्त्त लोग गुणी कहलाते थे।[12] गाल बजानेवाले पंडित[13], दंभी और पाखंडी संत[14] और दूसरों का धन हरण करनेवाले बुद्धिमान[15] कहलाते थे। जो आचारहीन और

---

1. रामचरितमानस, 7/101/10
2. वही, 1/101/(ख)
3. वही, 7/102/10
4. वही, 7/99/1
5. वही, 7/102/5
6. वही, 7/99/4
7. वही, 7/101/3-4
8. वही, 7/99 (क)
9. वही, 7/99/(क)/7
10. वही, 7/99/(क)/6
11. वही, 7/99/(क)/8
12. वही, 7/98/6
13. वही, 7/98/3
14. वही, 7/98/4
15. वही, 7/98/5

'श्रुति पथ त्यागी' थे वही ज्ञानी और वैरागी थे।[1] जिनके बड़े बड़े नख और लंबी लंबी जटायें थीं तथा नंगे शरीर रहते थे, वही प्रसिद्ध तपस्वी थे।[2] जो मन, वचन एवं कर्म से लबरा थे वही वक्ता माने जाते थे। जो परायी स्त्री में आसक्त, कपट करने में चतुर, मोह, द्रोह और ममता में लीन थे, वे ही अभेदवादी ज्ञानी कहलाते थे।[3]

उपर्युक्त वर्णन केवल कवि कल्पित और परंपरागत नहीं है। इसकी सच्चाई के संबंध में किसी को किसी प्रकार का संदेह या भ्रम न हो इसलिए कवि ने स्पष्ट लिखा है कि ये सब मैंने आँखों देखा है– देखा मैं चरित कलियुग कर।[4]

वर्णाश्रम धर्म की मर्यादा टूट रही थी। शूद्र ब्राह्मणों से प्रतिस्पर्द्धा कर उन्हें ललकारते थे। गुर्राकर आँखें दिखाते थे । डॉ० उदयभानु सिंह ने लिखा है, 'निर्गुण संप्रदाय के बहुत से संत अशिक्षित निम्न जातियों के थे और द्विज वाणी द्वारा उपेक्षित शूद्र समाज में वे स्वभावत: आदर के पात्र समझे जाते थे। संभवत: उन्हीं शूद्रवर्गीय निर्गुण संतों की ज्ञान-कथनी से उत्तेजित होकर तुलसी ने कहा था''–[5]

बादहिं सूद्र द्विजन्ह सन हम तुम्ह ते कछु घाटि।
जानइ ब्रह्म से बिप्रबर आँखि देखावहिं डाटि।।[6]

''सामाजिक संगठन को ज्यों का त्यों रहने देकर उसके स्वर को उन्नत करने के लिए प्रयत्नशील तुलसीदास को ये बातें चिंताजनक मालूम हुई थीं''[7] साथ ही उनके लिए यह बात भी चिंताजनक थी– बिप्र निरच्छर लोलुप कामी । निराचार सठ बृषली स्वामी ।।[8]

वर्णाधम तेली, कुम्हार, कलवार आदि जिनकी भी 'नारि मुई गृह संपति नासी' वही 'मूँड़ मुड़ाइ होहिं संन्यासी'। ये संन्यासी जप तप करते थे। आसन पर बैठ कर पुराण बाँचते थे। ब्राह्मणों से पूजवाते थे। वर्णधर्म के समर्थक तुलसीदास को ये बातें पसंद नहीं थीं। इस स्थिति के बारे में आचार्य हजारीप्रसाद के विचार ध्यातव्य हैं– ''इस बात को यदि सहानुभूति की दृष्टि से देखा जाय, तो यह आवश्यक सामाजिक रोग के रूप में दिखेगी। पर यदि समाज स्थिति के ढाँचे को ज्यों का त्यों बचा रखने की दृष्टि से देखा जाय तो समाज को बर्बाद कर देनेवाली कुप्रथा के रूप में ही दिखेगी। तुलसीदास ने अत्यंत दुख के साथ इस कुप्रथा का उल्लेख किया है।[9]

समाज अघोर संप्रदायों, नाथ संप्रदाय के चमत्कारों, अलखवादियों की अबूझ पहेलियों

---

1. रामचरितमानस, 7/98/7
2. वही, 7/98/8
3. वही, 7/100/1-2
4. वही, 7/100/2
5. तुलसी-काव्य-मीमांसा, पृ० 236
6. रामचरितमानस, 7/99 (ख)
7. हजारीप्रसाद द्विवेदी, ग्रंथावली, तृतीय खंड, पृ० 380
8. रामचरितमानस, 7/100 (क)/8
9. हजारीप्रसाद द्विवेदी ग्रंथावली, तृतीय खंड, पृ० 380

आदि से ग्रस्त था। कुछ लोग विष्णु, शिव आदि देवों को छोड़कर भूत प्रेतादि की पूजा करते थे। तुलसी ने भूत प्रेत पूजा को कितना अधम ठहराया है, भरत की वाणी में द्रष्टव्य है—

जे परिहरि हरि हर चरन भजहिं भूत गन घोर।
तेहि कइ गति मोहि देउ बिधि जौं जननी मत मोर।।[1]

कवि ने अघोरपंथियों के बारे में लिखा है—

असुभ बेष भूषन धरें भच्छाभच्छ जे खाहिं।
तेइ जोगी तेइ सिद्ध नर पूज्य ते कलिजुग माहिं।।[2]

अच्छी अच्छी पुस्तकें लुप्त हो रही थीं और दंभी लोग नये नये कल्पित पंथ चला रहे थे।[3] इस तरह सारा समाज विशृंखल और छिन्न भिन्न था। आचार्य हजारीप्रसाद द्विवेदी ने लिखा है, ''सारा देश सैकड़ों संप्रदायों और अखाड़ों में बँटे हुए इन साधुओं से भरा हुआ था। नाथ मार्गी साधुओं का प्रभाव अब भी पूर्ण मात्रा में था, 'अलख' की आवाज गर्म तो थी, पर तुलसीदास ने अत्यंत क्षोभ के साथ देखा था कि ये अलख जगानेवाले कुछ नहीं 'लख' पाते थे। भक्ति की जो नयी धारा आयी थी, वह इन अशिक्षित, नाथ प्रभावित, शास्त्र ज्ञान विवर्जित और विवेकहीन साधुओं के हाथों कुछ का कुछ बनती जा रही थी। कलिकाल के ये 'अधम' भक्त साखी, सबदी, दोहरा, कहनी और उपखान (उपाख्यान) कह कहकर भक्ति का निरूपण करते थे और वेद पुराणों की निंदा करते थे।''[4]

शैव, शाक्त और वैष्णव आपस में लड़ा करते थे। उनकी आपसी लड़ाई की प्रत्यक्षत: कवि ने कोई चर्चा नहीं की है, किंतु मानस में शैव, शाक्त और वैष्णव तीनों को संतुष्ट करने का प्रयास किया गया है। निर्गुणधारा के सबसे प्रभावशाली कवि कबीर अवतारवाद, मूर्तिपूजा, वर्णाश्रम धर्म का खंडन कर चुके थे। वेदशास्त्र की निंदा काफी हो चुकी थी। उनकी नकल बहुत सारे मूढ़ लोग भी कर रहे थे। तुलसीदास ने बड़े ही ओजस्वी शब्दों में उनका प्रतिवाद किया था। ''यद्यपि तुलसीदास स्वयं 'अगुन और सगुन' में कुछ विशेष भेद नहीं मानते थे, परंतु उन 'अज्ञ अकोविद अंध अभागी' लोगों की निर्गुण उपासना और सगुण प्रत्याख्यान शैली से बहुत खिन्न थे। जिनके चित्त में विषय विकास की काई लगी हुई थी, और जो 'पाखंडी हरि-पद विमुख' थे, तुलसीदास का पक्का विश्वास था कि ये अभागे 'जानहिं झूठ न सांच'। उनका विश्वास था कि ये अगुण सगुण विवेक से बिल्कुल अपरिचित थे और मूढ़तावश अनेक पंथों की जल्पना-कल्पना किया करते थे।''[5]

ऊपर हमने संक्षेप में देखा— तुलसी के युग का तिक्त यथार्थ और उसके प्रति कवि का दृष्टिकोण। मन में प्रश्न उठता है कि तुलसी के युग में क्या बुराई ही बुराई थी ? विद्वानों ने भी

---

1. रामचरितमानस, 2/167
2. वही, 7/98 (क)
3. वही, 7/97/2 (क)
4. हजारीप्रसाद द्विवेदी ग्रंथावली, तृतीय खंड, पृ० 380
5. वही, पृ० 380-81

प्रायः तुलसी की युगाभिव्यक्ति के नाम पर विशेषतः बुराइयों को ही रखा है। अगर केवल ऐसा था तो उतने भव्य और उज्ज्वल चरित्रों की कल्पना उन्होंने कैसे की ? उन उज्ज्वल चरित्रों का आधार क्या है ? क्या वे विशुद्ध काल्पनिक और आदर्श चरित्र हैं ? क्या भरत और लक्ष्मण सा भाई, कौसल्या और सुमित्रा जैसी माँ, दशरथ जैसा पिता, वसिष्ठ जैसा गुरु और ब्राह्मण, हनुमान सा सेवक, सुग्रीव विभीषण सा मित्र उस युग में था ही नहीं ? मेरा मन नहीं मानता कि वे दिव्य गुण भारतीय जनता के नहीं हैं। या उस समय वे लुप्त हो गये थे। आखिर तुलसी सा महात्मा किस युग में पैदा हुआ ? कबीर, जायसी, सूर, मीरा, रसखान, रहीम आदि विभूतियाँ किस युग में हुईं थीं ? उसी कलियुग में, जिसका वर्णन कवि ने किया है। उसी कलियुग में 'रामराज्य' के बीज थे। उसी कलियुग में चारों वर्णों के लोग सरयू तट पर एक साथ स्नान करते थे। बटु समुदाय वेद पाठ करते थे। कवि ने नारियों की बड़ी निंदा की है, लेकिन उसकी पराधीनता पर आँसू भी बहाये हैं। नारियों के दैनंदिन क्रिया कलापों, हर्ष उल्लास, हास परिहास के मनोहर चित्र प्रस्तुत करनेवाले उस युग में तुलसी से बढ़कर और कोई कवि नहीं थे। उन्होंने पुष्पवाटिका की सहेलियों, ग्रामवनिताओं, मिथिला की पुरवधुओं, अयोध्या की नारियों के अनेक मोहक और आकर्षक चित्र प्रस्तुत किये हैं और वे मोहक चित्र तुलसी के युग के मोहक यथार्थ हैं।

इस तरह हम देखते हैं कि महाकवि तुलसीदास ने अपने युग की समस्त अच्छाइयों और बुराइयों का ऐसा भरा पूरा चित्र रामचरितमानस में प्रस्तुत किया है जो अन्य महाकाव्यों में या उस युग के ही किसी कवि की संपूर्ण कविता में नहीं मिलता है।

कामायनी में युग का प्रतिनिधित्व

कामायनी का अपने युग से घनिष्ठ संबंध है। इसमें जीवन की विस्तृत वास्तविकता उपस्थित है। एक विशेष काल खंड के भीतर उपस्थित व्यापक वास्तविकता को प्रसाद ने एक विशाल कल्पना चित्र के द्वारा प्रस्तुत किया है। कामायनी का विषय अत्यंत आधुनिक और मूलतः सामाजिक राजनीतिक है, लेकिन एक व्यापक यथार्थवादी वैज्ञानिक दृष्टि के अभाव में वास्तविकता की चित्रात्मक व्याख्या वैज्ञानिक नहीं हो पायी। कवि की भाववादी दृष्टि के कारण वास्तविकता का, युग प्रवृत्तियों का सही सही विश्लेषण, मूल्यांकन और चित्रण नहीं हो सका।

सभी मानते हैं कि कामायनी रूपक या प्रतीक काव्य है, लेकिन सारे प्रतीक आधुनिक जीवन की समस्याओं पर प्रकाश डालते हैं, ऐसा सभी विद्वान नहीं मानते। कुछ विद्वानों की धारणा है कि कामायनी में यत्र तत्र आधुनिक समस्याओं पर भी प्रकाश पड़ा है, किंतु गजानन माधव मुक्तिबोध, डॉ॰ नामवर सिंह आदि की मान्यता है कि कामायनी के सभी प्रतीक आधुनिक जीवन के हैं। आधुनिक जीवन यत्र तत्र नहीं, बल्कि सर्वत्र झाँकता है। मुक्तिबोध ने पूर्ण शक्ति और विस्तार के साथ अपनी पुस्तक 'कामायनी : एक पुनर्विचार' में तथा डॉ॰ नामवर सिंह ने संक्षेप में अपने लेख 'कामायनी के प्रतीक' में प्रतीकों की व्याख्या कर यह स्पष्ट रूप से दिखा दिया है कि प्रसाद ने कामायनी के प्रतीकों के माध्यम से आधुनिक भारतीय जीवन की वास्तविकता ही चित्रित की है। ''जिस क्रम से वास्तविकता में परिवर्तन होता गया है, उसी क्रम से उन्होंने प्रतीकों के रूप और अर्थ में भी परिवर्तन किया है। इस दृष्टि से प्रसाद के प्रतीक सर्वथा नये हैं, क्योंकि ये परिवर्तनशील तथा विकासशील हैं। जो इन प्रतीकों की

गतिशीलता नहीं समझते, उन्हें कामायनी कठिन प्रतीत होती है। जो अपने जड़ विचारों के पैमाने से कामायनी को मापने की कोशिश करते हैं, उन्हें पहले अपने दिमाग में हरकत पैदा करनी चाहिए।''[1]

कामायनी की कथा, चरित्र और कार्य व्यापार या घटनाएँ वास्तविक जीवन तथ्यों के प्रतीक हैं। कामायनी में प्रलय का अत्यंत प्रभावशाली चित्रण हुआ है। प्रायः सभी छायावादी कवियों ने एक महान् परिवर्तन, विध्वंस या विनाश का चित्रण किया है। पंत ने परिवर्तन में काल के विनाशकारी रूप का चित्रण किया है। कामायनी में यदि देव सभ्यता के ध्वंस का चित्रण है तो परिवर्तन में पुरातन सुवर्ण काल के ध्वंस का। छायावादी कवियों के इन चित्रणों का कारण क्या है? क्या इसका कोई सामाजिक राजनीतिक आधार है ? वस्तुतः यह ध्वंस और परिवर्तन आधुनिक युग की महत्वपूर्ण घटना है। अंग्रेजों ने निर्ममतापूर्वक भारत की पुरानी सभ्यता नष्ट कर दी। सुनहले अतीत के तहस नहस होने का दुख प्रायः सबको हुआ। पुरानी सभ्यता के विनाश का कारण प्रसाद ने उच्छृंखल भोग और आपसी होड़ बताया है। कवि ने देव सभ्यता के विनाश का बड़ा ही मार्मिक चित्रण किया है। यह देव सभ्यता सामंती सभ्यता की प्रतीक है। देवगण सामंती विलासप्रिय शासक वर्ग हैं। डॉ० नामवर सिंह ने लिखा है- ''देव सभ्यता का ध्वंस वस्तुतः हिन्दू राजाओं और मुसलमान नवाबों तथा मुगल बादशाहों के विध्वंस का प्रतीक है। उनका नाश इसलिए हुआ कि वे 'अगतिमय' थे। इसीलिए अंग्रेजों ने एक एक करके भारतीय राजाओं को तोड़ दिया और इस विध्वंस लीला का उत्कट रूप सन सत्तावन में दिखायी पड़ा। विलास की सामग्रियाँ ही नयी परिस्थितियों में क्रूर बंधन हो गयीं। जिन कुसुम सुरभित मणि मालाओं को सुर बालाओं ने श्रृंगार के लिए धारण किया था, वे जल प्लावन के समय श्रृंखला की तरह जकड़ गयीं। यदि अंग्रेज न भी आते तब भी इन राजाओं का पतन होता लेकिन अंग्रेज इतिहास के शस्त्र बन कर इन पर आ पड़े। प्रसाद जी ने इतिहास की इस मार को प्रकृति का प्रकोप कहा है।''[2]

देशी और विदेशी पूँजीवाद के प्रहार से सामंतवाद की रीढ़ टूट गयी। यह आक्रमण प्रलय के ही समान था। सामंती सभ्यता तो अपनी विलास भंगिमा की बारीकियों में ही डूबी हुई थी कि एकाएक बंदूकें चलने लगीं। तूफान चलने लगा और सामंती शासन सदा के लिए इस जल प्रलय में नष्ट भ्रष्ट हो गया।[3] इस प्रकोप को प्रकृति का प्रकोप इसलिए कहा गया, क्योंकि ''प्रकृति के कोप पर, भूकंपों पर, अवर्षण पर, जल प्रलय पर, कम से कम हिंदुस्तान में अबतक किसी का वश नहीं रहा।''[4]

यह 'जल प्लावन' स्वयं प्रसाद के जीवन की भी घटना हो सकती है। अवश्य ही प्रसाद की युवावस्था में सामंती वातावरण का घनीभूत प्रभाव पड़ा होगा। प्रसाद ने अपने जीवन काल में अपना सारा वैभव नष्ट होते देखा। उनके जीवन से सामंती विलासयुक्त वातावरण लुप्त हो गया और उनके पास स्मृति शेष रह गयी।

---

1. इतिहास और आलोचना (डॉ० नामवर सिंह), पृ० 121
2. वही, पृ० 114-15
3. मुक्तिबोध रचनावली, खण्ड-4, पृ० 255
4. वही, पृ० 258

इस 'देव-सभ्यता' को किसी भी तरह वेदकालीन सभ्यता नहीं मान सकते, क्योंकि उसका कोई ठोस चिह्न, उसकी कोई मजबूत पहचान, इस सभ्यता के चित्रण में नहीं है। धर्म, जादू टोना, झाड़ फूँक आदि की चर्चा तक नहीं है। वहाँ तो देवों के अबाध विलास की स्मृति छोड़ कर और कुछ नहीं है। मुक्तिबोध का कहना बिल्कुल सही है कि वेदकालीन कथानक केवल एक फैंटेसी है जिसके माध्यम से आधुनिक जीवन तथ्य चित्रात्मक पद्धति से व्यक्त हुआ है। मुक्तिबोध के अनुसार, "वह फैंटेसी एक ही साथ दो काम करती है। एक, आधुनिक जीवन के तथ्यों तथा निष्कर्षों की चित्रात्मक समीक्षा के लिए उसके द्वारा एक विशाल कैनवास मिल जाता है। दो, उन तथ्यों तथा निष्कर्षों की तीव्र आधुनिक सप्रश्नता को काल तथा स्थान से हटा कर उसके अस्तित्व के तीखेपन को समाप्त कर दिया गया है।"[1]

जल प्रलय के प्रश्चात् हिम संसृति पर उषा हँसने लगती है, हिम आच्छादन धीरे धीरे हटने लगता है और वनस्पतियाँ जगने लगती हैं। "हिम संसृति प्राचीन जड़ता को व्यंजित करती है तो ऊषा नवजागरण को। वनस्पतियाँ समाज की नयी शक्तियाँ हैं जो नवजागरण का सहारा पाकर प्राचीन रूढ़ियों को तोड़कर ऊपर उठ गयीं।"[2] टी०एस० इलियट की 'वेस्टलैंड' में भी इसी प्रकार "आधुनिक इंगलैंड की बंजर जमीन को तोड़कर अप्रैल की गर्मी में फूल खिलते हैं।"[3]

इसी पृष्ठभूमि पर मनु का चरित्र उभरता है। उसका चरित्र ही खास व्यवस्था और प्रवृत्तियों का प्रतीक है। "मनु एक टाइप है, उस वर्ग का टाइप जिसकी शासन सत्ता तथा ऐश्वर्य छिन गया हो। उस वर्ग की समस्त प्रवृत्तियाँ मनु में है। अहंकार, विलासिता, आत्ममोह, निर्बंध उच्छृंखलता, व्यक्तिवादी साहस, व्यक्तिवादी निराशा, पाखंड और ऐसा आत्मग्रस्त, निबिड़ आत्मविश्लेषण जो पराजय से प्रसूत होकर पराजयों की ओर ले जाता है, मनु की विशेषता है।"[4]

इड़ा पर अत्याचार और प्रजा से युद्ध करते समय मनु बिल्कुल नग्न रूप में प्रस्तुत होता है। वह अपनी लोकप्रियता की रक्षा के लिए छलपूर्ण चातुर्य का भी सहारा नहीं लेता है। जनतंत्रात्मकता का कोई बहाना नहीं बनाता है। प्रश्न उठता है मनु ने ऐसा क्यों नहीं किया? मुक्तिबोध ने इसका उत्तर देते हुए लिखा है, "यह इसलिए हुआ कि वह आधुनिक पूँजीवादी व्यक्तिवाद का पुत्र नहीं है। वह सामंती व्यवस्था के शासक वर्गों का पुत्र है, जो नयी ऐतिहासिक, सामाजिक स्थिति के कारण, पूँजीवादी व्यक्तिवाद को लिए हुए, अपनी सामंती परंपरा से विच्छिन्न होकर भी, सामंती शासक वर्गीय प्रवृत्तियों की तानाशाहियत को अपने खून में लिए हुए है। चूँकि उसका पुराना वर्ग उद्ध्वस्त है (वह अपनी शासन सत्ता खो चुका है), इसलिए वह हताश, एकाकी और निराशाग्रस्त है। अतएव मनु को मन का, मानव मात्र का, मनन का, प्रतीक घोषित करना भयानक अन्याय है। जबतक कि आप यह न मानें कि मन स्वभावतः ही

---

1. मुक्तिबोध रचनावली, खण्ड-4, पृ० 249
2. इतिहास और आलोचना, पृ० 115
3. वही, पृ० 115-16
4. मुक्तिबोध रचनावली, खंड-4, पृ० 231

मनु जैसा टुच्चा, ओछा, अहंग्रस्त और पाप संकुल होता है। मनुष्य का मन संपूर्णतः ऐसा कभी नहीं होता। अच्छे और बुरे का वह योग है।''[1] मुक्तिबोध ने मनु को नवीन पूँजीवाद का प्रतीक माना है जिसकी रगों में सामंती परंपरा का रक्त प्रवाहित है। लेकिन डॉ० नामवर सिंह की मान्यता कुछ भिन्न है। वे उसे आधुनिक भारतीय युवक का प्रतिनिधि चरित्र मानते हैं। उनके शब्दों में, ''मनु कामायनी का केंद्रीय प्रतीक है जिसकी चिंता, असंतोष, साहसिकता, ज्ञान की पिपासा, प्रगति की आकांक्षा, निरंतर कर्म की प्रवृत्ति, सौंदर्य मुग्धता, प्रेम भावना इत्यादि आधुनिक भारतीय युवा की स्वस्थ भावनाओं का प्रतिनिधित्व करती है। दूसरी ओर उसका एकाकीपन, अहंभाव, एकाधिकार भाव, आदर्शलोक में पलायन आदि उसकी दुर्बलताएँ हैं।''[2]

आधुनिक गाँधी युग के भीतर प्रचलित भाववाद, रहस्यवाद, आदर्शवाद, मानवतावाद आदि अनेक समिश्र विचार प्रवृत्तियों का प्रतिनिधित्व श्रद्धा करती है।[3] आरंभ में श्रद्धा जीवन के निर्माण का संदेश लेकर आती है। वह मनु को भौतिक सुख समृद्धि की प्रगल्भ प्रेरणा प्रदान करती है–[4] श्रद्धा के महान् संदेश में वस्तुतः भारतीय राष्ट्रवाद की आशा आकांक्षा ही झाँक रही है। एक विशेष समय में भारतीय जनता की एकाकी विषण्ण स्थिति समाप्त हो गयी थी। अब वह पूरे आत्मविश्वास, गंभीर मनोबल और मानव भविष्य में पूरी आस्था के साथ मुक्ति संघर्ष की ओर कदम रख रही थी।

पशु बलि की घटना मात्र एक प्रतीक है। श्रद्धा पशुओं के बलिदान से विरक्त होकर मनु से कहती है–

> विश्व विपुल आतंक-त्रस्त है
> अपने ताप विषम से;
> फैल रही है घनी नीलिमा
> अंतर्दाह परम से।
> जगती-तल का सारा क्रंदन
> यह विषमयी विषमता;
> चुभने वाला अंतरंग छल
> अति दारुण निर्ममता।[5]

किसी भारी युद्ध या किसी भयंकर विध्वंस से ही विपुल विश्व आतंक त्रस्त हो सकता है, मामूली पशु बलि से नहीं। किलात, आकुलि और मनु तीनों मिलकर आखिर कितने पशुओं की हत्या करते? उनकी संख्या उतनी अधिक हो ही नहीं सकती कि उससे संपूर्ण विश्व प्रकंपित हो उठे और उस युग में तो पशु बलि अनिवार्य थी। वह मनुष्य की जीविका का आधार थी। प्रसाद ने जैसा चित्रण किया है, उससे स्पष्ट है कि कृषि सभ्यता का विकास उस समय

---

1. मुक्तिबोध रचनावली, खंड-4, पृ० 231
2. इतिहास और आलोचना, पृ० 122
3. मुक्तिबोध रचनावली, खंड-4, पृ० 251
4. कामायनी, श्रद्धा सर्ग, पृ० 58
5. वही, कर्म सर्ग, पृ० 121

तक नहीं हुआ था। मनुष्य तृण, फल और पशु का भोजन नहीं करता तो जीता कैसे ? मुक्तिबोध के शब्दों में, 'निश्चय ही प्रसाद जी के सम्मुख मात्र बलिपशु नहीं, वरन साक्षात मानवी बलिपशु है जिनका रक्त पीकर ही किसी के कपोलों में लालिमा जाग उठी है। अगर प्रसादजी के सम्मुख अपना युग न होता तो श्रद्धा प्रसादजी के भाव विचार आदर्शों की प्रतिनिधिरूपिणी न हो पाती और अगर उनके सामने आधुनिक जीवन तथ्य नहीं थे, तो श्रद्धा की सारी बातें, आदिकालीन परिस्थिति को दृष्टि में रखते हुए शुद्ध प्रलाप ही कही जा सकती हैं। प्रसादजी स्वयं अपने पात्रों को सांकेतिक अभिव्यक्ति प्रदान करते हैं, किंतु यह सांकेतिक अभिव्यक्ति है किसकी ? प्रसादजी उन पात्रों को अपनी दार्शनिक विचारधारा के प्रतीक मानते हैं। किंतु उनके पात्र, जैसे कि वे चित्रित किये गये हैं, दार्शनिक विचारधारा के आधार स्वरूप रहनेवाली वास्तविक जीवन प्रवृत्तियों को सूचित और निर्देशित कर रहे हैं।''[1]

श्रद्धा के कथन 'अपने ताप विषय से' और 'अंतर्दाह परम से' का क्या तात्पर्य है ? इसका तात्पर्य यह है कि विश्व अपने ही अन्तर्दाह से अपने ही गर्भ की ज्वालामुखी से आतंक त्रस्त था। यह चित्र किस ओर इशारा करता है ? वस्तुतः अंतर्दाह उस समय विश्व के विभिन्न राष्ट्रों के बीच और समाज के भीतर पैदा होनेवाला आत्मविरोध है। छायावादी काव्य की यह सर्वप्रमुख विशेषता है कि उसमें वास्तविक जीवन तथ्यों को ओझल रखकर, उनके प्रति की गयी मात्र मानसिक प्रतिक्रियाओं तथा प्रक्रियाओं का चित्रण होता है। छायावाद में भाव पक्ष का चित्रण किया जाता है विभाव पक्ष का नहीं। प्रस्तुत किये गये मनोवैज्ञानिक चित्रों से ही यह अनुमान लगाना पड़ता है कि वे तथ्य कौन से होंगे जिन्होंने कवि के मानस पर (पात्र के मन पर) इतनी सबल संवेदनाएँ जाग्रत और संचालित कीं।[2]

इड़ा पूंजीवादी समाज की मूल विचारधारा की प्रतीक है। मुक्तिबोध के शब्दों में वह राष्ट्रवादी पूंजीवादी प्रवृत्तियों का चरित्रात्मक सामान्यीकरण है।[3] प्रसाद ने अपने दृष्टिकोण विशेष के कारण उसे सहानुभूति प्रदान नहीं की है। प्रसाद के नारी संबंधी दृष्टिकोण का प्रतिनिधित्व श्रद्धा ही करती है। कुल मिलाकर प्रसाद ने नारियों को गौरव प्रदान किया है और यह सम्मान आधुनिक युग की रोमांटिक उत्थान की देन है। नारी में नवीन सौंदर्य-प्रेम का चित्रण आधुनिक युग की नारी मुक्ति की देन है। परंतु नारियों को वह गौरव और सम्मान कामायनी में प्राप्त नहीं है जो नारियों को आर्थिक स्वतंत्रता प्राप्त होने पर मिलती है।

प्रसाद ने काम कला को भी व्यापकता प्रदान की है। उन्होंने इसे मूल जीवनी शक्ति और मानव सभ्यता की आदि वासना के रूप में चित्रित किया है। ''ऐसा प्रतीत होता है कि काम की इस कल्पना के मूल में फ्रायड की सेक्स संबंधी मान्यता का गहरा प्रभाव है। प्रसादजी ने रोमांटिक प्रेम भावना को फ्रायड के सहारे एक सैद्धांतिक रूप देने का प्रयत्न किया है।''[4]

सारस्वत सभ्यता के माध्यम से कवि ने समकालीन पूंजीवादी सामाजिक दशा के ह्रास का चित्रण किया है। कामायनी में विश्व सभ्यता की विशेषताएँ मुक्तिबोध के शब्दों में द्रष्टव्य

---

1. मुक्तिबोध रचनावली, खंड-4, पृ० 296
2. वही, पृ० 301-01
3. वही, पृ० 332
4. इतिहास और आलोचना, पृ० 122

हैं, 'विभेद, वर्ग-संघर्ष, शासनादेश घोषणा, विजयों की हुंकार, युद्ध, रक्त-अग्नि वर्षा, भय की उपासना, प्रणतिभ्रांत 'भीति विवश कम्पित' होकर काम करते रहना, भूख से विकल, दलित, राष्ट्र के भावों का नियमों में रूपांतर, नियमों का दंडों में परिवर्तन और दंडों के कारण सर्वत्र पीड़ा और कराह, नियम-स्रष्टाओं द्वारा आतंक-विप्लवों की वृष्टि, सुविभाजनों का विषम होना, नियमों का नित्य टूटना और बनना, अंधकार में दौड़, विनाश का मुख हमेशा खुला होना, मस्तिष्क का हृदय से विरोध; ज्ञान, इच्छा तथा क्रिया में परस्पर विरोध वैषम्य, श्रद्धा का अंध श्रद्धा में रूपांतर (श्रद्धा वंचक बनकर अधीर, मानव संतति ग्रह रश्मि रज्जु से भाग्य बांध पीटे लकीर) दलित दारिद्रय कलह, असफलतामूलक आँसू, अहंकार, दम्भ, कष्ट, संताप और मृत्यु इत्यादि।''[1] प्रसाद के विस्तृत वर्णन को मुक्तिबोध ने अत्यंत संक्षेप में चाँक दिया है। सारस्वत सभ्यता के निर्माण में कवि ने जिस उन्नति, वर्ग विभाजन आदि का चित्रण किया है, वे सब चीजें प्रजापति वैवस्वत मनु के समय में नहीं थीं, वे नितांत आधुनिक युग की हैं।

इस प्रकार हम देखते हैं कि कामायनी में एक विशाल फैंटेसी के भीतर ''सामंतवाद के ध्वंस से लगाकर, नये व्यक्तिवाद के जन्म और पूंजीवाद के रुग्ण बालक के बाधाग्रस्त विकास की अस्वस्थताओं और चिंताओं, विषमताओं और विभेद तथा पूंजीवाद की संपूर्ण ह्रासग्रस्त अवस्था (तक) को प्रतीकात्मक पद्धति से गूँथ दिया गया है। कामायनी भारतीय औपनिवेशिक रुग्ण बाधाग्रस्त पूंजीवाद की कथा, उसके आक्रामक उग्र अहंग्रस्त व्यक्तिवाद का प्रतीकात्मक चित्र है। ह्रासग्रस्त विश्व पूंजीवाद के भीतर भारतीय औपनिवेशिक रुग्ण पूंजीवाद के सामंती प्रभाव छायाग्रस्त उग्र व्यक्तिवाद का, कामायनी एक आत्मचरित्र कही जा सकती है। कामायनी की महत्ता यही है कि प्रसादजी इसे कर सके, चाहे हम उनके मतों से, टेकनीक से अथवा दर्शन से, सहमत हों या न हों।''[2]

रामचरितमानस और कामायनी में युग के प्रतिनिधित्व की तुलना

मानस और कामायनी दोनों अपने युग के प्रतिनिधि महाकाव्य हैं। दोनों महाकाव्यों में युग के मूल स्वर की अभिव्यंजना हुई है। राजनीतिक, आर्थिक, सामाजिक पराधीनता और विषमता का चित्रण दोनों में हुआ है।

मानस में प्रजा को दुख पहुँचानेवाले राजा को नरक का अधिकारी बताया गया है और कामायनी में भी अत्याचारी राजा मनु को जनता के द्वारा दंडित किया गया है। पर दृष्टि विशेष की सीमा के कारण प्रसाद जनसंघर्ष को पूरी तरह उभार नहीं सके हैं। तुलसी के युग में जनता सामंतों के विरुद्ध एकजुट होकर लड़ नहीं सकी थी, इसलिए उनसे हम वर्ग संघर्ष के चित्रण की आशा नहीं कर सकते, पर उस सामंती परिवेश में भी तुलसीदास ने जिस राजनीतिक चेतना की प्रखरता का परिचय दिया है, उसकी तुलना में प्रसाद की राजनीतिक चेतना मंद मालूम पड़ती है। यद्यपि वर्ग संघर्ष की गूँज कामायनी में भी सुनायी पड़ती है, लेकिन प्रसाद में तुलसी जैसी पक्षधरता नहीं दिखायी पड़ती। प्रसाद की विचारधारा अन्यायी मनु को सहलाती है, सहानुभूति प्रदान करती है, जबकि तुलसी ने मानस में स्थान स्थान पर दुराचारी राजाओं पर अपना क्रोध प्रकट किया है और उन्हें शाप दिया है।

---

1. मुक्तिबोध रचनावली, खंड-4, पृ० 324
2. वही, पृ० 335

युग की आर्थिक विपन्नता और दारिद्रय का चित्रण दोनों महाकाव्यों में हुआ है। एक ने स्पष्ट रूप से 'कलि बारहिं बार दुकाल परै, अन्न बिनु सब लोग मरै' की घोषणा की है तो दूसरे ने सांकेतिक रूप से 'शोषण कर जीवनी बना दी जर्जर झीनी'[1] कह कर जनता की आर्थिक दुर्दशा का चित्रण किया है।

मानस के कलियुग वर्णन में और कामायनी की सारस्वत सभ्यता के वर्णन में युग पीड़ा और वैषम्य का यथार्थ चित्रण हुआ है। मानस की चिंता के केंद्र में सामाजिक अव्यवस्था और दुर्वस्था है जबकि कामायनी की चिंता के केंद्र में यंत्र युग की विषमता, इच्छा, ज्ञान, क्रिया की भिन्नता है।

पुरानी व्यवस्था के नष्ट भ्रष्ट होने की पीड़ा दोनों महाकाव्यों में व्यक्त हुई है। तुलसी को प्राचीन वर्णधर्म पर आश्रित सामाजिक व्यवस्था के टूट जाने का दुख है तो प्रसाद को देव सभ्यता के तहस नहस हो जाने का।

तुलसीदास के समय में पारिवारिक आदर्श समाप्त हो रहे थे। प्रसाद ने भी मनु के द्वारा अपनी पत्नी श्रद्धा के त्याग में पारिवारिक आदर्श की हानि दिखलायी है।

तुलसी ने मानस में कुटिल राजाओं एवं सामान्य नर नारी की उच्छृंखल काम वासना का चित्रण किया है। प्रसाद ने भी कामायनी में देवों के अबाध विलास एवं मनु की अमर्यादित काम वासना का चित्रण किया है।

मानस में नारियों की दुर्बलताओं के चित्रण के साथ विभिन्न सत्पात्रों— कौसल्या, सीता आदि के माध्यम से नारियों की महिमा एवं गौरव का चित्रण किया गया है। कामायनी में श्रद्धा एवं इड़ा के माध्यम से नारियों को सम्मान और गौरव प्रदान किया गया है। इनमें मानस की नारियों की अपेक्षा आधुनिक युगीन नारियों की स्वतंत्रता और सक्रियता परिलक्षित होती है।

तुलसी ने मानस में भक्ति के माध्यम से जन जीवन में प्राण संचार किया है। वह जागरण का युग था, जिसकी अभिव्यक्ति भक्ति के द्वारा हुई है। कामायनी भी नवजागरण और समाज में नारी शक्ति के उदय का संकेत करती है।

मानस में भक्ति के द्वारा मानवतावाद की प्रतिष्ठा हुई है, कामायनी में नवमानवतावाद की प्रतिष्ठा हुई है। दोनों मानवतावाद में लोकमंगल की भावना निहित है।

कामायनी रूपक काव्य है। इसके सभी प्रतीक किसी न किसी जीवन तथ्य को उजागर करते हैं। इसके के सभी पात्र प्रतीक हैं। मानस के पात्र चरित्र भी हैं और प्रतीक भी। राम रावण के युद्ध में तत्कालीन युग संघर्ष की झलक मिलती है और प्रजा एवं मनु के युद्ध में आधुनिक संघर्ष की।

आज के वैज्ञानिक युग में विश्व के देश एक दूसरे के करीब आये हैं। एक देश की घटना से दूसरा देश भी प्रभावित होता है। कामायनी में अंतर्राष्ट्रीय घटनाओं की भावात्मक प्रतिक्रिया हुई है- 'विश्व विपुल आतंक त्रस्त है'। तुलसी के युग में अंतर्राष्ट्रीय घटनाओं के प्रभावों की कल्पना हम नहीं कर सकते। फिर भी लंका एवं अयोध्या की घटना को इस सीमा

---

1. कामायनी, संघर्ष सर्ग, पृ० 199

में रख सकते हैं। पर वस्तुतः लंका मानस में प्रतीक ही है। वहाँ श्रीलंका का यथार्थ रूप दिखायी नहीं पड़ता, क्योंकि कवि की आँखों ने न उसे देखा न संचार माध्यम के अभाव में कुछ सुना।

संक्षेप में, मानस में ह्रासशील सामंती व्यवस्था की समस्त मूल विशेषताएँ पूरी शक्ति के साथ प्रतिबिंबित हुई हैं और कामायनी में सामंती अवशेषों से युक्त नवीन रुग्ण पूंजीवाद एवं साम्राज्यवाद की मूल विशेषताएँ प्रतिबिंबित हुई हैं। अंतर यह है कि तुलसी ने सजग भाव से उन प्रभावों को ग्रहण और अभिव्यक्त किया जबकि प्रसाद ने उसे रूपक या फैंटेसी का रूप देकर उसे अस्पष्ट और अपरिष्कृत कर दिया है।

6

रामचरितमानस और कामायनी का रूपविधान

कविता का रूपविधान स्थापत्य कला जैसा होता है। एक स्थापत्यकार ईंट, गारा, चूना, पत्थर आदि सामग्रियों का उपयोग कर भवन बनाता है। भवन के विभिन्न अंगों में समुचित संतुलन स्थापित कर वह सौंदर्य की सृष्टि करता है। कविता की रचना-सामग्री भाषा है। कविता का सौंदर्य शब्द और अर्थ के सामंजस्य पर आधारित है। बिंब, ध्वनि, लय, छंद, अलंकार आदि उस सामंजस्य को रमणीय और शानदार बनाते हैं। इन सामग्रियों का कवि किस तरह और कैसा उपयोग करता है, कलागत सौंदर्य इसी पर निर्भर करता है। रामचरितमानस और कामायनी दोनों महाकाव्यों में इन रचना-सामग्रियों का कैसा इस्तेमाल हुआ है और उस सौंदर्य का, मूल्य क्या है, यही यहाँ विचारणीय है।

मानस की काव्यभाषा में पद विन्यास एवं समुचित शब्द चयन

रूपविधान का मूलधन शब्द समूह होता है। कविता में शब्दों को अनेक प्रकार से सजाकर सौंदर्य की सृष्टि की जाती है। मानस की स्थापत्य कला इतनी सुदृढ़ एवं भव्य है कि उसकी एक भी शब्द रूपी ईंट इधर उधर करने से सौंदर्य समाप्त हो जाता है। मानस की शब्द-योजना इतनी दृढ़ और सटीक है कि उसमें परिवर्तन संभव नहीं है। एक उदाहरण से इसे भलीभाँति समझा जा सकता है :

कहौं कहावौं का अब स्वामी। कृपा अंबुनिधि अंतरजामी।।
गुर प्रसन्न साहिब अनुकूला। मिटी मलिन मन कलपित सूला।।[1]

यहाँ पर 'कहौं कहावौं' की जगह 'कहौ कहावौ' नहीं रख सकते। ऐसा करने पर भरत के चरित्र की महानता पर आँच आ जायेगी। प्रसंग पर ध्यान देने से यह बात स्पष्ट हो जाती है। चित्रकूट सभा में जब वसिष्ठ मुनि ने राम से भरत का संदेश प्रच्छन्न शब्दों में सुनाया तो राम ने भरत से कहा कि तुम संकोच छोड़ कर मन प्रसन्न कर बोलो। जो तुम कहोगे वही करुँगा। वसिष्ठजी तो राम पर अपना भार सौंप कर निश्ंचित हो गये और राम ने यह भार भरत पर रख दिया। भरत असमंजस में पड़ गये। उनके सम्मुख एक महान् दायित्व आ गया। राम के लौटाने का निवेदन करनेवाली इच्छा पर जैसे लगाम पड़ गया। इसलिए वे कहते हैं। 'मैं क्या कहूँ और क्या कहाउँ। इन शब्दों में भरत का आर्तभाव असमंजस भरा हुआ है। इन शब्दों से विंदु हटा देने से अर्थ बदल जायेगा – 'कहिए, आप मुझसे क्या कहलाना चाहते हैं।' मात्र विंदु के हटाने से दुखी भरत के चरित्र की हानि होती है

इस प्रकार शब्दों पर तुलसीदास को असाधारण अधिकार प्राप्त है। वे कवि के आज्ञापालन के लिए हमेशा तत्पर दिखते हैं। जैसे ऊँचे बिचार और गहरे भाव वैसे ही अनुकूल शब्दों का चुनाव। पर खूबी यह है कि कहीं भी ऐसा नहीं लगता कि शब्द सायास लाये गये हैं,

---

1. रामचरितमानस 2/267/1-2

वे अनायास आये प्रतीत होते हैं। इससे भाषा में कहीं भी शिथिलता नहीं आ पायी है। शब्द और और अर्थ का अद्भुत संतुलन मानस के रूपविधान की विशेषता है।

पर्यायवाची शब्दों के सूक्ष्म अर्थ भेद की पकड़

अर्थ को ध्यान में रखकर कवि शब्द चुनता है। प्राय: एक ही अर्थ के द्योतक अनेक पर्यायवाची शब्द होते हैं। समान अर्थ होने पर भी उनके प्रयोग में कुछ भिन्नता होती है, उनमें सूक्ष्म अर्थ भेद होता है। वाक् सिद्ध कवि अर्थच्छाया की सूक्ष्मता को पहचानकर भावानुकूल शब्दों का चयन करता है। जैसे– निहारना, निरखना, देखना, ताकना, लखना, चितए आदि शब्द एक ही अर्थ बताते हुए भी अपनी अपनी कुछ भिन्न अर्थ विशेषताएँ रखते हैं। उदाहरण के लिए–

- जुबतीं भवन झरोखन्हि लागीं। **निरखहिं** राम रूप अनुरागीं।।[1]
- अस कहि फिरि **चितए** तेहि ओरा। सिय मुख ससि भये नयन चकोरा।।[2]
- लखन **लखेउ** भा अनरथ आजू। एहिं सनेह बस करब अकाजू।।[3]
- लेहु नयन भरि रूप **निहारी**। प्रिय पाहुने भूप सुत चारी।।[4]
- लोभी लंपट लोलुप चारा। जे **ताकहिं** पर धन पर दारा।।[5]

यहाँ **निरखहिं** में द्रुत चित्त की तन्मयता व्यंजित हो रही है। **चितए** में उत्कंठा का भाव है। **लखेउ** में लक्षित करने की विशेषता है। **निहारी** में मुग्ध होकर प्रेमपूर्वक देखने की विशेषता है। **ताकहिं** में कुदृष्टि से देखने का भाव है। भिन्न भिन्न संदर्भों में हर शब्द अपना विशिष्ट अर्थ द्योतित कर रहा है।

संक्षिप्तता

मानस की शब्द योजना की एक बड़ी विशेषता कम शब्दों में अधिक से अधिक अर्थ भरना है। 'अरथु अमित अति आखर थोरे' वाली बात न केवल भरत की वाणी के लिए सत्य है, वरन् तुलसी की समस्त कला के लिए भी उतनी ही सत्य है। कम शब्दों में अधिक कहने की कला में तुलसीदास अत्यंत निपुण हैं। सुप्रसिद्ध फ्रांसीसी लेखक फ्लावर्ट ने लिखा है कि "तुम एक ही संज्ञा द्वारा अपने विचार व्यक्त कर सकते हो, एक ही क्रिया उस विचार को प्रगतिशील बना सकती है और केवल एक विशेषण उसकी विशेष व्याख्या कर सकता है।"[6] फ्लावर्ट का यह सिद्धांत मानस में पूरी तरह चरितार्थ होता है। कोई भी अर्द्धाली उदाहरण के तौर पर देखी जा सकती है–

हर गिरि मथन निरखु मम बाहू । पुनि सठ कपि निज प्रभुहि सराहू ।।[7]

---

1. रामचरितमानस 1/220/4
2. वही, 1/230/3
3. वही, 2/73/7
4. वही, 1/335/3
5. वही, 2/168/6
6. स्वाधीनता और राष्ट्रीय साहित्य (ले० डॉ० रामविलास शर्मा), पृ० 69
7. रामचरितमानस, 6/28/8

रावण अंगद से कहता है – पहले कैलाश का मंथन करनेवाली मेरी भुजाओं को निरख परख ले फिर रे सठ बंदर अपने प्रभु को सराह। 'हर गिरि मंथन' में प्रसंग गर्भत्व है। इसके साथ ही ध्यातव्य है कि 'पुनि' शब्द के पूर्व कहीं न कहीं पहले शब्द भी आना चाहिए था पर वह नहीं आया। केवल पुनि से ही पहले की आकांक्षा कवि ने पूरी कर दी है।

सटीक विशेषण

कविता का सौंदर्य विशेषणों के सटीक चुनाव पर निर्भर करता है। विशेषण विशेष्यों के रूप, गुण, क्रिया आदि के वैशिष्ट्य की अभिव्यक्ति करते हैं। रामचरितमानस में सटीक विशेषणों का चुनाव हुआ है। उन्होंने अपने पात्रों के लिए जिन विशेषणों का चयन किया है, वे अपनी पूरी अर्थवत्ता के साथ उनमें विद्यमान होते हैं। उदाहरण के लिए कवि ने लक्ष्मण के लिए जिन विशेषणों का प्रयोग किया है, वे पूरी तरह उनमें प्राप्य हैं–

बंदउँ लछिमन पद जल जाता । सीतल सुभग भगत सुख दाता ।।[1]

लक्ष्मण के गुणों का उद्‌घाटन इनसे इतर विशेषणों से अच्छी तरह नहीं हो सकता।

संगीतात्मकता

कवि शब्द के अर्थ के बाद उसकी ध्वनि, उसमें व्याप्त संगीत पर ध्यान देता है। बहुत सारे शब्दों की उच्चारण-ध्वनि और अर्थ में बड़ा मेल रहता है। शब्द पारखी कवि शब्दों की योजना इस प्रकार करता है कि उच्चारण ही उसका अर्थ झंकृत कर देता है। जैसे–

✪ घन घमंड नभ गरजत घोरा। प्रिया हीन डरपत मन मोरा।।[2]
✪ कंकन किंकिनि नूपुर धुनि सुनि। कहत लखन सन राम हृदय गुनि।।[3]

यहाँ 'घन घमंड ...... घोरा' में मेघ के गरजने ओर 'कंकन .....सुनि' में आभूषणों के बजने की ध्वनि शब्दों के उच्चारण मात्र से सुनायी पड़ने लगती है। कवि ने अनुप्रास, शब्द-मैत्री आदि के द्वारा कविता में संगीत पैदा कर उसकी प्रभावोत्पादकता कई गुना बढ़ा दी है। तुलसीदास का इस कला में कोई जोर नहीं है। उनकी कविता में अनुप्रास, अन्त्यानुप्रास बड़ी ही सहजता से आ जाते हैं। कुछ नमूने द्रष्टव्य हैं–

✪ सबहिं सुलभ सब दिन सब देसा । सेवत सादर समन कलेसा ।।
✪ धींग धरमध्वज धंधक धोरी ।
✪ काक कहहिं कल कंठ कठोरा ।

आचार्य रामचंद्र शुक्ल के शब्दों में, "उनकी रचना शब्द सौंदर्य से पूर्ण है। अनुप्रास के तो वे बादशाह थे। अनुप्रास किस ढंग से लाना चाहिए, उनसे यह सीखकर यदि बहुत से फुटकरिए कवियों ने अपने कवित्त सवैए लिखे होते, तो उनमें वह भद्दापन और अर्थशून्यता न आने पाती। तुलसी की रचना में कहीं कहीं एक ही वर्ण की आवृत्ति सारे चरण में यहाँ से वहाँ तक चली गयी है, पर प्रसंग बाह्य या भरती का एक भी शब्द नहीं है।"[4]

---

1. रामचरितमानस, 1/17/5
2. वही, 4/14/1
3. वही, 1/230/1
4. गोस्वामी तुलसीदास, पृ० 104

तुलसीदास के अनुप्रास प्रेम का दूसरा स्तर वह है जहाँ वे थोड़ी थोड़ी दूर पर एक सी तुकवाले शब्द बिठाते चलते हैं। कहीं कहीं छंद के मध्य लगातार तुकवाले शब्द रखते हैं। इसके उदाहरण आद्यंत भरे पड़े हैं–

- **पिय हिय** की **सिय** जाननिहारी
- भये प्रगट **कृपाला दीनदयाला**
- हरषित **महतारी** मुनिमन **हारी** अद्‌भुत रूप **बिचारी**
- भये **निषाद बिषादबस** आदि

तुलसीदास का यह अनुप्रास प्रेम अर्थोत्कर्ष में सहायक तो है ही, वह ध्वनि मैत्री के द्वारा अलग से भी पाठकों का ध्यान आकृष्ट करता है। इन समध्वनि खंडों से कविता में अद्‌भुत संगीतात्मकता आ गयी है। उसका प्रभाव पाठकों पर तत्काल पड़ता है।

रसानुकूल वर्ण विन्यास

मानस में शब्दों का विन्यास रस के अनुकूल है। जिस समय कवि युद्ध का वर्णन करते हैं, उस समय कठोर वर्ण से निर्मित परुषा वृत्ति और ओज गुण की झाँकी मिलती है। जैसे–

जंबुक निकर, कटक्कट कट्टहिं। खाहिं हुहाहिं अघाहिं दपट्टाहिं।।
कोटिन्ह रूंड मुंड बिनु डोल्लहिं। सीस परे महि जय जय बोल्लहिं।।[1]

और कोमल भावों की व्यंजना में कोमल वर्णों की योजना से माधुर्य की सृष्टि करते हैं। उनकी कोमलकांत पदावली का एक नमूना दर्शनीय है :

मानस सलिल सुधाँ प्रतिपाली। जिअइ कि लवन पयोधि मराली।।
नव रसाल बन बिहरन सीला। सोह कि कोकिल बिपिन करीला।।[2]

मानस में प्रसाद गुण की प्रधानता है। 'काव्यशास्त्र में वही रचना प्रसाद गुण युक्त मानी गयी है जिसके अर्थ ग्रहण में कोई कठिनाई न हो, जिसको पढ़ते या सुनते ही चित्त प्रसन्न हो जाए और तत्काल आनंद की अनुभूति होने लगे।'[3] इस गुण के उत्कृष्ट उदाहरणों से मानस भरा हुआ है–

जौं पे इन्हहिं दीन्ह बनवासु। कीन्ह बादि बिधि भोग बिलासू।।
ए बिचरहिं मग बिनु पदत्राना। रचे बादि बिधि बाहन नाना।।[4]

पात्रोचित भाषा, लोकोक्ति एवं मुहावरे

मानस की भाषा पात्रोचित है। वसिष्ठ, राम, भरत आदि की भाषा का एक स्तर है। वे प्रायः तत्सम शब्दावली का प्रयोग करते हैं। दार्शनिक विवेचन, भक्ति निरूपण, स्त्रोत आदि में तत्सम पदावली की झंकार सुनायी पड़ती है। दूसरी ओर केवट, निषाद आदि की भाषा का एक

---

1. रामचरितमानस, 6/88/9-10
2. वही, 2/63/3-4
3. तुलसी-काव्य-मीमांसा, पृ० 360
4. रामचरितमानस, 2/119/3-4

दूसरा स्तर है, जिसमें उनके संस्कार और शिक्षा दीक्षा के अनुकूल एक परिवर्तन दिखायी पड़ता है। ग्रामीण और अनपढ़ स्त्रियों की भाषा का इनसे भी एक भिन्न स्तर है। स्त्रियाँ प्राय: अपनी बात में मुहावरों और लोकोक्तियों का प्रयोग धड़ल्ले से करती हैं। मुहावरों और लोकोक्तियों के सटीक प्रयोग से पात्रों के संस्कार की अभिव्यक्ति के साथ ही भाषा की शक्तिमत्ता और प्रभविष्णुता का भी पता चलता है। एक उदाहरण द्रष्टव्य है। मंथरा कैकेयी से कहती है—

रेख खँचाइ कहउँ बलु भाषी। भामिनि भइहु दूध कइ माखी।।[1]

मंथरा कैकेयी संवाद में अनेक मुहावरों के प्रयोग से भाषा सशक्त और जीवंत हो उठी है।

विपुल शब्द भंडार

तुलसी का शब्द भंडार समृद्ध है। उनके शब्दों को हम मुख्यत: पांच श्रेणियों में विभाजित कर सकते हैं— तत्सम, तद्भव, देशज, अन्य प्रदेशज और विदेशज। संस्कृत से हिंदी का घनिष्ठ संबंध है। इसलिए कवि ने संस्कृत से शब्द लेकर अपने भंडार को भरा है। ऐसे शब्दों की जरूरत प्राय: दार्शनिक या उच्च विचारों की अभिव्यक्ति या स्तुति आदि के लिए होती है। तत्सम शब्दों के प्रयोग में कुशल कवि ने इस बात का ध्यान रखा है कि उनकी अपनी भाषा की जातीयता खत्म न होने पावे। आमतौर पर संस्कृत बाहुल्य से भाषा की स्वतंत्रता नष्ट होती है। लेकिन रामचरितमानस की संस्कृत पदावली बड़ी मोहक है। उससे कवि ने विषयानुकूल गरिमा के साथ ही संगीत भी पैदा किया है। तत्सम पदावली के कारण अपनी भाषा की स्वतंत्रता दब नहीं जाय इसलिए जगह जगह उन पदों का अवधीकरण कर दिया गया है। यथा—

चंद्रहास हरु मम परितापं। रघुपति बिरह अनल संजातं ।।[2]

यहाँ अवधी की प्रकृति के अनुसार 'हर' का 'हरु' और 'विरह' का 'बिरह' कर दिया गया है।

कवि ने कभी कभी अपनी भाषा के पुराने भूले हुए शब्दों को पुनरुज्जीवित किया है। मानस में अनेक ऐसे शब्दों का प्रयोग हुआ है जो प्राकृत अपभ्रंश के समय काव्यभाषा में प्रचलित थे पर बोलचाल में उनका व्यवहार उठ गया था। अपभ्रंश के ये तद्भव शब्द द्रष्टव्य हैं—

बहु कृपान तरवारि चमंकहिं । जिमि दह दिसि दामिनि दमंकहिं ।।[3]

शब्दों के अर्थ जन प्रयोग पर निर्भर करते हैं। कोई शब्द विशिष्ट अर्थ इसलिए देता है कि जनता ने वैसा मान लिया है। जन प्रयोग में शब्दों के अर्थ बदलते हैं। बहुत सारे तत्सम शब्द तद्भव रूप धारण कर अपना अर्थ भी बदल लेते हैं। कुशल कवि उनके दोनों अर्थों से अच्छी तरह अवगत रहते हैं। तुलसीदास को संस्कृत शब्दों की जितनी अच्छी पहचान थी उतनी ही

1. रामचरितमानस, 2/19/7
2. वही, 5/10/1
3. वही, 6/87/72

अच्छी जनभाषा के शब्दों की थी। इसलिए उन्होंने उन दोनों रूपों का साधिकार सफल प्रयोग किया है। उदाहरण के लिए 'गाभिन' शब्द 'गर्भिणी' का ही तद्भव रूप है। दोनों का अर्थ एक ही है, पर 'गाभिन' का प्रयोग जनता पशुओं के लिए और 'गर्भिणी' का मनुष्य के लिए करती है। वाक् सिद्ध कवि ने निम्नलिखित उद्धरण में वर्ण्य वस्तु की अच्छाई और बुराई के अनुरूप तत्सम एवं तद्भव शब्दों का चुनाव किया है–

पुत्रवती जुबती जग सोई। रघुपति भगतु जासु सुत होई।।
नतरु बाँझ भलि बादि बिआनी। राम बिमुख सुत तें हित जानी।।[1]

यहाँ 'पुत्रवती' और 'बिआनी' दोनों का मतलब जननी से ही है, लेकिन जन प्रयोग में पहला उत्कर्ष का सूचक है और दूसरा अपकर्ष का।

कवि ने मानस में देशज शब्दों का बहुत बार प्रयोग किया है। कुछ ग्राम्य शब्दों के समानार्थक शब्द तत्सम में नहीं मिलते। एक उदाहरण प्रस्तुत है–

जाउँ राम पहिं आयसु देहू । एकहिं आँकु मोर हित एहू।।[2]

यहाँ 'एकहिं आँक' अवधी भाषा का शब्द है जिसका अर्थ 'निश्चय' होता है। भरत कहते हैं कि 'मेरी भलाई इसी निश्चय में है कि मैं राम के पास जाऊँ।'

मानस की रचना अवधी में हुई है, परंतु कवि ने बिना किसी हिचकिचाहट के जनता में प्रचलित अन्य भारतीय भाषाओं - गुजराती, राजस्थानी, पंजाबी, बुंदेली, भोजपुरी आदि शब्दों का प्रयोग अबाध रूप से किया है[3] यथा–

गुजराती : का छत लाभ **जून** धनु तोरे

राजस्थानी : **पूजहि** मनकामना तुम्हारी

पंजाबी : **धुआँ** देखि खरदूषण केरा

बुंदेली : ए दारिका परिचारिका करि **पालिबीं** करुना नई ।

भोजपुरी : जेहि **राउर** अति अनभल ताका

तुलसीदास ने मानस में जन जीवन में घुले हुए विदेशी शब्दों का प्रयोग अधिकता के साथ किया है। मानस में अरबी, फारसी, तुर्की आदि के शब्द किसी भी रामभक्त एवं कृष्णभक्त कवियों की तुलना में अधिक हैं। श्री वासुदेव सिंह के शब्दों में, ''मानस में अरबी फारसी के इतने अधिक शब्द प्रयुक्त हुए हैं कि शायद ही भक्तिकालीन दूसरे काव्य में उतने शब्द मिलें।''[4]

---

1. रामचरितमानस, 2/75/1-2
2. वही, 2/207/7
3. रामचरितमानस का साहित्यिक मूल्यांकन (सं० सुधाकर पाण्डेय) में संकलित निबंध 'मानस की भाषा' (ले० वासुदेव सिंह)
4. उपर्युक्त निबंध

कुछ उदाहरण द्रष्टव्य हैं—

अरबी : ✪ सरल सबल **साहिब** रघुराजू ।[1]

✪ लोकहु बेद **सुसाहिब** रीती ।[2]

✪ अस कहि सन्मुख **फौज** रेंगाई ।[3]

फारसी : ✪ जे जड़ चेतन जीव **जहाना** ।[4]

✪ गई बहोर **गरीब नेवाजू** ।[5]

तुर्की : ✪ **कोतल** संग जाहि डोरिआए ।[6]

कवि ने विदेशज शब्दों का कहीं तो उनके शुद्ध रूप में और कहीं संस्कृत या हिंदी के नियमों में ढालकर प्रयोग किया है।

उपर्युक्त उदाहरणों को देखने से यह स्पष्ट होता है कि मानस में शब्दों का अपार भंडार है। विभिन्न स्थितियों में वे शब्द कवि की इच्छा का पालन करने के लिए हाथ जोड़े खड़े रहते हैं।

प्रसंग गर्भत्व

रामचरितमानस की पदावली की एक बड़ी विशेषता प्रसंग गर्भत्व है। इससे भाषा में संक्षिप्तता तो आती ही है, साथ ही वह पूरे संदर्भ को जगमगा देता है। कथ्य सुबोध हो उठता है। मंथरा कैकेयी को समझाती है—

कद्रूँ बिनतहिं दीन्ह दुखु तुम्हहि कौसिलाँ देब।
भरतु बंदिगृह सेइहहिं लखनु राम के नेब।।[7]

प्रस्तुत प्रसंग में महाभारत में वर्णित कद्रू और विनता की कहानी छिपी हुई है। कहने की आवश्यकता नहीं है कि इस प्रसंग ने कैकेयी को पूरी तरह कँपा दिया है और वह विश्वास में आ गयी । इसी तरह 'हरगिरि मथन' 'पलकन्हिहूँ परिहरी निमेषें' आदि स्थलों पर प्रसंग गर्भत्व की शक्ति देखी जा सकती है।

सुगठित वाक्य विन्यास

शब्दों का अर्थ वाक्य की गति में ध्वनित होता है। शैली की विशेषता वाक्यों की गति में ही पहचानी जाती है।

मानस के वाक्य छोटे छोटे गठे हुए और गतिशील हैं। उनमें न व्याकरण का दोष है और न शिथिलता है। कहीं भी कोई उलझन नहीं। ऐसी साफ सुथरी भाषा बहुत कम कवियों में देखी

---

1. रामचरितमानस, 1/13/7
2. वही, 1/28/5
3. वही, 6/79/12
4. वही, 1/3/4
5. वही, 1/13/7
6. वही, 2/203/4
7. वही, 2/19

जाती है। आचार्य रामचंद्र शुक्ल ने तुलसी के वाक्य विन्यास के बारे में बिल्कुल सही लिखा है, "सबसे बड़ी विशेषता गोस्वामीजी की है भाषा की सफाई और वाक्य-रचना की निर्दोषता जो हिंदी के और किसी कवि में ऐसी नहीं पायी जाती। यही दो बातें न होने से इधर के शृंगारी कवियों की कविता और भी पढ़े लिखे लोगों के काम की नहीं हुई। हिंदी का भी व्याकरण है, 'भाषा' में भी वाक्य रचना के नियम हैं, अधिकतर लोगों ने इस बात को भूलकर कवित्त सवैयों के चार पैर खड़े किये हैं। गोस्वामीजी के वाक्यों में कहीं शैथिल्य नहीं, एक भी शब्द ऐसा नहीं है जो पाद पूर्त्यर्थ रखा हुआ कहा जा सके। ऐसी गठी हुई भाषा किसी की नहीं है। उदाहरण देने की न जगह ही है, न उतनी आवश्यकता है। सारी रचना इस बात का उदाहरण है।"[1]

इस प्रकार हम देखते हैं कि मानस की काव्यभाषा सहज, सरल, स्पष्ट, सुगठित, वैविध्यपूर्ण, प्रांजल और प्रवाहमय है। हृदय के आनंद-उछाह की तरह भाषा उमँग कर सरिता की तरह बह चली है। शब्द और अर्थ का संतुलन विस्मयकारी है। भावों की गहनता के साथ भाषा की सरलता विलक्षण शब्द साधना की प्रतीक है। मानस के शब्द और अर्थ सचमुच 'गिरा अरथ जल बीचि सम कहियत भिन्न न भिन्न' है।

कामायनी की काव्यभाषा

कामायनी की काव्यभाषा नवीन काव्यान्दोलन छायावाद की देन है। छायावादी कविता की भाषा शैली में एक क्रांतिकारी परिवर्तन दिखायी पड़ता है। छायावादी कवियों की आंतरिक सौंदर्य भावना के अनुरूप कविता का रूप विन्यास भी बदल गया है। छायावादी कवियों के हृदय में प्रेम और सौंदर्य की भावनाएँ हिलोरें लेती थीं। भावावेग और कल्पना की उड़ान ने काव्य कला को भी चटकदार बना दिया है।

कामायनी की काव्यभाषा में पद विन्यास एवं समुचित शब्द चयन

शब्दों के समुचित प्रयोग से कविता में कला संबंधी भंगिमाएँ लायी जाती हैं। एक भावुक कुशल कलाकार उन्हीं शब्दों के सहारे एक मार्मिक कविता लिख लेता है जिन शब्दों के सहारे एक साधारण कवि सीधी सादी मामूली कविता लिख पाता है। भावुक कवि जयशंकर प्रसाद की सृष्टि विधायनी कल्पना ने समुचित शब्दों की सम्यक् योजना के द्वारा जादुई असर पैदा किया है। कामायनी का 'धीर पद विन्यास' द्रष्टव्य है–

और उसमें हो चला जैसे सहज सविलास;
मदिर माधव यामिनी का धीर पद विन्यास।
कालिमा धुलने लगी घुलने लगा आलोक,
इसी निभृत अनंत में बसने लगा अब लोक;[2]

यहाँ ध्यातव्य है कि कवि ने कालिमा के धुलने की बात कही है, हटने की नहीं। हटने शब्द में निरी गद्यात्मकता है। भाव भंगिमा की ऐसी पकड़ हटने शब्द में कहाँ! कुशल कवि ने अत्यंत सँभल कर शब्दों का चुनाव किया है। धुलने में न केवल कोमलता है वरन् शनैः शनैः

---

1. गोस्वामी तुलसीदास, पृ० 108
2. कामायनी, वासना सर्ग, पृ० 86-87

अंधकार के दूर होते जाने की क्रिया की पैनी पकड़ है। पहली दो पंक्तियों में अंधकार के बढ़ने का वर्णन है और तीसरी पंक्ति में चंद्रमा के आलोक से उसके घटने का। चाँदनी के फैलने और अंधकार के घटने का चित्रण क्रमशः धुलने और घुलने क्रियापदों के द्वारा किया गया है। दूसरे शब्दों के द्वारा ऐसी सटीक चित्रात्मक अभिव्यक्ति संभव नहीं थी।

यौवन की अस्पष्ट अनुभूतियों को प्रतिबिंबित करने में प्रसाद की शब्द संगठन कला बेजोड़ है। कामपीड़ित मनु की आत्मविस्मृति को अनुभूत करने में प्रसाद की शब्द योजना द्रष्टव्य है–

उन नृत्य शिथिल निश्वासों की,
कितनी है मोहमयी माया,
जिनसे समीर छनता छनता
बनता है प्राणों की छाया।
आकाश-रंध्र हैं पूरित से
यह सृष्टि गहन सी होती है;
आलोक सभी मूर्च्छित सोते,
यह आँख थकी सी रोती है।
श्रुतियों में चुपके चुपके से
कोई मधु धारा घोल रहा;
इस नीरवता के परदे में
जैसे कोई कुछ बोल रहा।[1]

डॉ० नामवर सिंह के शब्दों में यहाँ ''शब्द वही है जो और लोग भी इस्तेमाल करते हैं लेकिन उनका संगठन मन पर जादू-सा असर कर जाता है। पढ़ते ही सब कुछ अनुभूति की पकड़ में आ जाता है किंतु अर्थ बहुतों के लिए कुछ अस्पष्ट हो सकता है। प्रसाद की यह अस्पष्टता ऐसी ही है जिसे 'कहते न बने, सहते ही बने, मन ही मन पीर पिरेबौ करै।''[2]

पर्यायवाची शब्दों के सूक्ष्म अर्थ भेद की पकड़

कामायनी में कवि ने पर्यायवाची शब्दों के सूक्ष्म अर्थ भेद का प्रसंगानुकूल प्रयोग किया है। स्त्रीवाचक शब्दों में नारी, बाला, कामिनी, कामायनी, अप्सरा, रमणी, वनिता, गृहिणी, महिला, तन्वी आदि में सूक्ष्म अर्थ भेद हैं। कवि ने प्रसंग के अनुरूप इन शब्दों का प्रयोग किया है–

नारी तुम केवल श्रद्धा हो
विश्वास रजत नग पग तल में;
पीयूष स्रोत सी बहा करो
जीवन के सुंदर समतल में।[3]

---

1. कामायनी, काम सर्ग, पृ० 66-67
2. इतिहास और कल्पना, पृ० 108
3. कामायनी, लज्जा सर्ग, पृ० 106

इतना न चमत्कृत हो **बाले**!
अपने मन का उपकार करो;
मैं एक पकड़ हूँ जो कहती
ठहरो कुछ सोच विचार करो।[1]
देव **कामिनी** के नयनों से
जहाँ नील नलिनों की सृष्टि
होती थी, अब वहाँ हो रही
प्रलयकारिणी भीषण वृष्टि।[2]
कामायनी पड़ी थी अपना
कोमल चर्म बिछा के;
श्रम मानो विश्राम कर रहा
मृदु आलस को पा के।[3]

यहाँ श्रद्धा के लिए प्रसंग के अनुरूप नारी, बाले, कामिनी और कामायनी का प्रयोग हुआ है। **नारी** सम्मान के अर्थ में, **बाले** मुग्धा नायिका, जिन्हें लाभ हानि का बोध नहीं रहता, के अर्थ में और **कामायनी** कोमगोत्रजा के अर्थ में प्रयुक्त हुई है। **कामिनी** शब्द का प्रयोग विलासिनी सुरबालाओं के लिए हुआ है।

संक्षिप्तता

पूरी कामायनी समास शैली में रचित महाकाव्य है। फैंटेसी में या रूपक काव्य में यथार्थ को कल्पना के रंगों में प्रस्तुत किया जाता है। ज्ञान-गर्भ फैंटेसी यथार्थ जीवन का ही प्रतिनिधित्व करती है। इसलिए कवि को अलग से वास्तविकता का चित्रण नहीं करना पड़ता है। दूसरे शब्दों में, कवि यथार्थ के लंबे चित्रण से बच जाता है। कामायनी में जीवन यथार्थ अत्यंत संक्षिप्त एवं सांकेतिक रूप में व्यक्त हुआ है। इसलिए यह महाकाव्य समास शैली का एक अच्छा उदाहरण है।

भावों, वस्तुओं के चित्रण में भी कवि ने थोड़े शब्दों के द्वारा ही चमत्कार दिखाया है, यथा—

अरी उपेक्षा भरी अमरते!
री अतृप्ति! निर्बाध विलास!
द्विधा रहित, अपलक नयनों की
भूख भरी दर्शन की प्यास![4]

---

1. कामायनी, पृ० 100
2. वही, चिंता सर्ग, पृ० 12
3. वही, कर्म सर्ग, पृ० 118
4. वही, चिंता सर्ग, पृ० 12

यहाँ विभिन्न संबोधनों के द्वारा देवों की उपेक्षा, अतृप्ति, विलास और भूखभरी दर्शन की प्यास का चातुर्य के साथ वर्णन हुआ है। केवल एक छंद देवताओं की प्रकृति के सर्वांग उद्घाटन में पूर्णत: सफल हुआ है। इसी प्रकार विभिन्न विशेषणों, बिंबों, प्रतीकों आदि के द्वारा कवि ने संक्षेप में अधिक बातें कही हैं।

बंकिम विशेषण

विशेषणों के चयन में छायावाद ने विशिष्टता का परिचय दिया है। अत्यंत उत्साह से भर कर कवियों ने रमणीय और मृदुल विशेषणों का चुनाव किया।

प्रसाद के विशेषण चित्रोपम होते हैं। उनमें भाषा की शक्ति और कल्पना की उड़ान मिलती है। रजनी के लिए 'इंद्रजाल जननी' चिंता के लिए 'विश्व वन की व्याली' आदि विशेषण व्यंजनापूर्ण हैं।

विशेषण विपर्यय छायावादी काव्यभाषा की एक महत्वपूर्ण विशेषता है। उसने उनकी वाणी को विदग्ध बनाया है। यह कार्य भावावेग और कल्पना शक्ति के द्वारा संपन्न हुआ है। डॉ० नामवर सिंह के शब्दों में, "भावावेग में वचन अपने आप बंकिम हो उठते हैं और विशेषण उलट पुलट जाते हैं। एक विशेषण जिस विशेष्य के लिए रूढ़ है, उसका प्रयोग प्राय: किसी अन्य विशेषता के लिए हो जाता है। नि:संदेह विशेषणों के इस विपर्यय में भावावेग के साथ ही कल्पना का बहुत अधिक हाथ रहता है। जमीन-आसमान के कुलाबे मिलाना कल्पना का ही काम है, कहीं की ईट कहीं का रोड़ा लेकर भानुमती कुनबा जोड़े या नहीं, लेकिन कल्पना अवश्य जोड़ती है। एक विशेषण को उठाकर दूसरी जगह रख आने का साहस कल्पना के ही बूते का है। इसीलिए छायावाद में इस तरह के विशेषण विपर्यय बहुत हुए। जिस तरह उषा की सखी चित्ररेखा ने सोते हुए अनिरुद्ध को उषा के पास ला सुलाया उसी तरह छायावाद की सहेली कल्पना ने भी दूर-दूर पड़े हुए अनेक विशेषणों और विशेष्यों को लाकर एक जगह कर दिया।"[1] जैसे, उज्ज्वल वरदान, चंचल किशोर सुंदरता, भोला सुहाग, सुरभित लहर, मधुर उजाला, आतुर पीड़ा, पागल सुख आदि प्रयोगों में विशेषण विपर्यय के कारण उत्पन्न सौंदर्य का दर्शन किया जा सकता है। इस सौंदर्य के दर्शन के लिए पाठकों में भी समुचित भावावेग और कल्पना की आवश्यकता है। निश्चय ही इस प्रकार का सौंदर्य परंपरा में विद्यमान नहीं था। ऐसे विशेषणों का अनुसंधान छायावादी कवियों की खास विशेषता थी।

संगीत तत्व

प्रसाद ने एक एक शब्द के संगीत पर ध्यान दिया है। नाद के द्वारा अर्थ झंकृत करने की प्रवृत्ति प्रसाद में भी पर्याप्त है, यथा—

कंकण, क्वणित, रणित नूपुर थे,
हिलते थे छाती पर हार;
मुखरित था कलरव, गीतों में
स्वर लय का होता अभिसार;[2]

---

1. छायावाद, पृ० 104-05
2. कामायनी, चिंता सर्ग, पृ० 11

यहाँ कंकण के क्वणन एवं नूपुर के रणन में दोनों आभूषणों की अलग अलग ध्वनियाँ सुनायी पड़ रही हैं।

कवि ने अनुप्रास के द्वारा भी कविता में संगीत पैदा किया है, यथा – 'ललक रही थी ललित लालसा', 'करका क्रंदन करती गिरती', 'धँसती धरा धधकती ज्वाला, 'सौदामिनी संधि सा सुंदर' सरीखे अनेक उदाहरण दिये जा सकते हैं।

रामचरितमानस की तरह कामायनी में भी कुछ स्थलों पर शब्द मैत्री या समध्वनि खंडों की जड़ाई देखी जा सकती है, जैसे–

1. **भक्षक** या **रक्षक** जो समझो ।
2. उसी **वासना** की **उपासना**
3. **तरल गरल** की लघु लहरी
4. **जल** माया की **चल** रेखा
5. मधु के पूर्ण **अनंत वसंत**

इस आंतरिक तुक से नाद सौंदर्य में वृद्धि हुई है,लेकिन इस क्षेत्र में तुलसीदास अद्वितीय हैं।

रसानुकूल वर्णविन्यास

आचार्य नलिन विलोचन शर्मा ने प्रसाद की भाषा को 'फीलपाँवी' कहा है। छोटी-छोटी बातों के लिए भारी भरकम शब्दों का प्रयोग, एक वस्तु के लिए अनेक शब्दों का अपव्यय, मंथर गति आदि 'फीलपाँवी भाषा' के लक्षण कहे जा सकते हैं। जिस भाषा को नलिन जी ने फीलपाँवी कहा, उसकी मुग्ध चित्रकारी, मोहक शब्द योजना, सजीवता एवं तन्मयता हैरतअंगेज है। डॉ० नामवर सिंह के शब्दों में, "प्रसाद की जिस भाषा को नलिन जी ने 'फीलपाँवी' कहा है, वह एक ऐतिहासिक आवश्यकता का परिणाम है। उस ऐतिहासिकता को नजरअंदाज करने के कारण ही विद्वान आलोचक के 'दृष्टिकोण' में चूक हो गयी। उनके 'रिमार्क' से प्रसाद के युग की रुचि प्रकट होती है। इसलिए जिस स्फीति को उन्होंने बीमारी समझ लिया है, वस्तुतः वह 'अवयव की दृढ़ मांसपेशियाँ' हैं, जिनमें 'अपार ऊर्जस्वित वीर्य' है और उनमें ऐसी 'स्फीत शिराएँ' हैं, जिनमें 'स्वस्थ रक्त का संचार' होता था।"[1] नामवरजी ने बताया है कि यह ऐतिहासिक आवश्यकता छायावाद की स्वच्छंद कल्पना की देन थी।"[2]

यह सच है कि प्रसाद की भाषा प्रायः एक रूप रहती है, लेकिन अपनी विशिष्टता के साथ भावानुरूप वह बदलती भी खूब है। उनके वर्ण विन्यास में परिवर्तन देखा जा सकता है। कामायनी में माधुर्य, ओज और प्रसाद तीनों गुणों के भरपूर उदाहरण मिलते हैं। प्रसाद मधुर भावों के कवि हैं। माधुर्य व्यंजक वर्णों से युक्त एक कोमल भाव का उदाहरण द्रष्टव्य है :

मधु बरसती विधु किरन हैं काँपती सुकुमार;
पवन में है पुलक मंथर, चल रहा मधु-भार।
तुम समीप, अधीर इतने आज क्यों हैं प्राण?
छक रहा है किस सुरभि से तृप्त होकर घ्राण?[3]

---

1. इतिहास और कल्पना, पृ० 102-03
2. वही, पृ० 103
3. कामायनी, वासना सर्ग, पृ० 89

प्रलय के वर्णन में कठोर वर्णों से निर्मित परुषा वृति और ओज गुण का एक नमूना द्रष्टव्य है–

दिग्दाहों से धूम उठे, या
जलधर उठे क्षितिज तट के!
सघन गगन में भीम प्रकंपन
झंझा के चलते झटके।[1]

प्रसाद गुण का उदाहरण :

मरकत की वेदी पर ज्यों
रक्खा हीरे का पानी;
छोटा सा मुकुर प्रकृति का
या सोयी राका रानी।[2]

यहाँ प्रसाद गुण के द्वारा मानसरोवर का सुंदर वर्णन हुआ है।

बहुत सारे लोगों को प्रसाद में प्रसाद गुण की अधिकता दिखायी पड़ती है। पीछे हमने प्रसाद गुण की परिभाषा देखी है। उस कसौटी पर प्रसाद की भाषा खरी नहीं उतरती। डॉ० नामवर सिंह ने सही लिखा है कि ''प्राय: लोगों ने उनके 'प्रसाद' नाम का लाभ उठाकर उनकी शैली में प्रसाद गुण बतलाया है, लेकिन यह शिलष्ट चमत्कार की अपेक्षा और कुछ नहीं है। प्रसाद की भाषा उतनी प्रसन्न और विशद् नहीं है जितनी 'प्रसाद' गुण के लिए होनी चाहिए। लालित्य उनके यहाँ अवश्य है, वर्णो की भास्वरता भी है, पदों के अनुरणन में हल्की मिठास से भरी मंजुल गूँज भी सुनायी पड़ती है। लेकिन सर्वत्र एकरस मध्ययुगीन मंथरता-सी है, क्षिप्रता बहुत कम है।''[3]

पात्रोचित भाषा

कामायनी में कुल छह पात्र हैं। इड़ा, श्रद्धा और मनु की भाषाओं में कवि सूक्ष्म अंतर नहीं कर पाये हैं। उनकी भाषाओं का स्तर एक है, लेकिन बालक मानव की भाषा में बालसुलभ चपलता देखी जा सकती है।

मैं रूठूँ माँ और मना तू, कितनी अच्छी बात कही,
ले मैं सोता हूँ अब जाकर, बोलूँगा मैं आज नहीं;
पके फलों से पेट भरा है नींद नहीं खुलनेवाली।
श्रद्धा चुम्बन ले प्रसन्न कुछ, कुछ विषाद से भरी रही ।[4]

लेकिन ऐसा कम ही दिखायी पड़ता है। किलात और आकुलि की भाषा में भी एक परिवर्तन लक्षित किया जा सकता है।

---

1. कामायनी, चिंता सर्ग, पृ० 13
2. वही, आनंद सर्ग, पृ० 284
3. इतिहास और कल्पना, पृ० 111
4. कामायनी, स्वप्न सर्ग, पृ० 180

मुहावरे और लोकोक्तियाँ

कामायनी की काव्यभाषा मुहावरों की शक्ति से परिचित है। व्योम चूमना, श्वास लेने लगना, श्वास उखड़ना, आँख खोलना, तिल का ताड़ बनाना, छुई-मुई बनना, लहू का घूँट पीना, सुख की बीन बजाना, लकीर पीटना आदि न जाने कितने मुहावरे भाषा की प्रभविष्णुता बढ़ाते हैं।

परंतु छायावादी कवियों ने अक्सर मुहावरों के प्रयोग में एक भूल की है। उन्होंने कहीं कहीं मुहावरों का भी अनुवाद कर दिया है। मुहावरों के अनुवाद से उसकी शक्ति समाप्त हो जाती है। निराला ने 'राम की शक्तिपूजा' में 'हाथ थामना' को 'हस्त थामना' कर दिया है। इस तरह की भूल कामायनी में भी हुई है। उर्दू लोकोक्ति 'अपने होश की दवा करो' का अनुवाद कर कवि ने उसकी शक्ति हर ली है।

शब्द भंडार

प्रसाद की काव्यभाषा स्वच्छंदतावादी आंदोलन का एक अंग है। इसलिए वह भारतीय साहित्य की स्वच्छंदतावादी प्रवृत्ति से जुड़ी हुई है। 19वीं शताब्दी के उत्तरार्द्ध से ही पुनरुत्थान काल का आरंभ हो गया था। पुनरुत्थान भावना के प्रभाव से हिंदी के साथ साथ अन्य भारतीय भाषाओं में संस्कृत के तत्सम शब्दों का प्रयोग बहुलता के साथ होने लगा और मध्ययुगीन काव्यभाषा ब्रजभाषा एवं अवधी के तद्‌भव शब्दों का प्रयोग थम गया। महावीर प्रसाद द्विवेदी और हरिऔध के बाद छायावादी कवियों ने संस्कृत शब्दों का प्रयोग खूब किया। लेकिन छायावादी कवियों ने तत्सम शब्दों को संस्कृत के कोशों, काव्यों आदि से न ग्रहण कर बंगला के माध्यम से ग्रहण किया। इसका कारण बताते हुए डॉ० नामवर सिंह ने लिखा है, ''रवींद्रनाथ ने कालिदास जैसे कवि के शब्द-संस्कार से तत्सम शब्दों को लेकर भी नवीन भावों के ऐसे प्रवाह में सँजो दिया कि वे नयी अर्थवत्ता से भर उठे। रवींद्रनाथ ने निर्जीव से लगनेवाले संस्कृत शब्दों में भावों की नवीन संजीवनी डालकर उन्हें सजीव कर दिया। इसीलिए इन पुनर्जीवित शब्दों ने छायावादी कवियों का ध्यान विशेष आकृष्ट किया है।''[1]

प्रसाद के शब्द समूह पर रवींद्रनाथ ठाकुर की पद रचना का प्रभाव स्पष्ट है। प्रसाद की पदावली के बंगला संस्कार को स्पष्ट करते हुए शुक्लजी ने लिखा है, ''संस्कृत की कोमल कांत पदावली का जैसा सुंदर चयन बंग भाषा के काव्यों में हुआ है वैसा अन्य देशी भाषाओं के साहित्य में नहीं दिखायी पड़ता। उनके परिशीलन से पद लालित्य की जो गूँज प्रसादजी के मन में समायी वह बराबर बनी रही।[2]

कामायनी के मधु, मधुर, मदिर, माधव, अंतरिक्ष, इंदीवर, इंद्रजाल आदि शब्दों में बंगीय सूत्र खोजे जा सकते हैं। इन शब्दों से प्रसाद की विशेष मनोवृत्ति का पता चलता है। प्राय: हर कवि के अपने कुछ प्रिय शब्द होते हैं। जिनसे उनकी प्रवृत्ति का पता चलता है। ''प्रसाद के शब्द मधु की तरह प्रगाढ़ हैं, क्योंकि वह गहन अनुभूतियों के कवि हैं।''[3] शुक्ल जी

---

1. छायावाद, पृ० 112-13
2. हिंदी साहित्य का इतिहास, पृ० 647
3. छायावाद, पृ० 120

ने प्रसाद की प्रतिभा को 'मधुमती' और उनकी रहस्य भावना को 'मधुचर्या' कहा है।[1] 'मधु' कामायनीकार के आनंदवादी जीवन दर्शन का अभिन्न अंग है। डॉ० नामवर सिंह के अनुसार, ''प्रसादजी ने 'मधु' को आर्य अर्थ में व्यापकता के साथ स्वीकार किया था। उनके सभी कल्पना-लोकों और आदर्श चित्रों के मूल में 'मधु' की मिठास है। प्रकृति का मनोमय रूप तो 'माधव' या 'मधुमास' में ही उन्हें दिखायी पड़ता है, उनकी 'चाँदनी' पंत की तरह 'लघु परिमल के घन' या 'स्वप्निल शयन मुकुल' सी 'अनुभूतिमात्र' नहीं बल्कि मधु से पूर्ण है। जब पहले पहल प्रिय को उन्होंने देखा तो 'मधु राका मुसक्याती थी'। कामायनी में तो 'पुटके पुटके मधु' की छटा है।''[2]

प्रसाद का दूसरा प्रिय शब्द 'इंद्रजाल' है। इसका प्रयोग वे प्रायः इंद्रजाल, जादू, टोना आदि के अर्थों में करते हैं। कल्पना के सहारे कवि ने कामायनी में कई ऐन्द्रजालिक दृश्य प्रस्तुत किये हैं। प्रलय के बाद देव सभ्यता की मधुर याद, त्रिपुर मिलन और कैलास के अति मानवीय चित्र कवि की ऐन्द्रजालिक सृष्टि के नमूने हैं। सामंतों के ऐश्वर्य का मायावी चित्रण प्रसाद की पदावली की खास विशेषता है। उनके ऐन्द्रजालिक चित्र ठोस, इंद्रियग्राह्य, मांसल और कोमल होते हैं, क्योंकि वे भोगे हुए यथार्थ हैं।

शुरू में ब्रजभाषा और खड़ी बोली में प्रतिद्वन्द्विता थी। ब्रजभाषा के भक्त खड़ी बोली को कर्णकटु और परुष कहा करते थे। इसलिए भाषा को कोमल बनाना छायावाद की प्रतिज्ञा थी और इसमें उसे सफलता मिली। खड़ी बोली तो इस होड़ में कोमल हुई साथ ही कविता तत्सम शब्दों से लद गयी। अपने ब्रज एवं अवधी के शब्दों को छोड़ संस्कृत की शरण में जाना हानिकारक भी सिद्ध हुआ, क्योंकि वे उनके उतने अपने नहीं थे। इस संबंध में डॉ० नामवर सिंह का विचार द्रष्टव्य है, ''तत्सम शब्दों की अपेक्षा ब्रजभाषा-अवधी काव्य के तद्भव शब्द खड़ी बोली के कहीं अधिक अपने थे। लेकिन रीतिकाव्य के विरुद्ध छायावादी कवियों में इतनी तीव्र प्रतिक्रिया थी कि उन्होंने ब्रजभाषा की जगह संस्कृत से शब्द उधार लिये। यह कार्य वैसा ही था जैसे कोई अपने सगे भाई से झगड़ा करके अलग होने पर उसकी अपेक्षा एकदम पराये से कर्ज ले। परंतु जिस तरह वह अलगाव दुराव ज्यादा दिन नहीं चलता, उसी तरह थोड़े दिनों बाद छायावाद ने भी रीतिकाव्य के अनेक तद्भव शब्द अपना लिये।''[3] नखत, भोर, छाजन, ज्योतिमयी आदि तद्भव शब्द भी कामायनी में पाये जाते हैं।

कामायनी में यत्र तत्र आसपास प्रचलित बोली के शब्द भी मिलते हैं। कहीं कहीं बनारसी बोली का पुट भी दिखायी पड़ता है। जैसे—

जब लीला से तुम सीख रहे, कोरक कोने में **लुक रहना**[4]

नये नये शब्द गढ़ने की अपेक्षा प्रसाद ने पुराने शब्दों को ही गतिशीलता प्रदान की। उन्होंने संस्कृत के अनेक शब्दों को पुनर्जीवित किया। जैसे तिमिंगल, पुरोडाश, पवमान आदि।

---

1. हिंदी साहित्य का इतिहास, पृ० 660
2. इतिहास और कल्पना, पृ० 106
3. छायावाद, पृ० 115
4. कामायनी, काम सर्ग, पृ० 63

छायावादी कवियों ने अंग्रेजी के सुंदर शब्दों का छायानुवाद भी आवश्यकतानुसार किया। रोमेंटिक कविता के अध्ययन से उस तरह का संस्कार स्वाभाविक था। अतएव जो भावनाएँ अंग्रेजी संस्कार की देन थीं वे बिना छायानुवाद के व्यक्त कैसे होतीं ! परंतु प्रसाद में इस तरह के संस्कार सबसे कम थे। अतः कामायनी में इने गिने अंग्रेजी शब्दों का छायानुवाद मिलता है। जैसे— 'इटरनल म्युजिक ऑफ द स्फेयर' का 'शाश्वत नभ के गानों में' 'वार्म फीलिंग' का 'उष्ण विचार', 'टू बियर द बर्डेन' का 'बोझ सी ढोती' आदि।

जहाँ तहाँ फारसी के शब्द भी कामायनी में मिलते हैं। जैसे चषक, छाला, दाह आदि। कहीं कहीं शब्दों के साथ ही फारसी शैली का भी प्रभाव परिलक्षित होता है।

प्रसादजी एक अच्छे नाटककार और संगीतज्ञ थे। इसलिए उन्होंने उन क्षेत्रों से भी शब्द ग्रहण कर अपने शब्द भंडार को समृद्ध किया है और अभिव्यक्ति की एक नयी राह दिखायी है। संगीत से लिए गए पारिभाषिक शब्द हैं- मीड़, मूर्च्छना, विपंची आदि। यवनिका, विष्कंभ आदि शब्द नाटक से गृहीत हैं।

प्रसंग गर्भत्व

कामायनी की काव्यभाषा में प्रसंग गर्भत्व का विशिष्ट स्थान है। भूमा, चषक, स्वर्णशैलियों की कलमें, दिग्दाह, अगुरु, कबरी आदि अनेक प्रसंग गर्भी शब्दों के द्वारा कवि ने 'स्मृत्याभास कल्पना' को उद्‌बुद्ध किया है।

वाक्य विन्यास

छायावादी कवियों की भावानुकूलता ने वाक्य विन्यास में भी परिवर्तन ला दिया। भावावेश में उनके वाक्यों के पद क्रम उलट पुलट गये हैं। प्रसादजी शायद ही सीधे और पूरे वाक्य लिखते हैं। कामायनी की दुरूहता का एक बड़ा कारण उसके वाक्य विन्यास का उलटफेर है। 'दूरान्वय' और 'न्यून पदत्व' दोष कामायनी में भरे पड़े हैं। आवेश में कवि संयुक्त वाक्यों के आपसी संबंधों पर ध्यान नहीं दे पाते हैं, जैसे—

संवेदन का और हृदय का
यह संघर्ष न हो सकता;
फिर अभाव असफलताओं की
गाथा कौन कहाँ बकता।

इन वाक्यों का अर्थ करने में बहुत कठिनाई होती है। इस छंद के आरंभ में 'यदि' जोड़ दें और 'हो सकता' क्रिया की जगह 'होता' कर दें तो वाक्यों का पारस्परिक संबंध दुरुस्त हो जाता है। ऐसा करने से पूरा वाक्य इस प्रकार होगा – 'यदि संवेदन का और हृदय का यह संघर्ष न होता, तो फिर अभाव असफलताओं की गाथा कौन कहाँ बकता ?''

कवि आवेग में अनेक स्थलों पर अपूर्ण वाक्य लिख जाते हैं–

मनन करावेगी तू कितना ?
उसे निश्चिंत जाति का जीव,

यहाँ कर्त्ता और क्रिया दोनों लापता हैं। इसलिए समझने में बड़ी दिक्कत होती है। कर्त्ता और क्रिया दोनों जोड़ देने पर वाक्य सुबोध हो जाता है- ' -मैं उस निश्चिंत जाति का जीव हूँ।'

इस तरह खड़ी बोली को काव्य के अनुकूल बनाने के लिए छायावादी कवियों ने क्रिया का बहिष्कार किया। पंतजी ने 'है' को दो सींगोवाला कनक मृग बताकर अपनी पंचवटी से खदेड़ दिया है। 'है' और 'था' को वाक्य में अंतर्भुक्त माना जाने लगा। प्रसाद जी ने भी ऐसा खूब किया। इस तरह खड़ी बोली की खड़खड़ाहट दूर करने के फेरे में कवि ने वाक्यों की जीवंतता ही हर ली। क्रिया के बहिष्कार से बहुत कुछ वाक्यों की क्रियाशीलता भी बहिष्कृत हो गयी। इस प्रकार कामायनी के अनेक वाक्य लुंज-पुंज होने के कारण अस्पष्ट हैं। दिनकर ने ठीक ही लिखा है कि "कामायनी में खड़ी बोली का जितना असमर्थ रूप प्रकट हुआ है, उतना असमर्थ रूप किसी और काव्य में नहीं मिलता। कामायनी में ऐसे अंश कम हैं जिन्हें पढ़ते हुए मन पर अप्रियता के धक्के न लगते हों, अभिव्यक्ति की असमर्थता और शब्दों के कुप्रयोग से पाठक का मन न खीझता हो।"[1]

लेकिन जिन स्थलों पर भाषा साफ सुथरी और भाव के अनुकूल होती है, वहाँ पर कामायनी एक असाधारण रचना के रूप में उभरती है।

तुलना एवं निष्कर्ष

उपर्युक्त विवेचनों के आधार पर यह कहा जा सकता है कि रामचरितमानस और कामायनी दोनों महाकाव्यों में शब्दों के चुनाव में बड़ी सावधानी से काम लिया गया है। पर्यायवाची शब्दों के सूक्ष्म अर्थ-भेद का पता दोनों महाकवियों को है। किंतु मानस की शब्द योजना जितनी दृढ़ एवं सटीक है, वैसी कामायनी की नहीं। मानस में जरा भी परिवर्तन करने पर शब्द सौंदर्य के साथ ही अर्थ सौंदर्य समाप्त होने लगता है जबकि कामायनी में ऐसी बात नहीं है। कामायनी का शब्द गठन यद्यपि मोहक है, लेकिन साथ ही अस्पष्ट भी।

कम से कम शब्दों में अधिक से अधिक अर्थ भरने की कला में दोनों महाकवि अत्यंत निपुण हैं। कामायनी तो प्रतीक शैली में ही लिखा महाकाव्य है। इसलिए इसकी कथा भी सांकेतिक और व्यंजक है।

दोनों महाकाव्य सुंदर, सटीक विशेषणों से सुसज्जित हैं। लेकिन विशेषणों के चयन में छायावाद युग अधिक सजग है। कामायनी के विशेषण चित्रोपम एवं व्यंजनापूर्ण होते हैं। मानस के विशेषणों की खूबी सटीकता, सहजता और सरलता है तो कामायनी की खूबी बाँकपन में निहित है। विशेषण विपर्यय इसकी निजी विशेषता है जो परंपरा में उपलब्ध नहीं थी।

संगीत तत्व दोनों महाकाव्यों में पर्याप्त है। दोनों कवियों ने अनुप्रास और शब्द मैत्री के द्वारा कविता में संगीत पैदा किया है, लेकिन अनुप्रास और शब्द मैत्री की जो छटा मानस में है, अन्यत्र किसी काव्य में नहीं है। मानस शब्द सौंदर्य से पूर्ण है। नाद से अर्थ झंकृत करने का सफल प्रयास दोनों महाकाव्यों में हुआ है। विद्यापति से लेकर प्रसाद तक कई कवियों ने कंकण एवं नूपुर की ध्वनि को शब्दों में बाँधने की कोशिश की है। किंतु इसमें बारीकी का परिचय प्रसाद ने ही दिया है। तुलसीदास कंकण, किंकिणी एवं नूपुर तीनों के लिए एक ही शब्द 'धुनि' का प्रयोग करते हैं जबकि तीनों की ध्वनियों में फर्क है। प्रसाद ने उन फर्कों पर ध्यान दिया है। इसलिए उनके यहाँ 'कंकण' क्वणित होते हैं और नूपुर 'रणित'। इक्के दुक्के बारीकी के

1. पंत, प्रसाद और मैथिलीशरण, पृ० 71

उदाहरण छोड़ दें तो संगीतात्मकता एवं गेयता में मानस कामायनी से काफी आगे है। तुलसीदास अनुप्रास के बादशाह हैं। उनके काव्य में समध्वनि खंडों की जड़ाई उत्कर्ष पर है।

रसानुकूल वर्ण विन्यास में रामचरितमानस कामायनी को पीछे कर देता है। कामायनी में कहीं कहीं अप्रियता के धक्के भी लगते हैं। प्रलय चित्रण में भी उन्हें 'आलिंगन' सूझता है। एक उदाहरण –

बार बार उस भीषण रव से
कँपती धरती देख विशेष,
मानो नील व्योम उतरा हो
आलिंगन के हेतु अशेष।[1]

मानस की भाषा क्षिप्र है, कामायनी की मंथर। मानस की भाषा रस के अनुकूल तेजी से बदलती है और खूब बदलती है, कामायनी की भाषा में उतना परिवर्तन नहीं आता। वह प्राय: एक रूप बनी रहती है। दोनों महाकाव्यों में प्रसाद, माधुर्य और ओज गुण विद्यमान हैं। पर तुलसी सा ओज प्रसाद में नहीं। मानस प्रसाद गुण प्रधान महाकाव्य है और कामायनी माधुर्य गुण प्रधान। मानस की भाषा जितनी प्रसन्न और विशद् है उतनी कामायनी की नहीं।

भाषा की गतिशीलता की वजह से मानस की भाषा पात्रोचित है। स्त्री-पुरुष, अपढ़-विद्वान की भाषा में स्पष्ट अंतर है। कामायनी में भाषा पात्रों के अनुकूल कम बदलती है। वह अक्सर एक सी रहती है।

लोकोक्ति और मुहावरों का प्रयोग दोनों महाकाव्यों में है। मानस में वह पूरी शक्ति और तीखेपन के साथ मौजूद है, कामायनी का प्रयोग उतना सशक्त नहीं प्रतीत होता है। मानस में खास कर स्त्रियों के संदर्भ में मुहावरे आकर उनकी भाषा में चार चाँद लगते हैं।

शब्द भंडार की दृष्टि से दोनों महाकाव्य समृद्ध हैं। विभिन्न स्रोतों से दोनों महाकवियों ने शब्द ग्रहण किये हैं। दोनों महाकाव्य तत्सम प्रधान शब्दों से पूर्ण हैं। मानस में जहाँ तद्भव, देशज, अन्य प्रदेशज एवं विदेशज शब्दों का भी प्रसंगानुकूल अच्छा खासा प्रयोग हुआ है वहाँ कामायनी में इसकी कमी दिखायी पड़ती है। तुलसी ने आवश्यकतानुसार तत्सम शब्दों को अवधी की प्रकृति के अनुकूल तोड़ा है। विदेशज शब्दों को भी जगह जगह अपनी प्रकृति में ढालकर अपने रंग में मिला लिया है। कामायनी में भी कुछ अंग्रेजी शब्दों का अनुवाद कर शब्द शक्ति बढ़ायी गयी है। कामायनी में संगीत एवं नाटक के क्षेत्रों से शब्द ग्रहण कर हिंदी की अभिव्यक्ति क्षमता की कई भंगिमाओं का परिचय दिया गया है। लेकिन तद्भव और देशज शब्दों के बहिष्कार से कामायनी का बड़ा नुकसान हुआ है।

दोनों कवियों के कुछ शब्द तकियाकलाम से हैं जो उनकी विशिष्ट प्रवृत्तियों को दर्शाते हैं। मानस में 'पुलक गात जल नैन' या 'सजल नयन तन पुलकि' आदि रूप बदल कर कई बार आये हैं, जो बतलाते हैं कि तुलसीदास गहरे स्तर के भावुक कवि हैं। मुदित, प्रमुदित, मंजु, मंगल, मोद, मृदु, मधुर आदि तुलसी के प्रिय शब्द हैं, जो काव्य में बार बार आते हैं। हर बार नयी भाव भंगिमाओं के साथ ये शब्द आते हैं। प्रसाद के प्रिय शब्द मधु, मधुर, मदिर, माधव,

1. कामायनी, चिंता सर्ग, पृ० 14

इंद्रजाल आदि हैं। इनसे पता चलता है कि दोनों गहन अनुभूतियों के कवि हैं। साथ ही, एक में जहाँ मंगल की अशेष कामना है, वहाँ दूसरे में ऐन्द्रजालिक चित्रों में गर्क होने की। दोनों महाकाव्य मंजुल और मंगलमय हैं, पर मानस की तो यह अपनी खास विशेषता है।

दोनों की काव्यभाषा में प्रसंग गर्भत्व का जादू दिखायी पड़ता है। इससे दोनों की भाषा में कसावट आयी है और 'स्मृत्याभास कल्पना' को उद्‌बुद्ध करने की शक्ति भी।

मानस का वाक्य विन्यास चुस्त, दुरुस्त, व्याकरणसम्मत और गतिशील है। कामायनी अपने लुंजपुंज, व्याकरण के दोषों से युक्त वाक्यों के लिए बदनाम है। मानस की भाषा साफ सुथरी और सरल है, कामायनी में सफाई की कमी है, इसलिए अस्पष्ट है। सफाई न होने पर भी कामायनी की भाषा में उज्ज्वलता, लालित्य और गरिमा पायी जाती है। ये गुण मानस में भी भरपूर हैं।

मानस की भाषा जन जीवन में घुली मिली है। कामायनी की भाषा उससे कटी हुई। यही कारण है कि मानस की भाषा एक परंपरा छोड़ गयी है जो भारतेंदु, प्रेमचंद से होते हुए आगे बढ़ी है। कामायनी की भाषा यद्यपि मोहक और जादूभरी है तथापि रचनात्मक क्षमता उसमें न्यून है। यही कारण है कि वह भाषा मानस की तरह कोई परंपरा नहीं बना सकी, वह निर्वंश चली गयी।

रामचरितमानस में अलंकार विधान

अलंकार कथन की एक सुंदर युक्ति है। इसमें रमणीयता रहती है। शुक्ल जी के अनुसार, 'भावों का उत्कर्ष दिखाने और वस्तुओं के रूप, गुण और क्रिया का अधिक तीव्र अनुभव कराने में कभी कभी सहायक होनेवाली युक्ति ही अलंकार है। ...यदि किसी वर्णन में उनसे इस प्रकार की कोई सहायता नहीं पहुँचती है, तो वे काव्यालंकार नहीं, भार मात्र हैं।''[1] तुलसीदास ने अलंकारों का उपयोग ऊपर कही बातों के उत्कर्ष में सहायता पहुँचाने के लिए किया है। यहाँ हम उपर्युक्त संदर्भ में मानस के अलंकारों की सार्थकता पर विचार करेंगे।

1. **भावों की उत्कर्ष व्यंजना में सहायक** – अलंकारों की सार्थकता भाव या रस को उत्कर्ष प्रदान करने में है। मानस में स्वतः स्फूर्त अलंकारों के द्वारा भावों को अत्यंत रमणीय बनाया गया है। मरते हुए जटायु से राम ने कहा कि मेरे पिता से सीताहरण का समाचार नहीं बताइयेगा—

सीताहरन तात जनि कहेहु पिता सन जाइ।
जौ मैं राम त कुलसहित कहहिं दसानन आइ।।[2]

यहाँ ''पर्यायोक्ति राम की धीरता तथा सुशीलता की व्यंजना में कैसी सहायता करती हुई बैठी है। राम सीताहरण के समाचार द्वारा अपने पिता को स्वर्ग में भी दुखी करना नहीं चाहते। साथ ही अपनी वीरता भी अत्यंत संकोच एवं शिष्टता के साथ प्रकट करते हैं। 'राम' कैसा अर्थांतरसंक्रमित पद है!'[3]

---

1 गोस्वामी तुलसीदास, पृ० 93

2. रामचरितमानस 3/31

3. गोस्वामी तुलसीदास, पृ० 94

इस दोहे की दूसरी पंक्ति राम की ओजस्विता, उदात्तता प्रकट करती है। इसमें लोंगिनुस द्वारा विवेचित शपथोक्ति अलंकार का सौंदर्य भी देखा जा सकता है। राम 'शपथ' शब्द का प्रयोग तो नहीं करते लेकिन उनकी वाणी से यह संकल्प व्यक्त होता है कि वे निश्चय ही रावण को धरती पर से उठा देंगे।

2. **वस्तुओं के रूप का अनुभव तीव्र कराने में सहायक** – रूप मुख्यत: तीन तरह के होते हैं– अनुरंजक, आश्चर्यकारक और घृणोत्पादक । मानस में तीनों के उदाहरण मिलते हैं। एक उदाहरण द्रष्टव्य है–

खंजन सुक कपोत मृग मीना। मधुप निकर कोकिला प्रबीना।।
कुंद कली दाड़िम दामिनी। कमल सरद ससि अहिभामिनी।।
बरुन पास मनोज धनु हंसा। गज केहरि निज सुनत प्रसंसा।।
श्रीफल कनक कदलि हरषाहीं। नेकु न संक सकुच मन माहीं।।[1]

यहाँ सीता के अनुरंजक रूप का वर्णन मानवीकरण और तुल्ययोगिता का पुट देकर सहज प्रसन्न शैली में रूपकातिशयोक्ति के द्वारा किया गया है।

3. **क्रिया का अनुभव तीव्र करने में सहायक अलंकार** – मानस कथात्मक महाकाव्य है। इसलिए उसमें क्रिया व्यापार प्रचुर मात्रा में है। कवि ने उन क्रियाओं घटनाओं का वर्णन सुंदर ढंग से किया है। रूप, गुण से रहित केवल क्रिया का सादृश्य वर्णन दर्शनीय है–

नृपन्ह केरि आसा निसि नासी। बचन नखत अवली न प्रकासी।।
मानी महिप कुमुद सकुचाने। कपटी भूप उलूक लुकाने।।[2]

यहाँ कवि का उद्देश्य 'सकुचाने' भाव का उत्कर्ष दिखाना नहीं, बल्कि रूपक के द्वारा एक साथ विभिन्न क्रियाओं का होना दिखाना है।

अत्यंत सटीक तुल्ययोगिता के द्वारा एक ही क्रिया का संबंध अनेक पदार्थों से देखने योग्य है –

सब कर संसउ अरु अग्यानू। मंद महीपन्ह कर अभिमानू।।
भृगुपति केरि गरब गरुआई। सुर मुनिबरन्ह केरि कदराई।।
सिय कर सोचु जनक पछितावा। रानिन्ह कर दारुन दुख दावा।।
संभुचाप बड़ बोहितु पाई। चढ़े जाइ सब संगु बनाई।।[3]

प्रबंधधारा में ऐसे अलंकारों के महत्व पर प्रकाश डालते हुए आचार्य शुक्ल का कथन ध्यातव्य है, ''प्रबंधधारा के बीच यह अलंकार ऐसा मिला हुआ है कि ऊपर से देखने में इसकी अलंकारता प्रकरण से अलग नहीं मालूम होती । 'बोहित' को छोड़ और कोई सामग्री कवि प्रतिभा प्रदत्त या ऊपर से लायी हुई नहीं है। हाँ, वस्तुओं की जो सुंदर योजना है, वह अवश्य कवि की प्रतिभा का फल है। यही प्रतिभा कवि को प्रबंध रचना का अधिकार देती है, कौतुकी कवियों की वह प्रतिभा नहीं जो पंचवटी शोभा के वर्णन के समय प्रलयकाल के बारहों सूर्य

1. रामचरितमानस 3/30/10–13
2. वही 1/225/1–2
3. वही 1/260/4–7

उतार लाती है। प्राप्त प्रसंग के गोचर-अगोचर सब पक्षों तक जिसकी दृष्टि पहुँचती है, किसी परिस्थिति में अपने को डाल कर उसके अंग-प्रत्यंग का साक्षात्कार जिसका विशाल अन्त:करण कर सकता है, वही प्रकृत कवि है। जो न चाहने पर भी विवश होकर यह कहना पड़ता है कि गोस्वामी को छोड़ हिन्दी के और किसी कवि में वह प्रबंध पटुता नहीं जो महाकाव्य की रचना के लिए आवश्यक है।''[1]

4. **गुण का अनुभव तीव्र कराने में सहायक अलंकार** - गुण, स्वभाव आदि अमूर्त चीजों को कवि ने बड़े कौशल के साथ कहीं व्यापार वर्णन के द्वारा, कहीं मूर्त उपमानों के द्वारा प्रत्यक्ष किया है–

बंदउँ संत असंतन्ह चरना। दुखप्रद उभय बीच कछु बरना।।
बिछुरत एक प्रान हरि लेहीं। मिलत एक दुख दारुन देहीं।।[2]

यहाँ संत और असंत की भिन्नता व्याघात अलंकार द्वारा बहुत ही प्रभावशाली ढंग से वर्णित है।

5. **विचार का अनुभव तीव्र कराने में सहायक अलंकार** - काव्य में श्रेष्ठ विचारों की अनिवार्यता बतानेवाले कवि तुलसीदास ने अलंकारों द्वारा शुष्क विचार-निरूपण को रमणीय बनाया है–

ईस्वर अंस जीव अबिनासी। चेतन अमल सहज सुख रासी।।
सो मायाबस भयउ गोसाईं। बँध्यो कीर मरकट की नाईं।।[3]

यहाँ उपमा द्वारा अपने दार्शनिक विचारों का निरूपण कर कवि ने उसे सुग्राह्य बना दिया है।

ऊपर सुविधा के ख्याल से भाव, रूप, गुण, क्रिया एवं विचार के उत्कर्ष में तुलसी के अलंकारों के योगदान पर प्रकाश डाला गया है। इसका विभाजन प्रधानता के आधार पर किया गया है। ऐसा नहीं कि जहाँ भाव है, वहाँ रूप नहीं है, जहाँ रूप है वहाँ गुण नहीं और जहाँ गुण है वहाँ क्रिया नहीं। बिना रूप का भाव कैसा ? इन सबों की या कुछ की स्थिति एक साथ हो सकती है।

तुलसी ने मानस में अनेक अलंकारों का सुंदर उपयोग किया है जिनमें ये उल्लेखनीय हैं– उपमा, रूपक, अतिशयोक्ति, अपह्नुति, अप्रस्तुतप्रशंसा, उल्लेख, तुल्ययोगिता, विभावना, लोकोक्ति, विशेषोक्ति, व्याजस्तुति, विरोधाभास, भ्रांतिमान्, अनुप्रास, यमक, श्लेष आदि। लेकिन कृत्रिमता लानेवाले चमत्कारमूलक अलंकारों में– परिसंख्या, यमक, श्लेष आदि का प्रयोग मानस में अत्यल्प है। जहाँ भी है, वहाँ उनका उपयोग साधन के ही रूप में है, साध्य के रूप में नहीं। अपनी कल्पना शक्ति का सर्वाधिक उपयोग उन्होंने रूपक और उत्प्रेक्षा में किया है। वे तीन आलोचकों द्वारा तीन अलंकारों के बादशाह घोषित किये गये हैं। ''लाला भगवानदीन उन्हें रूपकों का बादशाह कहते थे, शुक्लजी ने उन्हें अनुप्रास का बादशाह कहा है। एक बादशाहत और जोड़ लीजिए वे उत्प्रेक्षाओं के बादशाह भी हैं।''[4]

---

1. गोस्वामी तुलसीदास, पृ० 100
2. रामचरितमानस 1/5/3-4
3. वही 7/117/2-3
4. तुलसी-काव्य-मीमांसा, पृ० 375

तुलसी के अलंकार विधान की एक बड़ी विशेषता यह है कि इसके अधिकतर उपमान आस पास के परिवेश से ग्रहण किये गये है। सीता के वियोग में वन वन फिरते हुए राम के प्रतिवेशी वातावरण से ही उपमानों का चयन हुआ है। शुक्लजी इसे प्रबंधकुशलता की एक विलक्षण विशेषता बताते हैं, "गोस्वामीजी की प्रबंध कुशलता विलक्षण है जिससे प्रकरण प्राप्त वस्तुएँ अलंकार सामग्री का कार्य भी देती चलती हैं। इससे होता यह है कि अलंकारों में कृत्रिमता नहीं आने पाती"[1]

तुलसी ने अलंकारों के इतने स्वाभाविक प्रयोग किये हैं कि सहसा उनपर ध्यान ही नहीं जाता। यह बड़ी बात है कि अलंकारशास्त्र से अपरिचित सहृदय भी उनके 'मानस' का पूरा आनंद उठा लेते हैं। इस विलक्षण सफलता का कारण उनकी प्रबंधपटुता है। आचार्य शुक्ल ने लिखा है, "सब अलंकार आने पर भी गोस्वामीजी की रचना कहीं ऐसी नहीं है कि पहले अलंकार का पता लगाया जाय तब अर्थ खुले। जो अलंकार का नाम तक नहीं जानते, वे भी ग्रहण करके पूरा आनंद उठाते हैं। एक बिहारी हैं कि पहले 'नायिका' का पता लगाइये फिर अलंकार निश्चित कीजिए और तब दोनों की सहायता से प्रसंग की ऊहा कीजिए तब जाकर कहीं अर्थ से भेंट हो। गोस्वामीजी की इस अद्‌भुत विशेषता का कारण है उनकी अपूर्व प्रबंधपटुता जिसके बल से उन्होंने अपनी प्रबंधधारा के साथ, अधिकतर प्रकरण प्राप्त वस्तुओं को ही लेकर अलंकारों को इस सफाई से मिलाया है कि जोड़ मालूम नहीं पड़ता"[2]

कामायनी में अलंकार विधान

अलंकार विधान काव्यभाषा का अत्यंत महत्वपूर्ण तत्व है। भावों और विचारों के क्षेत्र में रूढ़ियों का विरोध करने वाले छायावादी कवियों ने कविता के अलंकार विधान में भी नवीनता दिखायी। उन्होंने पुराने अलंकारों की परिपाटी छोड़ दी। प्राचीन पद्धति का विरोध सैद्धांतिक आधार पर किया। पल्लव के प्रवेश में पंत ने सैद्धांतिक रूप से घोषणा की– "अलंकार केवल वाणी की सजावट के लिए वे भाव की अभिव्यक्ति के विशेष द्वार हैं। भाषा की पुष्टि के लिए, राग की परिपूर्णता के लिए वे आवश्यक उपादान हैं। वे वाणी के आचार, व्यवहार, रीति, नीति हैं; पृथक् स्थितियों के पृथक् स्वरूप, भिन्न अवस्थाओं के भिन्न चित्र हैं।"

पुराने अलंकारों की परिपाटी छोड़ने का यह मतलब नहीं कि उन्होंने परंपरागत अलंकारों – उपमा, रूपक, उत्प्रेक्षा, रूपकातिशयोक्ति, विरोधाभास आदि को छोड़ दिया। यहाँ भी वही पुराने अलंकार हैं। अंतर केवल दोनों के विधान में हैं। पुराने कवि अधिकतर आकार साम्य पर ध्यान केंद्रित करते थे जबकि छायावादी कवि प्रभाव साम्य पर। दूसरा प्रमुख अंतर यह है कि छायावादी कवि उपमानों की सीमा में नहीं बँधते। एक वस्तु के विभिन्न आयामों के लिए वे उपमानों की झड़ी लगा देते हैं। उदाहरणार्थ मनु ने जब पहली बार श्रद्धा को देखा तो उनके भीतर से उपमाओं की बरसात होने लगी। एक से एक उदात्त उपमान! श्रद्धा की उपमा साल वृक्ष से, पश्चिम के व्योम से, इंद्रनील लघु शृंग से, अचेत ज्वालामुखी से, उषा की पहली कांत

1. गोस्वामी तुलसीदास, पृ० 97
2. वही, पृ० 103-04

लेखा आदि से दी गयी है और ये सभी उपमान प्रभाव साम्य पर आधृत हैं। ये नये उपमान आंतरिक सौंदर्य भावना और उर्वर कल्पना की देन हैं। दिनकर के शब्दों में, ''यह कवि कौशल का परिणाम नहीं, सौंदर्य की समाधि की कविता है।''[1]

प्रसाद ने अनेक रूढ़िमुक्त, एकदम नये उपमानों की योजना की है। एक से एक अनूठी और मार्मिक उपमाओं की खोज प्रसाद की अक्षय कल्पना शक्ति की द्योतक है। कामायनी में विराट् और लघु दोनों प्रकार की उपमाओं का विधान हुआ है। भाववादी दृष्टिकोण के कारण कवि प्रायः मूर्त्त वस्तुओं की उपमा अमूर्त्त वस्तुओं से देते हैं।

अब हम क्रमशः भाव, रूप, गुण आदि के उत्कर्ष में अलंकारों के योगदान की चर्चा करेंगे।

1. भाव के उत्कर्ष में सहायक अलंकार – कवि ने समुच्चय अलंकार के द्वारा श्रृंगार भाव का चरमोत्कर्ष उपस्थित किया है। मनु के नर्ममय उपचार से श्रद्धा झुक गयी। उसके भीतर वासना का उत्कट आवेग दौड़ने लगा। इस मुख्य भाव के साथ साथ मधुर लज्जा, चिंता और उल्लास एक साथ उमड़ पड़े।

मधुर व्रीड़ा मिश्र चिंता साथ ले उल्लास,
हृदय का आनंद कूजन लगा करने रास।[2]

इस मादक क्षण में लज्जा, चिंता और उल्लास तीनों का संयोग दिखाना समुच्च्य अलंकार द्वारा ही संभव था।

2. वस्तुओं के रूप का अनुभव तीव्र करने में सहायक – कवि ने मनु, श्रद्धा, इड़ा के रूप का अनुभव तीव्रता के साथ कराने में अलंकारों का सुंदर उपयोग किया है। अप्रस्तुत प्रशंसा अलंकार के द्वारा गर्भवती श्रद्धा के रूप सौंदर्य का अनूठा चित्र कवि ने प्रस्तुत किया है—

केतकी गर्भ–सा पीला मुँह,
आँखों में आलस–भरा स्नेह;
कुछ कृशता नई लजीली थी
कंपित लतिका–सी लिये देह![3]

विशेषता यह है कि रूप वर्णनों में कवि ने पात्रों के परिवेश से ही उपमान चुने हैं। मनु के लिए देवदारु, श्रद्धा के लिए साल वृक्ष आदि का चयन पात्रों के परिवेश से ही हुआ है। लेकिन तुलसी की तरह एकाध काल्पनिक उपमान भी लिये गये हैं। जैसे, इंद्रनील लघु श्रृंग, बिजली का फूल आदि ।

3. क्रिया का अनुभव तीव्र कराने में सहायक अलंकार – मानस की तरह कामायनी में भी क्रिया व्यापारों के चित्रण के अनेक अवसर हैं। कवि ने उन स्थलों को अलंकारों के माध्यम से उत्कर्ष प्रदान किया है—

1. पंत, प्रसाद और मैथिलीशरण, पृ० 68
2. कामायनी, वासना सर्ग, पृ० 94
3. वही, ईर्ष्या सर्ग, पृ० 142

बढ़ने लगा विलास वेग सा-
वह अति भैरव जल संघात;[1]

यहाँ प्रलय जल की उमड़न की क्रिया का उपमा अलंकार के द्वारा चित्रण हुआ है। मूर्त के लिए अमूर्त उपमान इस अलंकार का विशेष आकर्षण है।

4. गुण का अनुभव तीव्र कराने में सहायक अलंकार— रूपकातिशयोक्ति एवं उपमा के द्वारा कवि ने नारी के दिव्य गुणों का ऐसा सुंदर चित्रण किया है कि वह पंक्ति लोकप्रिय हो उठी है-

नारी ! तुम केवल श्रद्धा हो
विश्वास रजत नग पग तल में;
पीयूष स्रोत सी बहा करो
जीवन के सुंदर समतल में।[2]

5. विचारों का अनुभव तीव्र कराने में सहायक अलंकार - इच्छा ही दुख और सुख दोनों को जन्म देती है, इस विचार की काव्यात्मक अभिव्यक्ति कवि ने विरोधाभास अलंकार के द्वारा की है—

चिर-वसंत का यह उद्‌गम है
पतझर होता एक ओर है;
अमृत हलाहल यहाँ मिले हैं,
सुख दुख बँधते, एक डोर हैं।[3]

तुलना एवं निष्कर्ष

रामचरितमानस और कामायनी दोनों में अलंकार विधान रीतिकाव्य के विपरीत भावों, वस्तुओं के रूप, गुण, क्रियाओं एवं विचारों को उत्कर्ष प्रदान करने के लिए हुआ है। दोनों महाकाव्यों में अलंकार प्रबंधधारा के बीच घुले मिले हैं, वे अलग से हमारा ध्यान आकृष्ट नहीं करते।

दोनों महाकाव्यों के अलंकार विधान की एक विलक्षण विशेषता यह है कि इनके अधिकांश उपमान अपने निकट परिवेश से ग्रहण किये गये हैं। प्रकरण प्राप्त वस्तुएँ ही अलंकार सामग्री का काम देती रहती हैं। इसके कारण अलंकारों में कहीं भी कृत्रिमता नहीं आने पायी है।

लगभग उन सभी अलंकारों का स्पर्श कामायनीकार ने भी किया है जिनका उपयोग मानसकार कर चुके थे। पर कामायनी में उनके प्रयोग में एक नवीनता है। मानस के अनेक अलंकार जहाँ आकार साम्य पर आधारित हैं, वहाँ कामायनी के प्रभाव साम्य पर। दूसरा बड़ा अंतर यह है कि कामायनीकार एक वस्तु के विभिन्न पहलुओं को उजागर करने के लिए

1. कामायनी, चिंता सर्ग, पृ० 15
2. वही, लज्जा सर्ग, पृ० 106
3. वही, रहस्य सर्ग, पृ० 265

अलंकारों की झड़ी लगा देते हैं। यह परिवर्तन उनकी आंतरिक सौंदर्य भावनाओं में बदलाव के कारण देखा जाता है। कामायनी में मानस की अपेक्षा रूढ़िमुक्त, मार्मिक उपमानों की प्रधानता है।

मानस के कवि वस्तुवादी हैं। इसलिए वहाँ अधिकतर मूर्त की उपमा मूर्त वस्तुओं से दी गयी है। कामायनी के कवि भाववादी हैं। इसलिए उसमें इस तरह की उपमाएँ बहुत कम हैं। कामायनी में ज्यादातर मूर्त वस्तुओं के लिए अमूर्त उपमाएँ आयी हैं। जैसे— हिमालय को 'विश्व कल्पना सा ऊँचा' कहना आदि।

आधुनिक पश्चिमी साहित्य के प्रभाव से कामायनी में कुछ पाश्चात्य पद्धति के अलंकार भी आये हैं जिनमें मानवीकरण, विशेषण विपर्यय, विपरीत, प्रश्नालंकार, मर्मोक्ति, विस्मयादिबोधक आदि प्रमुख हैं। मानस का पश्चिमी साहित्य से कोई संबंध नहीं है। फिर भी उसमें ऐसे सौंदर्य स्थल हैं, जिनमें पश्चिमी अलंकारों का सौंदर्य विद्यमान है। शपथोक्ति का एक सुंदर उदाहरण हम दे चुके हैं। इस तरह और भी दिये जा सकते हैं। मानवीकरण, ध्वन्यर्थ व्यंजना आदि 'मानस' में भी उपलब्ध हैं।

मानसकार को तीन अलंकारों— अनुप्रास, उत्प्रेक्षा और रूपक की बादशाहत हासिल थी। कामायनीकार को इस तरह की बादशाहत तो नहीं मिली थी, लेकिन इन अलंकारों का अच्छा उपयोग उन्होंने किया है। कामायनी में मानस-से लंबे रूपक नहीं हैं।

मानस की अलंकृत शैली का कामायनीकार ने कहीं कहीं अनुसरण किया है। मानस में सीता की दृष्टि की शोभा के लिए तुलसी ने उत्प्रेक्षा की है-

जहँ बिलोक मृग सावक नैनी। जनु तहँ बरिस कमल सित श्रेनी।।

प्रसाद ने भी देवकामिनियों की दृष्टि की मादकता दिखाने के लिए कुछ इसी पद्धति से लिखा है—

देवकामिनी के नयनों से
जहाँ नील नलिनों की सृष्टि

इस प्रकार मानस और कामायनी दोनों में अलंकारों का समुचित और प्रचुर प्रयोग हुआ है। दोनों महाकाव्यों में अलंकार साधन रूप में ही आए हैं, साध्य रूप में नहीं। मानस के अलंकारों की सहजता मन आकृष्ट करती है तो कामायनी में प्रयोगों की नवीनता।

रामचरितमानस का प्रतीक विधान

जब किसी सूक्ष्म भाव की अभिव्यक्ति अपेक्षाकृत स्थूल, गोचर एवं इन्द्रियग्राह्य वस्तुओं के द्वारा की जाती है तो उन्हें प्रतीक कहा जाता है। जैसे ज्ञान का प्रतीक सूरज है, अज्ञान या विभ्रम का अंधकार आदि। काव्यभाषा में प्रतीक विधान बिंब विधान का प्राथमिक स्तर है। बहुत सारे बिंब भी रूढ़ होकर प्रतीक बन जाते हैं। जिन प्रतीकों का प्रयोग अधिक होने लगता है, वे आगे चलकर भाषा की सामान्य शब्दावली की तरह रूढ़ हो जाते हैं और अपनी धार बहुत कुछ खो देते हैं। इसलिए भाषा में जीवंतता लाने के लिए कवि कभी कभी नये प्रतीकों का सृजन करते हैं। मानस में प्रतीक योजना के कई स्तर हैं।

मानस के बहुत सारे पात्र चरित्र भी हैं और प्रतीक भी। जैसे राम सद्वृत्ति के प्रतीक हैं और रावण असद्वृत्ति के। कवि ने संदेह को दूर करने के लिए इस प्रतीक का स्पष्टीकरण भी किया है। कवि ने बालकांड में रावण के अत्याचार का वर्णन करते हुए अंत में लिखा है–

जिन्हके यह आचरन भवानी। ते जानेहु निसिचर सब प्रानी।।[1]

इस अर्द्धाली से यह स्पष्ट होता है कि रावण पात्र के साथ साथ प्रतीक भी है और वह अधर्म का प्रतीक है। इसके विनाश के लिए धर्म के प्रतीक राम का अवतार होता है।

मानस की बहुत घटनाएँ, स्थितियाँ भी प्रतीक हैं। जैसे, राम राज्य आदर्श राज्य का प्रतीक है। कलियुग अपने युग की बुराइयों का प्रतीक है। सोने का मृग लोभ का प्रतीक है इत्यादि।

काव्यभाषा के स्तर पर प्रतीकों के द्वारा संक्षिप्तता के साथ ही वक्तव्य को मार्मिक बनाया गया है। मानस के ज्यादातर प्रतीक परंपरागत हैं, पर उनके संदर्भ नये हैं, इसलिए उसका आकर्षण बना हुआ है। कवि ने परंपरागत प्रतीकों के आधार पर रूपकातिशयोक्ति का बड़ा सुंदर भवन खड़ा किया है। कवि ने लिखा है–

अरुन पराग जलज भरि नीके। ससिहिं भूष अहि लोभ अमी के।।[2]

प्रसंग के अनुरोध से हम यहाँ आसानी से समझ लेते हैं कि अरुण पराग सिंदूर है, जलज गोरी हथेली है, अहि साँवली भुजा है, शशि मुख है और अमृत उस मुख का लावण्य है। इस प्रकार यहाँ सिंदूर दान क्रिया की प्रतीकात्मक अभिव्यक्ति हुई है। मेरी जानकारी में इन प्रतीकों का इस्तेमाल अन्य कवियों ने नहीं किया है। इसलिए ये प्रतीक नये कहे जा सकते हैं। नया न भी हो तो प्रसंग तो बिल्कुल अनूठे हैं।

इसी तरह मानस में असंख्य प्रतीक प्रयुक्त हुए हैं। कैकेयी की कुटिलता को जोंक एवं राम की सरलता को सलिल के द्वारा व्यक्त किया है। कुछ रूढ़ उपमान भी 'रतिनाथ सुमन सर', 'खंजन मीन' आदि काव्यभाषा को शक्ति प्रदान करते हैं।

कुल मिलाकर मानस में प्रतीकों के अनेक स्तर हैं। उन विभिन्न स्तरों पर नये और पुराने प्रतीक काव्यभाषा को शक्ति प्रदान करते हैं।

कामायनी का प्रतीक विधान

छायावादी कवियों के अलंकार प्रभाव साम्य पर आधारित हैं, जो आगे चलकर प्रतीक बन जाते हैं। इस तथ्य को स्पष्ट करते हुए आचार्य शुक्ल ने लिखा है, "छायावाद बड़ी सहृदयता के साथ प्रभाव साम्य पर ही विशेष लक्ष्य रखकर चला है। कहीं कहीं तो बाहरी सादृश्य या साधर्म्य अत्यंत अल्प या न रहने पर भी आभ्यंतर प्रभाव साम्य लेकर ही अप्रस्तुतों का सन्निवेश कर दिया जाता है। ऐसे अप्रस्तुत अधिकतर उपलक्षण के रूप या प्रतीकवत होते हैं। जैसे– सुख, आनंद, प्रफुल्लता, यौवनकाल इत्यादि के स्थान पर उनके द्योतक उषा, प्रभात, मधुकाल; प्रिया के स्थान पर मुकुल; प्रेमी के स्थान पर मधुप; श्वेत या शुभ्र के स्थान पर कुन्द,

---

1. रामचरितमानस, 1–184/3
2. वही, 1/325/9

रजत; माधुर्य के स्थान पर मधु; दीप्तिमान या कान्तिमान के स्थान पर स्वर्ण; विषाद या अवसाद के स्थान पर अंधकार; अंधेरी रात या संध्या के स्थान पर छाया, पतझड़; मानसिक आकुलता या क्षोभ के स्थान पर झंझा, तूफान; भाव तरंग के लिए झंकार; भावप्रवाह के लिए संगीत या मुरली के स्वर इत्यादि ।''[1]

छायावादी कविताओं की तुलना में कामायनी के ज्यादातर प्रतीक परंपरागत, रूढ़ और सांप्रदायिक हैं। 'खोज की प्रवृत्ति' के लिए कस्तूरी मृग का प्रयोग परंपरा से होता आ रहा है। प्रसाद ने भी इसका उपयोग किया है–

मैं सुरभि खोजता भटकूँगा, वन वन बन कस्तूरी कुरंग।[2]

काँटा, दुखद स्थिति का प्रसिद्ध रूढ़ प्रतीक है। कामायनी में भी यह इसी रूप में प्रयुक्त हुआ है।

मुझको काँटे ही मिलें धन्य!
हो सफल तुम्हें ही कुसुम-कुंज।[3]

सांप्रदायिक प्रतीक के रूप में 'मद' को लिया जा सकता है। सूफी कवियों ने 'मद' प्रतीक का बहुत प्रयोग किया है। शैव दर्शन के भी अनेक प्रतीक कवि ने ग्रहण किये हैं।

कामायनी में यत्र तत्र नये प्रतीक भी आये हैं। लेकिन सर्वथा नूतन एवं कल्पित प्रतीकों से जो अर्थ बोध में कठिनाई होती है, वह कामायनी में नहीं है। कर्म सर्ग में कवि लिखते हैं–

दो काठों की संधि बीच उस
निभृत गुफा में अपने;
अग्नि-शिखा बुझ गई, जागने
पर जैसे सुख सपने।[4]

यहाँ प्रयुक्त 'अग्नि शिखा' उष्ण कामवृत्ति की प्रतीक है। प्रस्तुत प्रतीक आपसे आप सारी कथा कह देता है। वर्णन की यह सूझ अपूर्व है। 'कामाग्नि' के लिए 'अग्नि शिखा' का प्रतीक गढ़ा गया है। इसे परंपरा में नवीनता कह सकते हैं।

कामायनी में कुछ व्यंजनागर्भी प्रतीकों का भी प्रयोग हुआ है। ''जहाँ कोई वस्तु अपने सामान्य उपलक्षण का तिरस्कार करके अथवा उससे आगे बढ़ कर अपने से असम्बद्ध प्रतीत होती हुई किसी अन्य वस्तु की ओर संकेत करती है, वहाँ उसे व्यंजनागर्भी प्रतीक समझना चाहिए।''[5] इस प्रतीक का प्रयोग प्रायः रहस्यात्मक सत्ता की ओर संकेत करने में किया गया है। रहस्यात्मक सत्ता की खोज मनुष्य की प्रवृत्ति रही है। 'नदी' ऐसा ही व्यंजनागर्भी प्रतीक है। ''नदी जिस तरह समुद्र की ओर से किसी आंतरिक आकर्षण का अनुभव करती हुई वेग से

---

1. हिंदी साहित्य का इतिहास, पृ० 639
2. कामायनी, ईर्ष्या सर्ग, पृ० 153
3. वही, पृ० 154
4. वही, कर्म सर्ग, पृ० 136
5. छायावाद, पृ० 106

उसकी ओर दौड़ती चली जाती है, उसी तरह यह हृदय भी उसके आकर्षण में एक तरफ दौड़ता चल रहा है।''[1] प्रसाद की गंगा का यह रूप द्रष्टव्य है—

विश्राम माँगती अपना
जिसका देखा था सपना।

कामायनी के प्रतीक का एक दूसरा धरातल है जहाँ इसके सभी पात्र और घटनाएँ प्रतीक हैं। सभी जानते हैं कि कामायनी रूपक काव्य है। इसके अन्य रूपकों को हम पिछले अध्याय में स्पष्ट कर चुके हैं।

इस तरह कामायनी में प्रतीक विभिन्न स्तरों पर काम रह रहे हैं।

तुलना एवं निष्कर्ष

कामायनी प्रतीक काव्य है। इसके सभी पात्र और घटनाएँ प्रतीक हैं। मानस प्रतीक काव्य नहीं है। फिर भी इसके कुछ पात्र एवं घटनाएँ प्रतीक हैं।

मानस और कामायनी दोनों के अधिकतर प्रतीक परंपरागत हैं। दोनों में परंपरा में नवीनता लाने का सफल प्रयास हुआ है। इसके अतिरिक्त दोनों में कुछ नवीन प्रतीक भी आये हैं। पर अर्थ कहीं भी बोझिल या अस्पष्ट नहीं हुआ है।

कामायनी के कुछ प्रतीक व्यंजनागर्भी हैं, मानस में ऐसे प्रतीक अत्यल्प हैं।

कुल मिलाकर दोनों महाकाव्यों में विविध प्रतीक अनेक धरातलों पर सक्रिय होकर वाक्य के प्रभाव में वृद्धि करते हैं।

रामचरितमानस का बिंब विधान

बिंब विधान काव्यभाषा का एक प्रमुख तत्व है। काव्यभाषा की प्रक्रिया में इसका केंद्रीय स्थान है। यह उद्‌भावना मूलतः पश्चिमी समीक्षा जगत की है। बिंब विधान कल्पना शक्ति का काम है। लेकिन भावहीन कल्पना प्रभावशाली नहीं होती। इसलिए बिंब या भाव चित्र प्रबल आवेग से अनुप्राणित रहता है। इसके द्वारा कवि मूर्त चित्रों की रचना कर गंभीर प्रभाव का संप्रेषण करता है। प्राचीन भारतीय काव्य में यह कार्य एक हद तक अलंकार विधान करता रहा है। अलंकार और बिंब में घनिष्ठ संबंध है। डॉ० नगेंद्र के अनुसार, ''अलंकार विधान और बिंब विधान दोनों प्रायः अप्रस्तुत विधान के वाचक और परस्पर समानार्थक बन जाते हैं।''[2] लेकिन अप्रस्तुत विधान का अंग होने के बावजूद बिंब अलंकार से अलग भाषिक संरचना के करीब है। बिंब कई तत्वों से निर्मित होता है। वह अर्थ को विकसनशील बनाये रखता है। डॉ० रामस्वरूप चतुर्वेदी का कथन है, ''संश्लिष्ट गठन होने के कारण बिंब में उनके विभिन्न तत्वों के बीच संपर्क और टकराहट से एक द्वन्द्वात्मक (डाइलेक्टिक) प्रक्रिया परिचालित होती है जो अर्थ को विकसनशील बनाती है। इस तरह बिंब प्रधानतः और अनिवार्यतः एक अर्थ संश्लेष है और इसलिए रचना में काव्यभाषा या कि काव्य बनने की मुख्य प्रक्रिया है।''[3]

---

1. छायावाद, पृ० 107-8
2. काव्य बिंब, पृ० 8
3. मध्यकालीन हिन्दी काव्यभाषा, पृ० 30

मानस में उपमा, रूपक, उत्प्रेक्षा आदि अलंकारों के माध्यम से बिंब विधान दृष्टिगोचर होता है जिनमें दृश्यमयता का तत्व प्रमुख है। तुलसी के बिंब निर्माण की प्रक्रिया में सांग रूपक का केंद्रीय महत्व है। अयोध्या कांड में कैकेयी का रोष, प्रयाग चित्रण, चित्रकूट चित्रण, जनक की सेना का राम के आश्रम में आगमन आदि दृश्यों का अंकन कवि ने बड़े विस्तार एवं वैविध्य के साथ किया है। कैकेयी के क्रोध का बिंब द्रष्टव्य है–

दोउ बर कूल कठिन हठ धारा। भँवर कूबरी बचन प्रचारा।।
ढाहत भूप रूप तरु मूला। चली बिपति बारिधि अनुकूला।।[1]

यहाँ उफनती नदी के माध्यम से ब्यौरेवार ढंग से कैकेयी की भीषणता का चित्र उजागर किया गया है।

ऐन्द्रिय माध्यम के आधार पर बिंब के पाँच रूप माने गये हैं– चाक्षुष, श्रव्य, स्पृश्य, घ्रातव्य और आस्वाद्य बिंब। उपर्युक्त उदाहरण चाक्षुष बिंब का है। इसे दृश्य या प्रकाश बिंब भी कहते हैं। मानस में इस तरह के बिंबों की सृष्टि अधिक हुई है। दो नमूने और देखे जा सकते हैं–

(क) सुंदरता कहुँ सुंदर करई। छबि गृहँ दीपसिखा जनु बरई।।[2]
(ख) झलका झलकत पायन्ह कैसे। पंकज कोस ओस कन जैसे।।[3]

उपर्युक्त दोनों उदाहरणों में क्रमशः उत्प्रेक्षा और उपमा के द्वारा चाक्षुष बिंबों की सृष्टि हुई है। छविगृह में दीपशिखा के द्वारा सीता के अद्वितीय सौंदर्य को प्रत्यक्ष किया गया है। दूसरा चित्र अत्यंत मार्मिक है। नंगे पाँव पैदल चलने से भरत के कोमल चरणों में फफोले निकल आये हैं, जैसे कमल दल पर ओस की बूँद चमक रही हो। इसमें भरत के आंतरिक सौंदर्य का उद्घाटन हुआ है। फफोले जैसे कष्ट कारक घाव भी उद्देश्य की महानता के कारण सुंदर दिख रहे हैं। यहाँ भरत की सुकुमारता के साथ ही हृदय की कोमलता, कर्त्तव्यपालन की दृढ़ता आदि भाव ध्वनित हो रहे हैं।

पुष्पवाटिका में सीता की रमणीय चाल का चित्रण कवि ने ध्वनि बिंब के सहारे कर उसके प्रभाव को बढ़ा दिया है–

कंकन किंकिनि नूपुर धुनि सुनि। कहत लखन सन रामु हृदय गुनि।।
मानहुँ मदन दुंदुभी दीन्हीं। मनसा बिस्व बिजय कहँ कीन्हीं।।[4]

सीता के आभूषणों की झंकार कवि की शब्द योजना से झंकृत हो उठती है। महाप्राण वर्णों के द्वारा कवि ने कहीं बादलों की त्रासद गड़गड़ाहट का (घन घमंड नभ गरज घोरा) चित्र खींचा है तो कहीं बंदरों की भयानक किटकिटाहट (कटकटहिं मर्कट बिकट भट बहु कोटि कोटिन्ह धावहिं) का ध्वनि प्रस्तुत किया है।

---

1. रामचरितमानस, 2/34/3–4
2. वही, 1/230/7
3. वही, 2/204/1
4. वही, 1/230/1–2

विद्वानों ने विभिन्न दृष्टियों के आधार पर बिंबों के और भी अनेक भेद किये हैं। कल्पना, भावना और विचार की प्रधानता के आधार पर क्रमशः कल्पित, भावात्मक और विचारात्मक या प्रज्ञात्मक बिंबों का विभाजन किया गया है। मानस में इस प्रकार के बिंब दृष्टिगोचर होते हैं–

1. **कल्पित बिंब :**

अरुन पराग जलजु भरि नीके। ससिहिं भूष अहि लोभ अमीके।।[1]

2. **भावात्मक बिंब :**

माथे हाथ मूँद दोउ लोचन। तनु धरि सोचु लागु जनु सोचन।।[2]

3. **प्रज्ञात्मक बिंब :**

तब सोइ बुद्धि पाइ उजिआरा। उर गृह बैठि ग्रंथि निरुआरा।।
छोरन ग्रंथि पाव जो सोई। तौ यह जीव कृतारथ होई।।
छोरत ग्रंथि जानि खगराया। बिघ्न अनेक करइ तब माया।।
रिद्धि सिद्धि प्रेरइ बहु भाई। बुद्धिहि लोभ दिखावहिं आई।।
कल बल छल करि जाहिं समीपा। अंचल बात बुझावहिं दीपा।।[3]

शुष्क दार्शनिक तत्व को कवि ने बिंब के माध्यम से संप्रेषित कर काव्यमय, सरस और सुग्राह्य बना दिया है।

मानस में पौराणिक बिंब बहुत मिलते हैं। कवि ने पौराणिक आख्यान के ढाँचे में सीता के सौंदर्य के अनन्वित रूप-बिंब की सर्जना की है–

जौं छबि सुधा पयोनिधि होई। परम रूपमय कच्छपु सोई।।
सोभा रजु मंदरु सिंगारू। मथे पानि पंकज निज मारू।।
एहि बिधि उपजे लच्छि जब सुंदरता सुख मूल।
तदपि सकोच समेत कवि कहहिं सीय समतूल।।[4]

यहाँ कल्पना के द्वारा रूप का आभास मात्र प्रस्तुत किया गया है। रूप की कोई प्रत्यक्ष सूक्ष्म रेखा न उभरने के कारण प्रस्तुत अंश प्रभावशाली नहीं बन पड़ा है। यह बिंब एक हद तक भावहीन और आलंकारिक है।

जगह जगह वर्ण बिंबों (कलर इमेज) का भी निर्माण हुआ है–

जहँ बिलोक मृग सावन नैनी। जनु तहँ बरिस कमल सित श्रेनी।।[5]

घोड़े की अद्भुत गति में गत्यात्मक बिंब देखा जा सकता है–

जे जल चलहिं थलहिं की नाई। टाप न बूड़ बेग अधिकाई।।[6]

---

1. रामचरितमानस, 1/325/1
2. वही, 2/29/7
3. वही, 7/118/4-8
4. वही, 1/247/7-8
5. वही, 1/232/2
6. वही, 1/299/7

मानस उदात्त महाकाव्य है। इसलिए इसमें उदात्त बिंबों के अनेक उदाहरण मिलते हैं। चित्रकूट में राम ऋषि मुनियों एवं भाई लक्ष्मण के साथ वेदिका पर बैठे हैं। वे कर कमलों से धनुष बाण फेर रहे हैं और जिनकी ओर मुस्कुरा कर देखते हैं उनके 'जिय की जरनि' हर लेते हैं। राम का यह रूप उदात्त है—

कर कमलनि धनु सायक फेरत। जिय की जरनि हरत हँसि हेरत।।[1]

राम वन गमन के लिए ज्योंहि कदम रखते हैं त्योंहि तीन लोक एक साथ भिन्न भिन्न प्रकार से प्रभावित हो उठते हैं। राम का यह कदम उदात्त है—

राम चलत अति भयउ बिषादू। सुनि न जाइ पुर आरत नादू।।
कुसगुन लंक अवध अति सोकू। हरष विषाद बिबस सुरलोकू।।[2]

अवध शोकमग्न हो जाता है। लंका में कुसगुण होने लगते हैं और देवलोक हर्ष एवं विषाद के बीच झटके खाने लगता है। यह महाकाव्योचित उदात्त बिंब जो राम के विराट् व्यक्तित्व की विलक्षण गरिमा सूचित करता है, अन्य किसी महाकाव्य में नहीं मिलता है। यह बिंब लंका की त्रासदी का पूर्वाभास देता है और अयोध्या की शोक विह्वलता एवं देवों के दुहरे चरित्र को दर्शाता है। दिनकर की एक पंक्ति है— 'पड़ते जिस ओर चरण मेरे भूगोल उधर दब जाता है।' राम के चरण इस पंक्ति को साकार करते हैं।

इस तरह हम देखते हैं कि 'मानस' में अनेक प्रकार के बिंब उसके गौरव को बढ़ाते हैं।

कामायनी का बिंब विधान

छायावाद अपने बिंब विधान के लिए हिंदी कविता में विशिष्ट स्थान रखता है और उसका संपूर्ण उदाहरण कामायनी मुख्यत: अपने चमकते हुए बिंबों के कारण प्रशंसित है। कामायनी की सबसे बड़ी देन अभूतपूर्व बिंब योजना है। इस अपूर्व बिंब विधान के सामाजिक आधार को प्रत्यक्ष करते हुए डॉ० नामवर सिंह लिखते हैं, "छायावादी कविता की चित्रमयता के पीछे सामाजिक चेतना का सैद्धांतिक आधार है और यह आधार है वैयक्तिकता। चित्र विशेष का होता है किसी एक का होता है वह विशेष 'एक' चाहे कोई वस्तु हो अथवा व्यक्ति, सामान्य का चित्र नहीं हो सकता। सामान्य सूक्ष्म (ऐब्सट्रेक्ट) चीज है, इसलिए वह चित्र रचना के मूल सिद्धांत के विरुद्ध है। चित्र का आधार तो विशेष होता है परंतु उसका प्रभाव 'सामान्य' होता है। चित्र विशेष के द्वारा सामान्य की अभिव्यक्ति करता है।"[3]

कामायनी की लचड़ भाषा इतने कुशल बिंबों का निर्माण कर सकती है, यह देखकर आश्चर्य होता है! डॉ० रामस्वरूप चतुर्वेदी ने लिखा है, "कमजोर आधार भाषा के बावजूद इतना कुशल बिंब प्रयोग साहित्यिक इतिहास की एक असाधारण पर सुखद विडंबना है। वर्णन की भाषा काव्यभाषा का प्राथमिक स्तर है और बिंब गठन भाषा का अधिकतम सर्जनात्मक स्तर है। यह समझना होगा कि काव्य की हर पंक्ति कविता नहीं होती, भले ही वह काव्य बनने की

---

1. रामचरितमानस, 2/239/8
2. वही, 2/81/3-4
3. छायावाद, पृ० 102

प्रक्रिया में कुछ सहायता देती है। 'रिष्यमूक परबत नियराया' जैसे स्थूल वर्णनात्मक अंश हर काव्य में मिलना अनिवार्य है। प्रसाद में वर्णन की यह भाषा जितनी अव्यवस्थित, ऊबड़ खाबड़ है, भाषिक बिंब गठन की क्षमता उतनी ही अधिक है। 'कामायनी' को लेकर प्रायः हर सजग पाठक के मन में जो आकर्षण-विकर्षण— एंबीवेलेंस— चलता है। उसका एक प्रधान कारण इन दो भाषिक स्तरों की विफलता और सफलता एक साथ है। ऐसा शायद इसलिए हो कि काव्य में अपना समूचा ध्यान बिंब गठन पर ही केंद्रित करके प्रसाद ने सामान्य वर्णन भाषा की उपेक्षा की हो, अन्यथा गद्य में तो प्रसाद की वर्णन भाषा कहीं ऐसी अक्षम नहीं है।''[1]

बिंबों के अचूक माध्यम से कवि ने जटिल अनुभूतियों को समग्रता में पकड़ने की सफल चेष्टा की है। अपनी संवेदनजनित कल्पना के द्वारा प्रसाद ने अनेक दृश्य, वर्ण, गंध, ध्वनि आदि के सूक्ष्म चित्र खींचे हैं।

श्रद्धा के रूप सौंदर्य के संदर्भ में कवि ने एक से एक अनूठे बिंबों का निर्माण किया है। मुख छवि के साथ ही उसकी मुस्कान का एक बेजोड़ बिंब द्रष्टव्य है :

और उस मुख पर वह मुसक्यान!
रक्त किसलय पर ले विश्राम
अरुण की एक किरण अम्लान
अधिक अलसाई हो अभिराम।[2]

इस बिंब की व्याख्या करते हुए डॉ० रामस्वरूप चतुर्वेदी लिखते हैं, ''यदि श्रद्धा की मुस्कान की तुलना केवल किरण से की जाती तो एक प्रतीक बनता (मुसकान = किरण) और वह मुस्कान के अनुभव को ऐसे समग्र और सूक्ष्म रूप में व्यंजित न कर पाता। पर यहाँ एक पूरा बिंब रचा गया है। नये सूर्य की दूर से आती हुई किरण, जो कुछ थक गई है और एक रक्तिम, कोमल किसलय को पाकर क्षणभर के लिए - क्षण भर के लिए ही क्योंकि उसे दूर जाना है- विश्राम की मुद्रा में अलस भाव से लेटी हुई है। यह पूरा बिंब या भाव चित्र कई तत्वों से निर्मित हुआ है और उनका आपसी संबंध और टकराहट मुस्कान के रूप को अधिकाधिक गहरे और सूक्ष्म स्तर पर विकसित करते हैं, जहाँ उसकी ताजगी, सूक्ष्मता, अलसभाव और सौंदर्य सब मिलकर एक संश्लेष बन जाते हैं। मुस्कान जितनी सूक्ष्म है उतनी ही कला पूर्ण और भावात्मक है। कवि ने अनुभव के इसी वैशिष्ट्य को अंकित करना चाहा है, और बिंब के सहारे अंकित करते करते न केवल उसे अभिव्यक्त किया है, वरन् मानों स्वयं भी उसे और अच्छी तरह समझा है। भाषा इस स्तर पर आकर अभिव्यक्त ही नहीं, अभिव्यक्ति और अनुभव दोनों एक साथ ही हो जाती है।''[3] चतुर्वेदी जी की इस व्याख्या को देखकर समझ में नहीं आता कि पाठक कविता समझने में माथपच्ची करे कि इनकी व्याख्या समझने में। कविता समझ में न भी आये तो उसका संस्पर्श फूल की तरह है, लेकिन यह व्याख्या तो बज्र जैसी है।

---

1. कामायनी का पुनर्मूल्यांकन, पृ० 21-22
2. कामायनी, श्रद्धा सर्ग, पृ०
3. कामायनी का पुनर्मूल्यांकन, पृ० 48-49

श्रद्धा के अधखुले सुंदर सुकुमार अंग को रूपायित करने के लिए कवि ने फूल का बिंब लिया है। फूल भी साधारण नहीं, 'बिजली का फूल'।

नील परिधान बीच सुकुमार
खुल रहा मृदुल अधखुला अंग;
खिला हो ज्यों बिजली का फूल
मेघ-बन बीच गुलाबी रंग।[1]

इस चित्र में श्रद्धा के अंगों की कान्ति, उसमें निहित तड़प और मनु के अंधकार को दूर करने की शक्ति निहित है।

प्रसाद के बिंब केवल सादृश्य प्रस्तुत करनेवाले नहीं हैं, वे अनुभव के सूक्ष्म रूपों को रूपायित करते हैं। इसीलिए उनके प्रसिद्ध बिंबों के गठन में इंद्रजाल, चाँदनी, सौरभ, मलयज, किसलय पर अलसाती किरण, शून्य, ज्योत्सना, निर्झर, सिन्धु की हिलकोर आदि तत्वों का योगदान है। प्रसाद जी मध्यकालीन अप्रस्तुत विधान से आगे बढ़ते हैं। कामायनी के बिंब अनंत अर्थ छिटकाते हैं। उनके अर्थ अशेष हैं।

प्रसाद ने अपने बिंबों में परंपरागत तत्वों को सर्वथा नया संदर्भ देकर प्रस्तुत किया है। पुरुष और नारी के लिए वृक्ष और लता का बिंब परंपरागत है। इस पुराने परिचित बिंब को कवि ने बिल्कुल नये संदर्भ में रखकर श्रद्धा के प्रणय के प्रतिदान और उससे उत्पन्न लज्जा-व्रीड़ा का सूक्ष्म कलात्मक अंकन किया है—

धूम लतिका सी गगन तरु पर न चढ़ती दीन,
दबी शिशिर निशीथ में ज्यों ओस भार नवीन!
झुक चली सव्रीड़ वह सुकुमारता के भार,
लद गई पाकर पुरुष का नर्ममय उपचार![2]

यहाँ आकाश रूपी वृक्ष और शिशिर की रात में ओस के भार से दबती लेकिन ऊपर उठने का प्रयास करती धुएँ की लता का बिंब पुरुष और नारी के सुकुमार संबंधों को नये ढंग से प्रस्तुत करता है।

मानस में हमने जितने प्रकार के बिंब देखे हैं, वे सब कामायनी में भी हैं। कुछ नमूने द्रष्टव्य हैं—

घ्राण बिंब—

आ रही थी मदिर भीनी माधवी की गंध;
पवन के घन घिरे पड़ते थे बने मधु अंध।[3]

---

1. कामायनी, श्रद्धा सर्ग, पृ० 46
2. वही, वासना सर्ग, पृ० 94
3. वही, वासना सर्ग, पृ० 88

स्पर्श बिंब—

अब न कपोलों पर छाया-सी
पड़ती मुख की सुरभित भाप;
भुज-मूलों में, शिथिल वसन की
व्यस्त न होती है अब माप।[1]

वर्ण बिंब—

देवकामिनी के नयनों से
जहाँ नील नलिनों की सृष्टि[2]

ध्वनि बिंब—

पवन पी रहा था शब्दों को
निर्जनता की उखड़ी साँस,
टकराती थी, दीन प्रतिध्वनि
बनी हिम-शिलाओं के पास।[3]

पौराणिक उदात्त बिंब—

दिग्दाहों से धूम उठे, या
जलधर उठे क्षितिज तट के !
सघन गगन में भीम प्रकंपन
झंझा के चलते झटके।[4]

विद्वानों ने बिंबों के अनेक भेदोपभेद किये हैं। उन भेदों को गिनाना और उनके उदाहरण ढूँढ़ना निरर्थक प्रतीत होता है। इतने से ही कामायनी के बिंबों की शक्ति का अन्दाज लगाया जा सकता है। जैसे सूर्य के तेज में प्रकाशविहीन ग्रह भी चमक उठते हैं वैसे ही बिंबों के असाधारण तेज से वर्णन की सामान्य भाषा भी चमक उठी है।

प्रसाद ने बिंब के लिए बिंब की रचना नहीं की है। उनके बिंब संश्लिष्ट अनुभवों को व्यक्त करने के बेजोड़ माध्यम हैं। डॉ० रामस्वरूप चतुर्वेदी ने बिल्कुल ठीक लिखा है कि "बिंब रचना का यह रूप चमत्कारप्रियता या रूपवाद से प्रेरित नहीं है।... प्रसाद अनुभूति को अतिशय महत्व देनेवालों में हैं। बिंबों के उत्कृष्ट प्रयोगकर्ता होने के बावजूद इसीलिए प्रसाद बिंबवादी नहीं कहे जा सकते। उनकी मूल दृष्टि हर सच्चे रचनाकर की तरह यही है कि मानवीय अनुभव के सूक्ष्म, जटिल और संश्लिष्ट रूपों को कैसे कला के स्तर पर विश्वसनीय ढंग से अंकित किया जाए। उनके बिंब प्रयोग मानवीय अनुभव तथा उसकी अर्थवत्ता को

1. कामायनी, चिंता सर्ग, पृ० 10
2. वही, पृ० 12
3. वही, पृ० 19
4. वही, पृ० 13

विकसित और प्रशस्त होने देते हैं। इस अर्थ की प्रतीति गहरे स्तरों तक करा सकना जीवन और बिंब प्रक्रिया को परस्पर जोड़ता है और कुशल कवि के रचना विधान में दोनों प्रक्रियाएँ संश्लिष्ट हो जाती हैं और तब रचना में अर्थ उसी प्रकार गतिमान रहता है जैसे कि स्वयं जीवन में।''[1]

तुलना और निष्कर्ष

बिंब आधुनिक हिंदी कविता की एक बड़ी उपलब्धि है। आधुनिक पूँजीवादी युग में वैयक्तिकता का विकास हुआ। काव्य में बिंब का सामाजिक आधार यही है, क्योंकि बिंब भी किसी विशेष का होता है। इसलिए आधुनिक युग में जिस तरह सायास बिंब निर्मित हुए उस तरह के बिंबों की आशा हम रामचरितमानस में नहीं कर सकते। मध्ययुग में वैयक्तिकता का विकास नहीं हुआ था। इसलिए वहाँ आधुनिक अर्थ में बिंब सर्जना नहीं है।

मानस के बिंब प्रायः अलंकारों पर आधारित हैं। वहाँ प्रायः कविता का स्वतंत्र अर्थ विकसित नहीं हो पाता है। मानस के श्रेष्ठ बिंबों का निर्माण सांग रूपक के द्वारा हुआ है। संश्लिष्ट वर्णन की दृष्टि से सांग रूपक का बड़ा महत्व है। ''पर अर्थ के सूक्ष्म और स्वायत्त विकास की दृष्टि से बिंब की तुलना में सांग रूपक का विधान कुछ कमजोर पड़ता है क्योंकि सांग रूपक में प्रस्तुत और अप्रस्तुत का उल्लेख साथ साथ चलता है।''[2] इससे सादृश्य तो विस्तृत होता है, पर अर्थ के सूक्ष्म स्तर विकसित नहीं होते। मानस और कामायनी के बिंब विधान में यह एक बड़ा भारी अंतर है। कामायनी में प्रस्तुत अप्रस्तुत के साथ साथ दूर तक नहीं चलता। सारी व्यंजनाएँ अप्रस्तुत ही करती हैं। इससे अर्थ के कई सूक्ष्म आयाम उद्घाटित होते हैं। वे स्वायत्त और विकसनशील होते हैं।

रामचरितमानस के बिंब अनायास रचित हैं, कामायनी के सायास। नहीं तो इतनी ऊबड़-खाबड़ भाषा इतने कुशल बिंब नहीं रच पाती। प्रसाद का ध्यान बिंब गठन पर पूरी तरह केंद्रित रहता है।

मानस और कामायनी दोनों में चाक्षुष बिंबों की प्रधानता है। इसके अतिरिक्त वर्ण, गंध, ध्वनि आदि ऐंद्रिय बिंबों भी मानस में हैं लेकिन प्रसाद ने संवेदन जनित कल्पना के द्वारा जैसे ऐंद्रिय बिंबों की रचना की है, वह अभूतपूर्व है।

नये नये बिंबों की रचना दोनों महाकवियों ने की है। दोनों कवियों ने परंपरागत तत्वों को नये संदर्भों में प्रस्तुत किया है।

दोनों महाकाव्यों में पौराणिक, उदात्त, कल्पित, भावात्मक, प्रज्ञात्मक आदि अनेक प्रकार के बिंब मिलते हैं, लेकिन किसी भी कवि ने बिंब के लिए बिंब की रचना नहीं की है। दोनों महाकाव्यों में बिंब अनुभवों को संप्रेषित करने के एक सशक्त माध्यम हैं।

संक्षेप में, दोनों महाकाव्यों में विविध प्रकार के अनेक बिंब हैं जो इनकी अभिव्यक्ति की शक्ति के सूचक हैं, पर इस क्षेत्र में कामायनीकार को विशिष्ट महारत हासिल है।

---

1. कामायनी का पुनर्मूल्यांकन, पृ० 53-54

2. मध्यकालीन हिंदी काव्यभाषा, पृ० 33

रामचरितमानस की संवाद योजना

संवाद नाटक का अनिवार्य अंग है, लेकिन कवि भी कविता को प्रभावशाली बनाने के लिए संवाद की योजना करता है। सामान्य बातचीत और संवाद में कुछ फर्क है– "बातचीत किसी प्रसंग के भीतर ही अपना महत्व प्रदर्शित करती है, पर संवाद स्वतंत्र रूप से भी। बातचीत में जो उत्तर प्रत्युत्तर आते हैं, उनमें कोई विशेषता नहीं होती, किंतु संवाद में आनेवाले उत्तर प्रत्युत्तर बहुत सधे हुए और परस्पर काट करते हुए आते हैं।"[1]

प्रबंधकाव्य में जीवन का व्यापक चित्रण होता है, इसलिए इसमें बातचीत भी आती है और संवाद भी आते हैं।

बातचीत को तुलसी ने 'बतकही' कहा है– 'करत बतकही अनुज सन मन सिय रूप लोभान" इस तरह की बातचीत संवाद के अंतर्गत परिगणित नहीं है। आचार्य विश्वनाथ प्रसाद मिश्र ने मानस के संवादों का विभाजन दो प्रकार से किया है– शृंखलाबद्ध और उन्मुक्त। मुखबंध में मूलकथा के वक्ता और श्रोता के संवाद को शृंखलाबद्ध कहा है और कथा के भीतर पात्रबद्ध संवाद उन्मुक्त। शृंखलाबद्ध संवाद पौराणिक पद्धति पर रखे गए हैं। पुराणों में वक्ता और श्रोता की शृंखलाएँ जुड़ती चली जाती हैं। ठीक इसी पद्धति पर प्रस्तावना में चार वक्ता श्रोता दिखायी पड़ते हैं।"[2] मानस में चार वक्ता श्रोता आए हैं–

वक्ता	श्रोता
1. तुलसीदास	1. पाठक या संतजन
2. याज्ञवल्क्य	2. भरद्वाज
3. काकभुशुंडि	3. गरुड़
4. शिव	4. पार्वती

मानस के मूल रचनाकार और वक्ता शिव हैं। उन्होंने यह कथा दो बार पार्वती को और एक बार काकभुशुंडि को सुनायी थी। काकभुशुंडि ने यह कथा पहले गरुड़ को और फिर याज्ञवल्क्य को सुनायी। याज्ञवल्क्य ने यह कथा भरद्वाज को सुनायी। भरद्वाज ने फिर किसे सुनायी, यह क्रम लुप्त है। परंपरा में जो कथा चली आ रही थी उसे तुलसी के गुरु ने सुनी होगी। तुलसी ने यह कथा अपने गुरु से सुनी। इस परंपरागत कथा के बहुत से वक्ता श्रोता हैं। उन सबों की योजना संभव नहीं थी, इसलिए कवि ने तीन संवाद चुने और चौथे में वे स्वयं हैं। प्रश्न उठता है कि इतने वक्ता श्रोता की योजना का कारण क्या है ? अगर इस कथा को केवल आप्तवचन का रूप दिया जाना था तो केवल एक वक्ता और एक श्रोता ही पर्याप्त थे। इतने वक्ताओं श्रोताओं की क्या जरुरत थी ? इस प्रश्न का उत्तर आचार्य विश्वनाथ प्रसाद मिश्र के इस विवेचन में मिलता है, "काकभुशुंडि का प्रतिपादन उपासनापरक, शिव का ज्ञानपरक और याज्ञवल्क्य का कर्मकाण्ड परक है, स्वयं तुलसीदास की स्वतंत्र उक्ति शीलपरक माननी चाहिए।"[3] शायद उपासना के इन तीनों भेदों के सामंजस्य के लिए ही कवि ने परंपरागत तीन वक्ता श्रोता चुने होंगे।

---

1. गोसाईं तुलसीदास (ले० विश्वनाथप्रसाद मिश्र), पृ० 81
2. वही पृ० 81
3. वही, पृ० 82

शृंखलाबद्ध संवाद में सभी श्रोता एक ही संशय से ग्रस्त हैं, जिनका समाधान वक्ता करते हैं। यह संशय दाशरथि राम के ईश्वरावतार होने में है। यह विराट संदेह वस्तुतः तुलसी के अपने युग का ही है जिसके समाधान के लिए कवि ने शृंखलाबद्ध संवाद की योजना की है। इस संवाद के द्वारा कवि ने सहृदय के मन में कथा के प्रति श्रद्धा, जिज्ञासा, सतर्कता और सुरुचि उत्पन्न करने की कोशिश की है।

मानस का यह शृंखलाबद्ध संवाद पुराणों से भिन्न है। पुराणों में बीच बीच में भी श्रोता प्रश्न करते हैं। मानस के श्रोता बस आरंभ में ही प्रश्न करते हैं और अंत में संतुष्ट होते हैं। अगर मानस के श्रोता बीच बीच में भी प्रश्न करते जाते तो रस में बाधा पहुँचती और कथा का अनावश्यक विस्तार होता। इसलिए बीच में केवल श्रोताओं का संबोधन कर कवि ने महाकाव्य में कसाव पैदा किया है।

उन्मुक्त संवाद के अंतर्गत कवि ने पात्रगत संवाद की कलात्मक योजना की है। पात्रगत संवाद के भी दो रूप आचार्य विश्वनाथ प्रसाद ने बताये हैं– सभा संवाद और गोष्ठी संवाद । जो संवाद भरी सभा में हुए हैं और अपेक्षया लंबे हैं, वे सभा संवाद के अंतर्गत आते हैं, जैसे– लक्ष्मण परशुराम संवाद, भरत सभा संवाद, चित्रकूट सभा संवाद, हनुमान रावण संवाद, अंगद रावण संवाद आदि। जो संवाद व्यक्तिगत रूप से दो या दो से अधिक व्यक्तियों के बीच हुए हैं, वे गोष्ठी संवाद हैं, जैसे–जनकपुर की सखियों के संवाद, मंथरा कैकेयी संवाद, दशरथ कैकेयी संवाद, राम, कौसल्या और सीता संवाद, राम, सीता और केवट संवाद, रावण मंदोदरी संवाद आदि। इन संवादों में वैविध्य और हृदयस्पर्शिता है। कलात्मक संवाद के प्रायः सभी गुणों– प्रत्युत्पन्नमतित्व, स्वाभाविकता, सजीवता, गतिशीलता, संक्षिप्तता, भावप्रवणता, नाटकीयता, वचनविदग्धता, युक्तिसंगति और पात्रों के शील की व्यंजना– की उत्कृष्ट योजना इन संवादों में हुई है। किसी भी संवाद को देखने पर ये गुण सहज ही दिखायी पड़ते हैं।

सभा संवादों में लक्ष्मण परशुराम संवाद में उग्र भाव के दर्शन होते हैं तो चित्रकूट सभा में अत्यंत स्निग्ध कोमल भाव के। लक्ष्मण परशुराम संवाद का एक अंश द्रष्टव्य है–

सुनहु राम जेहि सिवधनु तोरा । सहसबाहु सम सो रिपु मोरा ।।
सो बिलगाउ बिहाइ समाजा । न त मारे जैहहिं सब राजा ।।
सुनि मुनि बचन लखन मुसुकाने । बोले परसुधरहि अपमाने ।।
बहु धनुहीं तोरीं लरिकाईं। कबहु न असि रिस कीन्हि गोसाईं ।।
एहि धनु पर ममता केहि हेतू । सुनि रिसाइ कह भृगुकुलकेतू ।।

रे नृप बालक काल बस बोलत तोहि न सँभार ।
धनुही सम तिपुरारि धनु बिदित सकल संसार ।।

लखन कहा हँसि हमरें जाना । सुनहु देव सब धनुष समाना ।।
का छति लाभु जून धनु तोरें । देखा राम नयन के भोरें ।।[1]

पूरा संवाद कुतूहलवर्द्धक, प्रत्युत्पन्नमतित्व से पूर्ण, स्वाभाविक और सजीव है। लक्ष्मण की निर्भीकता और वाक्चातुर्य नौजवानों को अधिक प्रिय लगता है। जगद्विजयी परशुराम का

---

1. रामचरितमानस 1/271/4–8, 272/1–2

तेज उनके सामने फीका पड़ जाता है। विवाह के पूर्व ही परशुराम को लाकर और उन्हें परास्त दिखाकर कवि ने रसात्मकता बढ़ा दी है।

लंका में अंगद रावण संवाद में कुछ विद्वानों को अंगद की वाणी में उद्दंडता झलकती है। उनका कहना है कि एक दूत का राजा के सामने इतना बढ़ चढ़ कर बोलना अनुचित है। इस संबंध में ध्यातव्य है कि अंगद के लंका जाने से पूर्व विभीषण राम से मिल चुके हैं। राम ने उनका स्वागत 'लंकेश' कह कर किया है। इसका तात्पर्य यह है कि राम और उनके पक्ष के लोग रावण को राजा नहीं मानते। दूसरा कारण यह भी है कि रावण जैसे अत्याचारी राजा के साथ शिष्टता पालन का कोई अर्थ नहीं है। तीसरा कारण स्वयं अंगद का शील है, जो कवि दिखाना चाहता है। अंगद वानर जाति का और बालि जैसे दुराचारी का पुत्र है। इन सारी दृष्टियों से अंगद की 'अशिष्टिता' औचित्यपूर्ण है।

शिष्टता का उत्कृष्टतम रूप चित्रकूट सभा में दर्शनीय है। राम अपने वक्तव्य का उपसंहार करते हुए कहते हैं—

तात तुम्हहि मैं जानउँ नीकें। करौं काह असमंजस जीकें।।
राखेउ रायँ सत्य मोहि त्यागी। तनु परिहरेउ प्रेम पन लागी।।
तासु बचन मेटत मन सोचू। तेहि तें अधिक तुम्हार संकोचू।।
ता पर गुरु मोहि आयसु दीन्हा। अवसि जो कहहु चहउँ सोइ कीन्हा।।

मनु प्रसन्न करि सकुच तजि कहहु करौं सोइ आजु।
सत्यसंध रघुबर बचन सुनि भा सुखी समाजु।।[1]

राम के इस कथन में शील, स्नेह और कर्त्तव्यपालन की पराकाष्ठा दिखायी पड़ती है। इस अपूर्व उच्चता का उत्तर भरत भी उसी ऊँचाई के साथ देते हैं। भरत भी अपने निवेदन का उपसंहार करते हुए कहते हैं—

सानुज पठइअ मोहि बन कीजिअ सबहि सनाथ।
नतरु फेरिअहिं बंधु दोउ नाथ चलौं मैं साथ।।

नतरु जाहिं बन तीनिउ भाई। बहुरिअ सीय सहित रघुराई।।
जेहि बिधि प्रभु प्रसन्न मन होई। करुना सागर कीजिअ सोई।।

× × ×

प्रभु प्रसन्न मन सकुच तजि जो जेहि आयसु देव।
सो सिर धरि धरि करिहि सबु मिटिहि अनट अवरेब।।[2]

राम ने सारा उत्तरदायित्व भरत पर सौंपते हुए कहा— 'मनु प्रसन्न करि सकुच तजि कहहु करउँ सोइ आजु।' भरत ने राम के शब्दों को पकड़ निर्णय का भार उन्हीं शब्दों में उन्हीं पर छोड़ दिया। भाव प्रवण वैदग्ध्य की यह चरम सीमा है। तुलसी की शीलवती प्रतिभा का कमाल है।

---

1. रामचरितमानस 2/264/5-8
2. वही, 2/268/1-2, 269

इसी प्रकार गोष्ठी संवादों में विभिन्न प्रकार के लोगों विशेषत: विभिन्न प्रकार की स्त्रियों के हृदय की अनेक वृत्तियों का मार्मिक उद्‌घाटन हुआ है। रामचरितमानस के संवादों की उत्कृष्टता को देख आचार्य विश्वनाथ प्रसाद मिश्र ने तुलसीदास को 'संवादों के संविधान का सम्राट'[1] कहा है।

कामायनी की संवाद योजना

जिस तरह के संवाद हमने मानस में देखे उस तरह के संवाद कामायनी में नहीं हैं। आचार्य विश्वनाथ प्रसाद मिश्र के अनुसार हमने जो संवाद का लक्षण निर्धारित किया, उस दृष्टि से कामायनी में संवाद नहीं है।

कामायनी की संवाद योजना मानस से बिल्कुल भिन्न प्रकार की है। कामायनी में वक्ता श्रोता वाला श्रृंखलाबद्ध संवाद नहीं है। इसमें सभा संवाद भी नहीं है। इसमें पात्रों की बातचीत है, वह भी भावप्रवण, कभी कभी विचारोत्तेजक और लंबी। कामायनी के संवादों को मुख्यत: हम दो भागों में बाँट सकते हैं– (क) पात्रों के पारस्परिक संवाद और (ख) पात्र मनोभाव संवाद। प्रथम प्रकार में श्रद्धा मनु संवाद, इड़ा मनु संवाद, मनु प्रजा संवाद, श्रद्धा इड़ा संवाद, श्रद्धा मानव संवाद, किलात आकुलि संवाद आदि आते हैं। दूसरे प्रकार में काम मनु संवाद एवं लज्जा श्रद्धा संवाद आते हैं।

ये संवाद नाटकीय नहीं है, क्योंकि इनमें प्रत्युत्पन्नमतित्व, संक्षिप्तता, बाँकपन, परस्पर काट करने की क्षमता आदि नहीं है। सच पूछा जाय तो हम कामायनी के संवाद को कलात्मक संवाद नहीं कह सकते। यह तो महाकाव्य की वह विशेष सुविधाजनक शैली है जिसके द्वारा कवि एवं पात्र भावों विचारों की अभिव्यक्ति करते हैं। उदाहरण के लिए श्रद्धा जब मनु से प्रश्न करती है कि संसृति जलनिधि तीर तरंगों से फेंकी हुई मणि के समान तुम कौन हो तो नाटकीय संवाद की माँग है कि मनु इसका कोई समुचित दिलचस्प उत्तर दे। लेकिन न तो मनु को उत्तर देने की कोई हड़बड़ी है और न श्रद्धा को उत्तर पाने की जल्दबाजी। वह तो लगातार चौदह छंदों तक प्रश्न पर प्रश्न करती जा रही है। इसके बाद ही मनु के उत्तर देने की बारी आती है। इस बीच उसे एक झटका सा लगता है और श्रद्धा को लुटे से निरखने लगता है और काफी विस्तार से उसके सौंदर्य का वर्णन करता है तब कहीं जाकर 'कौन' का उत्तर देता है और वह भी संक्षिप्त नहीं, विस्तृत। अपना व्यापक निराशाजनक परिचय देने के बाद मनु भी श्रद्धा का परिचय पूछता है। श्रद्धा भी विस्तार से परिचय देती है और उनके दुख का कारण पूछती है, लेकिन उत्तर की कोई अपेक्षा नहीं रखती। उत्तर का अवसर दिये बिना वह लगातार मनु के निराश हृदय में आशा का संचार करनेवाले एक से एक प्रेरक वाक्य कहती है।

कामायनी के सभी संवादों की लगभग यही स्थिति है। मनु और श्रद्धा का परिचय प्रगाढ़ होता है। एक दिन चाँदनी रात में श्रद्धा को अपने पास पाकर मनु पूछता है–

> कौन हो तुम खींचते यों मुझे अपनी ओर;
> और ललचाते स्वयं हटते उधर की ओर?
> ज्योत्स्ना निर्झर! ठहरती ही नहीं यह आँख;
> तुम्हें कुछ पहचानने की खो गई-सी साख।[2]

1. गोसाईं तुलसीदास, पृ० 89
2. कामायनी, वासना सर्ग, पृ० 86

ये प्रश्न भावावेगपूर्ण हैं। लगभग ऐसे ही प्रश्न कामायनी में पूछे जाते हैं। इसका उत्तर भला क्या होगा ? सही माने में ये प्रश्न हैं भी नहीं। यह तो एक तरह का मुखर चिंतन या स्वगत संलाप है। यही कारण है कि श्रद्धा ने इस प्रश्न को हँसी में उड़ा दिया और कहा कि मैं अतिथि हूँ, बस इससे अधिक परिचय बेकार है।

कामायनी के संवाद की विशेषता मुखर चिंतन या स्वगत संलाप है। स्वगत कथन नाटक का एक महत्वपूर्ण अंग है। चिंता सर्ग में इस प्रकार का चिंतन दिखायी पड़ता है। मनु आत्मविश्लेषण करता है। प्रलय का कारण वह देवों का निर्बाध विलास बताता है और अपने आप को धिक्कारता है–

स्वयं देव थे हम सब, तो फिर
क्यों न विशृंखल होती सृष्टि;
अरे अचानक हुई इसी से
कड़ी आपदाओं की वृष्टि।[1]

कामायनी के संवाद की एक बड़ी विशेषता वक्तृता है। श्रद्धा मनु के निराश मन का कीचड़ धो डालना चाहती है। इसलिए वह उद्‌बोधनपरक प्रेरणादायी भाषण देती है :

कहा आगंतुक ने सस्नेह :–
"अरे तुम इतने हुए अधीर!
हार बैठे जीवन का दाँव,
जीतते मर कर जिसको वीर।[2]

इस छंद से लेकर लगातार बीस छंदों तक श्रद्धा का भाषण चलता है। उनके भाषण में तर्क है, समर्पण का भाव है, सम्मोहन है। कहने की जरूरत नहीं कि मनु के भीतर संजीवनी का संचार होता है। भाषण, अन्यत्र भी कविता को शक्ति प्रदान करते हैं।

पात्रों के संवाद में कवि ने मनोभावों का मानवीकरण भी किया है। स्वप्न में काम मनुष्य रूप में आकर मनु को अपना राज बताता है। लज्जा श्रद्धा संवाद बिल्कुल अनूठा है। श्रद्धा अपने मन में उत्पन्न कुतूहल का समाधान अपने विवेक के अनुसार स्वयं करती है, लेकिन विश्लेषण को दो पात्रों के संवाद का रूप देकर कवि ने न केवल उसे दुरूह होने से बचाया है, वरन् उसे रोचक और सुग्राह्य बना दिया है।

तुलना एवं निष्कर्ष

दोनों महाकाव्यों के संवाद भावावेगपूर्ण हैं और कथा को गति प्रदान करते हैं। स्वाभाविकता एवं सजीवता उनके सहज अंग हैं, परंतु दोनों के संवादों में साम्य से अधिक वैषम्य ही है।

मानस के संवाद नाटकीय गुणों से पूर्ण हैं। कामायनी के संवादों में नाटकीयता का बड़ा अभाव है। मानस के संवाद चुस्त और संक्षिप्त हैं। कामायनी के ढीले और विस्तृत। मानस के संवाद सधे हुए और परस्पर काट करते हुए चलते हैं। कामायनी के संवादों में ये गुण प्रायः नहीं

---

1. कामायनी, चिंता सर्ग, पृ० 9
2. वही, श्रद्धा सर्ग, पृ० 55 से 59 तक

मिलते। वे अधिकतर मुखर चिंतन और स्वगत संलाप होते हैं। मानस के संवादों में प्रत्युत्पन्नमतित्व विशेष रूप से ध्यान आकृष्ट करता है, कामायनी के मुखर चिंतन में इसकी आवश्यकता ही नहीं पड़ती। संक्षेप में मानस के संवाद कलात्मक हैं। कामायनी के संवादों की किस्म ही अलग है। वे भाव एवं विचारों की अभिव्यक्ति के विशेष सुविधा रूप हैं।

स्वगत कथन और वक्तृता दोनों के संवादों में पाये जाते हैं। लेकिन कामायनी में इसकी प्रचुरता है।

मानस पुराण शैली का महाकाव्य है, इसलिए इसमें वक्ता श्रोता वाले, शृंखलाबद्ध संवादों की भी योजना हुई है। कामायनी आधुनिक मनोवैज्ञानिक शैली का महाकाव्य है, इसलिए इस प्रकार के संवाद की योजना नहीं है।

कामायनी के कथानक में सभा की योजना नहीं है, इसलिए उसमें मानस के सभा संवाद भी नहीं मिलते। कामायनी में जो संवाद है, उन्हें गोष्ठी संवाद कह सकते हैं। मानस के संवादों में वैविध्य एवं हृदयस्पर्शिता का गुण है। कामायनी में वैसा वैविध्य नहीं है और उस स्तर की हृदयस्पर्शिता भी नहीं है। दोनों महाकाव्यों के संवाद पात्रों के शील की व्यंजना भलीभाँति करते हैं।

रामचरितमानस के कवि संवादों के विधान के सम्राट हैं, कामायनी के कवि उन विधानों को अच्छी तरह नहीं जानते। उनके नाटकों की कमजोरी कामायनी के संवादों में है, पर उनकी विशेषताएँ नहीं हैं। संवाद योजना की दृष्टि से मानस कामायनी से काफी आगे है।

रामचरितमानस की छंद योजना

छंद कविता का अनिवार्य अंग है। लय छंद की आत्मा है। लय के अभाव में कविता नहीं हो सकती। कविता में गेयता या संगीतात्मकता छंद के ही कारण आती है।

तुलसीदास अपने समय में प्रचलित प्राय: सभी प्रमुख छंदों के सफल प्रयोक्ता थे। उन्होंने रामचरितमानस में अपभ्रंश की कड़वकबद्ध शैली अपनायी जो अवधी के प्रेमाख्यानक काव्य 'पद्मावत' आदि में काफी मँज चुकी थी। कुछ चौपाइयों के बाद दोहा या सोरठा का घत्ता देकर कड़वक शैली की योजना की जाती है। संपूर्ण महाकाव्य इसी शैली में है और कवि ने स्थान स्थान पर हरिगीतिका, तोमर, चौपैया आदि छंदों को रखकर उसकी सरसता बढ़ा दी है। मानस में कुल आठ प्रकार के मात्रिक छंदों और ग्यारह प्रकार के वर्णिक छंदों का प्रयोग हुआ है।[1] मात्रिक छंदों में ये छंद उपयोग में लाये गये हैं—चौपाई, दोहा, सोरठा, हरिगीतिका, तोमर, त्रिभंगी, चौपैया और डिल्ला। वर्णिक छंदों में प्रमुख ये हैं— अनुष्टुप, इंद्रवज्रा, त्रोटक, भुजंगप्रयात, मालिनी, रथोद्धता, वसंतलतिका, वंशस्थ, शार्दूलविक्रीड़ित, स्रग्धरा और नगरस्वरूपिणी। कवि ने चौपाई, दोहा और सोरठा को छोड़कर बाकी सबको छंद ही कहा है—

पुरइनि सघन चारु चौपाई। जुगुति मंजु मनि सीप सुहाई।।
छंद सोरठा सुंदर दोहा। सोइ बहुरंग कमल कुल सोहा।।[2]

---

1. हिंदी महाकाव्य का स्वरूप विकास , पृ० 549

2. रामचरितमानस 1/37/2-3

तुलसीदास का आनंद, उछाह और प्रेम का उमँगता हुआ सहज प्रवाह ही काव्य सरिता में रूपांतरित हो गया है। इसमें सीताराम का यश रूपी जल है और इसे सुशोभित करनेवाले छंद रूपी कमल और पुरइन रूपी चौपाइयाँ हैं। इसका अर्थ है कि मानस में छंद विषयवस्तु की अभिव्यंजना को मनोहर बनाने के साधन हैं। छंदों की मनोहरता मुख्यतः तीन चीजों पर आधारित रहती है– भावानुकूलता, लय और अन्त्यानुप्रास। इन दृष्टियों से हम मानस के छंदों का अवलोकन करना चाहते हैं।

भावानुकूलता – हरेक छंद का अपना स्वभाव होता है। उसकी अलग अलग क्षमता होती है। कवि ने उनकी क्षमताओं की पहचान कर उनके अनुकूल काम लिया है। मानस के प्रत्येक सोपान का आरंभ संस्कृत श्लोक से होता है। इनमें वर्णिक छंदों का प्रयोग किया गया है। ये छंद शास्त्रीय नियमों से पूरी तरह बँधे हैं। इनके द्वारा देवों की वंदना की गयी है। कहीं कहीं प्रमुख पात्रों के वैशिष्ट्य की भी झलक दी गयी है और आगामी कथाभाग का सूक्ष्म संकेत भी दिया गया है।

मात्रिक छंदों में दोहे, चौपाइयों के द्वारा कथानक में गति पैदा की गयी है। त्रिभंगी, चौपैया छंदों के द्वारा विशेषतः स्तुति का काम लिया गया है। तोमर छंद का उपयोग मुख्यतः युद्ध वर्णन में हुआ है। इस तरह मानस में भावानुकूल छंदों का प्रयोग है। हेमचंद्र ने काव्यानुशासन में 'अर्थानुरूप छंदस्त्वम'[1] पर जोर दिया था। इस सिद्धांत को कवि ने मानस में पूर्णतः चरितार्थ किया है।

लय– लय छंद की आत्मा है। इसमें सहृदय को आकृष्ट करने की अद्‌भुत शक्ति है। लय का सहज प्रवाह मानस की सहज विशेषता है। कहीं से भी कोई भी पंक्ति उठाकर देखी जा सकती है। शब्दों के सही क्रम से लय पैदा होती है। कविता की परिभाषा देते हुए एक पश्चिमी समीक्षक ने कहा है, 'पोइट्री इज बेस्ट वर्ड्स इन बेस्ट आर्डर' अर्थात् श्रेष्ठ शब्दों की श्रेष्ठ योजना कविता है। इसके माध्यम से उन्होंने लय की ओर संकेत किया है। मानस की चौपाइयाँ एक दूसरे से गूँथी हुई हैं। दोहे और चौपाइयों के उतार चढ़ाव मोहक बन पड़े हैं। इससे काव्य में उच्चकोटि की गेयता आ गयी है। तीव्र भावोद्रेक के क्षणों में कविता का सहज प्रवाह देखते ही बनता है। डॉ० रामविलास शर्मा के शब्दों में, 'प्रेम और सहानुभूति के प्रसंगों में रामचरितमानस की गेयता बार बार एक ऐसे ऊँचे स्तर तक पहुँच जाती है, जहाँ अन्य वर्णनात्मक अंशों की पहुँच नहीं है। पुष्प वाटिका में सीता का प्रथम दर्शन, कैकेयी का रोष और दशरथ का असमंजस, सीता की वन चलने की उत्कंठा, भरत का चित्रकूट गमन, सीता हरण और भरत मिलाप, ये ऐसे प्रसंग हैं, जहाँ गोस्वामीजी के हृदय की करुणा और सहानुभूति के पूर्ण उद्रेक की गुंजाइश थी। इसीलिए अन्य स्थल इनकी तुलना में नहीं टिकते। गोस्वामीजी के अन्य काव्य गुण – प्रबंध निर्माण, चरित्र चित्रण आदि– इस गेयता के सामने फीके ठहरते हैं और इस गेयता का आधार वह मानवीय करुणा और सहानुभूति है जो व्यक्तित्व के विकास का एकमात्र साधन दिखायी देती थी''[2]

---

1. काव्यानुशासनम्, अध्याय 8

2. भाषा, युगबोध और कविता, पृ० 51

अन्त्यानुप्रास– अन्त्यानुप्रास में वर्णसाम्य और लय दोनों का सुंदर संगम रहता है। इसे तुक कहा जाता है। तुलसीदास ने अपनी कला से तुक को गौरव प्रदान किया है। संपूर्ण मानस अन्त्यानुप्रास के सौष्ठव से अनुप्राणित है। किंतु कहीं भी तुक की रक्षा के लिए भाव की कुरबानी नहीं हुई है। तुलसी की यह प्रतिभा बुद्धि चकरा देनेवाली है।

किंतु, सर्वथा निर्दोष कोई वस्तु नहीं होती – 'जड़ चेतन गुन दोषमय विस्व कीन्ह करतार'। सो विद्वानों ने कुछ दोष भी मानस की छंद योजना में देखे हैं। उनका कहना है कि कड़वकों के भीतर अर्द्धालियों की संख्या समान नहीं है। आमतौर पर यह संख्या आठ रहती है, लेकिन कहीं कहीं 9, 11, 12, 13, 14, 19 आदि अर्द्धालियों के बाद भी दोहों की योजना हुई है। इसे छंद का दोष नहीं माना जा सकता, क्योंकि भावानुरोध से यह सब होता है। दूसरी शिकायत यह है कि चौपाई पूरी किये बिना दोहा रख दिया जाता है। इस संबंध में कहना यह है कि मानस में अर्द्धाली को ही पूर्ण छंद मान लिया गया है। ऐसा प्रयोग परंपरा से होता आ रहा था। केवल तुलसीदास ने ऐसा किया हो, सो बात नहीं। डॉ० रामसिंह तोमर ने लिखा है, "अपभ्रंश में कवि छंद के दो चरणों को स्वतंत्र चरण मान लेते हैं अर्थात् चौपाई के पूरे चार चरण लिखने की आवश्यकता नहीं समझते हैं। दो चरण से ही छंद समाप्त कर देते हैं।"[1] पद्मावत में भी यही पद्धति अपनायी गयी है।

मानस में कहीं कहीं पंद्रह मात्राओं की चौपाइयों का प्रयोग हुआ है। यह प्रयोग भी परंपरागत है। त्रिभंगी छंद में बत्तीस मात्राओं की अपेक्षा कहीं कहीं उनतीस तीस मात्राओं का प्रयोग हुआ है।

बिल्कुल शुद्ध या निर्दोष वस्तु या तो कल्पना में होती है या निष्प्राण होती है। कुछेक दोषों ने मानस के छंदों को निष्प्राण होने से बचाया है, इसलिए ये दोष भी मानस के गुण ही हैं। ये बताते हैं कि कवि ने छंदों को जहाँ भावाभिव्यक्ति में बाधक पाया, वहाँ उनके नियमों को शिथिल होने दिया। इस तरह उन्होंने छंदों का बड़ा ही विवेकपूर्ण प्रयोग किया है। डॉ० राजकुमार पाण्डेय के अनुसार, "कवि ने अक्षरशः पिंगलशास्त्र का अनुगमन करने के स्थान पर रस एवं प्रसंग के अनुकूल संगीतात्मक स्फूर्ति, प्रवाह, अर्थ सौकर्य, सुबोधता एवं विशदता आदि तत्वों को ही दृष्टि पथ पर रखकर छंद साधना की है।"[2]

कामायनी की छंद योजना

छायावादी कवियों के जिस आवेग ने वाक्य विन्यास को प्रभावित किया उसी ने वाक्य विन्यास के द्वारा छंद विधान का भी रूप निश्चित किया। प्राचीन छंदों के ढाँचे में आधुनिक भावनाएँ व्यक्त नहीं हो सकती थीं। इसलिए संस्कृत वर्णवृत्त प्रायः अस्वीकृत हो गये। जिस तरह भक्तिकालीन कवियों ने लोक कंठ से उठनेवाले गीतों के आधार पर भावानुरूप छंदों का विधान किया था उसी तरह छायावादी कवियों ने भी लोक प्रचलित स्वरों को ही अपने छंदों का आधार बनाया। हाँ, उन छंदों को कवियों ने ज्यों का त्यों ग्रहण नहीं किया। कवियों ने उनका परिष्कार किया और इतना अधिक किया कि स्रोत ढूँढ़ निकालना कठिन हो गया।

---

1. जैन साहित्य की हिंदी साहित्य को देन, प्रेमी अभिनंदन ग्रंथ, पृ० 468
2. रामचरितमानस : साहित्यिक मूल्यांकन (सं० सुधाकर पांडेय) में संकलित निबंध 'मानस की छंद नियोजना एवं उसका प्रयोगात्मक सौंदर्य' से उद्धृत, पृ० 113

कामायनी में जो तीस इकतीस मात्राओं वाले छंद मिलते हैं वे कहीं ताटंक से मिलते हैं तो कहीं लावनी से तो कहीं आल्हा से। 'कामायनी' के प्रथम छंद– 'हिमगिरि के उत्तुंग शिखर पर बैठ शिला की शीतल छाँह' के मूल में लोक प्रचलित आल्हा छंद ही है। यह वीर छंद भी कहलाता है, कुछ लोग इसे प्राचीन छंद मानते हैं। इसे प्राचीन छंदों का पुनरुद्धार कहनेवाले विद्वानों की शंका का समाधान करते हुए डॉ० नामवर सिंह ने लिखा है– ''यदि इसे कोई 13वीं 14वीं सदी का पुराना छंद कहकर यह सिद्ध करना चाहे कि यह भी तो छायावाद में प्राचीन का ही पुनरुद्धार है, तो उसकी शंका के समाधान के लिए यहाँ केवल इतना ही संकेत करना पर्याप्त होगा कि प्राय: अधिकांश विद्वान् आज आल्हा की प्राचीनता में संदेह करते हैं और कुछ विद्वानों का तो दृढ़ विश्वास है कि आल्हा एकदम 19वीं सदी की आधुनिक रचना है। यह छंद लोक कंठ में कब आया यह तो कहना कठिन है, लेकिन लिखित काव्य को देखते हुए मालूम होता है कि सबसे बड़े लोककवि तुलसीदास को इस छंद का पता न था। यदि उस समय लोक कंठ में वह छंद होता तो सोहर, नहछू, बरवै लिखने वाला कवि इसे छोड़ देता– यह बात कयास के बाहर की मालूम होती है। वैसे पिंगल शास्त्री इसे मध्ययुगीन 'वीर' छंद बताते हैं। परंतु पिंगल शास्त्र में यह 'वीर' छंद कब घुसा, यह अनुमान का विषय है। क्या यह संभव नहीं है कि शास्त्र में इसका समावेश 'आल्हा' के बाद उसे देखकर हुआ हो ?''[1]

प्रसाद ने आवश्यकतानुसार काट छाँट कर इसके कई रूप बना लिये हैं। लगभग संपूर्ण कामायनी में इसी के विविध रूप हैं। चिंता सर्ग में इकतीस मात्राओं का लघ्वन्त तुकवाला छंद है तो उसमें से अंतिम लघु मात्रा हटा कर आशा में बीस मात्राओं का छंद बना लिया गया है। उदाहरणार्थ – 'उषा सुनहले तीर बरसती जय लक्ष्मी सी उदित हुई'[2]

निर्वेद और स्वप्न में भी यही छंद है। श्रद्धा, काम और लज्जा सर्ग के छंद बत्तीस मात्राओं के हैं, जो मूलतः इसी पर आधृत हैं। इड़ा सर्ग के छंद की लय यही है। इस तरह कामायनी में एक ही छंद विविध रूपों में प्रयुक्त हुए हैं। श्रद्धा सर्ग में प्रयुक्त छंद को शृंगार छंद कहा गया है तो काम तथा लज्जा सर्ग में प्रयुक्त रूपमाला का बहुत सफल निर्वाह हुआ है और कर्म में सार का।

मध्ययुग के रोला छंद को छायावादियों ने पुनर्जीवित किया। कामायनी में भी इसका उपयोग किया गया। संपूर्ण संघर्ष सर्ग रोला छंद में है– 'श्रद्धा का था स्वप्न किंतु वह सत्य बना था'[3]

आनंद सर्ग सखी छंद में है। पर प्रसाद के 'आँसू' को देखते हुए यह स्पष्ट होता है कि यह छंद करुण रस के लिए अधिक उपयुक्त है। आनंद की वैसी अभिव्यंजना इसमें नहीं हुई है।

कामायनी में कुल मिलाकर कम से कम तेरह छंद प्रयुक्त हुए हैं। वे सभी छंद भावानुरूप तराश के साथ व्यवहृत हैं।

कामायनी के छंदों पर प्रगीतात्मकता का प्रचुर प्रभाव है। कवि ने भावों के अनुसार

---

1. छायावाद, पृ० 128
2. कामायनी, आशा सर्ग, पृ० 23
3. वही, संघर्ष सर्ग, पृ० 189

जगह जगह छंदों को ढाल दिया है। यदि भाव शृंखला लंबी है तो छंद भी फैलते चले जाते हैं। छोटी भाव शृंखला छोटे गीतों में प्रकट हुई है। जैसे– 'तुमुल कोलाहल कलह में, मैं हृदय की बात रे मन"[1]

जहाँ टेक और अंतरा हो वह भी गीत कहलाये आवश्यक नहीं। टेक और अंतरा को देख इड़ा सर्ग के छंदों को डॉ० फतह सिंह ने गीत कहा है।[2] इस संबंध में डॉ० नामवर सिंह के विचार ध्यान देने योग्य हैं, "कुछ लोगों की धारणा है कि गीत वह है जिसमें टेक और अंतरा हो। यदि ऐसा है, तब तो कामायनी के इड़ा सर्ग में जो टेकवाले पद लिखे गये हैं वे सभी गीत हैं। लेकिन जिनके पास थोड़ी सी भी समझ है, वे जानते हैं कि इड़ा के पद गीत नहीं हैं। अपने आप में पूर्ण होते हुए भी वे पद परस्पर साकांक्ष और एक लंबी भाव शृंखला की कड़ियाँ हैं।"[3]

भावावेग और प्रभावान्विति प्रगीत की आत्मा है। इसकी अधिकता देखकर डॉ० नामवर सिंह ने कामायनी को एक 'लंबा प्रगीत' कहा है।[4]

कामायनी में प्रत्येक सर्ग में एक ही छंद का प्रयोग हुआ है। पुराने महाकाव्यों की तरह अंत में परिवर्तन नहीं किया गया है। एक बार निर्वेद सर्ग में भाव के अनुरोध से छंद में परिवर्तन किया गया है जो काव्य सौंदर्य को बढ़ाता है और वस्तु विन्यास को प्रभावशाली बनाता है।

आनंद सर्ग जैसे एकाध अपवाद को छोड़ कामायनी के सभी छंद भावानुरूप हैं। भाव के अनुरूप ही उसकी योजना में परिवर्तन दिखायी देते हैं। डॉ० फतह सिंह के शब्दों में, "श्रद्धा सर्ग तथा इड़ा सर्ग के छंदों एवं शब्दों में भी वैसा ही भेद है जैसा स्वयं श्रद्धा और इड़ा में। जहाँ एक का मृदु ध्वनि बहुल 16 मात्रा का शृंगार छंद द्रुत गति से चलता हुआ हृदय में मधुरता, कोमलता तथा प्रसन्नता का संचार करता है वहाँ दूसरे के लंबे लंबे पदवाले गीत मंथर गति से चलते हुए मस्तिष्क पर बोझ डालते हुए से प्रतीत होते हैं।[5]

तुलना एवं निष्कर्ष

दोनों महाकाव्यों के छंद पूर्णतः भावानुरूप हैं। छंदों की क्षमताओं से दोनों महाकवि अच्छी तरह परिचित हैं और उसी पहचान के आधार पर भाव के अनुकूल चयन एवं परिवर्तन करते हैं। एकाध जगह कामायनी में चूक होती है। सखी छंद 'आनंद' के निर्वाह में उतना सफल नहीं हो सका जितना 'आँसू' के निर्वाह में।

दोनों महाकाव्यों में लोक प्रचलित स्वरों को ही अपने अपने छंदों का आधार बनाया गया है। पर कामायनी में उसमें परिवर्तन और परिष्कार दिखायी पड़ता है। गेयता दोनों महाकाव्यों के विशिष्ट गुण हैं। मानस में जिस उच्चकोटि की गेयता पायी जाती है उसकी तुलना में कामायनी फीकी पड़ जाती है। प्रेम और सहानुभूति के प्रसंगों में मानस की गेयता पराकाष्ठा पर पहुँच जाती है।

---

1. कामायनी, निर्वेद सर्ग, पृ० 216
2. वही, सौंदर्य सर्ग, पृ० 178
3. छायावाद, पृ० 135
4. वही, पृ० 137
5. कामायनी सौंदर्य, पृ० 178

दोनों महाकाव्यों में लय और प्रवाह देखते ही बनता है। पर शब्दों की कुशल योजना के कारण जो अद्‌भुत तन्मयता से युक्त लय मानस में है, वह कामायनी में नहीं। कामायनी में कहीं कहीं अटकाव भी है। अन्त्यानुप्रास का सफल निर्वाह दोनों महाकाव्यों में हुआ है। पर किसी भी कवि ने पिंगलशास्त्र का अक्षरशः पालन नहीं किया है। कामायनी में तो अधिक स्वच्छंदता से काम लिया गया है।

दोनों महाकाव्यों में प्राचीन छंदों का प्रयोग और पुनरुद्धार किया गया है। किंतु कामायनीकार ने बहुत से प्राचीन छंदों को त्याग दिया है। मानस में जहाँ वर्णिक और मात्रिक दोनों छंदों का इस्तेमाल हुआ है वहाँ कामायनी में केवल मात्रिक छंदों का, क्योंकि आधुनिक काव्य में खड़ी बोली के लायक यही छंद उपयुक्त महसूस किया गया। जिन मात्रिक छंदों का प्रयोग मानस में हुआ है, वह कामायनी में नहीं है। लेकिन विविधता पर्याप्त है। मानस में कुल मिलाकर छंदों की संख्या उन्नीस है तो 'कामायनी' में तेरह।

मानसकार ने अपने छंदों के सौंदर्य का बखान स्वयं किया है। चौपाई को सघन पुरइन और छंद, दोहा, सोरठा को रंग बिरंगे कमल कहना यह दर्शाता है कि कवि अपनी कला के प्रति कितना सजग था। कामायनीकार ने अपने छंदों की चर्चा नहीं की है। मानस में संस्कृत के श्लोक हैं, कामायनी में नहीं।

प्रसाद ने एक छंद को काट छाँट कर उसके अनेक रूप बनाये हैं और विभिन्न संदर्भों में उनके प्रयोग किये हैं। तुलसीदास का हर छंद अलग और शास्त्रीय है तथा प्रसंगानुकूल प्रयुक्त है। कामायनी में कहीं कहीं गीतों का भी प्रयोग हुआ है, मानस में नहीं।

आधुनिक युग में बड़े पैमाने पर प्रगीत (लिरिक) लिखे गये। छायावाद अपने प्रगीतों के लिए प्रसिद्ध है। कामायनी पर प्रगीतात्मकता का प्रबल प्रभाव है। यहाँ तक कि डॉ० नामवर सिंह ने इसे एक जगह महाकाव्य न कहकर लंबा प्रगीत कह दिया है। मानस के युग में मुक्तक थे, प्रगीत नहीं। इसलिए उसके प्रभाव का प्रश्न ही नहीं उठता है।

संक्षेप में, रामचरितमानस और कामायनी के छंद भावानुकूल, लय एवं प्रवाह से युक्त, गेय एवं विशद् हैं। ये ही गुण मानस में कामायनी से बढ़ चढ़कर हैं। प्रगीतात्मकता कामायनी की निजी विशेषता है। नवीनता भी उसकी विशिष्टता है, शास्त्रीयता अपेक्षाकृत कम है। अर्थ सौकर्य, सुबोधता, विशदता, गेयता आदि तत्व मानस के छंदों में अधिक है।

7

उपसंहार

पिछले अध्यायों में जो विवेचन विश्लेषण हमने किया उसका निष्कर्ष हम यहाँ प्रस्तुत कर रहे हैं।

तुलना आलोचना का सबसे प्रमुख औजार है। तुलना के द्वारा विवेचन में स्पष्टता आती है। यही कारण है कि प्राय: सभी आलोचक कमोवेश तुलना का सहारा लेते चलते हैं। किसी कवि या रचना पर लिखते समय उन्हें उसके समान या विरोधी कवि या रचना याद आती है। इससे विभिन्न कवि या रचना की समझ स्पष्ट होती है। तुलना आलोचना का इतना प्रमुख औजार है कि इसके आधार पर आलोचना की एक अलग पद्धति ही चल पड़ी जो तुलनात्मक आलोचना के नाम से विख्यात हुई। इसमें एक सावधानी बरतनी चाहिए कि कहीं तुलना तुलना के लिए न हो जाय। प्रस्तुत शोध प्रबंध में इस बात का पूरा ध्यान रखा गया है। तुलना के लिए एक सुनिश्चित आधार होना चाहिए और हमने यहाँ विधागत साम्य को आधार बनाया है।

विद्वानों ने तुलनात्मक साहित्य और तुलनात्मक आलोचना में अंतर किया है। इन दोनों के बीच जो अंतर हैं, उन्हें हमने प्रथम अध्याय में रेखांकित किया है। तुलनात्मक साहित्य में दो भिन्न भाषा अथवा देश अथवा दोनों का भिन्न होना आवश्यक है। एक देश की एक भाषा के रचनाकारों या रचनाओं की तुलना तुलनात्मक आलोचना के अंतर्गत आती है। दोनों के उद्देश्यों में भी भेद है। तुलनात्मक साहित्य दो साहित्यों के बीच पारस्परिक संबंधों की खोज करता है और समन्वय पर बल देता है, जबकि तुलनात्मक आलोचना मूल्यपरक होती है और विश्लेषण पर बल देती है।

हिंदी में तुलनात्मक आलोचना का प्रारंभ देव और बिहारी को लेकर हुआ था। तुलनात्मक आलोचना का यह आरंभिक रूप अत्यंत स्थूल और यांत्रिक था। यही कारण है कि इस विवाद के ठंडा पड़ने पर आचार्य शुक्ल ने प्रसन्नता जाहिर की थी। हिंदी में तुलनात्मक आलोचना की कोई सुदृढ़ परंपरा न होने के कारण हमें अनेक कठिनाइयों का सामना करना पड़ा है, किंतु कुछ निबंधों में इसके सूत्र संकेत पाकर आगे बढ़ने की चेष्टा की है।

दूसरे अध्याय में महाकाव्य की परिभाषाओं की तलाश की गयी है। महाकाव्य के स्वरूप पर देश विदेश के इतने आचार्यों, विद्वानों, आलोचकों, सर्जकों एवं शोधकर्त्ताओं ने विचार किये हैं कि उन सबों को यहाँ प्रस्तुत करना संभव नहीं था, इसलिए चुन चुनकर कुछ महत्वपूर्ण परिभाषाएँ रखी गयी हैं। इन परिभाषाओं से महाकाव्य के प्राय: सभी पक्ष अच्छी तरह उजागर हुए हैं। इन परिभाषाओं के समूह में अपनी ओर से कुछ नया जोड़ने की गुंजाइश नहीं है। इसलिए सभी परिभाषाओं से कुछ महत्वपूर्ण तथ्य निकाल कर महाकाव्य के अपेक्षाकृत अधिक मान्य लक्षण निर्धारित किये गये हैं। यह कार्य मेरी जानकारी में सबसे पहले डॉ० शंभूनाथ सिंह ने किया है। उन्होंने महाकाव्य के निम्नलिखित सात लक्षण निर्धारित किये हैं—

1. महदुद्देश्य, महत् प्रेरणा और महती काव्य प्रतिभा, 2. गुरुत्व, गाम्भीर्य और महत्व,

3. महत्कार्य और युग जीवन का समग्र चित्र 4. सुसंगठित जीवंत कथानक, 5. महत्वपूर्ण नायक, 6. गरिमामयी उदात्त शैली, 7. तीव्र प्रभावान्विति और गंभीर रस व्यंजना ।

आगे के शोधकर्त्ताओं ने महाकाव्य के लगभग इन्हीं लक्षणों को अपनाया है। मैंने भी प्रस्तुत शोध प्रबंध में कुछ संशोधन के साथ इसे स्वीकार किया है। मेरे द्वारा निर्धारित महाकाव्य के दस लक्षण और उनके क्रम निम्नलिखित हैं–

1. महत्वपूर्ण कथानक, 2. महत्वपूर्ण चरित्र, 3. समग्र युग जीवन का चित्रण, 4. महत्कार्य या महान् घटना 5. रसात्मकता और प्रभावान्विति, 6. मार्मिक स्थलों की पहचान, 7. उदात्त शैली, 8. महान् उद्देश्य और उन्नत जीवन दृष्टि, 9. महान् प्रेरणा, 10. समाज को संजीवनी देने की शक्ति

मार्मिक स्थलों की पहचान और उनका सफल चित्रण महाकाव्य का एक महत्त्वपूर्ण लक्षण है। इसकी ओर सबसे पहले आचार्य शुक्ल ने ध्यान आकृष्ट किया था। मैंने महाकाव्य के दस लक्षणों में इसे स्थान दिया है।

महाकाव्य में नायक के अतिरिक्त भी महत्वपूर्ण चरित्र होते हैं, इसलिए मैंने 'महत्वपूर्ण नायक' के स्थान पर 'महत्वपूर्ण चरित्र' रखा है। डॉ० नगेंद्र के द्वारा निर्धारित एक लक्षण 'उदात्त चरित्र' को भी मैंने ग्रहण नहीं किया, क्योंकि महाकाव्य का चरित्र या नायक उदात्त नहीं भी हो सकता है, लेकिन महाकाव्य में उसकी भूमिका अनिवार्यत: महत्वपूर्ण होती है।

देश या समाज पर संकट की घड़ी में महाकाव्य हमें जीवनी शक्ति प्रदान करता है। जो महाकाव्य जितना ही बड़ा होता है, उसमें यह शक्ति उतनी ही अधिक होती है। इसलिए मैंने महाकाव्य के लक्षणों में इस आंतरिक गुण 'समाज को संजीवनी देने की शक्ति' को भी स्थान दिया है।

डॉ० शंभूनाथ सिंह द्वारा निर्धारित दूसरा लक्षण गुरुत्व, गांभीर्य और महत्व की अलग से चर्चा को मैंने अनावश्यक समझा है, क्योंकि इन गुणों का अंतर्भाव कथानक, चरित्र, शैली आदि में ही हो जाता है।

तीसरे अध्याय में हिन्दी महाकाव्यों की परंपरा पर दृष्टिपात किया गया है। निर्धारित दसों लक्षणों की कसौटी पर निम्नलिखित मान्यताप्राप्त महाकाव्यों को जाँचा परखा है– पृथ्वीराज रासो, आल्हखंड, पद्मावत, रामचरितमानस, रामचंद्रिका, प्रियप्रवास, साकेत और कामायनी। इसके अतिरिक्त कुछ और गौण महाकाव्यों पर विचार किया है और कुछ महाकाव्यों की सूचियाँ भी दी गयी हैं। उन्हें देखते हुए हिंदी महाकाव्यों की समृद्ध परंपरा का आभास होता है।

डॉ० शंभूनाथ सिंह ने अपने शोधप्रबंध 'हिंदी महाकाव्य का स्वरूप विकास' में दिखाया है कि निर्धारित लक्षणों के आधार पर हिंदी में पाँच ही महाकाव्य खरे उतरते हैं– पृथ्वीराज रासो, आल्हखंड, पद्मावत, रामचरितमानस और कामायनी। मैंने इस निष्कर्ष से असहमति प्रकट की है। इस कड़ी में मैंने तीन और महत्वपूर्ण महाकाव्यों को स्थान दिया है– रामचंद्रिका, प्रियप्रवास और साकेत। दिनकर के शब्दों का सहारा लेकर कहें तो ये आठों महाकाव्य मनुष्यता की प्रगति के मार्ग में मील के पत्थरों के समान हैं। ये व्यंजित करते हैं कि मनुष्य किस युग में कहाँ तक प्रगति कर सका है।

इन आठों में 'आल्हखंड' ही महाकाव्य की कसौटी पर खरा नहीं उतरता। इसका विश्लेषण हमने किया है।

चतुर्थ अध्याय में दोनों महाकाव्यों के धार्मिक, सामाजिक, राजनीतिक एवं साहित्यिक परिवेश की तुलना की गयी है।

भक्तियुग का परिवेश पूर्णतः धार्मिक है। भक्ति आंदोलन दक्षिण के वैष्णव आंदोलन से प्रेरित होकर उत्तर में आरंभ हुआ। निर्गुण और सगुण भक्ति की दो धाराएँ फूट चलीं। निर्गुण भक्ति को कबीर ने उत्कर्ष प्रदान किया। इस धारा की प्रेमाश्रयी शाखा के सबसे बड़े गायक जायसी ने हिंदू मुस्लिम को प्रेम के धागे में जोड़ने की कोशिश की। सूरदास आदि अष्टछाप के कवियों ने श्रीकृष्ण की भक्ति से जीवन को सरस बनाया। तुलसीदास को बनाने में इन परिस्थितियों का बड़ा हाथ है। उन्होंने सजग होकर अपने युग में प्रचलित भक्ति पद्धतियों को देखा परखा और उनसे सार तत्व ग्रहण कर अपने मरणासन्न समाज के लिए रामचरितमानस का रसायन तैयार किया।

आधुनिक युग में प्राचीन धर्म की ज्योति क्षीण पड़ गयी, किंतु समाप्त नहीं हुई। वह युगानुरूप वेश बदल कर प्रकट हुई। इस युग में अनेक महापुरुषों ने धर्म को सींचा। धार्मिक जीवन को प्राणवान बनाने में अनेक धार्मिक संस्थाओं ने महत्वपूर्ण भूमिका निभायी। धर्म और कर्म का निकट संबंध स्थापित हुआ। प्राचीन धर्मग्रंथों का मूल्यांकन विज्ञान के प्रकाश में होने लगा। निरर्थक कर्मकांड और अंधविश्वास के विरुद्ध संघर्ष तेज हुआ। देशवासियों के भीतर आत्मविश्वास, स्वाभिमान और देशभिमान पैदा हुआ।

भक्ति आंदोलन और धार्मिक आंदोलन में बहुत कुछ साम्य देखा गया। यथा, दोनों आंदोलन अखिल भारतीय हैं। दोनों आंदोलनों ने जनता के भीतर आत्मसम्मान और स्वाभिमान की भावना पैदा की और जात पाँत एवं सांप्रदायिकता को गहरी चोट पहुँचायी। मानवतावाद की प्रतिष्ठा, ईश्वर में आस्था, सत्य, अहिंसा, प्रेम, दया, करुणा, उदारता, न्याय आदि की स्थापना दोनों आंदोलनों ने की। निरर्थक कर्मकांड, रूढ़िवाद, पाखंड, पौरोहित्य कर्म आदि की निंदा दोनों आंदोलनों ने की। दोनों आंदोलनों के स्रोत वेद, पुराण, उपनिषद् और अन्य प्राचीन धर्मग्रंथ हैं।

इसके साथ ही वैषम्य भी कम नहीं हैं। पहला युग भक्ति के चरमोत्कर्ष का था तो दूसरा विज्ञान के प्रवेश का। इस युग में भक्ति गौण हो गयी। उसका स्थान तर्क बुद्धि ने लिया। इस वैषम्य ने ही कामायनी को भक्तिकाव्य नहीं बनने दिया, वह दार्शनिक मनोवैज्ञानिक महाकाव्य बनकर रह गयी। बुद्धि के अतिरेक ने कवि को बुद्धिवाद विरोधी बना दिया और उसमें संतुलन लाने के लिए श्रद्धा जैसे हृदय पक्ष प्रधान चरित्र की अवतारणा के लिए उन्हें बाध्य किया।

धार्मिक आंदोलनों के प्रभाव ने दोनों महाकाव्यों को भारतीय संस्कृति का संवाहक बनाया।

तुलसीदास का सामाजिक परिवेश सामंती था, जो ह्रासोन्मुख हो चला था। जयशंकर प्रसाद के समय में पूँजीवादी धक्के ने जर्जर सामंती व्यवस्था को धराशायी किया, लेकिन

समाप्त नहीं किया। आम जनता पर दुहरा शोषण चक्र चलने लगा। पहले जनता की कमाई पर सम्राट, सामंत, राजा, जमींदार आदि मौज करते थे, अब दैत्याकार साम्राज्यवादी इसमें शामिल हो गया। सारा धन विदेश जाने लगा। दोनों के गँठजोड़ ने शोषण कर जीवन को जर्जर और झीना कर दिया। दोनों युगों में दारिद्र्य, भुखमरी, बेरोजगारी एवं अशिक्षा का साम्राज्य रहा। लेकिन आधुनिक युग में कुछ स्कूल कॉलेज खुले और जनता धीरे धीरे शिक्षित होने लगी।

अनेक सामाजिक कुरीतियाँ – बाल विवाह, सती प्रथा, दहेज प्रथा, कुलीन प्रथा, जाति प्रथा आदि पुराने समय से समाज को खोखला बनाती आ रही थी। इनके विरुद्ध मध्यकाल में संघर्ष छेड़ा जा चुका था, किंतु सफलता आधुनिक युग में मिलनी शुरू हुई। अनेक महापुरुषों के प्रयास ने उनकी जड़ें हिला दीं। राजा राममोहन राय ने सती प्रथा को रूकवाने में सफलता पायी।

मध्यकाल में स्त्रियों की बड़ी बुरी दशा थी। उन्हें उचित सम्मान प्राप्त नहीं था। वे भोग्या थीं। आधुनिक युग में नारी मुक्ति आंदोलन सुगबुगाने लगा। नारियाँ चहारदीवारी से बाहर सामाजिक जीवन में आयीं, उन्होंने राष्ट्रीय आंदोलन में भाग लिया। उनमें स्वाभिमान और तेज आया। समाज में सम्मान मिला। इसका अंतर दोनों महाकाव्यों के नारी विषयक दृष्टिकोणों में देखा जा सकता है।

तुलसी के समय पूरा समाज विशृंखल और अस्त व्यस्त था। कबीर के समय से ढीला होता जाति बंधन फिर से कड़ा हो गया। रामचरितमानस में वर्णधर्म का जोरदार समर्थन देखा जा सकता है। आधुनिक युग में यातायात के साधनों, शहरीकरण की प्रक्रिया, उद्योग आदि ने जनसंपर्क को बढ़ाया। फलत: जाति व्यवस्था चरमराने लगी। अस्पृश्यता निवारण का कार्यक्रम तेज हुआ। कामायनी में कहीं भी वर्ण व्यवस्था और जाति पाँति को समर्थन नहीं मिला है।

मध्ययुग का मध्यवर्ग निष्क्रिय था। आधुनिक युग में मध्यवर्ग ने राष्ट्रीय आंदोलन को नेतृत्व प्रदान किया। उस समय भी मध्यवर्ग में आने वाले कवि, कलाकार, संत आदि समाज सुधार का कार्य करते थे। आधुनिक युग में यह कार्य बड़े पैमाने पर शुरू हुआ।

इस युग में प्राचीन सामंती संयुक्त परिवार टूटने लगा। वैयक्तिक स्वाधीनता का विकास हुआ, जिसकी काव्यात्मक अभिव्यक्ति स्वच्छंदतावाद या छायावाद के रूप में हुई।

राजनीतिक दृष्टि से दोनों युग पराभव का है, पर एक अंतर है। मुसलमान विदेशी नहीं रह गये थे और अंग्रेज स्वेदशी नहीं हो सकते थे। अकबर उदार शासक थे। उन्होंने अपने ढंग से हिंदू मुस्लिम एकता कायम करने का प्रयास किया था, पर विभिन्न युद्धों में व्यस्त रहने के कारण जनता की सुख सुविधा का पूरा ख्याल नहीं रख पाते थे। उनकी अनुपस्थिति में अधिकारियों की लूट मची रहती थी। आम जनता उनसे परेशान थी। जनसाधारण में राजनीतिक चेतना का अभाव था। वे अपने दुख का कारण समझ नहीं पाते थे। हिंदू धर्म की परंपरा के अनुसार उसे प्रारब्ध कर्म का भोग समझ कर भोगते थे। किसानों, मजदूरों का कोई राजनीतिक संगठन नहीं था जिसके माध्यम से अपनी माँगें सम्राट के सामने रखते। वे भगवान् के भरोसे जीते थे। अपने बल पर किसी बड़े परिवर्तन की बात वे सोच भी नहीं सकते थे। यह भी एक कारण है कि भक्त कवियों ने अधिकतर अवतारवाद की कल्पना को प्रश्रय दिया।

तुलसीदास उच्चकोटि के भक्त और धार्मिक व्यक्ति होते हुए भी राजनीतिक दृष्टि से बहुत जागरुक थे। उनकी राजनीतिक जागरुकता का ही परिणाम है कि वे मंथरा जैसे चरित्र की सर्जना कर सके जो परमार्थ की दृष्टि से 'मंदमति' लेकिन स्वार्थ की दृष्टि से कूटनीति में प्रवीण है। तुलसी राजपाट से दूर रहते हुए भी वहाँ की बहुत सारी गतिविधियों से अवगत थे। यद्यपि ईश्वर में उनकी अगाध और अटूट आस्था थी, तथापि वे राजाओं के कारनामों को अनावृत्त करते और उन्हें प्रजा के दुखों का कारण मानते थे। उस समय शासकवर्ग स्वार्थ, हिंसा, सत्तालोलुपता, विलास आदि में निमग्न थे। रावण के चरित्र में इन गुणों की पराकाष्ठा है। कवि ने इस कुशासन के विकल्प के रूप में रामराज्य की कल्पना की। राम, भरत आदि के आदर्श आचरण का चित्रण कर उन्होंने राजनीति के क्षेत्र में सही मार्ग का निर्देश किया।

कामायनीकार राजनीतिक जागरण के युग में पैदा हुए थे। उस युग में भारत के अनेक बड़े बड़े नेता राजनीतिक परतंत्रता की बेड़ी काटने के लिए जन जागरण का अभियान छेड़े हुए थे। सुयोग्य नेताओं के मिलते ही समग्र भारतीय जनता स्वातंत्र्य संग्राम में कूद पडी। उनकी राजनीतिक चेतना विकसित होने लगी। स्वतंत्रता, समानता और भाईचारा उनका मंत्र हो गया। वे समझने लगे कि उनके दुख का कारण साम्राज्यवादी दैत्य और सामंत वर्ग है। उनकी जड़ हिलाने में वे संलग्न हो गये। राजा मनु के दुराचरण के विरुद्ध जनता का उठ खड़ा होना तत्कालीन राजनीतिक जागरुकता की ही देन है। तुलसी के युग में इस विद्रोह की कल्पना नहीं की जा सकती थी, लेकिन अपने दार्शनिक दृष्टिकोण से ग्रस्त होने के कारण उसके विद्रोह को प्रसादजी कोई रूप नहीं दे सके।

1917 ई. में रूस की दलित जनता ने अपनी दुर्दमनीय शक्ति का परिचय दिया था। कामायनी की रचना के समय भारत में कम्युनिस्ट पार्टी एवं सोशलिस्ट पार्टियों की स्थापना हो चुकी थी। देश में समाजवादी सिद्धांतों का प्रचार प्रसार होने लगा था। इसके प्रभाव से कामायनी बच नहीं सकी। वर्ग संघर्ष की स्पष्ट अनुगूँजें तीन चार जगह कामायनी में सुनायी पड़ती हैं।

कामायनी में प्रसाद अपने युग की राजनीतिक धारा से कुछ पीछे चलते दिखायी देते हैं, जबकि रामचरितमानस में तुलसीदास आगे। तुलसीदास राजनीतिक चेतनाविहीन युग में राजनीतिक चेतना से सम्पन्न थे और कवि जयशंकर प्रसाद राजनीतिक जागरण के युग में भी उससे बहुत कुछ विमुख दिखायी पड़ते हैं। आश्चर्य होता है कि अपने नाटकों में राजनीतिक गतिविधियों का सशक्त चित्रण करनेवाले साहित्यकार कामायनी में कैसे पीछे पड़ गये!

मानस और कामायनी दोनों महाकाव्य अपने अपने युग की साहित्यिक प्रवृत्तियों के चरम विकास हैं। मानस के साहित्यिक परिवेश में भक्ति भावना की प्रधानता है तो कामायनी के साहित्यिक परिवेश में राष्ट्रीय भावना की।

तुलसीदास ने कबीर की साखी, सब्दी और दोहरे देखे थे। वेद पुराण की निंदा उन्हें पसंद नहीं थी। वे अवतारवाद के समर्थक थे। उन्होंने निर्गुण मत को ग्रहण किया, लेकिन उनके भगवान भक्तों के लिए अवतार धारण करते हैं। कबीर, रैदास, दादू, सेना, पीपा, धन्ना आदि के जाति पाँति, आडंबर, मिथ्याचार आदि के विरोधों से वे सहमत थे। भक्ति आंदोलन का मूल मंत्र प्रेम था। तुलसीदास ने भक्ति के क्षेत्र से जाति पाँति को निष्कासित किया, लेकिन

व्यावहारिक जीवन को सुव्यवस्थित बनाये रखने के लिए उन्होंने वर्ण धर्म की वकालत की। सूर के शृंगार को उन्होंने मर्यादित किया। पद्मावत की भाषा शैली अपनायी और उसमें निखार ला दिया। भक्ति आंदोलन की देन लोक भाषा और लोक संस्कृति से अपने को गहराई से जोड़ा। मानस भक्ति आंदोलन की सर्वश्रेष्ठ निधि सिद्ध हुआ।

कामायनी छायावाद का संपूर्ण उदाहरण मानी गयी है। इसकी पृष्ठभूमि में भारतेंदु युग की राष्ट्रीय, प्रेमपरक और भक्तिभाव पूर्ण कविताएँ हैं। द्विवेदी युग में इनके साथ ही प्रकृति प्रेम का भी विकास हुआ। इन सबने मिलकर छायावादी राष्ट्रीयता, स्वच्छंदता, नारी एवं प्रकृति प्रेम, वैयक्तिकता आदि का मार्ग प्रशस्त किया। प्रसाद ने इनके साथ संपूर्ण छायावादी कविताओं के विकास से भी लाभ उठाया। रवींद्रनाथ का भी प्रत्यक्ष अप्रत्यक्ष प्रभाव उन पर पड़ा।

भक्ति आंदोलन अखिल भारतीय था और छायावादी आंदोलन भी व्यापक था। बंगला, हिंदी के साथ साथ अन्य भारतीय भाषाओं में भी इस तरह की रचनाएँ हो रही थीं। भक्ति आंदोलन पर बाहर से आये सूफी मत का प्रभाव था तो छायावाद पर अंग्रेजी के रोमेंटिसिज्म का। भक्तिकाव्य जनसाधारण के बीच पढ़ा सुना जाता था तो छायावाद कुछ पढ़े लिखे लोगों के बीच सिमट गया। भक्तियुग में कविता श्रव्य थी, आधुनिक युग में पाठ्य हो गयी। कविता का जनाधार सिमटने का परिणाम कामायनी को भी भुगतना पड़ा।

लेकिन दोनों युगों की कविता का मूल स्वर मानवतावाद है। सामाजिक बुराइयों से लड़ने की प्रवृत्ति, लोकभाषा एवं लोक संस्कृति से अनुराग दोनों युगों के साहित्यिक परिवेश में विद्यमान है। यही कारण है कि दोनों महाकाव्य हिंदी भाषी जनता द्वारा स्वीकृत और प्रशंसित हुए। ये गुण मानस में अधिक हैं, इसलिए वह लोकमानस में अधिक घुल मिल गया है।

प्रस्तुत शोध प्रबंध के प्रमुख अंश पंचम और षष्ठ अध्याय हैं। पंचम अध्याय के अंतर्गत महाकाव्य के छह प्रधान भावगत तत्वों का तुलनात्मक अध्ययन किया गया है। दोनों महाकाव्यों की कथावस्तुओं में साम्य नगण्य है, वैषम्य ही गण्य है। मानस की कथा पौराणिक है तो कामायनी की वेदकालीन। राम कथा का उपयोग परंपरा से होता आ रहा था, मनु कथा का उपयोग प्रसाद ने पहली बार किया है। मानस का कथानक विस्तृत है, तो कामायनी का संक्षिप्त। पहला घटना प्रधान है, तो दूसरा मनोविज्ञान प्रधान। एक का शिल्प क्लासिकल है तो दूसरे का स्वच्छंदतावादी, जिसे मुक्तिबोध ने फैंटेसी कहा है।

मानस की कथावस्तु का आरंभ परंपरागत ढंग से हुआ है और कामायनी का अचानक नाटकीय ढंग से।

दोनों महाकाव्यों की कथावस्तुओं में कुछ साम्य भी हैं। दोनों की कथावस्तुएँ प्रख्यात हैं और हमारे धार्मिक ग्रंथों पर आधृत हैं। दोनों का आरंभ कवित्वपूर्ण और अंत दर्शन प्रधान है। दोनों महाकाव्यों के कथानकों में आदि, मध्य और अंत की सुंदर योजनाएँ हुई हैं। दोनों कथानक सुसंघटित और जीवंत हैं, किंतु कामायनी के कथानक के अंतिम भाग में एक बिखराव आ गया है।

महाकाव्य में ऐसे चरित्रों की सृष्टि की जाती है, जिनके माध्यम से युग की उपलब्धियाँ उभर कर सामने आती हैं। मानस और कामायनी दोनों के चरित्रों में ये खूबियाँ हैं। मानस के चरित्रों में सामंतयुगीन उच्चकोटि के आदर्श अभिव्यक्त हुए हैं और कामायनी के चरित्रों में अर्द्धसामंती एवं पूँजीवादी आदर्श।

मानस के चरित्र मूलतः अलौकिक हैं। उन अलौकिक पात्रों की लौकिक कार्यों में बहुत गहरी रुचि है। लौकिक कार्यों के लिए ही उन्होंने अवतार लिया है। कामायनी के पात्र पूर्णतः लौकिक हैं, लेकिन लौकिक कर्मों में उनकी वृत्ति नहीं रमती बल्कि अलौकिक कर्म नटेश दर्शन में ही उन्हें शांति प्राप्त होती है। यही कारण है कि कामायनी के चरित्रों में मानस की तरह कर्मों में प्रेरणा प्रदान करने की शक्ति नहीं है।

मानस के चरित्र कला के नियमों से परिचालित हैं। उन चरित्रों के विकास में एक सुसंगति है। कामायनी के चरित्र कवि के विचारों के वाहक मात्र हैं। उनका स्वतंत्र विकास नहीं हो सका। मनु, श्रद्धा और इड़ा के चरित्रों में सुसंगति नहीं है। मनु का चित्त अस्थिर है। उसकी इस अस्थिरता का निर्वाह कवि ने आदि और मध्य में कुशलतापूर्वक किया है लेकिन अंत में उसकी अस्थिरता खंडित होती है और वह स्थिर चित्त हो जाता है। श्रद्धा का आरंभिक रूप आध्यात्मिक नहीं है, वह अचानक अंत में आध्यात्मिक महिमा से मंडित हो जाती है और मनु का पथ प्रदर्शन करती है। बुद्धि की प्रतीक इड़ा के भीतर भी रहस्य का आलोक फूटने लगता है। इस तरह कामायनी के चरित्र बलात एक भिन्न दिशा में मोड़ दिये जाते हैं। मानस में ऐसी बात नहीं है। वहाँ राम, लक्ष्मण, भरत आदि सभी चरित्र आद्यंत अपने अपने शील का निर्वाह करते दिखायी पड़ते हैं। उनमें अचानक कोई परिवर्तन नहीं आता। मंथरा और कैकेयी के शील में जो परिवर्तन दिखायी पड़ते हैं, उनके लिए कवि ने पर्याप्त आधार तैयार कर लिया है।

कामायनी में मानस की तरह किसी जाति या समूह के स्वभाव का चित्रण नहीं मिलता है।

महाकाव्य में समग्र जीवन का चित्रण होता है, इसलिए स्वभावतः उसमें अनेक रसों की व्यंजना होती है। आचार्य भामह ने महाकाव्य में सभी रसों की अलग अलग योजना का निर्देश दिया है, 'रसैश्च सकलैः पृथक्'। मानस रूपी समुद्र में सारे रस उसी तरह उमड़ कर आ गये हैं जिस तरह ऋद्धि सिद्धि और सम्पत्ति रूपी नदियाँ उमड़ उमड़कर अयोध्या रूपी समुद्र में आ मिली थीं। मानस में न केवल कामायनी की अपेक्षा अधिक रसों की व्यंजना हुई है, बल्कि मानस के रसों में जो गहराई, उज्ज्वलता, मर्यादा, गंभीरता आदि गुण हैं, वे प्रायः कामायनी में नहीं हैं। कामायनी की विशेषता स्वच्छंद शृंगार की गहरी व्यंजना में है तो मानस की मर्यादित शृंगार की सफल व्यंजना में। भयानक रस की सजीव, स्वाभाविक व्यंजना में कामायनी मानस से बढ़कर है। मानस में भयानक रस परंपरागत ढंग से नियोजित है। लेकिन अंगीरस की जैसी सशक्त, अविच्छिन्न और एकतान योजना मानस में है, वैसी कामायनी में अप्राप्य है।

महाकाव्य में मानव जीवन का प्रकृति के अनेक रूपों के साथ हृदय का सामंजस्य दिखाया जाता है। यह सामंजस्य जितने विराट फलक पर और जितनी रागात्मकता के साथ कामायनी में परिलक्षित होता है, उतना मानस में नहीं। कामायनी में प्रकृति एक सजीव सत्ता के रूप में प्रकट हुई है। वहाँ उसका एक स्वतंत्र व्यक्तित्व भी है जो मानव के साथ सहयोग एवं सहानुभूति रखता है। प्रकृति मानव का नियमन भी करती है और नियम का उल्लंघन करने पर दंड भी देती है। इस तरह कामायनी में प्रकृति अनेक रूपों में प्रस्तुत हुई है। यह वस्तुतः छायावाद युग की देन है। मध्ययुगीन धार्मिक अंधविश्वासों ने प्रकृति के रहस्यों को जानने नहीं दिया था। आधुनिक विज्ञान ने प्रकृति के अनेक रहस्यों का उद्घाटन किया। फलतः छायावादी

कवियों ने नये सिरे से प्रकृति के साथ लगाव महसूस किया और उसका नये ढंग से चित्रण किया। इस कारण कामायनी के सौंदर्य में चार चाँद लग गये हैं।

महाकाव्य में कवि का अपना जीवन दर्शन अभिव्यक्त होता है। मानस और कामायनी में दर्शन प्रधानता के साथ व्यक्त हुआ है। हम आशा रखते हैं कि मध्ययुग की अपेक्षा आधुनिक युग में दर्शन अधिक ठोस और व्यावहारिक रूप में महाकाव्य में चित्रित हो, पर कामायनी के रहस्यात्मक दर्शन को देख हमें निराश होना पड़ता है।

तुलसीदास की जीव, जगत, ब्रह्म, माया संबंधी धारणा में एकसूत्रता है। उनका दर्शन लौकिक जीवन को सुखमय बनाने के लिए है। उसमें भक्ति और ज्ञान को जो स्थान मिला है, वह योग की गुह्य साधना को नहीं। मानस का दर्शन इसी संसार में सारे कर्मों को करते हुए मनुष्य को सुखी और मुक्त देखना चाहता है। कामायनी का दर्शन इस संसार को भुलाकर, मनुष्य को लौकिक कर्मों से हटाकर कैलाश पर्वत पर ले जाकर चित्त में सामरस्य लाता है। ध्यातव्य है कि श्रद्धा मानव को इड़ा के ही पास कर्म के लिए छोड़ देती है और मनु को लेकर कैलाश पर जाती है। कामायनी में लौकिक जीवन और आध्यात्मिक जीवन अलग अलग दिखायी पड़ते है। मानस में ये दोनों जीवन सिमट कर एक हो गये हैं। तुलसी के लिए 'सीयराम' ही सब कुछ हैं और वे इसी जगत् में व्याप्त हैं। लोकजीवन से संपृक्त होने के कारण मानस का दर्शन आज भी जीवंत मालूम पड़ता है, जबकि कामायनी का दर्शन अपने समय में ही दम तोड़ता हुआ दिखायी पड़ता है। जहाँ तक उच्छ्रृंखल भोगवाद के विरोध, मंगलकामना, इच्छा, ज्ञान और क्रिया के सामंजस्य की बात है, कामायनी सराहनीय है। यह सामंजस्य अगर लौकिक जीवन में दिखाने की चेष्टा होती, तो निश्चय ही कामायनी हमारे लिए और भी महत्वपूर्ण महाकाव्य होती।

पंतजी ने लिखा है कि ''महाकाव्य मानव सभ्यता के संघर्ष तथा सांस्कृतिक विकास का जीवंत पर्वताकार दर्पण होता है जिसमें अपने मुख को देखकर मानवता अपने को पहचानने में समर्थ होती है।'' रामचरितमानस और कामायनी ऐसे ही दो पर्वताकार दर्पण हैं जिनमें अपने अपने युग के संघर्ष तथा सांस्कृतिक विकास जीवंत रूप में व्यक्त हुए हैं। मानस का कलियुग वर्णन और कामायनी की सारस्वत सभ्यता अपने युग जीवन के अधःपतन के जीवंत दस्तावेज हैं। मानस में तत्कालीन जीवन का समग्र रूप भक्ति के आवरण में व्यक्त हुआ है तो कामायनी में आधुनिक जीवन तथ्य फैंटेसी के माध्यम से। पहला भक्तियुग की समस्त अच्छाइयों बुराइयों को प्रतिबिंबित करता है तो दूसरा आधुनिक नवजागरण युग की अच्छाइयों बुराइयों को।

निष्कर्षतः संपूर्ण भावजगत की दृष्टि से देखने पर यह स्पष्ट होता है कि मानस की भावभूमि कामायनी से अधिक व्यापक और गंभीर है।

कला की दृष्टि से भी देखने से यह स्पष्ट होता है कि मानस कामायनी से आगे है। शब्द चयन, पद विन्यास, पर्यायवाची शब्दों की आत्मा का ज्ञान, विशेषणों के प्रयोग, लोकोक्ति एवं मुहावरों के समुचित प्रयोग, संगीतात्मकता, रसानुकूल वर्ण विन्यास, पात्रोचित भाषा, प्रसंग गर्भत्व, शब्द भंडार, वाक्य विन्यास आदि दृष्टियों से परीक्षण करने पर देखा गया कि दोनों महाकवि इनके प्रयोग में कुशल हैं, किंतु यह कुशलता तुलसीदास में कुछ अधिक है। वाक्य विन्यास के लद्धड़पन एवं काव्य दोषों से युक्त होने के कारण कामायनी बदनाम है, लेकिन विशेषणों के बंकिम प्रयोग में वह मानस से बढ़कर है।

अलंकारों के प्रयोग में दोनों कवि प्रवीण हैं। सहजता ही उन अलंकारों के प्राण हैं। दोनों महाकाव्यों में अलंकार सर्वत्र साध्य रूप में आये हैं। वे वस्तुओं के रूप, गुण, क्रिया आदि को उत्कर्ष प्रदान करते हैं। अनुप्रास तो तुलसी की हर सांस में समाया हुआ है। मानस के अनेक उत्कृष्ट स्थल रूपक और उत्प्रेक्षा के द्वारा निर्मित हैं। तुलसीदास को इन तीनों अलंकारों का बादशाह कहा गया है। ये अलंकार कामायनी में भी प्रचुर मात्रा में प्रयुक्त हैं, पर मानस से लंबे रूपकों का इसमें अभाव है। कामायनी के अलंकारों की सर्वाधिक आकृष्ट करने वाली विशेषता प्रभाव साम्य है। वहाँ उपमानों की बौछार है और प्रयोगों की नवीनता है जो कवि की कल्पना शक्ति की देन है। मानस के अलंकारों की सबसे बड़ी विशेषता उनका काव्य में सहज भाव से आ जाना है। वे इतने सहज रूप में आते हैं कि सहसा उनकी ओर ध्यान ही नहीं जाता।

प्रतीक विधान की दृष्टि से कामायनी मानस से अधिक आकर्षक है। मानस के अधिकांश प्रतीक परंपरागत हैं। कामायनी में भी ऐसे प्रतीक हैं, परंतु उनमें नवीनता का संस्पर्श है। दोनों महाकाव्यों में प्रतीकों के अनेक स्तर हैं। कामायनी तो प्रतीक काव्य है ही, इसके व्यंजनागर्भी प्रतीक विशेष रूप से हमारा ध्यान आकृष्ट करते हैं।

बिंब विधान की दृष्टि से कामायनी एक असाधारण महाकाव्य है। बिंब की रचना आधुनिक सामाजिक, राजनीतिक, साहित्यिक परिस्थिति एवं पाश्चात्य समीक्षा जगत की देन है। इसलिए मानस से हम आधुनिक ढंग के बिंबों की आशा नहीं कर सकते। मानस में अलंकारों के द्वारा बिंब की सृष्टि हुई है। अर्थ के सूक्ष्म और स्वायत्त विकास की दृष्टि से कामायनी के बिंब बेजोड़ हैं। मानस के अधिकांश बिंब दृश्यमयता को उभारते हैं। उदात्त और पौराणिक बिंबों की सर्जना दोनों महाकाव्यों में हुई है। ऐन्द्रिय बिंब दोनों में हैं, पर उनकी सूक्ष्मता कामायनी में ही देखी जाती है। बिंब के लिए बिंब की रचना किसी कवि ने नहीं की है। उनके बिंब केवल संश्लिष्ट भावों, विचारों, अनुभवों को व्यक्त करने के सशक्त माध्यम भर हैं।

रामचरितमानस के संवाद अत्यंत कलापूर्ण हैं। इस तरह के संवाद कामायनी में नहीं है। मानस में संवादों के कई रूप हैं— शृंखलाबद्ध संवाद, सभा संवाद और गोष्ठी संवाद। इन संवादों में वैविध्य है। नाटकीयता, प्रत्युत्पन्नमतित्व, स्वाभाविकता, सजीवता, गतिशीलता, संक्षिप्तता, भावप्रवणता, वचनविदग्धता, युक्तिसंगति, शील व्यंजना आदि मानस के संवादों की विशेषताएँ हैं।

कामायनी के संवादों में वैविध्य नहीं है। उसमें केवल गोष्ठी संवाद हैं और उनके मुख्यतः दो रूप मिलते हैं— पात्रों के पारस्परिक संवाद एवं पात्र मनोभाव संवाद। 'पात्र मनोभाव संवाद' कामायनी में खासतौर पर ध्यान आकृष्ट करते हैं। भावप्रवणता, सजीवता, स्वाभाविकता, गतिशीलता, शीलव्यंजना आदि उनकी विशेषताएँ हैं। कामायनी के संवादों में स्वगत संलाप या मुखर चिंतन और भाषण की प्रधानता है। वे अत्यंत लंबे हैं, जबकि मानस के संवाद चुस्त, सधे हुए और परस्पर काट करते हुए चलते हैं।

मानस की छंद योजना इतनी सफल है कि उसमें उच्चकोटि की गेयता आ गयी है, जिसके कारण उसमें आम जनता आसानी से प्रवेश पा गयी। लोकधुन उन छंदों का आधार है। मात्रिक और वर्णिक दोनों छंद वहाँ हैं। लय और भावानुकूलता उनकी विशिष्टता है। कामायनी

में खड़ी बोली के उपयुक्त मात्रिक छंद ही अपनाये गये। इसमें पुराने छंदों को नवीन भावों के अनुरूप ढाला गया। लोक प्रचलित स्वर इनके भी आधार हैं। प्रगीतात्मकता कामायनी की अपनी विशेषता है। छोटे छोटे गीत इसकी शोभा हैं। लय और भावानुकूलता यहाँ भी है, पर जो गेयता मानस के छंदों में है, वह कामायनी में नहीं है।

इस तरह रामचरितमानस यदि सैकड़ों वर्षों से करोड़ों भारतीय जनता के हृदय पर शासन करता आ रहा है और कामायनी ऐसा नहीं कर सकी है तो इसका कारण समग्र प्रबंध में व्याप्त विभिन्न विश्लेषणों विवेचनों से स्पष्ट हो जाता है। मानस और कामायनी दोनों महाकाव्य हिंदी साहित्य के गौरव हैं, पर मानस का स्थान सर्वाधिक महत्वपूर्ण है। उसकी अनेक विशेषताएँ उसे विश्व साहित्य की प्रथम श्रेणी के महाकाव्यों में विशिष्ट स्थान दिलाती है। कुछ त्रुटियों-कमियों के कारण कामायनी उस ऊँचाई तक पहुँचते पहुँचते रह गयी है।